한국기독교성령
백년인물사 II

쿰란출판사

성령백년 한국기독교성령100년사
편찬위원회

편찬사

한국기독교성령백년인물사

민경배 목사
한국기독교성령100년사 명예편찬위원장

우리는 이번에 한국교회성령백주년 기념사업의 일환으로《한국기독교성령백년인물사》를 편찬 발행하기로 하였습니다. 오랜 준비 끝에 이제 여기 그 제2집을 상재(上梓)합니다.

우리 한국 교회는 1905~1907년의 평양에서의 성령 강림의 체험으로 아주 의미 깊은 몇 가지 역사적 공헌과 결과를 남겨 놓았습니다. 그 성령 체험은 성령 신학을 기독교 신학 체계 속에 역사상 처음으로 의미있게 자리 잡게 하였으며, 성령 신학과 교회 조직을 연결하는 미증유의 결정적 계기를 만들어 향후 성령 체험의 복음주의적 교회 발전에 길을 터놓았습니다. 또한 교회의 세계공동체적 범위를 확인하게 하여서 선교의 교회상을 확립하였으며, 러일전쟁에서의 러시아 패전으로 몰락 위기에 있었던 서구 기독교의 위기를 반전시키는, 거대한 이미지 회복과 부각에 결정적인 역할을 하였습니다. 그리고 우리나라 안에서는 교회가 민족의 교회로 틀을 잡고 굳어지게 되었고, 강력하고 유일한 전국적인 교회 조직으로, 다가오는 일제 포악의 시련을 견디어 나갈 정신적 동력을 갖추어 가질 수 있게 하였습니다.

세계는 이렇게 갑자기 부상하여 일약 세계교회로 나선 한국교회에 대하여 갈채와 경탄의 환호를 외치지 않을 수 없었습니다. 현대 세계교회사의 일대 전환점이 한국에서 진행되었습니다. 그래서 세계교회사는 희랍의 초대, 로마의 중세, 서구의 근대, 영미의 현대, 그리고 한국의 현대, 이런 식의 구도로 굳어지게 된 것입니다. 평양에서의 성령 강림의 체험은 실로 기독교 전체 역사의 큰 산이 아닐 수 없습니다.

이런 거대한 한국교회 성령 강림을 기념하고 그 의미를 되새기는 수많은 행사가 지난 몇 년간 진행되었습니다. 그러나 우리 한국기독교성령100주년 기념사업회는 그 역사적 의미의 정확한 발굴과 그 보급을 위해 여러 뜻 깊은 행사와 사업을 지금까지 지속적으로 거듭하여 왔습니다. 또한 앞으로도 계속할 것입니다. 역사는 확인하고 다지고 보존하고 전파하는 곳에서 비로소 그 의미가 우리의 살아 있는 재산이 되고 그 가치가 우리의 자랑이 되는 것입니다.

이 성령 강림과 그 부흥 운동을 기념하는 사업에서 우리는 실제로 성령의 능력과 그 체험의 의미를 몸으로 체감하고 교회와 사회의 여러 분야에서 활동하신, 우리의 선배인 여러 인사를 더욱 널리 알리는 것이 우리 100주년 기념사업의 커다란 사역(使役)이라고 보았습니다. 교회의 역사와 사역은 하나님의 경륜에 따라 실제 사람들에 의해서 실현되고 수행되기 때문입니다.

이것이 본 저서 간행의 취지입니다. 본서의 간행은 그분들의 공적을 찬하하는 것만이 목적이 아닙니다. 우선 우리 교회 실상을 확인하는 것이 목적입니다. 그리고 그분들이 이루어 놓았던 한국 교회의 그 거대한 역사적 책임과 사명을 더욱 정확하게 알고 확대하고 빛내서, 향후 한국 교회의 세계사적 사명을 확인하고 다짐하는 결의를 굳히는 것이 그 목적입니다.

본서는 한국 교회 성령운동사의 거대한 기념탑이 될 것이며, 역사의 실록(實錄)으로 오래 보존될 것입니다.

이 거대한 "인물사"의 편집 간행을 계획하신 안준배 박사님과, 글들을 써 주신 여러 기고자들에게 우선 감사하고 편찬, 장정(裝幀), 교정, 인쇄, 이런 일에 우단(右袒)을 거두시고 땀 흘리신 여러 실무자에게 감사의 말씀을 꼭 남기고 싶습니다.

바라기는 이 서책이 가는 곳마다 많은 이에게 성령100년의 그 거대한 힘과 실상이 전달되면서, 세계를 향한 한국 교회의 힘찬 행진에 동행하기를 결단하는 이들의 열기가 넘치기를 기도하면서 이 편찬의 사(辭)를 각필합니다.

편찬사

성령백년 인물사를 편찬하매

권태진 목사

한국기독교성령100년사 편찬위원장

  한 그루의 나무가 건강하게 자라기 위해서는 낙엽으로 땅을 덮어 주어 뿌리를 보호해야 합니다. 역사도 마찬가지입니다. 지난 역사를 바르게 평가하고 미래를 설계할 수 있도록 후손들이 가감없이 기록해야 합니다. 뿐만 아니라 우리 그리스도인들은 성경적 기준과 입장에서 과거와 현재를 직시하고 미래까지도 예측하는 기록자이어야 합니다. 이것이 이 시대를 사는 우리들의 사명입니다.

  우리나라에 복음이 들어온 지도 125년이 되었습니다. 그동안 기독교와 한국 교회가 우리나라의 사회, 경제, 문화, 교육 발전에 기여한 바는 아무리 강조해도 지나치지 않다고 생각합니다. 민족혼을 깨우친 3·1운동의 주역도 기독교인들이었으며, 격동의 시기에 많은 기독교인들이 나라와 민족을 위해 혁혁한 업적을 남겼습니다. 이처럼 교회와 더불어 우리 민족은 수난의 역사 가운데서도 발전을 이룩해왔습니다.

한편으론 오해와 편견으로 인해 역사 가운데 기독교의 역할이 과소평가되기도 하였습니다. 기독교는 우리 민족의 종교가 아니라고 부정하는 측면도 있었습니다. 이는 바른 역사의식을 가지지 못한 그리스도인들에게도 상당한 책임이 있습니다. 역사 신학자도 있고 출판할 힘도 있지만 기록을 등한히 한 것이 이런 결과를 가져온 것입니다. 그러나 지금이라도 역사의 현장을 체험한 세대가 기록을 통해 저마다의 흩어진 구슬을 모아 아름다운 목걸이를 만들게 되어서 다행이라고 생각합니다. 1907년 회개운동을 시작으로 일어난 성령의 역사에 도구로 사용된 분들의 생생한 체험들을 구슬에 꿰어서 두 번째 성령백년인물사를 만들게 된 것을 매우 기쁘게 생각합니다. 이제 시작입니다. 우리는 잘못된 역사관을 가진 이들로 인해 왜곡된 역사를 바로 잡고, 어둠의 문화를 빛의 문화로 바꾸어야 합니다.

　우리는 지난 날 나름대로 최선을 다했으나 단합하지 못함으로 잃은 것이 적지 않습니다. 이제는 나누지 말고 성령백년의 역사를 계승하여 제 2의 대부흥을 맞이해야 합니다. 기독교인이 앞장서서 민족적 저력을 분출시켜야 합니다. 이번 《한국기독교성령백년인물사》 편찬을 통해 다시 한번 대부흥이 주어지기를 바랍니다.

발간사

한국기독교성령백년인물사 II

강헌식 목사
세계성령운동중앙협의회 대표회장

    복음을 음식에 비유한다면 그릇은 그 복음을 담아낸 사람이라고 비유할 수 있습니다. 그러므로 한국 기독교를 위해 복음을 담아낸 인물들의 생애는 특별함이 있습니다.

    요즘은 과거의 그릇 파편 한 조각으로 그 당시의 시대적 상황과 문화, 사고방식 등을 알아내고 그에 따라 현재의 삶을 분석하여 미래의 변화를 예상하기까지 합니다.

    그러므로 복음을 위해 쓰임받은 인물들을 생각해 본다는 것은 성령의 특별한 역사(役事)의 흐름을 알고 이 시대를 향한 하나님의 뜻을 더욱 명확하게 깨달을 수 있는 일이 될 것입니다.

    따라서 역사를 아는 자가 미래를 준비할 수 있는 것처럼 하나님께서 쓰신 그릇-인물에 관해 알고자 함은 매우 큰 의미를 갖게 됩니다.

    1907년 이후 100년간 이 땅의 성령 복음화를 위해 성령께서는 시대마다 사용하신 인물들이 있습니다. 그리고 이제 앞으로 100년의 시간 속에서도 복음의 더욱 큰 성장과 성숙을 이루시기 위해 성령께서는 당신의 사람들을 찾으시며 사용하실 것이라 확신합니다.

그리하여 당신의 사람들을 복음의 그릇으로 사용하시는 성령님을 통해 교회성장의 내리막길과 같은 현재를 오히려 비상(飛上)과 도약의 디딤돌로 삼으실 것입니다.

이제 바라봄의 법칙과 마찬가지로 《한국기독교성령백년인물사 II》를 통해 하나님께서 함께하시며 사용하신 성령의 사람들을 바라봄으로써 앞으로의 시대 속에 하나님의 쓰임이 되는 좋은 그릇으로 하나님의 사람들이 더 많이 준비되길 소망합니다.

또한 《한국기독교성령백년인물사 II》에서와 같이 준비된 사람들을 통해 일어날 복음의 더욱 놀라운 역사를 기대합니다.

덧붙여서 이 책의 발간을 위해 여러 모양으로 수고하고 헌신하신 모든 분들도 하나님의 귀한 그릇으로 쓰임이 되었음을 확신합니다. 과거를 정립하고 앞으로 나아갈 발판을 다지는 작업은 결코 쉽지 않습니다. 그러기에 미래 한국교회에 남겨진 신앙 유산이 되기를 바랍니다.

편집사

역사를 찾아서, 역사 밖으로

안준배 목사

한국기독교성령100주년기념사업회 이사장

　신앙을 갖기 전에 기독교에 대한 인식은 많은 것 중의 하나이었다. 그것도 아주 협소하다는 인식의 범주 안에 있었다. 그러나 중생하고 성령체험을 하고 교회를 출석하면서 기독교는 인간의 전 과정을 포괄한다는 것을 인식하게 되었다. 더욱이 신학세계에 입문하고 나서는 우리가 매주 출석하고 있는 교회가 세계의 역사를 펼쳐 나간다는 사실도 알게 되었다.

　1973년 5월 29일 서울 신문로 백합서원에서 200원을 주고 민경배교수가 지은《한국의 기독교회사》를 사서 밤새 읽었다. 그 작은 책은 길선주와 이용도로 가는 통로가 되었다. 소설가 백도기 목사가 금마복음교회에서 윤치병 목사를 통하여 교회에 대한 소명을 받은 단편소설《어떤 행렬》에서의 "십자가다! 저건 십자가다!"라는 대목은 지금도 회상하면 전율을 느낀다. 오랫동안 감전된 느낌이다. 의사이면서도 1948년 1월 16일 추운 겨울날 조선오페라협회를 조직하고 한국최초의 오페라「라트라비아타」를 명동의 시공관에 올린 알프레도 역의 이인선과 비올레타 역의 김자경은 음악사 속에 개척자로서의 흔적을 남겨놓고 역사의 작은 페이지 속에 묻혔다.

1970년대 초에 시작된 한국 교회의 연합과 일치운동은 다름 아닌 역사에 대한 소명이다. 1907년 1월의 평양 장대현교회에서 "나는 아간이올시다"라고 공개 회개한 길선주에 의한 성령운동이 발발되어 이제는 2007년으로 100년을 넘어섰다.

100년의 역사를 묶어서 재현하여 계승시키겠다는 바람이 한국기독교성령100주년기념사업회의 몇 가지 사업으로서 한국기독교성령100년 인물사 1권에 이어 2권을 펴내게 된 것이다. 이는 성령의 사람들을 조명하고 보존하여 우리 시대에 학습하고자 하는 것이다. 이 불씨는 계속 타오르게 될 것이다.

나는 확신한다. 타오르는 성령의 불꽃 속에서 길선주, 주기철, 한경직, 이용도, 이성봉, 신현균, 안창호, 윤동주, 이인선, 장기려, 유일한 같은 이들이 역사 밖으로 뚜벅뚜벅 걸어 나오는 것을 목도한다. 바로 그런 이가 조용기 목사이고 김삼환 목사이며 민경배 목사이며 우리 모두인 것이다.

우리 모두 역사의 소명을 받아 역사를 찾아내어 역사 밖으로 동행하자.

Contents

편찬사 | 민경배 목사(한국기독교성령100년사 명예편찬위원장) ■ 2
편찬사 | 권태진 목사(한국기독교성령100년사 편찬위원장) ■ 5
발간사 | 강헌식 목사(한국기독교성령백주년기념사업회 대표회장) ■ 7
편집사 | 안준배 목사(한국기독교성령100주년 기념사업회 이사장) ■ 9

■ 선교사

언더우드	최초의 한국 선교사 언더우드	■ 18
알렌	황실의 신임을 받은 의료 선교사 알렌	■ 27
에이비슨	세브란스병원을 설립한 의료 선교사 에이비슨	■ 36
펜윅	침례교의 한국 선교사 펜윅	■ 45
게일	한국을 사랑한 한국의 옹호자 게일	■ 54
헐버트	비전의 사람이요 한국의 친구 헐버트	■ 63
마펫	서북지방 복음화의 공신 마펫	■ 72
킬보른	한국 성결교회의 대부 킬보른	■ 81
노블	한국 감리교회 성장의 중심에 있었던 노블	■ 90
유진 벨	전라도 지방에 복음을 심은 유진 벨	■ 99
클라크	평등 사상을 고취시킨 선교사 클라크	■ 108
언더우드 3세	4대에 걸친 한국 사랑 언더우드 3세	■ 117
김종양	아프리카 원주민 선교사 김종양 목사	■ 126

차 례

■ 목회자

박성산   성령세례와 사회참여를 외치며 하나님의성회
           창립을 주도한 박성산 목사 ■ 154

김삼환   여호와의 은혜의 큰 길, 명성교회 김삼환 목사 ■ 162

나겸일   민족복음화와 세계 선교의 기틀을 다진
           주안장로교회 나겸일 목사 ■ 177

최성규   성경적 효 운동의 인천순복음교회 최성규 목사 ■ 193

이재창   오직 교회와 영혼 구원에 매달린
           수원순복음교회 이재창 목사 ■ 212

강헌식   성령님과 동행하는 열정의 목회자 강헌식 목사 ■ 230

김봉준   부활의 능력을 몸으로 체험한 김봉준 목사 ■ 253

최창범   나보다 앞서 행하신 하나님 장위동교회 최창범 목사 ■ 267

김삼환   말씀과 성령, 그리고 영성의 목회자 김삼환 목사 ■ 282

최인숙   나에게 찾아오신 주님, 구미성문옥토교회 최인숙 목사 ■ 290

■ 한인 목회자

정우성   오직 성령께서 행하셨을 뿐, 시드니순복음교회 정우성 목사
           ■ 302

Contents

나광삼	성령이 붙들어 쓰시는 사람, 워싱턴큰무리교회 나광삼 목사 ■ 316
이만호	성령의 기적이 충만한 삶, 뉴욕순복음안디옥교회 이만호 목사 ■ 332

∎ 세계 선교

이형자	한국 교회의 탁월한 여성 지도자 이형자 원장 ■ 346

∎ 부흥사

최봉석	예수 천당, 최봉석 목사 ■ 362
피종진	나 이제 사나 죽으나 주 뜻만 좇아가리라, 남서울중앙교회 피종진 목사 ■ 372
이태희	주님을 위해 타오르는 불꽃 이태희 목사 ■ 389
노희석	순교자 유복자에게 임한 넘치는 은혜, 명일성결교회 노희석 목사 ■ 399
오범열	어머니 눈물의 기도, 오범열 목사 ■ 415
장기철	열방을 치유하는 열방교회 장기철 목사 ■ 426

차 례

■ 교육자

이승훈	서민정신의 민족 개화 독립운동가 남강 이승훈 ■	**440**
김치선	한국의 예레미야 김치선 목사 ■	**454**
김문환	문화선교를 위한 씨알이고자, 김문환 교수 ■	**464**
고세진	사랑에는 국경이 없고 혈연, 지연도 없다, 고세진 목사 ■ **474**	
이강평	체육과 목회의 두 길 위에서, 이강평 목사 ■	**495**

■ 순교자

노형래	빛 가운데로 걸어간 순교자 노형래 집사 ■	**504**

■ 사회봉사

장기려	작은 예수로 산 장기려 박사 ■	**518**
이윤구	성령의 법에 묶인 죄인의 기쁨, 이윤구 박사 ■	**528**
김영진	의회 선교의 사명, 김영진 장로 ■	**540**
김평일	가나안 농군 김평일 장로 ■	**549**

Contents

■ 독립운동

서상륜	한국 최초 교회의 설립자 서상륜 ■	**562**
이상재	기독교 사회운동의 등대 이상재 ■	**571**
서재필	조국을 사랑한 의사 서재필 ■	**580**
김약연	간도의 선각자 김약연 ■	**589**
현 순	기독교 사회주의자 현순 ■	**598**
김규식	좌우 단결의 독립운동가 김규식 ■	**607**
조만식	신앙과 모범의 민족 지도자 조만식 ■	**616**
유관순	영원한 누이 유관순 ■	**625**

한국기독교성령백년인물사 II

선교사

언더우드 | 알렌 | 에이비슨 | 펜윅 | 게일 | 헐버트 | 마펫 |
킬보른 | 노블 | 유진 벨 | 클라크 | 원일한 | 김종양

최초의 한국 선교사
언더우드

　언더우드(Horace Grant Underwood, 元杜尤, 1859~1916년)는 미국 북장로교 선교사로, 한국에 발을 들여놓은 최초의 미국 선교사이다. 그는 한국에서 근대화 작업도 함께 진행시킨, 한국 기독교회 발전과 근대화의 실질적인 주도자로 알려져 있다.

　언더우드는 1859년 7월 19일 영국에서 태어났다. 존 언더우드의 네 번째 아들로 태어난 것이다. 그의 아버지는 돈독한 신앙의 소유자였을 뿐만 아니라, 이미 영국에서 잘 알려진 유명한 과학자요 발명가였다. 그의 아버지는 총명한 넷째 아들에게 실용주의적인 생활철학으로 큰 영향을 주었을 뿐만 아니라 돈독한 신앙으로 하나님을 두려워하는 훌륭한 종교적 훈련을 받게 하였다.

언더우드가 그의 생애에 커다란 변화를 겪은 것은 그가 6세 되던 해이다. 그의 사랑하는 어머니가 세상을 떠났기 때문이다. 시련은 더 계속되었다. 아버지가 사업에 실패하고 결국 그의 가족은 그가 13세 되던 1872년에 미국 이민길에 올랐다.

이것은 하나님의 섭리였다. 이들은 뉴욕에 정착하였고, 언더우드는 뉴욕대학교를 졸업하고는 곧 뉴저지 주의 뉴브런즈윅에 있는 화란개혁신학교, 곧 오늘의 뉴브런즈윅 신학교에 입학하여 신학을 전공하여 1884년에 졸업하고 곧 목사 안수를 받은 후 목회자의 길을 가기로 했다.

그런데 그는 신학교 재학 시절부터 외국 선교, 특히 인도에 대한 선교의 열정을 불태우고 있었다. 그는 선교 현장에서 꼭 필요하리라 생각해서 약 1년 동안 의학 공부를 하여 수료하였고 프랑스어, 독일어, 그리고 라틴어 등 외국어를 숙달하였다. 또한 선교지에서의 실질적인 봉사를 위해서 한 가지 기술이 있어야 한다고 보고는 수도관 수리 기술까지 익혔다.

그런데 그가 인도에 가려던 생각을 바꾸게 되는 사건이 생겼다. 한국에 파송될 선교사가 필요하다는 미국 북장로교 해외선교부의 광고 소문을 들었는데, 한국에 나가겠노라고 지망하는 선교사가 하나도 없다는 사실을 알게 된 것이다. 그는 이 소식을 듣고 여러 날 고민 끝에 당시로서는 별로 알려지지도 않은, 극동 은둔의 나라 한국에 가기로 결심했다. 한국의 역사가 근대사에서 바뀌기 시작하는 사건이 일어난 것이다.

그는 1884년 7월 28일 미국 북장로교 해외선교부의 임명을 받아 1885년 1월에 서둘러 한국을 향해 떠났고, 한 달 만에 일본에 도착하였다. 그는 일본에 체류하는 동안 한국인으로는 처음 일본에서 기독교로 개종한 한말 전직 관리 이수정(李樹廷, 1842~1886년)을 만나, 그와 교분을 나누며 한국말을 배우고 한국 사정에 관한 지식도 많이 얻을 수 있었다. 그리고 당시 일본에 망명 중이던 김옥균(金玉均)이나 박영효(朴泳孝)와 같은 개화파 인사들과도 가까이 지내면서 한국 사정에 정통하게 되었다. 그는 일본에 체류 중이던 한국 주재 미국 공사 푸트(L. H. Foote)와도 만나 선교사업에 대한 협력 문제도 의논하였다. 선교사역을 시작하기 전에 이렇게 많은 통로를 통해서 이미 선교 대상국에 대한 정보를 얻고 학습하면서 만반의 준비를 갖추었던 것이다.

그런데 가장 인상적이고 중요한 것은, 언더우드가 1885년 4월 5일 한국 제물포(오늘의 인천)에 도착할 때 그의 오른손에 한국말로 번역된 성서책을 들고 있었다는 사실이다. 이수정이 일본에서 번역한 《신약 마가전 복음서 언해》라는 마가복음 쪽복음서였다. 완벽한 번역도 세련된 문장도 아니고 부분적인 번역이었지만, 어쨌든 선교사가 선교하려고 들어가는 길에 벌써 그 나라 말로 번역된 성서를 손에 들고 들어간다는 것은 선교역사상 희귀한 일이 아닐 수 없었다.

입국한 지 이틀 만인 4월 7일에 언더우드는 서울에 들어갔다. 그런데 공교로운 일이 벌어지고 있었다. 그 전 해인 1884년 9월에 입국하였던 알렌(H. N. Allen)이 갑신정변(甲申政變) 때 치명상을 입은 보수계의 영수(領袖) 민영익(閔泳翊, 1860~1914년)을 서양의술로 완쾌시킴으로써 조정의 총애를 얻어 1885년 4월 14일에 광혜원(廣惠院, 연세대학교의과대학 세브란스병원의 전신)이라는 병원을 설립했던 것이다. 그 병원은 12일 후에 제중원(濟衆院)으로 이름을 바꾸었는데, 병원에는 사람이 필요하였다. 언더우드가 바로 그 적격자였다. 그가 한국에 오기 전 의학을 수련하였던 경력이 이렇게 쓰인 것이다. 그래서 언더우드는 우선 약제사로 일할 수 있었고, 그와 더불어 선교의 길이 평탄하게 열리고 있었다.

언더우드는 여기에 더하여 한국말을 열심히 배워서 1886년부터는 한국말로 전도할 수 있게 되었다. 대담한 시도였다. 알렌은 조심스러운 사람이었기 때문에 언더우드에게 이렇게 거리에서 전도하는 지나친 행동을 자제할 것을 부탁하였다. 한국과 외국의 수교 조건에 외국 종교의 전도를 허락한다는 협정 항목이 없었기 때문이었다. 그의 선교 사역은 일선 전도 사업에서 나타나기 시작하였다. 그는 1887년 가을에 제1차 전도여행을 시도하였는데, 송도(오늘의 개성)를 거쳐 황해도의 솔내, 그리고 평양을 거쳐 의주에까지 이르는 광역 전도여행이었다.

1889년에는 미국 북장로교 의료 선교사로 한국에 온 릴리어스 호튼(Lillias Horton, 1851~1921년)과 결혼을 하였다. 릴리어스 호튼은 알렌의 제중원에 여자 환자들을 돌볼 여의사가 필요해서 오게 된 선교사였는데, 곧 명성황후의 시의(侍醫)라는 중책을 맡게 되었다. 언더우드는 호튼과의 결혼 기념으로 북쪽으로 제2차 전도여행을 떠났다. 평양, 강계, 그리고 의주를 거치는 긴 전도여행이었다. 압록강 건너쪽까지 가서 전도를 했는데 한국인 33인이 세례받기를 원하였다. 그러나 국내에서 세례를 거행하는 것이 나라의 법을 거스르는 것이므로, 결국 압록강변에서 그들에게 세례를 베풀었다. 이 세례의식은 '한국의 요단 강 세례'라고 불리는 한국 최초의 세례식이었다.

그해에 언더우드는 앞으로 한국에 찾아오는 선교사들의 한국어 학습을 돕기 위하여서 《한국어 문법》과 《한영자전》을 저술하고 이를 간행하였다. 대단히 정열적인 작업이었다. 그는 이런 문서활동의 중요성을 알아서 문서선교를 위하여 서울에 '한국예수교성교서회'(聖敎書會－오늘의 기독교서회)를 창설하고 총무와 회장으로도 활약하였다.

초기 선교사들의 그 광범위한 활동의 일단을 여기서 볼 수 있다. 그들은 실로 근대 초기 한국의 모든 영역에 걸쳐 그 영향력을 행사한, 거의 초인적인 전문 지식인들이었다.

이런 활동으로 과로한 탓이었는지, 아내가 1890년 출산 후유증으로 미국에서 치료를 받고 요양할 필요가 있어 언더우드도 함께 미국으로 건너갔다. 그리고 2년 동안 미국 도처에 다니면서 한국 선교 실정을 보고하고 아울러 유능한 청년들의 선교사 지망을 재촉하였다. 그 결과 미국 남장로교 해외선교부에서 1891년 12월에 테이트(L. B. Tate, 崔義德, 1862~1929년) 등 청년 선교사 3명을 한국에 파송하게 하는 성과를 거둘 수 있었다. 그해(1891년) 6월에 그는 모교인 뉴욕대학교에서 32세의 나이로 명예신학박사 학위를 수여받았다.

1892년 다시 한국에 온 언더우드는 전도, 교육, 청년, 문서선교에 전력을 기울여 엄청난 선교의 수확을 올렸다. 1897년에 주간 〈그리스도신문〉을 창간하여 한국에서 기독교신문뿐만 아니라 일반 신문의 새 역사를 쓰게 했다. 그 지면에는 기독교 소식 외에 농사 개량 및 소득 문제, 세계 정세 등을 보도하여 한국사회 문명화에 크게 공헌하였다. 그리고 1903년에는 상류사회의 양반 관료층 청년을 위한 선교, 친교, 덕육(德育)과 체육(體育)을 위해 서울에 YMCA를 조직하였다.

　언더우드는 과로로 몸이 언제나 병약하였다. 그는 1901년에 안식년으로 미국에 갔고, 1906년에도 건강 악화로 다시 미국에 요양하러 갔다가 1908년에 되돌아왔다. 그의 잦은 신병은 그의 쉼 없는 선교 활동과 다방면에 걸친 사역에 대한 부담 때문이었던 것으로 보인다. 그만큼 초대 교회 선교사들은 늘 선교활동에 대한 부담에 시달리고 있었다. 생활환경이 낯설었고, 의식주가 핍절하였다. 더구나 고독감은 때로 견디기가 힘들었을 것이다. 그러므로 우리는 그들의 땀과 눈물과 피를 결코 잊을 수가 없다. 아니, 잊어서는 안 된다. 이는 순전히 한국인의 구원을 위한 것이었는데, 그들의 이런 노력에도 불구하고 한국인의 냉대와 일제 군경의 감시와 박해에 시달려야 했던 것이다.

　언더우드의 선교활동은, 초대 교회 형편 때문일 것이지만, 아주 광범위하였다. 그는 여러 곳에 교회를 설립하였다. 새문안교회가 그중 하나이다. 그는 1912년 한국장로교총회가 조직될 때 초대 총회장의 중책을 맡아 한국 교회의 터전을 굳게 하였다. 그는 성서 번역에도 크게 기여하였고, 1894년에는 장로교 최초의 《찬양가》를 편찬 간행하기도 하였다. 그는 신학자로서도 놀라운 업적을 남겼다. 1897년에는 《성교촬리》(聖敎撮理)라는 책을 편역(編譯)하였고, 1908년에는 한국 초대 선교 역사를 자세하게 서술하고 선교자료들을 제공하는 〈The Call of Korea〉를 간행하는가 하면, 1910년에는 'The Religions of East Asia'라는 학문적 저작을 내기도 하였다. 그 바쁜 일정과 병고 속에서 이런 업적을 내었던 것이다. 그는 초대 교회에서 하나님의 명칭을 '상제', '천주', '신' 등으로 혼용하던 것을 '하나님'으로 최종 결정하고 사용하게 한 공로도 남겼다. 한 일이 태산 같았다.

언더우드는 한국 선교의 길을 학교 설립으로 시작했다 해도 과언이 아니다. 그는 1886년에 고아원과 고아학교를 설립하였다. 이는 후에 언더우드 학당이 되었다가 경신학교로 발전했다. 감리교의 배재학당이나 이화학당과 함께 이 학교는 한국 근대 초기의 정식 교육기관이었다.

1908년부터 그는 서울에 기독교 종합대학교를 설립하기 위해 심혈을 기울이기 시작하였다. 그때 이미 평양에 숭실전문학교가 설립되어 있었다. 하지만 숭실은 교역자 양성이 주목적이었기에 성문과(聖文科)가 주된 학과였다. 하지만 언더우드가 설립한 연희전문학교는 당시로서는 가장 종합적인 고등교육기관으로, 그 주된 학과는 상과(商科)였다. 이것은 한국 근대화에 산업경제 구도의 시대가 도래한다는 전망으로 시작한, 가히 근대 한국 창조의 거대한 비전이 담긴 선교정책이었다. 한국의 재래 사회계층 구조는 사농공상(士農工商)이었다. 장사하는 사람들은 사회의 최하류층으로 경멸의 대상이었다. 그런데 기독교가 이 상하(上下) 계층구조를 완전히 전도(顚倒)시킨 것이다. 상과가 그 최초 종합대학의 수석학과로 자리를 잡았고, 거기서 배출된 인물들이 한국 근대 산업사회를 이끌어 온 실세들이 된 것이다.

사실 언더우드의 학교 설립은 쉽지 않은 일이었다. 설립 과정에서 평양계 선교사들이 완강하게 반대했다. 언더우드는 동료 선교사들의 반대에 극심한 상처를 입고 다시 1912년에 신병 치료차 미국에 갔다. 그리고 그때에 모교에서 다시 명예법학박사 학위를 받고, 서울에서의 대학 설립을 위한 기금으로 5만 2천 달러라는 거금을 모금하여 한국에 되돌아왔다. 그의 대학 설립의 꿈에 동참한 것은 미국 북장로교 해외선교부와 서울 지역의 일부 장로교 선교사들, 그리고 감리교 선교사들이었다. 천신만고 끝에 마침내 1915년 4월 12일 서울 YMCA 건물 안에서 조선기독교대학(Chosen Christian College)이라는 이름으로 개교하였다.

1915년은 마침 조선총독부에서 '개정 사립학교령'을 공포하던 해로서, 기독교학교에서 종교 과목을 가르치지 못하고 종교 행사도 하지 못하게 하는 법령이 발효되던 때였다. 그런데 이 대학의 정관(定款)에는 기독교학교라는 것이 명시되어 있었다. 언더우드의 피땀이 이런 일을 가능하게 하였던 것이다. 그는 학교 안에 신학과(神學科)를 설치하여 그 학과에서 종교 과목을 개설하고, 학생들이 신학과에 등록하고 강의를 듣는 형식을 취하여 그 어려움을 극복해 갔다. 이 대학은 1917년 당시 경기도 고양군 연희면(延禧

面), 곧 오늘의 신촌에 교사를 신축하고 이전한 후 연희전문학교로 개칭하였다. 언더우드는 초대 교장에 임명되었으나 곧 과로로 신병이 악화되어 1916년 4월에 미국에 되돌아갔고, 그해 10월 12일에서 애틀랜틱시티에서 서거했다. "나 거기(한국) 갈 수 있는데!"라는 한마디를 남기고 간 것이다. 총독부의 대학 인가는 1917년 4월 7일에 났다.

　이렇게 해서 한국 최초의 선교사로서 여러 방면에서 한국 교회의 기초를 놓았을 뿐만 아니라 근대 한국의 기초를 닦아 놓고 언더우드는 떠났다. 그가 한국에 온 날이 근대 한국과 한국 교회 역사의 첫 장이었다.

― 민경배(연세대학교 명예교수)

황실의 신임을 받은
의료 선교사
알렌

알렌(Horace Newton Allen, 安連, 1858~1932년)은 우리나라에 입국한 최초의 개신교 서양 선교사이다. 사실 알렌이 입국한 1884년 9월 20일이 한국 개신교 역사의 첫 장이 되어야 할 터인데, 현재로서는 미국 북장로교의 언더우드와 미국 북감리교의 아펜젤러(H.G. Appenzeller, 1858~1902년)가 입국한 1885년 4월 5일을 그 첫 장으로 보고 있는 실정이다.

알렌은 1858년 4월 23일 미국 오하이오 주의 델러웨어에서 태어났다. 엄격한 기독교 가정에서 자란 알렌은 초등교육과 중·고등 교육을 마친 다음 오하이오 웨슬리언 대학교에 진학하여 1881

년에 이학사(理學士) 학위를 받고 졸업하였다. 그리고 졸업을 한 후 1년간 콜럼버스에서 의학을 전공하고 신시내티에 있는 마이애미 의과대학을 졸업하여 1883년 의사 자격증을 획득하였다. 그리고 서둘러 웨슬리언 대학교의 동급생이었던 페니(Fannie)와 결혼식을 올렸다. 알렌이 25세 때의 일이다.

그가 다니던 학교나 당시의 미국은 전체적으로 대부흥운동이 몰아쳐서 기독교의 열기가 충천하였고, 특히 외국 선교에 대한 열기가 휩쓸고 있었다. 이 기운을 타고 알렌 역시 해외 선교에 큰 뜻을 두어, 미국 북장로교 해외선교본부에 선교 파송 지원을 하였다. 그 지원이 1883년 봄에 허락되어서 마침내 중국 선교사로 임명받았고, 그래서 결혼을 서둘렀던 것이다.

알렌은 1883년 여름에 갓 결혼한 아내와 함께 미국을 떠나 중국으로 향했다. 앞으로 열두 번이나 왕래하게 될 그 먼 항로를 이렇게 시작한 것이다. 항해 도중에 500명 가량의 중국인들이 영양실조로 죽는 모습을 보았다. 장차 가서 일할 곳의 실정을 미리 예시해 주는 듯하였다.

알렌 부부는 1883년 10월 11일 중국 상하이(上海)에 도착하였다. 그러나 그들을 맞이한 것은 과격한 반기독교 사상과 양귀(洋鬼)라며 매도하고 협박하는 중국인들이었다. 길을 가다가 벽돌로 얻어맞은 일도 있었다. 그들의 선교사역이 쉽게 진행될 전망이 전혀 보이지 않자 알렌은 결국 1884년 6월 8일 미국 북장로교 해외선교본부에 한국에 전임하여 줄 것을 신청하였다. 이 신청이 받아들여져서 1884년 7월 22일에 알렌에게 한국 선교사를 허락한다는 소식이 도착하였다. 한국에서는 의료 선교사가 오히려 환영받을 것이라는 몇몇 서양인들, 특히 한국 주재 미국 공사 푸트(L. H. Foote, 福德, 1826~1913년)의 언질이 그의 한국행을 크게 자극하였음이 분명하다. 이렇게 해서 그는 한국에 들어가는 최초의 공식적인 서양 개신교 선교사로서의 명예를 안게 되었다.

그가 한국에 나오는 데에는 미국의 부호 맥윌리엄스(D. W. McWilliams)가 해외선교본부에 희사한 거금 6천 달러가 결정적인 도움이 되었다. 이에 따라 북장로교 해외선교본부는 해외 선교 예산 75만 7,625달러 중에서 한국 선교 예산으로 6,319달러를 배정하였던 것이다.

키가 훤칠하게 큰 알렌이 한국 제물포(오늘의 인천)에 도착한 것은 1884년 9월 20일이었고, 서울에는 22일에 당도하였다. 그는 일단 가족은 상하이에 남겨 놓고 혼자 왔다. 서울에 도착한 그는 한국인들이 외국인들, 특히 서양 사람들에게 친절한 것을 알고는 감격해하였다. '한국에서 받은 환영에 매우 기뻤다'는 것이 그가 한국에서 쓴 편지의 첫 글이다.

그는 미국 공사 푸트의 소개로 고종(高宗)을 만났는데, 선교사인 것을 숨기고 외국 공사관 소속 의사(醫師)라는 신분으로 왕을 알현했다. 실제로 그는 당시 서울의 외국 외교관들에게 그들의 건강을 돌보아 줄 사람으로 뜨겁게 환영받고 있었다. 그리고 미국 공사관의 특별한 배려로 정동(貞洞)에 넓은 집터도 사게 되었는데, 거처뿐만 아니라 학교, 병원, 그리고 예배당도 지을 정도로 널찍한 부지였다. 상하이에 남아 있던 가족도 10월 26일에 서울에 도착하였다.

하나님의 섭리라고밖에 볼 수 없는 일이 벌어졌다. 한국 기독교의 시작이 이런 경로를 통해서 활짝 열리리라고는 아무도 생각하지 못하였을 것이다. 1884년 12월 4일 개화파가 갑신정변(甲申政變)을 일으켰다. 그때 명성왕후의 조카요 수구파의 거두인 민영익이 치명적인 자상(刺傷)을 입어 목숨이 위태롭게 되었다. 바로 이 거물을 알렌이 서양의술로 스물일곱 군데를 꿰매고 큰 혈관 하나를 잡아 매는 대수술로 살려냈던 것이다.

민영익은 3개월 후 완쾌하였다. 이에 감사의 뜻으로 엽전 10만 냥을 알렌에게 전달하였다. 알렌은 '예수 박사'로 알려지게 되었고, 명성황후를 비롯하여 왕실의 총애가 알렌에게 뿐만 아니라 기독교에 넘치게 되었다. 이제 알렌이 선교사라는 것이 알려지고 다른 선교사들의 입국이 쉬워졌을 뿐만 아니라, 선교사들의 파송을 요청하는 데까지 이르렀다. 세계는 한국에서 진행되는 기독교의 승승장구에 이목을 집중하고 있었다. 하나님은 한 사람을 이렇게 쓰시며, 하나님의 경륜은 이렇게 나타나는 것이다. 알렌의 사건 없이 오늘의 한국 교회는 그 생존을 상상할 수조차 없는 것이다.

그러나 더러는 알렌을 질시하고 험담하는 사람들도 있었다. 알렌이 계속 조정과의 관계에 깊이 들어가고, 1885년 고종의 어의(御醫)에 임명되고 1886년 8월 당상계(堂上階) 통정대부(通政大夫)의 자리에까지 이르자, 친일적인 미국 사학자들이나 국내의 선교사들 중에는 알렌의 선교 동기를 의심하는 사람들도 있었다.

알렌은 1885년 1월 27일 미국 공사 포크(G. C. Faulk, 福久)를 경유하여 조정에 병원 설립을 청원했다. 그 청원이 1885년 4월 14일에 광혜원(廣惠院)의 설립 인허(認許)로 이루어졌다. 알렌은 감격의 눈물을 흘렸다. "기도의 힘으로 이 일이 이루어졌다고 믿습니다." 그의 일기에 적혀 있는 말이다. 광혜원 설립은 한국의 근대식 병원 설립 이상의 의미가 있었다. 한국의 근대화가 여기서 시작되었고, 기독교가 그 근대화의 추진력이라는 것이 널리 알려지는 기회가 되었기 때문이다.

병원은 재동(齋洞)에 있던 홍영식(洪英植)의 집에서 개원하였는데, 홍영식은 갑신정변 때 살해된 우정국 총판(總辦)이었다. 광혜원은 명목상으로는 '왕립병원'이었고, 조정에서 설비와 경비를 다 대고, 미국 북장로교 선교부는 알렌이 그 책임을 맡아 총괄한다는 시스템이었다. 12일 이후에 그 이름이 제중원(濟衆院)으로 바뀌었다.

알렌과 함께 일하던 헤론(J. W. Heron, 惠論, 1858~1890년)이 1886년 4월에 미국 북장로교 해외선교본부에 제출한 '의료 활동 보고서'에 의하면 몇 가지 중요한 사실이 나타나 있다. 그 하나는, 서양의술이 전부라고 여기고 동양의술이나 전통적인 치료방법을 무시하는 의료 정책을 쓰지 않았다는 것이다. 이것은 알렌이 한국인에게 가졌던 자세의 성격을 나타내는 것으로, 그의 선교 방법에도 여실히 나타나는 아주 친한적(親韓的)인 모습을 보여 주고 있다.

두 번째는, 환자 치료는 상하 계급을 불문하고 골고루, 아주 따뜻하게 하였다는 것이다. 고종의 어의(御醫)로서 금상(今上)을 치료하던 손길로 비천한 사람들이나 아녀자들에게까지 똑같은 인간으로 대했다는 것인데, 그때 우리 사회에 가져다준 복음의 밝은 빛이 어떠하였는가를 이 이상 잘 보여 주는 것은 없을 것이다. 이런 선교는 한국 계층 간의 간격을 허무는 혁신적 힘으로 작용하였으리라는 것은 의심할 여지가 없다.

세 번째로, 민중층의 고루한 보수적 성향을 혁파하는 데도 그는 공헌하였다. 사실 사회의 하류층이 사회의식에 있어서는 훨씬 더 미신적이고 수구적(守舊的)이다. 굿으로 병을 고친다는 등의 모든 미신적인 고정관념을 깨쳐서 이들로 하여금 한국 근대화의 역군으로 나서게 한 것이다. 1892년의 보고를 보면, 한 해 동안 굿으로 쓴 돈이 480만 달러였다. 당시 전국의 농토 평가액이 440만 달러였던 것을 감안할 때 매해 전국의 농토가 미신과 굿으로 사라졌다는 말이 된다. 그러니 나라가 잘될 리가 없었다. 이런 것을 혁파한 것이 기독교요 알렌의 의료 선교였다.

네 번째로, 여자 환자의 문제도 있었다. 여자 환자들은 여러 가지 현실적인 사회적 제약 때문에 치료가 쉽지 않았다. 그러나 알렌의 의료 선교 기간, 또 여러 선교사의 선교 기간에 남녀 간격 및 불평등 관습이 서서히 사라져갔다.

다음으로는 당시 한국인이 어떤 병을 앓았는가 하는 통계도 볼 수 있다. 대개가 학질, 위병, 한센병, 매독, 천연두, 폐결핵, 장질부사(장티푸스), 기생충, 각혈, 안질 등이었다.

알렌의 한국 선교는 실질상으로는 두 시기로 구분할 수 있다. 하나는 기독교 의료 선교사로서이고, 다른 하나는 외교관으로서이다. 그는 한국에 21년간 머물렀는데, 18년 동안은 외교관으로 보냈다. 그러나 외교관으로 일하면서도 선교사로서의 사명감은 한 번도 잊어버린 일이 없었다.

　알렌은 곧은 성격의 칼빈주의자로, 함께 일하던 헤론이나 언더우드, 감리교의 스크랜턴(W. B. Scranton, 施蘭敦, 1856~1922년)과 의견 충돌이 빈번하였다. 그래서 결국은 선교사 일을 그만둘 생각을 가지게 되었다. 그는 결국 1887년에 선교사직을 떠났다. 그러고는 곧 미국에 공사(公使)로 부임하는 박정양(朴定陽)을 수행하여 워싱턴 주재 한국공사관의 외국인 서기관으로 전직하였다. 그 직책의 임기가 끝나던 1890년 여름 잠시 제중원장에 재임명되었으나 곧 사임하고, 주한 미국 공사관의 참찬관(參贊官)으로 발탁되었다. 그리고 그해 11월에 공사관의 부총영사(副總領事), 1891년 10월 이후 임시 대리공사를 몇 번 거쳐 1896년 4월에 공사관 대리와 부총영사를 맡았다가, 1897년 7월에 미국 공사 겸 총영사 직에 올랐다. 그리고 1901년에는 주한 미국 특명전권대사(特命全權大使)가 되고, 1904년 4월에는 오랜 친구인 고종(高宗)으로부터 태극 대완장(大綬章)을 수여받는 영광을 누렸다. 그 후 한국이 일제에 의해 보호령(保護領)으로 늑탈되던 1905년 3월 29일에 미국 대통령으로부터 공사직에서 해임 통고를 받았다. 알렌은 21년 동안 머물렀던 한국을 그해 6월 5일에 떠나게 되었다. 그해 11월 17일 을사늑약(乙巳勒約)이 체결되고, 미국 공사관은 11월 23일 폐쇄되었다.

　외교관으로서의 알렌의 활동은 한국의 국가적 이익과 실로 엄청난 공헌을 남긴 일로 가득하다. 그가 크게 공헌한 첫 번째 일은 1893년 4월 미국 시카고에서 개최되는 세계박람회에 한국 출품 및 행사 관할을 위한 '명예사무대원'으로 역할을 맡은 것이다. 세계적 행사에 한국이 나선 것은 이때가 처음이어서 그 의의가 자못 컸는데, 알렌이 그 총괄을 한 셈이었다.

다음으로, 알렌이 그야말로 정성을 다 기울인 것은 미국 자본의 한국 진출과 알선 역할이다. 거기에는 두 가지 의미가 있다. 하나는 한국 근대화의 촉성이다. 미국 자본이 서북 운산(雲山)의 금광(金鑛)을 개발함으로써 서북인들의 경제생활과 일자리가 넉넉해져, 그것이 선교사들의 선교열과 함께 서북교회의 세기적이고 경이로운 발전을 이룩하는 바탕이 되었다.

다른 하나는, 이 자본 유치를 통해 미국이 한국 시장을 확장해서 일본의 한국 침략과 그 진출의 기선을 막고, 일단 일이 터졌을 때에는 미국이 그 이권 보호를 위해서 한국과 일본 사이에 간섭하게 한다는 고도의 외교 전략이었다. 알렌은 한국의 가장 무서운 적대 세력이 일본제국이라는 것을 잘 알고 있었다. 더구나 그는 미국 선교사들의 헌신적인 선교와 봉사로 한국에서 미국에 대한 이미지가 얼마나 순수하고 깊고 뜨거운가 하는 것을 잘 알고 있었다. 그는 그 신뢰와 의존을 꼭 지켜 주어야 한다고 본 것이다. 그래서 1903년 9월에는 미국 워싱턴을 찾아가 루스벨트(T. Roosevelt, 1858~1919년) 대통령을 만나 그의 친일정책을 면전 논박한 일도 있었다. 당시 미국은 러시아의 남진(南進)을 막을 군사력이 아시아에서는 일본밖에 없다고 보고, 일본이 하고자 하는 일, 곧 일본의 한국 보호라는 미명 아래 행하는 침략을 인정해 주는 정책을 쓰고 있었다. 한국을 위한 그의 격정이 결국 그를 공사 해임에까지 이르게 한 것이었다.

알렌은 공사 직을 떠난 후 미국에 돌아가 톨레도 시에서 잠시 외과의사로 개업을 하였으나 곧 문을 닫았다. 그리고 만년을 병약한 몸으로 지내다가 1932년 12월 11일, 74세의 나이로 외롭게 세상을 떠났다.

그가 서거하기 8년 전, 곧 1924년에 한국에서는 선교사들과 한국 교회가 알렌의 한국 입국 40주년을 기념하는 행사를 대대적으로 준비하고 개최하였다. 그리고 알렌에게 초청장을 보냈다. 알렌은 감격하였다. 하지만 건강이 나빠서 그 영광스러운 자리에 참석하지 못하였다. 그가 처음 왔을 때와 그날의 한국은 천양지차로 달라지고 발전하고 있었다. 그는 답장을 보냈는데, 거기 이런 말을 남겼다.

"하나님께 모든 것을 바치고 일하는 것보다 위대한 일은 세상에 없습니다."

선교사 사역이 비록 짧은 기간이었으나 현란한 외교관 생활보다는 훨씬 보람 있고 위대하였다는, 가슴 벅찬 회고(回顧)였다.

― 민경배(연세대학교 명예교수)

세브란스병원을 설립한 의료 선교사
에이비슨

에이비슨(Oliver R. Avison, 魚丕信, 1860~1956년)은 1860년 6월 30일 영국 요크셔 웨스트라이딩의 재거 그린이라는 작은 마을에서 태어났다. 그의 아버지는 그곳 방직공장에서 일하는 가난한 노동자였다. 그런데 그 공장마저 문을 닫게 되어 그가 6세 되던 해에 신천지 캐나다에 이민을 가게 되었다. 그리고 캐나다 온타리오 주 브랜포드에 정착을 하였다가 웨스턴으로 이사하고는 그곳 작은 시골학교에 다녔다.

그들의 신앙은 본래 감리교였으나 이사를 다니면서 성공회에도 나갔다가 다시 감리교로 되돌아오는 일이 겹치면서, 일종의 에

큐메니컬 정신에 익숙하게 되었으리라 볼 수 있다. 더구나 같은 영어권이라 할지라도 낯선 땅에 이민하면서 선교사에게 필요한 외국생활의 자세 같은 것도 미리 익히게 되었을 것이라고 본다.

그는 1875년경에 아버지와 함께 철저한 신앙생활을 시작하였다. 입교세례도 받았다. 1876년 그가 16세 되던 해에 알몬트의 고등학교를 졸업하고, 곧 교사 자격증을 받는 훈련을 마친 뒤 자격증을 받고는 스미스 폴즈라는 곳에 있는 시골 학교에 교사로 부임했다. 이 학교 교사로 3년을 지낸 뒤 에이비슨은 1881년 온타리오 약학대학에 입하여 3년간 수업하고 1884년에 졸업했다. 졸업과 동시에 약사 시험도 무난히 통과하여 약사 자격증도 획득하고는 학장의 청빙으로 그 약학대학의 식물학 교수로 임명되었다. 그러나 그는 곧 의학을 공부하기로 하고 같은 해 토론토의 의과대학 2학년에 다시 진학하였다. 이때 그는 오랫동안 사귀던 제니 바네스(Jennie Barnes) 양과 셔본 감리교회에서 결혼을 했다. 1885년 7월 28일의 일이다. 그는 학구적인 학생으로서 학장의 추천을 받아 3학년에 재학하면서 2학년의 약리학 과목을 강의하는 특권을 누리고 있었다. 1887년 토론토 의과대학을 졸업한 에이비슨은 그 대학의 외과교수로 발탁되었고, 동시에 한 친구와 함께 토론토 시내에서 개업(開業)까지 하였다.

가난한 집안에서 태어나 이민을 떠나 그렇게 어렵게 학교를 다녀서 교수까지 되었을 뿐만 아니라 개업 의사로 활동하게 된 것이다. 그리고 얼마 후에는 그 지역 셔본 감리교회의 사회활동 운영위원장으로 변두리 빈민 구제사역에도 나서는 등, 실로 선교사로서의 준비는 완벽하게 갖춘 셈이었다.

한 가지 특기할 만한 것은, 그가 한국에서 의학 교육을 하면서 1908년 6월 3일 첫 졸업생이 나올 때 그중 가장 영특한 학생 하나를 교수로 임명하였는데, 그 이름은 박서양(朴瑞陽)이고 백정의 아들이었다는 것이다. 한국 사회에서 최초의 대학교수라는 명예가 한국 사회 최하류의 천민에서 나왔다는 것은, 한국 사회에 대한 기독교의 변혁력의 거대함을 말하는 것이기도 하지만 에이비슨 자신이 가난한 집안에서 착실하게 공부하여 교수직에까지 이른 경력이 이런 일을 가능하게 하였던 배경과 소신이었다고도 볼 수 있다.

에이비슨이 의과대학 2학년 때쯤의 일이다. 의과대학 학생들과 에이비슨이 금주회(禁酒會)를 조직하여, 당시 학생이었으며 후에 한국 선교사로 파송된 하디(R. A. Hardie, 河鯉泳, 1865~1949년)와 함께 대학 YMCA를 조직하였다. 이 대학 YMCA에서는 1888년에 이미 토론토 대학교 졸업생인 게일(James S. Gale, 奇一, 1863~1937년)을 한국에 파송하고 있었다. 작은 기관으로서는 엄청난 일을 한 것인데, 이는 동시에 작은 곳에서도 이런 일을 할 수 있다는 실례를 보여 준 것이라 하겠다. 이런 일이 있고 나서 하디는 에이비슨과 함께 의료 YMCA를 창설하고, 그 재정적 후원으로 한국에 선교사로 나갈 수 있었다.

그가 한국에 선교사로 지원하게 된 직접적인 동기는 이미 한국에 선교사로 가 있던 언더우드의 강연이었다. 1892년 미국에 일시 귀국하였던 언더우드를 토론토에 초청하여 캐나다 의과대학 학생들과 여러 교회에서 한국 선교 실정에 대한 강연을 하게 한 일이 있었는데, 그때 그의 뜨거운 강연과 호소를 듣고 난 다음에 그도 한국 선교사의 길을 걷게 되었다. 때마침 미국 북장로교 해외선교부에서는 한국에 나갈 의료 선교사를 찾고 있던 중이었는데 언더우드가 에이비슨을 천거함으로써 에이비슨은 교적을 자발적으로 장로교로 옮겼다. 그리고 미국 북장로교 의료 선교사의 자격으로 1892년 4월에 아내, 그리고 세 자녀와 함께 출발하여 6월에 부산에 도착하였다.

부산에서 한국어를 익히던 그의 가족은 그해 8월에 서울로 이사하였다. 그리고 11월 1일부터는 제중원(濟衆院)에서 일하기 시작하였다. 제중원은 1885년 2월 25일에 알렌이 조정의 허락으로 설립한 한국 최초의 근대식 병원이다. 처음에는 재동(齋洞)에 있었으나 후에 을지로 입구 구리개에 자리 잡고 있었다.

여기서 일하던 미국 선교사 헤론이 1890년에 병사하여 병원 운영이 아주 힘들었다. 그 다음 책임을 진 사람은 빈턴(C. C. Vinton, 賓頓, 1856~1936년)이었다. 하지만 제중원이 정부의 시설 형식으로 되어 있었기 때문에 관리들이 많이 파견되어 있었고, 그들의 부패와 횡포가 커서 운영이 마비 상태에 있었다. 결국 1894년 9월 26일 조정은 제중원의 운영을 미국 선교기관에 완전히 이양할 수밖에 없었다.

사실 한국에 선교사들이 많이 들어올 수 있었던 근거와 구실은 이 병원에서 일할 서양인들이 꼭 있어야 한다는 호소 때문이었다. 실제로 초대 선교사들은 일단 여기서 일을 하고 후에 각각 그들 사역을 따라 지방의 선교사업을 위해 흩어졌다. 이때 마침 에이비슨이 왔기 때문에 언더우드의 간청으로 이 병원 사역을 하게 된 것이다. 이렇게 해서 에이비슨의 의료 선교가 그 막을 열게 되었다. 다행인 것은 에이비슨 역시 고종의 어의(御醫)로 임명되어서 한국 선교에서 있을 수 있는, 관리들의 기독교 전반에 걸친 박해를 피할 수 있었다.

그의 의료 선교는 빛을 내기 시작하였다. 마침 청일전쟁이 끝난 1895년 말부터 다음 해까지 전국에 '호열자'라는 무서운 전염병이 만연하여서 수없이 많은 사람들이 죽어가고 있었다. 당시로서는 적당한 치료약도 없었고 장비도 없었다. 그러나 기독교인들과 선교사들은 다 함께 공포의 전염병 앞에서 두려움 없이 환자들을 돌보고 그 병사자들을 장례까지 치러 주는 등, 사랑과 희생의 공로로 많은 환자들을 소생시킬 수 있었다. 기적 같은 일이었다. 헌신적인 사랑과 간호가 생명을 잃을 뻔한 사람들을 구제할 수 있었던 것이다. 때마침 조정(朝廷)도 사태의 위급함을 알고 에이비슨에게 상당한 권한을 부여하며 방역에 대한 총책임을 맡겼기에 그의 의료 활동이 결실을 거둘 수 있었다. 그로 말미암아 기독교 선교의 길은 환히 열렸다. 고종까지도 온 백성에게 교회와 병원에 가 보라고 설유(說諭)할 정도였다.

1895년 10월 8일 새벽, 안타깝게도 명성황후가 일본 자객에게 시해(弑害)되는 일이 벌어졌다. 온 나라는 충격에 싸이고 비통에 잠겼다. 고종은 자신의 생명을 걱정하여 선교사들을 궁전에 불러 주변에 서서 지켜 줄 것을 부탁했다. 그때 고종이 얼마나 지쳤는지, 에이비슨의 팔에 기대어 잠든 일도 있었다고 한다. 그만큼 선교사들은 우리나라와 종사의 안전을 위해 목숨을 내어 놓고 지켜 주고 힘을 보태 주고 있었다.

이런 일을 통해서 에이비슨은 의료 선교 확대는 말할 것도 없고 의학 교육의 필요성을 절실하게 느끼게 되었다. 질병에 대한 국민적인 계몽이 우선 필요하다고 보고 질병 예방과 위생, 특히 질병에 대한 미신적 오류와 잘못된 처치에 대해서 깨우쳐 주는 것이 필요하다고 보았다. 그래서 수많은 전단을 만들어서 전국에 살포하였다. 이처럼 기독교는 또 하나의 종교로만 소개된 것이 아니었다. 합리적이고 과학적인, 자연 질서에 알맞고 인간의 정신과 영혼의 안녕을 위한 참된 길이 무엇인가를 가르쳐 주는 대업을 수행했다. 인간의 참된 도리를 선포하는 커다란 일을 감당했던 것이다.

에이비슨이 1899년 3월에 캐나다로 안식년을 맞아 떠났을 때, 한국 의료 역사에 커다란 획을 그을 사건이 터졌다. 1900년 봄에 뉴욕의 북장로교 해외선교본부에 가서 한국 선교 상황을 보고할 때, 그곳 클리블랜드의 강철회사 사장 세브란스(L. H. Severance, 世富蘭)가 한국 의료 선교를 위해서 우선 5천 달러를 희사하면서, 이어 더 큰 도움을 줄 수 있다는 말을 한 것이다. 에이비슨은 큰 포부를 안고 다시 한국에 돌아와 일에 착수하려고 하였다.

그러나 선교사업이라 해서 다 마음이 맞았던 것은 아니다. 국내 선교사들은 그런 큰 돈으로 병원을 지으면 한국인들에게 기독교의 이미지가 왜곡될 수 있다고 했다. 마치 교회가 그런 일들이나 하는 것처럼 오해하기 쉽다며 병원 건축을 반대하였다. 하지만 세브란스는 병원 건축이 아닌 다른 목적으로는 거금을 희사하지 않겠다는 뜻을 확고히 하였다.

에이비슨은 그 착수금으로 남대문 밖 복숭아골에 병원을 세우기로 하고 이를 강행하였다. 그의 부탁으로 캐나다에서 건축기사 고든(H. B. Gordon)이 내한하였고, 그의 설계에 따라 건축회사를 경영하는 중국인 헨리 장(Henry Chang)이 공사를 맡았다. 초기 한국 교회 건축의 대부분은 이 헨리 장이 맡아서 하였다. 1902년 8월 초에 착곡하여 1904년 완공, 그리고 그해 11월에 병원 개원식을 거행하였다. 병원 이름도 '제중원'에서 '세브란스병원'으로 고치고 에이비슨이 원장으로 취임하였다. 건축 비용은 2만 5천 달러였는데, 세브란스가 1만 5천 달러, 북장로교 선교부가 1만 달러를 각각 희사하였다. 한국 근대화에 서양 기독교회가 끼친 공헌이 이렇게 컸다. 세브란스는 1926년에 다시 20만 달러를 희사하였다. 그 기금으로 새 병원을 신축하였다.

한국에서 의학 교육이 처음으로 실시된 것은 1886년 3월이었다. 제중원이 설립된 지 1년이 지난 후 병원의 부속의학부로 설치되었던 것이다. 처음 교수는 알렌과 언더우드, 그리고 헤론이었다. 학생은 입학할 때 16명이었으나 12명만이 공부할 수 있었다. 사정이 여의치 않아 계속되지 못하다가 1898년에 정식으로 의학 교육을 실시하고, 1901년에 본격적으로 의학교를 시작하였다. 첫 졸업생이 나온 것은 1908년 6월 3일이었다. 이날 축사한 사람은 조선통감부의 이토 히로부미(伊藤博文)였다. 내빈의 수가 800~900명이었다고 하니, 당시로서는 엄청난 수의 사람들이 참석한 것이다. 기독교의 공적과 그 사명이 확인되던 날이었다.

에이비슨은 간호학교도 설립하였다. 북장로교 해외선교부에서 파송한 여의사 쉴즈(E. L. Shields, 秀日斯, 1869~1941년)가 1904년에 세브란스병원에서 간호사 양성에 나섰고, 1908년 8월에 첫 간호사를 배출할 수 있었다. 1910년 한일합병 후에는 '세브란스 산파간호부 양성소'로 그 이름을 바꾸었다. 1911년에는 간호원협회를 조직하게 하기도 하였다.

이러한 그의 업적이 조정의 인정을 받아서 1906년 4월 23일에는 구한국 정부로부터 훈(勳) 4등 태극훈장을 받았으며, 1907년 1월에는 의료 사업 기념장을 받았다.

그는 그동안 심혈을 기울였던 세브란스 병원장직을 1913년 사임하고 세브란스의학전문학교 교장으로 취임하였으며(1913~1935년), 언더우드의 서거(逝去)로 1916년부터는 연희전문학교의 교장직(1916~1935년)도 겸직하였다. 그는 1917년에 신교육령에 따라 이 학교를 정식 의학전문학교로 승격시키고, 외국에서 유명한 교수들을 청빙하여 국제적 경쟁력을 높였다.

에이비슨은 1924년에 그의 모교인 토론토 의과대학에서 명예의학박사 학위를 수여받았고, 1925년에는 미국의 우스터 대학교에서 명예문학박사 학위를, 1937년에는 토론토 대학교에서 명예법학박사 학위를 수여받았다. 1928년 3월 20일 졸업식 및 새 병원 낙성식이 거행될 때에 그의 동상 제막식도 함께 거행되었다.

에이비슨은 1934년 3월 세브란스의학전문학교 교장직과 연희전문학교 교장직에서 동시에 물러나면서 명예교장으로 추대되었다. 그리고 다음 해 1935년 11월에 은퇴하고, 12월 2일에 미국으로 떠났다. 해방 이후 1952년 3월 1일에 이승만 대통령은 에이비슨에게 독립유공훈장을 수여하였다. 1956년 8월 28일 에이비슨은 미국 플로리다의 세인트 피터스버그에서 96세의 나이로 서거하였다. 그의 유해는 화장되어 캐나다 스미스 폴즈 묘지에, 앞서 간 그의 아내 제니 곁에 묻혔다.

그의 셋째 아들 고든 에이비슨(G. W. Avison)은 1925년에 YMCA의 농촌운동을 돕기 위해 내한하여 광주(光州)에서 호남 지역 농촌 사업을 지도했다. 그는 '농촌을 위해서'가 아니라 '농촌과 함께'라는 슬로건으로 커다란 감명을 주었다.

이렇게 해서 에이비슨은 한국 의료 선교에 잊을 수 없는 금자탑을 남기고 한국의 영원한 벗으로 우리 곁을 떠났다.

— 민경배(연세대학교 명예교수)

침례교의 한국 선교사
펜윅

　펜윅(Malcom C. Fenwick, 片爲益, 1865~1935년)은 침례교회를 한국에 처음 도입한 캐나다 출신 선교사이다. 그는 캐나다 토론토의 북쪽에 있는 작은 마을 마캄에서 1865년에 태어났는데, 11남매 중 열째였다. 그 부친 아치볼드(Archibald)는 스코틀랜드에서 이민 온 가난한 농부였다. 그 아버지의 가정교육은 구식이어서 실로 엄하고 강직했는데, 그는 펜윅이 세 살 되던 해인 1868년에 세상을 떠났다.
　그의 형제와 자매들은 일찍이 다 집을 떠났지만 펜윅은 18세 되던 해에 제일 마지막으로 집을 떠났다. 그는 온타리오 주의 프라이즈 농장에서 일하면서 농사에 관해 많은 것을 배울 수 있었다. 그가 한국에서 선교사업을 시작할 때에 농사 기술로 한국 근대화에 큰 공헌을 끼치게 된 아주 소중한 경험을 이때 한 것이다.

그는 얼마 후 도시 토론토에 나가서 사업을 하여 성공을 거둘 수 있었다. 철물 도매상의 창고 관리인으로 있다가, 해변의 한 도시에 있는 이 회사 지점의 지점장으로까지 승진하였던 것이다. 법률사무소에서 일한 적도 있었는데, 그때부터 성경 공부에 밤을 지새우는 일이 잦아졌다. 기회 있을 때마다 '평신도 설교자'로 복음을 전하기도 하였다.

그가 선교사로 해외에 나가겠다는 결단을 내리게 된 것은 나이애가라 성서연구회의의 사경회에 참석하였을 때의 일이다. 그때 그는 "먼 나라 이교인(異敎人)들에게 선교하러 나가라"는 부름을 받았다는 확신을 가지게 되었다. 하지만 그는 정규교육을 받은 일이 없었을 뿐만 아니라 신학교 문 앞에도 가본 일이 없는 터였다. 그래서 망설이고 있었다. 그런데 마침 1889년 7월에 당시 인도에서 선교하던 로버트 와일더(R. Wilder)의 집회에서 사막에서 물이 없어 목말라 죽어가는 사람의 경우를 빗대어 구령사업의 긴급함을 호소할 때, 마음을 굳게 다져 교육을 받지 못하였다던 핑계와 내세우던 구실을 버리고 선교사로 나설 것을 하나님 앞에서 서원(誓願)하였다.

펜윅은 1889년 12월 8일 제물포에 도착하였다. 혈혈단신이었다. 캐나다 토론토의 YMCA계 인사들이 모여 만든 한 기독교 그룹인 한국연합선교회(Corean Union Mission)에서 파송하는 선교사로 입국했기 때문에 재정적 지원은 실로 보잘것없었다. 그는 떠나기 전에, 캐나다 출신으로 후에 한국 선교에서 커다란 공헌을 하게 되는 게일을 만났던 것으로 보인다. 그때 게일은 신학교육을 받은 사람보다는 성령을 받은 사람이 선교사로서 더 적합하다는 말을 하였다. 펜윅은 이 말에 확신을 얻고 선교사 지원 의지를 굳혔던 것이다. 이렇게 해서 그는 다만 중생(重生)한 성령의 사람, 주님께서 끝까지 동행하신다는 확신, 성경 연구에서 얻은 지식과 스스로 읽은 성경 이해를 가지고 어떤 공식적인 선교부의 도움도 없이 독립 선교사로 한국을 찾아왔던 것이다.

그는 선교사로서의 자격으로 한 가지 더 자신하는 것이 있었다. 농토에서 농업과 원예를 익혔고, 캐나다 서북지역의 황량한 개척지에서 살아본 경험, 법률사무소에서 일하며 얻은 법률 관계 지식, 실업계에서 얻은 회계 업무와 금융관계 숙달과 같은 것들이 선교지에서 활용할 수 있는 자산이라고 스스로 자신하였던 것이다. 이처럼 그는 한국 선교사로서 자신의 여러 경력이 커다란 자격이 된다고 확신하고 있었으며, 또한 매혹적이고도 인상적인 남자로서의 풍채와 강인한 의지 및 결단력도 가지고 있었다.

하지만 그의 그런 과신과 신학 교육을 받지 못했다는 잠재의식이 펜윅이 한국에서 때로 독단적인 행동을 하거나, 다른 교파 선교사들 내지는 같은 캐나다 출신 선교사들, 곧 게일이나 하디, 그리어슨(R. G. Grierson, 具禮善, 1868~1965년)과도 관계를 멀리하게 하고, 심지어 그가 조직한 교회의 행정에서도 독단적 처사를 많이 하여 교인들을 떠나게 하였으며, 심지어 지도급 인사들까지 그를 떠나게 만들었다.

  1889년 12월에 한국에 도착한 그는 서울에서 10개월 남짓 한국말을 배웠으나 여의치 않았다. 그래서 한국인과 직접 섞여서 사는 것이 가장 빠른 길이라 여겨서 서울에서 160마일이나 떨어진 황해도의 솔내(松川) 마을로 가서 땅을 사 농사를 지으면서 전도에 힘썼다. 솔내는 기독교가 우리나라에서 제일 처음 들어온 곳으로 기독교인들이 여럿 있었다. 우리나라 최초의 기독교인 서경조(徐景祚, 1852~1938년)와 그 친족들도 거기 살았다.

  그런데 펜윅은 늘 부족한 느낌이었다. 이런 실망 때문이었는지 모르지만 한국에 최초로 입국하였던 미국 선교사 언더우드를 모함하는 글을 미국에 써 보내고 말았다. 언더우드가 마구잡이로 세례를 주고 있다는 글이었다. 여러 선교사들의 공로를 폄하(貶下)하는 글이어서 다들 실망하였고, 심지어 그에게 적은 재정적 도움을 주던 단체에서도 그에 대한 후원을 끊는 일이 일어났다.

  이런 것이 한국 초기 선교사역에 준 상처는 적지 않았다. 그 자신에게도 물론 후회막심한 일이었다. 그는 곧 원산(元山)에 잠시 가서 선교하다가, 1893년에 미국에 가서 3년을 지내게 되었다. 그 다음 해에 그는 스스로 '한국순회선교회'(Corean Itinerant Mission in America)를 조직했다. 그런데 그 선교회의 목적이 매우 특이하였다. 초교파적 복음주의적 선교, 진취적 방법, 다른 선교부 활동지역에 대한 관여 금지, 그 지역 밖으로의 진출, 모든 사람에게의 전도와 같은 것이었다. 여기서 그가 장차 만주나 시베리아 선교에 나서게 된 배경을 읽을 수 있다.

펜윅은 본래 아무 교파의 배경이 없이 한국에 온 단독 선교사였는데, 1894년 미국에 있을 때 침례교와 연결되는 사건이 일어났다. 한국 침례교회의 역사가 이렇게 해서 시작되었다. 1894년에 펜윅은 보스턴의 클라렌돈 스트리트 침례교회의 고든(A. J. Gordon)에게서 목사 안수를 받았다. 그때 서울에 피어선성경학교를 세우는 데 거금을 냈던 피어선(A. T. Pierson)도 함께 안수를 받았다.

1896년 한국에 되돌아온 펜윅은 타 선교부가 이미 차지한 구역인 솔내로 가지 않고 원산을 그의 활동 근거지로 삼았다. 그런데 놀라운 일이 전개되었다. 충청도의 공주(公州)에서 5명의 선교사로 활동하던 미국 고든 목사 교회의 엘라 딩 기념선교회가 활동 부진으로 1900년 철수할 때에 그 시설과 재산 일체를 펜윅에게 이전(移轉)하고 간 것이다. 1896년 7월의 선교 보고에 "단 한 사람에게 세례를 주었다"는 기록이 남아 있다. 이런 부진이 철수의 원인이었을 것이다. 하지만 더욱 흥미를 끄는 것은, 고든 목사가 세운 고든 대학(Gordon College)을 졸업한 패미 힌즈(Fammie Hinds, ?~1933년)가 1898년 12월에 미국 남장로교 선교사로 한국에 와서 개성의 호수돈여학교에서 가르치다가 바로 1900년 그해에 펜윅과 결혼하게 되었다는 사실이다.

이런 일들로 침례교와의 연결이 굳어진 것이 확실하다. 펜윅은 세례받은 이 '한 사람'에게 공주 지역 전도의 책임을 맡기고, 자신은 원산에서 수시로 왕래하는 형태로 침례교 선교의 형태를 이어나갔다. 이 '한 사람'이 바로 신명균(申明均), 곧 한국 침례교 최초의 신자로, 장차 한국 침례교의 지도자가 되는 사람이다.

선교사로서 펜윅은 순수한 영적인 기독교인을 만드는 데 전력을 기울였다. 종말이 가까웠다고 보았기 때문이다. 그래서 신앙생활에 방해가 된다고 여겨서 교인들이 자녀들을 학교에 보내는 것을 금했으며, 교파나 교단 및 교회 조직에 부정적이어서 교회 조직을 늦추었고, 다만 영적으로 성령과 교통하는 것이 참 신앙의 모습이라고 하여 신앙생활이 역사 속에서 자연과 사회와 인간 사이에서 진행된다는 것을 신중하게 가르치는 일에 소홀하였다. 그는 한국말 성경 이외에 어떤 외국어로 된 성경도 읽지 못하게 하였다.

이런 부정적인 부분도 많지만 펜윅은 선교 역사상 아주 커다란 공헌을 하나 남겼다. 그것은 처음부터 토착인들을 전적으로 기용한 일이다. 펜윅과 함께 일할 선교사들이 워낙 없었기 때문에 불가피한 조치였다고 볼 수도 있겠지만, 아무리 눈물로 호소해도 한국인들의 마음을 움직일 수 없었다는 그의 뼈아픈 체험이 한국인을 선교의 전선에 앞세우는 배경이 되었던 것이다. 이것은 결과적으로 한국에서는 처음으로 한국인을 선교의 주체로 하는 토착화(土着化)의 거보(巨步)로 갈채를 받는 실험이 되었고, 실제로 성공했다. 그는 여기에서 그리스도의 복음을 외국인에게 전할 때는 그와 같은 자국인에 의해서 전달할 때 가장 감동적인 효과를 준다는 사실을 알게 된 것이다. 선교신학의 정립이 필요한 이유가 여기 있었다. 이런 사건은 서양 백인 선교사들의 숨겨진 교만이 깨진 사실을 보여 주는 것이기도 했다.

펜윅 선교의 공헌은 간도(間島)나 시베리아 같은 곳에 이주한 수

십만의 한국인을 위한 선교에서 더욱 빛났다. 그 해외선교는 1906년에 이미 4인의 한국 선교사들을 파송함으로 시작되었다. 그는 1910년 직접 간도를 거쳐 블라디보스토크를 거쳐 강경(江景)에 돌아와서 성경연구회를 열고, 다 마친 후에 전도인 50명을 사방에 파견하였는데, 그중에 9명을 두만강 건너쪽에 파송하였던 것이다. 이런 활발한 해외선교 때문에 해외에서 일본군과 공산주의자들에게 받은 한국 기독교의 박해와 순교는 이 '대한기독교회'에서 최초로 나올 수밖에 없었다. 1921년에 일본군에게 총살된 송상열이 첫 희생자였다. 넉넉하지 못한 교회를 배경으로 해서 떠난 이 초기 한국인 해외선교사들이 만주 벌판 시베리아 벽지에서 겪은 고난과 시련, 그리고 궁핍은 상상하기도 힘들었다. 펜윅은 이렇게 해서 최초로 남북 만주, 시베리아, 몽골 등지에 사람을 보내 복음을 전파했던 것이다.

펜윅은 한국인에 의한 해외선교에서 선교 효율성의 문제를 생각하고 있었던 것이 확실하다. 그는 한국인 한 사람이 두만강 건너편에서 선교하는 것은 서양 선교사 9인이 모든 선교 경비를 다 들이고도 못한 일을 할 수 있다고 보았다.

펜윅은 한국인에 대해 높이 평가하고 있었다. 그가 한국을 얼마나 사랑하였는가 하는 것은 그가 1906년에 직접 "대한노래"라는 국가(國歌)를 작사한 것을 보아도 알 수 있다. 윤치호(尹致昊, 1864~1945년)의 "동해물과 백두산" 역시 1906년 작사되었는데, 그 시간의 선후 관계는 아직 분명하지 않다. 그밖에도 그는 한국인이 신체적으로나 지적으로 일본인보다 월등하다든가, 자신들의 전통에 대한 한국인의 긍지, 일에 임하였을 때의 침착한 모습들을 한국인의 훌륭한 점으로 꼽고 있었다. 한국을 그렇게 평가할 수 있는 마음이 있었다는 것이 더 중요하다. 그런 그의 마음은 실제 삶으로 나타나, 그 자신 한국에서도 가장 낮은 계층의 생활을 하며 초가삼간에 거처하고 조식(粗食)으로 그 오랜 세월을 지냈다.

늘 성령을 말하던 펜윅이었지만 결국 한국 선교를 위해서는 교회를 조직할 수밖에 없었다. 성령의 은사는 교회 안에 있어야 한다는 믿음 때문이었다. 그래서 1906년에 '대한기독교회'라는 것을 조직하고 전국적인 총회, 곧 대화회(大和會)도 설립하였다. 그 교규(敎規)에는 이 교회가 침례교회임을 확인하고 있다. 그런 교파 교회의 명칭을 대한기독교회라고 한 데서도 펜윅의 한국 사랑의 진심이 여기에서도 뚜렷하게 보인다. 대한기독교회는 1921년에 '동아(東亞)기독교회'라고 개칭하였는데, 한일합병 이후 11년간을 '대한'이란 이름을 쓴 그 용기는 대단한 것이었다. 더구나 개칭한 '동아'란 것 역시 토착화에의 넘치는 소신이 차 있었다는 증거가 된다. '대한기독교침례회'라고 정식으로 부르게 된 것은 1949년 이후의 일이다.

펜윅은 일제가 한국 교회를 압박하여 신사참배나 궁성요배(宮城遙拜)를 강요하기 시작한 1935년, 그해 12월 6일에 72세를 일기로 원산 자택에서 세상을 떠나 2년 전에 떠난 아내의 묘지 곁에 평장(平葬)으로 합장되었다.

그는 46년간을 한국에서 보내면서 오늘의 거대한 침례교회를 세우고 발전시켰다. 그는 유서에서 그의 일관된 신학을 확인하고 떠났다. 곧 "내가 세상을 떠난 뒤에도 우리 교회는 세상에 있는 교회들과 갈라놓으라. 그들에게 물들이지 말라"라는 것이었다. 교회의 순수성에 대한 그의 신념과 집착, 그리고 사랑은 그만큼 깊고 확실하였다.

– 민경배(연세대학교 명예교수)

한국을 사랑한 한국의 옹호자
게일

선교사 하디(R. A. Hardie), 에이비슨(O. R. Avison)과 함께 '토론토의 삼인조'라고 불렸던 게일(James Scarth Gale, 奇一, 1863~1937년)은 1863년 2월 19일 캐나다 온타리오 주 필킹친의 한 농장에서 존 게일(John Gale)과 마이애미 브래트(Miami Bradt) 사이에서 5남 1녀의 다섯째로 태어났다. 그의 아버지는 스코틀랜드계 장로교 가문 출신이었고, 어머니도 칼빈주의 전통이 강한 네덜란드계였다. 게일의 아버지는 엘로라 지역에 있는 장로교회 설립에 능동적인 역할을 담당하고 이 교회 장로가 되었던 돈독한 신앙인이었다. 한편 그의 삼촌 알렉산더 게일(Alexander Gale)은 현재 토론토 대학교 내

녹스 칼리지(Knox college)의 시초라고 할 수 있는 로기 아카데미 (Logie Academy)를 설립했던 인물이다.

18세가 되었을 때 게일은 세인트 캐서린 학원(St. Catharines Institute)에서 3년간 공부한 후, 1884년 토론토 대학교에 입학했다. 이듬해 게일은 파리의 프랑스 대학(College de France)에서 1년간 유학하였는데, 파리에서 지내는 동안에 익숙해진 프랑스어는 그가 조선에서 언어를 연구하는 데 큰 도움을 주었다.

다시 캐나다로 돌아온 게일은, 1886년 '헐몬 산 사령회'(Mount. Herman Conference)에서 당시 북미를 복음주의 선교 열정에 타오르게 했던 무디(D. L. Moody)의 설교를 듣고 감화를 받아 선교에 대한 소명의식을 가지기 시작했다. 1887년 포먼(John N. Forman)과 와일더(Robert P. Wilder)가 미래의 선교사를 모집하기 위해 토론토에 왔을 때, 게일도 선교 사역을 서원했다. 그가 한국을 선교지로 택한 것은, 1883년 방미친선사절단으로 미국을 방문 중이던 한말 보수계의 거두 민영익을 만나 한국 사정을 듣고 선교의 필요성을 느끼게 된 까닭인 것 같다. 게일은 그의 책 《The Transition in Korea》 (1909, 한역:《전환기의 조선》)에서 민영익의 선교 호소를 다음과 같이 기억한다.

"조선을 위해 기도해 주십시오. 다른 어떤 것도 우리를 도울 수 없습니다. 하지만 하나님 그분은 도와주실 수 있습니다."

1888년 2월 토론토 대학교 YMCA는 조선에 선교사를 파송할 것을 결의하였고, 게일은 그들이 파송하는 선교사로 임명되었다. 그는 1년에 500달러의 선교비 지원과 8년간의 활동을 약속받았다.

1888년 6월 토론토 대학교를 졸업, 문학사(B. A.)를 취득한 게일은 그해 12월 15일, 일본과 부산과 인천을 거쳐 드디어 서울에 도착했다. 언더우드의 집에 머물게 된 게일은 12월 23일 언더우드의 집에서 조선에서의 첫 주일 예배를 드렸는데, 그 예배에서 50여 명의 교인이 모인 가운데 청년 11명에게 세례를 베풀었다. 이 예배는 게일에게 크나 큰 감격으로 다가왔다.

그는 1892년 봄까지 서울, 솔내, 부산을 거쳐 광범위한 순회 전도에 종사하고, 곧 미국 북장로교 선교부로 적을 옮겼지만 토론토의 후원은 1898년까지 계속되었다. 캐나다 장로교회가 한국 선교를 시작했을 때, 캐나다 토론토 대학교에서는 이때까지 도와주던 재한 선교사 한 사람에 대한 후원을 중지한 일이 있었다. 게일이 바로 그 선교사였다.

1891년 마펫의 도움으로 미국 북장로교 선교부로 이적(移籍)한 게일은 먼저 언더우드가 운영하던 고아원(경신학교의 전신)과 여학교(정신여학교의 전신)를 맡아서 운영하였다. 언더우드가 건강상의 이유로 잠시 귀국했기 때문이다. 1892년 게일은 의사 헤론 선교사의 미망인 해티(Hattie Elizabeth Gibson, ?~1908년)과 결혼했다. 그리고 언더우드가 다시 돌아온 후 게일 부부는 새로운 선교지 원산(元山)에 정착하여 봉수대(烽燧臺)에 가옥 한 채를 마련하였다. 그리고 크리스마스 때 주민들을 초청하여 성탄절 선물을 나누어 주었는데, 이때부터 그 집이 주민들에게 '예수의 집'으로 불리게 되었다.

한편 우리나라 문화에 대하여 누구보다도 깊은 조예를 보여 주었던 게일은 1893년 서울에서 《Korean Grammatical Forms》를 내었는데, 이것은 그가 장차 발표 간행할 수많은 업적의 첫 열매였다. 영문 저서 9권, 한국어 저서 30권, 그리고 한미 양국어로 발표된 그의 수많은 저술은 한국을 외국에, 외국을 한국에 소개한 미증유의 것으로, 이보다 더한 공헌자는 아직은 나타나지 않고 있다.

게일은 한국 사회의 가난의 원인을 한국 사람들의 턱없이 선량한 성품 때문으로 꼽았다. 가난한 사람들은 친지 중 돈 있는 집에 가서 먹고, 그런 사람들이 몰려와 식솔이 넘쳐서 그 집이 마침내 똑같이 가난해질 때까지 거식(居食)하며, 그때가 되면 다시 딴 곳으로 흩어져 또 기식(寄食)한다는 것이었다. 누구도 여기 반발하거나 비난하는 이 없는 관습이 바로 이러한 한국인의 끝없이 선량한 전통이며, 그것이 가난의 끝없는 순환의 원인이라고 보았다. 그래서 그는 조선에 쌀은 없을망정 거지는 없다고 단언할 수 있었다. 또한 게일은 한국인의 역사를 깊이 연구하고 나서, 그들의 지적 우월성과 문화적 공헌을 찾아내고, 선교사 입국 당시의 전국적 빈곤과 사회적 불안을 분석하여 "뭔가 큼직한 힘이 이들을 이러한 정경(情景)에 끌어내린 것이 확실합니다"라고 갈파한 일이 있었다. 바로 풍속의 저변에 깔려 있던 우상과 미신의 힘을 말하는 것이었다.

한국에 온 선교사들은 조선 문화의 전통을 긍정적으로 평가해 왔다. 특히 게일의 경우는 조선 전통과 사회, 그리고 민족에 대한 그의 애정과 친밀함이 선교사들 사이에도 널리 알려질 정도였다. 그는 조선 사람 특유의 마음씨를 읽고 경탄하였다.

"온화하고 양 같은 사람들, 수세기의 질고를 살아 건너 온 마음과 그 힘, 이런 사람들은 세상에 다시 살았던 일이 없으리라."

그의 이 말에 우리 겨레에 대한 깊은 사랑이 조용히 흐르고 있다. 양반이나 농민, 상하(上下)를 다 살피고 사랑한 게일은 이런 말을 남겼다.

"그의 얼굴 모습, 스스로 극복한 초연함, 그의 분(分)을 아는 마음, 사람 좋아 끝내 순수한 눈매, 그의 위엄, 무턱대고 좋은 몸가짐, 차라리 세상에 안 맞는 태도. 이 모두가 다 그 인간성의 신비를 이루고 있습니다."

게일은 한국 교회 찬송가에 대해서도 깊은 생각을 했다. 서양인 편찬의 찬송가는 다만 선구적 소임 아니면 한국 교회 자체의 아름다운 찬송이 나올 때까지의 과도기적 소임에 그쳐야 한다고 지적했다. 그는 1895년 '찬양가' 나 '찬미가'의 곡이나 가사들을 보고 서양 음악조의 찬송가는 한국 교회에 맞지 않는다고 생각했다. 번역해서 억지로 맞추어 놓은 조작된 가사를 보고는 전인적 영혼의 감화가 결여된 공백 때문에 찬송 본래의 의미가 시든다고 탄식했던 것이다. 1897년에 가서 그는, 한국 교회 신앙의 토착 고백이 기도와 찬양에 나타나야 하며, 거기에 이 겨레 본래의 소박함과 긍지가 담겨 있어야 한다고 주장하였다. 이러한 실례로 그는 경어의 개념이 약하거나 제한된 스탄자(聯)의 수 때문에 '하옵소서' 하다가 갑자기 '해', '하게' 가 나오는 곳이 있다고 공박하였다. 이런 것들 때문에 하나님을 찬양하는 교인들이 하나님께 대해서 혼란이 생겼고, 그런 미숙과 결함 때문에 끼칠 해독에 대해서 심려하고 있었던 것이다. 따라서 번역 과정의 세련을 찾기보다, 한국 교회 자체의 찬송가 출현을 독촉하여야 한다고 강조했다.

1900년, 게일은 미국 북장로교 선교부가 개척한 연동교회의 담임목사가 되었다. 그리고 그가 조선을 떠나는 1927년까지 이 교회를 섬겼다. 그런데 그의 연동교회 목사 재임 초기에 아주 흥미 있는 일이 하나 일어났다. 우리나라 교도소 선교 역사 첫날에 게일이 관여했다는 것이다. 1901년 봄에 서울 감옥서(監獄署)에 이원긍(李源兢), 이상재(李商在), 유성준(俞星濬), 김정식(金貞植), 이승인(李承仁), 홍재기(洪在箕), 이승만(李承晩), 안국선(安國善), 김인(金麟) 등이 유치(留置)된 일이 있었다. 이들은 대개 다 관력(官歷)이 있는 사람들이었다. 선교사들이 여러 차례에 걸쳐 노력한 끝에 여기에서 복음을 전파할 수 있는 허락을 얻어냈다. 그래서 1902년 12월 28일에 이 감옥 안에서 처음 예배를 드릴 수 있게 되었고, 그때 감옥서장과 몇 사람의 죄수들이 함께 모였다.

그러고 나서 여기에 도서관을 설치할 수 있게 되었고, 성서공회가 여기에 성경을 공급하면서 감옥 내의 두 기독자들과 밀접한 연결을 취할 수 있었다. 그 두 사람 중 하나가 바로 이승만이었다. 그는 성서공회의 켄무어(A. Kenmure)에게 감옥서의 형리(刑吏)들이 이러한 전도 사업을 고맙게 여겨 성서공회를 한 번 방문할 것이라고 말하고, 자기가 하고 있는 전도 사업을 위해 기도해 달라는 편지를 써 보냈던 것이다. 전 경무관 김정식 역시 게일에게 편지를 보내어, 전에는 게일의 전도에 무관하였으나 감옥에 들어와 그의 복음 전파의 내용들에 새삼 끌려 신앙을 가지게 되었으며, 신약성경과 버니언(J. Bunyun)의 《천로역정》(天路歷程)을 차입하고 아내에게도 신앙을 권고해 달라고 간청하였다. 성서공회는 이 감옥서 안의 기독교인 집단을 '학교'라고 불렀으며, 맥켄지(F. A. McKenzie)는 '교회'라고 불렀다.

남궁억(南宮檍)과 이상재가 기독교로 전향한 것은 이승만의 전도 때문이었다. 그런데 게일은 이것을 가리켜 '한국 최초의 신학교'라고 부르고 있었다. 1904년 초 이들이 다 석방되었을 때에는 마음과 뜻을 굳게 하여 훌륭한 기독자들이 되었고, 이것이 바로 한국에서의 상류층 양반과 관리들의 처음 입교라는 기록을 남기게 되었다. 석방 후 이들이 게일이 시무하던 연동교회에 다 몰려갔다는 사실에서 이들이 게일의 영향을 많이 받았음을 알 수 있다.

1910년 8월 22일, 한국은 완전히 일본의 식민지로 수탈 합병되고 말았다. 그날 게일은 비탄과 탄식으로 울먹이고 있었다.

"한국, 그것은 이제 사라졌는가. 먼 옛날 중국인마저도 어르신네의 고장이라 불렀던 나라, 선비와 책과 붓의 나라, 아름다운 가문(歌文)과 많은 거울의 나라, 시와 고화(古畵)의 나라, 효자와 열부의 나라, 숨은 도인의 나라, 하나님을 바라보는 종교적 환상의 나라. 이제 그 나라는 사라졌는가."

그는 이렇게 탄식했다.

1919년, 독립운동의 시위가 전국 도처에 미치자 총독부의 내무국장 우사미 가쓰오(宇佐美勝夫)가 몇 차례에 걸쳐 게일, 에이비슨, 하디, 노블(W. A. Noble), 웰치(H. Welch), 샤록스(A. M. Sharrocks), 베른하이젤(C. F. Bernheisel), 번커(D. A. Bunker), 제르딘(J. L. Gerdine), 밀러(H. Miller) 등 여러 선교사들과 회동해서, 한국 교회의 시위를 진압하는 데 선교사들이 협력해 줄 것을 호소했다. 이때 게일은 야무진 항일 비판으로 소요의 책임이 일본에게 있다고 단언하고, 선교사들 전체는 그런 중재역에 나설 수 없다고 버티며, 다음과 같은 이유 세 가지를 들었다.

"첫째는 독립운동을 선교사들이 막을 수 없고, 둘째 그렇게 하면 한국 교회의 원망과 불신을 사서 교회의 본질적 문제를 결정해 나갈 수 없으며, 셋째는 본국 정부가 선교사들의 정치 관여를 금지했다."

선교사들의 언필칭 '정치적 중립'의 표방은 일제 통치권의 현실적 행사 지역에서는 강력한 저항의 표시요, 한국 민족에 대한 결연한 동맹의 천명이었다.

1923년 2월 19일 회갑을 맞은 게일 목사에게 연동교회의 이상재 피택장로는 다음과 같은 축하의 글을 봉정했다.

"기일(奇一) 선생의 회갑을 축하합니다. 길의 방향을 잃은 사람으로 하여금 바른 데로 돌아오게 하고, 어둠 속에 있는 자로 하여금 빛을 얻게 하여 반드시 그 사람을 올바로 인도한 연후에야 비로소 옳다고 할 것입니다. 그러니 그 사람은 누구일까요. 바로 우리의 기일 목사가 아니겠습니까. 잔잔히 흐르는 물은 저 양들이 마실 것이요, 우거진 꽃다운 풀은 저 양들의 양식일 것입니다. 상제 가로되 '가상하도다, 마땅히 그는 장수하고 또 건강하며 후손들도 번창하리라.'"

1927년 5월 연동교회를 사임한 게일은 6월 22일 "언제까지나 내 마음은 한국에"라는 말을 남기고 고향인 캐나다로 떠났다. 1928년 여름까지 게일은 미국에서 북장로교회를 위해 선교 선전과 모금 사업에 종사한 뒤 정년으로 은퇴하고, 영국 바스(Bath)에서 여생을 보냈다. 1936년 병을 얻어 휴양소에 들어가 무의식 속에서 나날을 보내던 그는 1937년 1월 31일 가족이 지켜보는 가운데, 갑자기 병상에서 일어나 주위를 둘러보며 "이 얼마나 아름다운가! 얼마나 아름다운가!"라는 말을 남기고 하나님 앞으로 돌아갔다.

― 민경배(연세대학교 명예교수)

비전의 사람이요 한국의 친구
헐버트

　미국 감리회 선교사이며 목사, 교육자, 외교 활동가, 문필가로 활약했던 헐버트(Homer Bezaleel Hulbert, 法, 1863~1949년)는 1863년 1월 26일 미국의 버몬트 주에서 회중교회 목사이자 미들베리 대학의 학장인 캘빈 헐버트(Calvin Butler Hulbert)와 매리(Mary Woodward Hulbert) 부부의 둘째 아들로 태어났다. 그의 모친은 다트머스 대학의 창설자인 휠록(E. Wheelock)의 후예로, 그녀의 부친은 인도 선교사였다. 헐버트는 그의 외가가 설립한 다트머스 대학에서 히브리어를 수학한 다음 1884년 명문인 유니온 신학교에 입학했다.

이 무렵 한국 정부는 육영공원(育英公院)을 설립하고 이 학교에 교사를 파견해 줄 것을 미국 국무부에 요청하였다. 당시 미국 국무부의 교육국장 이튼(J. Eaton)은 자신의 다트머스 대학 동창인 헐버트의 부친에게 신학생이던 그의 두 아들 중 하나를 육영공원의 교사로 보낼 것을 문의하였고, 형 헨리(Henry)보다 더 적극적으로 나섰던 헐버트가 교사로 선발되기에 이르렀다. 이에 헐버트는 신학교 재학 중이던 1886년 7월 4일, 육영공원의 다른 초빙교사인 번커(D. A. Bunker, 房巨, 1853~1932년) 부부, 길모어(G. W. Gilmore, 吉毛, 1857~?년) 부부와 함께 내한하였다.

1886년 9월 23일 개원한 육영공원에서 헐버트는 그의 첫 사업으로 '육영공원설학절목'(育英公院說學節目)을 제정하였다. 이는 육영공원의 운영과 교육 내용 및 방법에 대한 규정으로, 신식 학제를 갖춘 비교적 손색이 없는 규칙이었다. 그를 비롯한 교사들은 영어, 역사, 자연과학, 지리, 수학 등 근대적인 서양 학문을 가르쳤고, 현직 관리와 재능 있는 선비들이 학생으로 선발되었다. 특히 학생들이 세계지리에 관심을 보이자 헐버트는 1891년에 간이(簡易) 천문지리서의 성격을 갖춘 《사민필지》(士民必知)를 순 한글판으로 써냈다. 이것은 1892년 이후 기독교 계통 학교는 물론 일반 학교에서도 필수적인 교재로 사용되기에 이르렀다.

그러나 시간이 흐름에 따라 전통과 풍습의 차이가 격심한 데다가 대개의 생도들이 부패한 관리의 자식들로서 학업에 열성을 보이지 않자, 헐버트는 한국에서의 육영사업에 환멸을 느끼게 되었다. 더구나 1891년 12월 육영공원의 축소 정책에 따른 급료 지급 문제 등이 겹쳐 그는 일단 교사직을 사임하고 유럽을 거쳐 귀국했다.

　미국에 돌아간 후에도 그는 한국에의 꿈을 버리지 못한 채 오하이오 주의 퍼트남 육군사관학교에서 교편생활을 하면서 한국에 관한 문필 생활을 계속했다. 그러던 중, 한국에서 일하다가 1892년 7월에 일시 귀국한 아펜젤러 목사를 만나 한국에서 다시 봉사할 것을 권유받고 가족과 함께 재차 한국에 입국하게 되었다. 1893년 9월 목사 안수를 받은 그는 미국 감리회 선교사 자격으로 다시 내한했다.

　헐버트는 배재학당(培材學堂)에 봉직하기를 바라는 주위의 청을 물리치고 감리교계 출판사인 삼문출판사(三文出版社, Trilingual Press)의 운영을 맡았다. 이미 육영공원 교사 시절부터 기독교 선교를 측면 지원하였고 성경과 종교서적 번역 사업에도 참여한 바 있던 헐버트는 이제 정식 선교사로서 문서선교를 주관하게 된 것이다. 그는 삼문출판사에 부임한 지 9개월 만에 전도지와 종교서적 100만여 면을 인쇄 반포하였으며, 그 운영을 자급자족할 수준에까지 끌어올렸다.

　헐버트의 책임하에 삼문출판사는 〈독립신문〉의 창간에도 협력하였던 것으로 보인다. 서재필(徐載弼, 1863~1951년)은 1896년 4월 7일 〈독립신문〉을 창간할 때 타 기관의 기존 시설을 이용하였다고 했는데, 그것은 헐버트가 책임자로 있던 감리교 선교부의 출판사 시설을 이용하였음을 말하는 것이다. 당시 서울에는 관보(官報)나 교과서 등을 간행하는 정부 인쇄소가 있었고 또 기독교 성공회(聖公會)에서 경영하는 인쇄소도 있었으나, 서재필에게는 삼문출판사가 가장 편리하였다. 헐버트는 윤치호(尹致昊, 1864~1945년)와 함께 신문을 펴낼 생각도 갖고 있었던 터여서 서재필을 뒤에서 적극적으로 밀어 주었던 것이다. 특히 이 기관에는 국문과 영문 양쪽으로 훈련을 받은 식자공(植字工)과 교정원(校正員)이 많았다는 것이 무엇보다 더 유리하였다.

헐버트는 또 1892년부터 삼문출판사에서 펴내기 시작한 〈The Korean Repository〉란 영문 한국학 연구지 인쇄와 운영도 맡았고, 이를 통해 한국의 역사, 풍속, 언어 등에 관한 자신의 연구 논문들을 발표하면서 우리말 기원 연구에 특별히 심혈을 기울였다. 남태평양 및 인도의 방언과 범어(梵語)들과 비교 연구도 하고, 이두(吏讀)를 분석하는 등 길이 남을 업적을 세운 것이다. 1901년부터 감리교계 월간지인 〈The Korea Review〉의 편집을 주관하면서 한국에 관한 글을 계속 발표했다. 헐버트는 기독교가 한국에 얼마나 큰 호소력을 가지고 있는지를 다음과 같이 단언하였다.

"가장 합리적이면서도 신비적인 종교인 기독교밖에 이 백성에게 호소할 종교가 따로 없었다."

한편 1895년 10월의 을미사변(乙未事變) 이후 한국의 비운에 깊이 동정하며 반일의 논조를 날카롭게 펴 나가던 헐버트는 YMCA 창설을 열정적으로 추진, 1903년 황성기독교청년회(皇城基督教青年會)의 초대 회장으로 선임되어 봉직하는 등, 한국 YMCA의 창설에 크게 기여하였다. 그는 한국의 근대화 과정에서 이 운동이 차지하는 위치를 그 나름대로 투시하고 있었던 것이다. 그는 젊은 한국인들이 사교나 교양 및 오락시설의 미비로 갈 곳을 찾지 못해 필경 악명의 유흥가로 빠진다고 보았다. 한국인들이 대부분 사회적 사교적 성품으로 기운다고 본 헐버트에게 이러한 사실은 간과할 수 없는 문제였다. 사람들이 기회만 주어지면 날마다 발전 향상할 수 있고, 자극만 준다면 일본이 지난 30년 가까이(1875~1903년) 배출해낸 가장 총명하고 힘 넘치는 청년들에 버금하는 젊은이들로 나서게 할 수 있다고 보았다. 그런데 그런 사람들이 할 일 없이 배회하는 모습을 보고 침통한 마음을 금할 수가 없었다. 그들을 위해서 YMCA가 할 일은, 우선 장소를 마련해 주는 것이라 생각했다. 거기서 젊은이들은 친구들을 만나고, 때로는 꿈도 꾸어 보지 못한 세계의 발전과 그 문명의 소식들을 책이나 정기간행물을 통해서 접하게 될 것이다. 그리고 거기에서 신체적 단련도 하고 몸도 씻을 것이다. 또 역사나 과학 및 종교에 관한 강연도 들어서 자기 발전에 자극을 받고, 마침내는 기독교의 순수하고도 꾸밈없는 참모습, 기독교적 생활과 교훈의 아름다움과 진실, 그리고 예수 그리스도의 죽으심과 부활의 가장 매력적인 힘을 찾아 품게 된다고 믿었다.

 헐버트가 교회와 YMCA와의 본래적인 관계를 명시하느라고 애쓴 흔적은 역력하다. 이것은 그가 속한 감리교의 감리사 스크랜턴이 YMCA에 대해 부정적인 자세를 취한 것을 의식하였기 때문으로 보인다. 그는 황성기독교청년회 회관에 들어오는 사람마다 어떤 형태로든지 기독교를 받아들일 어떤 호소를 감지하여야 한다는 점을 재삼 강조하였다. 그는 YMCA가 정치적인 의미를 가지지 아니할 것이란 사실을 역설했다. 그 자신도 순수한 혁명은 속에서 밖으로 나오는 것이지 밖에서 억지로 강요되는 것이 아니라고 밝히고, 세상을 선으로 바꾸는 길은 공론(公論)이 무르익어 해가 떠오르듯 소리 없이, 그렇게 자연스럽게 되는 것이라 확언하였다. 따라서 YMCA는 교육에 집중한다는 대의를 내세웠다.

"YMCA의 목표는 교육과 계몽입니다. 그리고 마침내 복음화입니다."

이것이 헐버트의 소박한 심정이었다.

한편 1904년에 시작된 러일전쟁의 종말이 고해졌을 때, 일본 제국의 조선 침탈은 이제 국제적 인정을 받으면서 악랄하게 진행되고 있었다. 특히 서울과 평양을 중심으로 한 토지 수탈은 군수용지 징용이란 명목으로 잔악하게 진행되고 있었다. 이에 선교사들의 위치가 미묘하게 전개될 수밖에 없었다. 일본의 한국 보호를 인정한 워싱턴의 입김을 선교사들이 외면하기는 어려웠다. 그래서 선교의 무난한 계속, 동경(東京)과의 불필요한 마찰의 기피란 이름으로 정교분리(政敎分離)의 현실적인 원칙을 표방하면서 일제와의 대결을 조심스럽게 경원하였다.

그러나 헐버트는 이러한 선교부의 태도를 통박하고, 의분과 사랑으로 기독교의 선교란 것이 무엇인지 새삼 숙고하였다. 헐버트는 민중과 관계된 모든 것은 다 정치적이라고 보았다. 그는 선교가 기독교만을 가르쳐야 한다는 데 동의했다. 하지만 기독교가 가르칠 것이 도대체 무엇이겠는가. 도덕, 청결, 정직, 그리고 나라 사랑을 가르쳐야 할 것이 아닌가. 기독교가 더러운 위생 환경을 참지 못하는 것과 마찬가지로, 악덕의 환경을 묵과할 수 없다는 것이었다. 그는 한국에서의 복음화가 정치적 의미가 하나도 없다는 형태의 논리를 몰역사적이라고 비판하였다. 왜냐하면 정치라는 것의 근본은 결국 도덕적 동력인데, 기독교란 이 도덕적 동력 없이 따로 의미 있는 실체가 아니기 때문이었다.

이러한 그의 정치신학은 그로 하여금 한민족의 운명에 동참하는 길로 적극적으로 나서게 했다. 헐버트의 책 《The Passing of Korea》(1906년)는 1860년대부터 을사늑약(乙巳勒約)이 체결된 1905년까지의 역사를 다루고 있는데, 이 책에 쓴 그의 헌사(獻辭)에는 한국에 대한 그의 사랑이 절절히 드러나고 있다.

> "비방(誹謗)이 그 극에 이르고 정의(正義)가 점차 사라지는 때에 나의 지극한 존경의 표시와 변함없는 충성의 맹세로서 대한제국의 황제 폐하에게 그리고 지금은 자신의 역사가 그 종말을 고하는 모습을 목격하고 있지만 장차 이 민족의 정기(精氣)가 어둠에서 깨어나면 잠이란 죽음의 가상(假像)이기는 하나 죽음 그 자체는 아니라는 것을 증명하게 될 대한제국의 국민에게 이 책을 드립니다. H. B. H."

1905년 10월 15일, 헐버트는 고종(高宗) 황제의 밀서를 가지고 서울을 출발, 11월 17일 워싱턴에 도착했다. '일본이 한국의 외교권을 박탈하려 하고 있으며, 이는 자의에 의한 것이 아니며 무력에 의해 강압으로 이루어진 것이라는 사실'과 미국이 한미수호조약에 따라 한국을 도와줄 것을 요청하는 고종 황제의 친서를 가지고 가서 미국의 정부 요인들과 접촉하면서, 한국에 대한 일본의 정책에 미국이 개입하여 줄 것을 요구했던 것이다. 그러나 이미 친일화한 미국 정부는 그의 말을 경청하지 않았다.

1906년 7월, 그는 일본의 온갖 박해가 기다리고 있는 한국에 다시 돌아왔다. 그는 워싱턴에서의 노력이 실패했으나 조금도 굽히지 않고 을사늑약으로 외교권마저 박탈된 한국의 자유를 위해 계속 노력했다. 1907년 7월 헤이그에서 만국평화회의가 개최된다는 것이 세상에 알려지자 그는 고종 황제의 밀령을 받아 4월에 출발, 스위스를 거쳐 헤이그에 이르러 을사늑약이 일본의 강압에 의한 것임을 각국 대표에게 알리고, 한국 대표가 본회의에 참석할 수 있도록 주선해 달라고 러시아 대표이자 회의의장인 넬리도프(M. Nelidov)에게 호소했다. 그러나 아무런 소득이 없었다. 결국 이 사건을 계기로 하여 일본은 고종을 양위시키고 끝내 한일합병을 단행했던 것이다.

이제 헐버트는 그토록 정을 쏟던 한국을 위해 더 이상 일하고 싶어도 할 수 없었다. 특히 일본은 그의 행동을 못마땅하게 여겨 그는 1907년 5월 8일 본국의 소환 형식으로 한국을 떠나야만 했다. 한국을 떠난 후 그는 제1차 세계대전까지 프랑스에서 YMCA 운동을 전개하였고, 그 후에 은퇴하여 미국 매사추세츠 주 스프링필드에 머물고 있었다.

1945년 해방이 되자 한국의 몇몇 유지들은 그가 이 민족을 위해 노력했던 옛 일을 고맙게 여겨 그의 한국 방문을 주선했다. 이와 같은 뜻이 결실을 맺어 헐버트는 1949년 7월 29일, 이승만 대통령의 초청을 받아 배편으로 인천에 도착, 입경했다. 지난해에 세상을 떠난 아내에 대한 슬픔도 잊을 겸 그가 그토록 그리던 제2의 고향에 도착했던 것이다. 그러나 그는 86세의 고령이어서 오랜 선편(船便) 여행 때문에 극도로 쇠약해져 있었다. 즉시 청량리 위생병원에 입원했으나 간호의 보람도 없이 8월 5일 오후 1시에 기관지염으로 영면했다. 그가 한국에 온 지 꼭 1주일이 되는 날이었다.

그가 영면하자 그를 아끼던 이승만 박사와 몇몇 유지들은 장례식을 사회장으로 거행하고, '웨스트민스터 사원보다는 한국 땅에 묻히고 싶다' 던 그의 소망대로 양화진 외국인 묘지에 그를 안장했다. 헐버트는 그의 묘비에 적힌 대로 '비전의 사람이요, 한국의 친구' 였다.

― 민경배(연세대학교 명예교수)

서북지방 복음화의 공신
마펫

미국 북장로교 한국 선교사이며 독노회 초대 회장과 조선예수교장로회 제8대 총회장을 역임한 마펫(Samuel Austin Moffett, 馬布三悅 혹 馬三悅, 1864~1939년)은 1864년 1월 25일 미국 인디애나 주 매디슨에서 새뮤얼 슈만 마펫(Samuel Shuman Moffet)의 넷째 아들로 태어났다. 그의 조부 윌리엄 마펫(William Moffet)은 친구의 콜레라를 간호해 주다가 친구와 함께 세상을 떠났다. 그래서 메릴랜드 해거스타운에 있는 그의 묘비명에는 "사람이 친구를 위해 목숨을 버리면 이에서 더 큰 사랑이 없느니라"라는 글귀가 새겨져 있다. 그의 아버지는 고향을 떠나 개척지였던 인디애나 주 매디슨에 정착하여 포목상을 운영하였다. 마펫은 할아버지의 불굴의 희생정신과 아버지의 개척정신에 영향을 받으며 성장하였다.

마펫은 11세 되던 때 그가 다니던 매디슨제일교회에서 신앙고백을 할 만큼 어려서부터 철저한 신앙교육과 훈련을 받았다. 15세 때에는 하노버 대학(Hanover College)에 입학하였는데, 이 대학은 서부 개척의 필요에 맞추어 대학 교육과 목회 훈련을 위해 세워진 학교였다. 이 학교는 18세기 초에 개척 전도자를 양성하는 것을 1차 목표로 두고 설립된 대학으로서, 동부에서 인디애나 지방으로 온 개척자들이 위대한 성직자들을 훈련시키기 위해 세운 대학이었다. 교육은 비교적 엄한 편이었으나 자율에 맡기는 편이었고, 수업을 시작할 때마다 찬송가를 부르고 성경을 읽고 기도로 시작하였으며, 주일에는 교수들이 주일학교에 나가 가르치고 오후 예배는 학장이 인도하는, 그야말로 영적인 분위기의 학교였다. 이후 마펫이 베어드(William M. Baird, 裵偉良, 1862~1931년)와 함께 평양에 세운 숭실학교도 바로 이러한 분위기의 학교였으며, 그 대학이 지향한 바도 이러한 것이었다.

마펫은 이 대학에 입학한 후 학생운동에 가담하여 훈련을 쌓았지만 이 무렵만 하더라도 목회자나 선교사가 될 마음은 없었다. 그는 YMCA 활동을 활발하게 벌이면서 주일학교 봉사를 하고, 매디슨 지역에 청년면려회를 조직하는 책임을 맡기도 했다. 그러면서 그는 조금씩 목회에 눈을 떠갔다. 그는 하노버 대학을 수석으로 졸업하면서 이학사(B. S.)를 취득하였고, 같은 대학에서 1년 간 화학을 전공하며 이학석사(M. S.)를 취득하였다.

그러나 과학도를 꿈꾸던 마펫은 갑작스런 전회를 하여 1885년에 시카고에 있는 맥코믹 신학교(McCormick Theological Seminary)에 입학하였다. 맥코믹 신학교는 하노버 대학의 신학부로서 서부개척에 알맞은 설교자를 양성하기 위하여 세워졌는데, 시카고가 새로운 개척지가 되어 1856년 그곳으로 이전하였던 것이다. 이 학교는 마펫이 입학할 당시 보수주의 신학과 해외선교사 양성으로 널리 알려져 있었다. 그 훈련과정은 철저한 보수주의에다가 청교도적인 엄격성, 불굴의 기상을 넣어 주는 동시에 경건훈련 위주였다. 이곳에서 마펫은 특별히 선교 분야에 전념하였고, 졸업을 앞둔 2년간은 해외선교의 문제와 그 자신의 선교사역을 구상하고 결단하는 시기였다. 맥코믹 신학교의 학풍과 당시 미국에서 불고 있던 해외선교운동과 부흥운동은 그에게 많은 영향을 끼쳤다.

신학교를 마친 뒤 1889년 4월 15일 미국 북장로교 선교부로부터 한국 선교사로 임명되었다. 이때 미국 북장로교 해외선교본부 총무인 엘린우드는 마펫을 사업가이자 선교 후원자인 언더우드의 형, 존 언더우드(John T. Underwood, 1857~1937년)에게 소개해 주었고, 존은 마펫의 한국 여행 비용과 생활비를 지급하기로 약속했다. 마펫은 1889년 12월 미국을 떠나 요코하마를 경유하여 1890년 1월 25일 마포 강변에 닿았다.

6개월 동안 한국어를 공부한 그는 그해 8월에 제1차 전도여행을 떠났다. 평양에 도착하여 2주간을 체류한 후 압록강변의 의주까지 여행했다. 이때 백홍준(白鴻俊, 1848~1893년)의 소개로 한석진(韓錫晉, 1868~1939년)을 만났는데, 그는 마펫의 선교 활동에 큰 도움이 되었다. 이어 황해도 솔내(松川)를 방문하였다. 처음 하는 탐색 여행이었지만 이 여행에서 마펫은 많은 결신자를 얻을 수 있었다. 서울로 돌아온 그는 언더우드로부터 예수교학당(경신학교의 전신)을 인수받아 교육사업에 몰두했다. 그러나 곧 게일과 함께 만주지역까지 제2차 전도여행에 나섰다. 1891년 2월 서상륜(徐相崙, 1848~1926년)의 안내로 개성, 평양, 안주, 박천, 용천, 의주를 거쳐 압록강을 건너 만주까지 여행하였다. 심양(瀋陽)에서 로스역 성경 번역의 로스(J. Ross, 羅約翰, 1842~1915년) 목사와 상면하고 강계, 함흥, 원산, 철원을 경유하여 서울에 도착하였다.

  1891년 가을, 그는 그의 전도여행 중 가장 길고 광범위한 지역에 걸쳐 실시된 제3차 전도여행을 떠났다. 1893년까지 평양을 중심으로 평안남북도, 황해도 일대를 순회하며 많은 이들에게 복음을 전하고 곳곳에 교회를 설립했다. 특히 평북 지역은 김관근(金灌根), 평남 지역은 한석진에게 각각 전도의 책임을 맡겨, 이들로 하여금 많은 한국인에게 복음을 전하도록 하는 방법을 사용하였다. 마펫의 적극적인 전도 활동은 노방전도 중에 불신자들로부터 조롱과 야유는 물론 투석으로 부상까지 당하는 어려움도 있었다.

  1892년 초에 마펫은 그 전해에 의주를 방문하였을 때, 아편이 상품으로 유통되며 벌써 여럿이 중독되어 있는 사실에 놀라, 이를 공개서한 형식으로 발표한 일이 있었다. 아편은 중국 상인들을 통해서 밀수되어 그 지방 사람 100여 명이 이미 그 폐해에 젖어 있다는 것이었다. 실제 마펫이 유숙하였던 여관에서도 아편이 마구 매매되고 있을 정도였다. 그는 서울에 돌아오자 곧 수소문하여, 그 아편 상역망이 서울과 제물포에까지 뻗쳐 있는 것을 발견하기도 했다.

한편 한국 교회 선교 초기에 특히 황해도를 중심으로 하여 천주교도들이 개신교도를 심하게 박해하였다. 이에 선교사 게일과 언더우드는 미국 공사 알렌을 찾아 그로 하여금 조정에 알려 특별 재판소를 설치하게 했다. 이때 특별 재판소의 판사로 임명된 사람이 바로 조정 법부의 이응익(李應翼)이었다. 법부의 이응익이 악명의 홍석구(Wilhelm) 신부를 비롯한 황해도 일대의 천주교도들이 개신교도들에게 자행한 어처구니없는 불법과 만행을 조사하도록 임명되었을 때, 마펫은 언더우드와 함께 해주에서 이들 천주교도에 대한 특별 재판을 예의주시하도록 임명받았던 것이다.

마펫은 3차에 걸친 전도여행 중에 선교의 근거지를 평양으로 정하고 서북지역 선교에 주력하게 되었다. 1893년 평양에 선교부를 설치하고 본격적인 전도 활동에 나선 그는 1893년 평양에 세운 널다리골교회를 위시하여 1893년 장대현(평양), 한천(평원), 신환포(재령) 교회, 1894년 모동(봉산), 외서창(봉산) 교회, 1895년 자덕(평원), 신시(구성) 교회, 1896년 삼관(평원), 숙천읍 교회, 1897년 중화읍내, 강진, 장천, 통호리, 덕지 교회, 1898년 열파교회(강동), 1900년 남궁리, 현좌동, 양포, 팔동, 안주성내 교회, 1901년 문창리교회, 1903년 영유읍교회, 1904년 이천리교회, 1905년 입석교회, 1907년 황촌리교회, 1909년 평양서문밖교회 등을 세웠다. 여기 열거한 교회는 그가 설립한 교회의 대표적인 예에 지나지 않으며, 이밖에 평안도 황해도에 그가 직·간접으로 설립한 교회 수는 헤아리기 어려울 정도였다. 평양을 중심으로 300리 주위에 한 사람의 교인도 없던 곳에 그가 은퇴할 즈음에는 1천여 교회가 서게 되었으니, 그는 무엇보다 교회 설립에 공이 컸다고 할 수 있다.

초기 한국 교회 선교에서 서북지역 교회의 압도적 교세 성장은 마펫에게 기인한 바 크다. 당시 서북지역은 청일전쟁과 러일전쟁과 같은 참혹한 전란과 피해로 폐허가 되었던 곳이다. 평양에 와 있었던 마펫은 그레이엄 리(G. Lee, 李吉咸, 1861~1917년)와 함께 전쟁 후 폐허가 된 데다 설상가상으로 병마까지 만연한 거리를 이리 뛰고 저리 뛰며, 희생적으로 불쌍한 사람들을 돌보고 함께 눈물을 흘려 그 아픔을 어루만져 주었던 것이다. 조선조에서 늘 정치적으로 소외되어 왔던 오지의 서북 사람들은 이러한 사랑과 인정에 감동하여 이 두 목사에게 뜨거운 존경과 사랑을 느끼지 않을 수 없었다.

한편 그는 한국인 교역자 양성에 뜻을 두어 평양 장로회신학교를 창설하는 커다란 공적을 남겼다. 1901년 마펫은 자신의 거처에서 김종섭(金宗燮)과 방기창(邦基昌, 1851~1911년) 등 두 학생을 그레이엄 리 선교사와 함께 가르치기 시작했고, 1907년에는 한석진, 방기창, 길선주, 이기풍, 양전백, 서상륜, 송인서 등 최초의 졸업생 7명을 배출하여 이들 모두 한국 장로교 최초의 목사 안수를 받았다. 마펫은 1904년에 평양신학교 교장에 취임하여 이후 1924년까지 교장직에 머물면서 수많은 교역자를 배출하였다. 그는 교회학(敎會學)과 선교사(宣敎史)를 교수했다.

그는 숭실학교도 설립하였다. 1894년 널다리골교회에서 이영언(李永彦)을 교사로 하여 학생을 모아 가르치기 시작한 것이 숭실학교의 시초였다. 마펫은 1918년부터 1928년까지 숭실학교 교장으로 시무하였다. 후에 평양의 북장로교 계통 학교들의 고문 격으로 있을 때, 신사참배 문제로 숭실전문학교, 숭실중학교, 숭의여학교의 3숭(三崇) 학교가 존폐 문제로 시끄러워지자, 그는 신사참배를 하면서라도 학교를 유지해야 한다는 학생과 교직원과 사회 유지들 앞에서 "아무리 그래도 신사참배를 하면서 학교 경영을 할 수가 없다는 것은 변함이 없습니다. 위하여 기도하십시오"라는 한 마디로 자신의 입장을 밝혔다.

1890년 7월 22일, 마펫은 서울의 선교사와 교회에 대해 아주 흥미로운 사실 하나를 공개했다. 그들이 정치에 끼어들고 있으며, 따라서 선교가 정치와 절연하지 아니하면 심각한 도전을 받는다고 경고한 것이다. 그는 알렌 박사가 왕실과 친근한 사실을 들고 있었지만, 옛 천주교의 불행한 정치성을 조회한 것으로 미루어 서울에서의 선교가 겪는 위험을 잘 분석했다고 할 수 있겠다. 반(反)왕실파도 있다면 정쟁(政爭) 때문에 선교가 희생될 공산이 컸기 때문이다. 이러한 마펫의 보수적인 신앙은 서북계 신앙 일반과 초기의 한국 장로교회의 신앙 형태 결정에 큰 영향을 끼쳤다. 그는 문화적, 정치적, 경제적 차원에 대한 선교를 범주적으로 거부하고 있었.

"처음부터 평범하고 소박한 복음의 진리 이외 전해진 것은 없었습니다. 이 복음만이 하나님이 우리로 하여금 구원에 이르게 하는 힘이고, 이 겨레들을 위해 작용하는 힘이어야 합니다. 재정이나 교육 혹은 다른 어떠한 이득에 기초해서 호소하려고 하는 일은 필경 죄에서의 구원이란 중심적 진리에서 눈을 돌리게 하는 것이요, 따라서 영적 힘과 구속의 신앙을 없이하고 맙니다."

한편 1930년대는 한국 교회가 미증유의 시련을 겪고 있었다. 마펫은 한국 교회 신앙 보수의 주역을 감당하고 있었다. 공산주의나 무신론의 교회 공격이 갑자기 날카로워졌고, 세속 문명의 도덕적 퇴폐 현상이 가중되었으며, 아울러 경제적 황잡이 휩쓸던 때로서 조선 농민의 궁핍화가 그 절정에 이른 무렵이었다. 조선 교회 일각에서는 이 도전에 대한 응답으로 사회과학적인 사회의식의 정립과 그 실천이 뒤따라야 한다고 했지만 기껏해야 시은적(施恩的)인 인도주의적 감상에 멈춘 인상을 주었고, 따라서 반동적 세력에 대한 근본적인 응전과 대결은 수행되지 못하고 있었다.

이러한 경향의 반응은 대개 비서북(非西北), 곧 경기도와 충청도 지역의 교회들에 의해서 주도되고 있었고, 서북지역과 그 대세의 장로교회는 이러한 난시의 교회 대응 자세 자체를 교회 내부의 영적 동력의 고갈로 인식하고 있었다. 그리고 교회가 현대의 도전에 수평적 대치만을 의도하는 몰신앙성을 비판하고 신앙 보수를 외치며, 초대 교회적 순수 신앙으로 회귀하는 것을 제시했다. 이러한 경향은 평양신학교의 보수 지향적 서양 선교사들, 특히 마펫이나 레이놀즈(W. D. Reynolds, 李訥瑞, 1867~1951년), 해밀턴(F. E. Hamilton, 咸日頓), 헌트(B. F. Hunt, 韓富善, 1903~1992년), 홀드크로프트(J. G. Holdcroft, 許大殿, 1878~?년)가 대표하였고, 조선 교회에서는 이정심(李淨心, 1901~1947년), 채정민(蔡廷敏, 1872~1953년) 목사가 그 선봉에 서 있었다.

일제 말기 마펫은 병을 얻어 요양을 위해 귀국하였다가, 1939년 10월 24일 캘리포니아 주 몬로비아에서 별세하였다. 마펫은 미국인이었지만 어느 한국인보다 한국을 위하여 많은 공헌을 한 것을 인정받아 1966년 대한민국 정부로부터 건국공로훈장과 문화훈장을 받았다.

― 민경배(연세대학교 명예교수)

한국 성결교회의 대부
킬보른

캐나다 출신의 선교사이며 동양선교회 창시자인 킬보른 (Ernest Albert Kilbourne, 吉寶崙, 1865~1928년)은 1865년 3월 13일 캐나다 온타리오 나이애가라의 독실한 감리교인 가정에서 태어났다. 그가 2세 때 그의 가족은 온타리오 서부에 있는 커네스토가 트윈 (Conestoga Twin)으로 이주하였다. 킬보른은 어린 시절부터 자신의 부친이 경영하던 우체국을 겸한 잡화상점에 설치된 전신시설에 흥미를 가졌고, 14세 때는 전신 기술자가 되었다. 그러나 좀더 넓은 기회를 찾기 위하여 캐나다에서 미국으로 직장을 옮겼다. 이때 킬보른의 꿈은 기자가 되는 것이었다. 그래서 어느 날 직장을 그만두고 세계 일주에 나섰다. 그는 21세에 뉴욕을 떠나 유럽과 남아프리카의 케이프타운을 경유하여 오스트레일리아와 뉴질랜드, 그리고 하와이를 거쳐 샌프란시스코로 돌아왔다. 그는 샌프란시스코에서 서부의 활기찬 모습을 보고 충격을 받았다.

그는 다시 네바다 주의 버지니아에서 전에 일하던 전신회사의 직원으로 취직했으나 얼마 되지 않아 당시 가장 발전된 도시인 시카고로 전근하였다. 그는 그곳에서 후에 '동양선교회' 창설의 동역자가 된 카우만(C. E. Cowman, 1868~1924년)을 만나게 되었다. 이 둘은 같은 부서에서 일했는데, 이들 밑에는 약 1,000명 정도의 직원이 있었다. 카우만과의 만남은 킬보른의 인생을 바꾸어 놓았다. 1894년의 어느 날 회심 체험을 한 카우만은 자기의 직장 동료인 킬보른을 전도하기 시작했다. 카우만의 전도를 받은 킬보른은 깊은 고민 끝에 예수를 믿기로 작정하였다. 킬보른은 중생의 경험 후에 온전한 성결의 체험을 추구하였다. 킬보른은 다음과 같이 간증한다.

"나는 하나님께서 나에게 거룩한 성령과 불세례를 주심에 대해서 감사합니다. 이 세례로 나는 유전죄에서 깨끗함을 받았고, 나의 마음은 성령으로 충만해졌습니다."

킬보른은 평생 이 성결의 복음을 전하기에 힘썼다. 한편 킬보른은 카우만과 같이 심슨(A. B. Simpson) 박사의 선교대회에 참석하였다가 동양 선교에 대한 비전을 갖게 되었다. 그리고 회사에서 전신선교단을 만들어 카우만과 함께 직장 선교에도 힘썼다. 이 전신선교단은 카우만과 킬보른의 초기 사역에 큰 힘이 되어 주었다.

킬보른은 직장생활을 하면서 성경을 제대로 배우기 위해 1897년 무디성서학원에서 공부를 시작하여 1899년 졸업하였다. 그런데 동료였던 카우만이 1901년 초에 일본으로 선교를 떠났다. 킬보른도 그를 따라 일본으로 가고 싶었으나 그에게는 해결해야 할 금전상의 문제가 하나 남아 있었다. 그는 열심을 다해 이 문제를 해결한 후 카우만이 떠난 전신선교단을 맡아 전도활동을 하였다. 1902년 신시내티에 있는 하나님의성서학원에 등록하였다. 그리고 같은 해 만국성결연맹에서 안수를 받고 카우만의 요청에 일본을 향해 떠났다.

킬보른은 1902년 8월 일본에 도착해 카우만과 합류하였는데, 그는 특별히 오지 선교 사역에 관심을 가지고 있었다. 킬보른은 일본에 오기 전에 이미 종말론적인 비전과 오지 선교를 연결시키고 있었다. 주님께서 모든 민족에게 복음이 전해져야 재림한다고 말씀하신 것을 굳게 믿고 있었다. 따라서 주님의 재림을 기다리는 사람은 무엇보다도 먼저 온 세계에 복음을 전해야 한다고 본 것이다.

킬보른은 일본에 도착하여 아직 복음이 들어가지 않은 곳이 많이 있음을 발견했다. 일본에는 일찍이 복음이 들어가 있었으나 기존의 선교사들은 주로 도시에서 사역을 하고 있었다. 킬보른은 일본어를 배우는 지름길은 일본인들과 함께 지내는 것이라고 생각하고, 1903년 4월 동경 북쪽에 있는 우쓰노미야에 도착하여 그곳에서 일본어를 배우면서 직접 지방 전도관을 세웠다. 이런 킬보른의 태도는 일본인들에게 큰 감명을 주었다. 그래서 그 주위에는 많은 젊은이들이 모여들었고, 그들 중에서 일본성결교회의 지도자들이 많이 나왔다. 그중에서 대표적인 사람이 전후 일본성결교회의 대표적인 인물이었던 구루마다이다. 킬보른은 일본 사람들과 같이 지내면서, 일본 선교의 지름길은 서양 선교사들을 늘리는 것이 아니라 일본인들을 훈련시켜 그들로 하여금 선교하게 하는 것이라고 생각했다. 그렇게 하는 것이 경제적으로나 시간적으로 유익하다고 판단한 것이다. 그의 동료 선교사들도 이에 동의하였고, 이후 성서학원을 세워 토착민을 훈련시키는 것이 동양선교회의 가장 중요한 선교정책이 되었다. 1905년 11월, 동양선교회가 정식으로 설립되었을 때 킬보른은 부총재로 취임하였다. 총재는 카우만이었다.

한국의 성결교회는 이 동양선교회에 그 뿌리를 두고 있다. 한국 성결교회의 처음 이름은 '동양선교회 복음전도관'이었으며, 그 다음은 '조선야소교 동양선교회 성결교회'였다. 즉 성결교회는 단일한 하나의 교파로 시작한 교회가 아니었다. 동양 선교를 위한 초교파적인 단체에서 출발했다가 자리 잡은 교회라고 할 수 있다. 미국의 감리교 교인이었던 카우만 목사와 그의 친구 킬보른 목사는 하나님의 은혜를 뜨겁게 체험하고 성경적인 순복음을 동양 여러 나라에 전도하겠다는 열정 하나만 가지고, 후원의 약속과 그 전망이 전혀 없는 소명의 길을 떠난 것이다.

1901년 일본 동경에서 이들이 '동양선교회 복음전도관'이라는 간판을 달고 노방전도와 개인의 구령을 중심으로 선교사업을 시작했을 때만 해도 이들은 본래 교파 형성의 의도가 없었다. 감리교 본래의 방향인 성결의 복음을 만인에게 선포할 생각이었다. 그러나 기구의 조직이 불가피할 정도로 신도 수가 증가하는 바람에 결국 '동양선교회 성결교회'라는 교단을 세워 출범하기에 이르렀다. 신앙은 필경 기구와 조직 안에서 보존되고 계승되고 훈련되는 것이다.

한국에 성결교회가 정식으로 창설된 것은 1907년, 일본에서 동양선교회 경영의 성서학원을 졸업한 김상준(金相濬, 1881~1933년)과 정빈(鄭彬), 두 사람이 귀국하여 서울 무교동에 집을 한 채 매입해서 '복음전도관'을 개설한 데서 비롯되었다. 이들 역시 처음에는 교파 의식을 전혀 가지고 있지 않았다. 그래서 악대를 동원한다든가 호별 방문에서 얻은 결신자들을 인근 교파 교회에 인도하곤 했다. 이런 선교 양식이 변모해서 하나의 교회로 자리 잡은 것은 1911년 3월 무교동에 성서학원을 설립할 때부터의 일이다. 하지만 이 교회가 정식으로 '조선야소교 동양선교회 성결교회'라고 불린 것은 1921년의 일이다.

1907년 동경에 있는 성서학원을 졸업한 정빈과 김상준이 귀국하여 종로에 복음전도관을 설립, 동양선교회의 한국 진출이 이루어지자, 킬보른은 이를 주목하고 한국 선교에 지대한 관심을 보이면서 직접 한국에 나와 전도 집회를 인도하기도 하였다. 한편 한국에 경성성서학원을 지으려는 모금운동을 한창 벌일 때, 1910년에 미국 신시내티에 있는 하나님의성서학원의 캠퍼스에서 발행되는 〈하나님의 부흥사〉는 같은 해 5월호에 한국 특집을 싣고 한국 선교가 갖는 선교적인 전략을 설명했다.

"러일전쟁은 세계 많은 사람들에게 일본의 위치를 부각시켜 주었다. 많은 사람들은 일본이 아시아의 키(key)라고 생각한다. 하지만 시간이 흐름에 따라 러시아와 다른 서방 국가들은 한국이 동아시아의 열쇠를 갖고 있다는 것을 인식하고 있다. 지금 한국에서 일어나고 있는 부흥은 글자 그대로 기적적이다. 그리고 한국을 통해서 아시아가 복음화될 것이다."

킬보른도 같은 생각을 가지고 있었다. "한국의 중생은 단지 한국의 1천2백만 백성을 위한 것이 아니라 중국 북부의 수백만의 사람을 위한 것입니다."

그는 또한 동양선교회 한국 사역 책임자인 토머스(J. Thomas) 감독이 한국에 부임하는 데 큰 역할을 한 것으로 보인다. 토머스가 한국에 오게 된 결정적인 계기는 1908년 가을 킬보른의 영국 방문이었던 것 같다. 킬보른은 이때 토머스 부부를 만나서 한국에서의 사역이 급박함을 알렸다. 이미 한국의 사역은 시작되었으며, 그는 특별히 성서학원을 책임질 일꾼을 찾고 있었다. 토머스가 이 일에 적격자라고 생각하고 그를 초청한 것이다.

1919년 3·1운동이 진행되는 가운데 동양선교회 한국 감독인 토머스 감독 구타 사건이 일어났다. 일본 경찰이 토머스 감독 옆을 스쳐 지나가면서 만세를 불렀던 5명의 한국 젊은이들이 토머스 감독과 관계가 있다고 오인하여 감독과 그 일행을 구타하고 끌고 간 것이었다. 한편 영국 영사관과 조선총독부 사이에서 이 사건이 처리되는 와중에 동양선교회는 이런 세계적인 사건에 대해서 왜 침묵하고 있느냐는 비판을 받았다. 이에 대해 킬보른은 동양선교회의 정치 불개입과 동시에 그들의 주 관심은 복음 전도에 있음을 다음과 같이 밝혔다.

"어떤 사람들은 왜 우리가 한국의 정치적인 혼란에 대하여 침묵하는지 의아해합니다. 이것을 설명하자면, 우리는 이 일에 대한 언급을 자제하는 것이 현명하다고 느꼈기 때문입니다. 왜냐하면 이것은 정치적인 영역에 속한 것이므로 전적으로 우리 잡지의 범주에서 벗어나는 것입니다. 한국은 지금 심각한 시련의 시간들이 지나가기만을 기다리고 있습니다. 우리는 한국에 있는 우리의 가족들을 위하여 하나님께 기도할 것을 요청하며, 또한 새로 들어서는 정부와 함께 우리가 복음 전파에 아무런 지장을 받지 않도록 기도해 주기 바랍니다."

이 사건으로 인해 토머스 감독은 1921년에 그의 뜻과는 달리 한국을 떠날 수밖에 없었고, 이에 킬보른이 한국 선교 책임자로 내한하였다. 1921년 3월, 동양선교회의 부총재인 킬보른이 한국의 제3대 감독으로 내한하면서 성결교회는 시대의 변화에 맞추어 전열을 새롭게 했다. 그는 3 · 1운동을 전후해 어수선해진 분위기를 추스르는 동시에 조직의 체계화를 서둘렀다. 교역자 간담회를 개최하는 한편 감독의 자문기관으로 고문회를 신설하고 그 회장이 되었으며, 1924년에는 이 고문회를 이사회로 개칭하고 그 이사장이 되었다. 특히 킬보른은 1921년 9월에 동양선교회의 기존 체제인 복음전도관이라는 명칭을 폐지하고 '조선야소교 동양선교회 성결교회'로 이름을 바꾸고 정식으로 교회 조직을 갖추게 하였다. 여기서 동양선교회(Oriental Missionary Society)는 교파의 이름이며, 성결(Holiness)은 동양선교회가 희구하는 특성을 나타낸다. 이를 통해 한국 성결교회는 선교단체의 성격에서 탈피하여 보다 체계적인 교회 조직으로 발전하게 되었다.

한편 감독 킬보른은 교회의 연합을 강조하였다. 당시 성결교회는 매년 교역자 임명식에 앞서 전국 교역자 수양대회를 가졌는데, 킬보른은 이 대회의 성격에 대해 이렇게 밝히고 있다.

"단체의 모든 역사를 완전히 성공시키는 데에는 연합보다 더 필요한 것이 없으며, 연합하기 위해서는 이와 같은 기회에 하나님 앞으로 겸손하게 모여들어야 할 것입니다. 모여서 역사의 성패를 서로 이야기하게 되며, 이로 말미암아 새 힘과 새 은혜를 받게 되는 것입니다."

킬보른은 감독 부임 즉시 '경성성서학원'(현 서울신학대학교)의 원장으로 취임하였다. 경성성서학원은 신학 교육이나 교역자 양성뿐만 아니라 동양선교회의 중국 선교를 위한 교두보 역할도 하였다. 중국 선교는 동양선교회의 가장 중요한 비전 가운데 하나였다. 킬보른은 그가 오직 믿음으로 선교사의 길을 가기로 결정할 무렵에 신비한 환상을 보았다. 거대한 고속도로가 태평양을 가로질러 미국에서 일본으로, 일본에서 한국으로, 한국에서 중국으로, 그리고 중국에서 천국으로 연속하여 이어져 있는 환상이었다.

동양선교회는 1907년에 시작된 한국 선교가 어느 정도 궤도에 오르자 중국 선교에 대한 비전을 구체화하기 시작했다. 《동양 선교사 표준》을 통하여 중국과 관련된 내용들을 소개하고 중국에 대한 관심과 기도를 요청하는가 하면, 1923년에는 중국 본토인 6명을 경성성서학원에 입학시켜 중국 선교를 구체화하였다.

1924년 카우만의 별세로 동양선교회 총재가 된 킬보른은 그 이듬해 중국으로 건너가 중국 선교를 위한 토대를 마련하였다. 한국의 브릭스(F. G. Briggs)와 일본의 애덤스(Roy P. Adams)를 상해성서학원으로 파송하고, 경성성서학원에서 훈련받은 류내광과 주유동(周維同)도 교수 요원으로 합류시켰다. 이후 킬보른은 중국 선교를 동양선교회 부총재가 된 아들(Edwin L. Kilbourne)에게 맡기고 계속 서울에 머물면서 경성성서학원 원장 겸 활천사(活泉社) 사장으로서 교육과 문서선교에 전력을 기울였다. 그는 건강이 악화되어 귀국, 요양하던 중에 1928년 4월 15일 로스앤젤레스에서 별세하였다.

— 민경배(연세대학교 명예교수)

한국 감리교회 성장의 중심에 있었던 노블

미국 감리회 한국 선교사인 노블(William Arthur Noble, 魯普乙, 1866~1945년)은 미국 펜실베이니아 스프링데일에서 출생하였다. 그는 와이오밍 신학교와 드루 신학교를 졸업하고 1892년 와이오밍 연회에서 목사 안수를 받았다. 그 후 결혼하여 3개월 후인 1892년 10월 17일 한국에 선교사로 입국하였는데, 여기에는 1년 전 한국에 들어와서 활동하던 홀(W. J. Hall, 訖乙, 1860~1894년)과의 우정이 크게 작용하였다.

노블은 1894년 서대문 밖 애오개에 개설된 예배당을 담임하고 3년 동안 배재학당에서 학생들을 가르치는 등 서울지구 전도 사업에 힘썼다. 한편 그는 1897년 한국 '엡윗청년회' 조직의 설립위원직을 맡았다. 한국에서 엡윗청년회가 조직된 것은 정동교회당이 건립된 1897년의 일이었다. 그해 5월 5일 서울에서 열린 제13차 감리교 한국선교연회에서 조이스(I. W. Joyce) 감독 주재하에 청년회를 조직하자고 결정하고, 그 설립위원으로 제물포의 존스, 평양의 노블, 이화학당의 페인(J. O. Paine, 陛仁, 1869~1909년) 등 3명을 임명했던 것이다.

1894년에 평양지역에서 선교하던 홀이 세상을 떠나자 노블은 그의 후임으로 평양으로 갔다. 홀이 떠난 후 평양 선교의 일은 김창식(金昌植) 전도사가 맡아서 하고 있었는데, 1896년 새롭게 파송된 노블 목사는 김창식의 도움을 받아 평양을 중심으로 서북지방에서 선교 활동을 전개하였다. 북감리교 선교부 소속의 평양지방 주재 선교사 노블은, 중부지방의 존스와 함께 교회 속장을 훈련시키고 권사와 지방 전도인을 양성하여 한인 동포들에게 가서 전도하게 하는 데 힘썼다. 1902년경 노블은 혼자서 300명이나 수용할 수 있는 훌륭한 예배소를 평양에 세웠고, 동시에 시골에서도 사업을 벌이고 있었다. 당시 그는 평양과 강서군, 삼화군 및 진남포 등지에서 선교하고 있었다.

노블은 1903년 선교연례회의에 가기 직전, 곧 그해 연초에 그 지방 교인 1천4백여 명으로부터 현대적인 산업과학교육을 실시할 만한 학교의 설립을 청원하는 진정서를 받았다. 일본이나 청의 상업 진출에 대응할 만한 산업 발전을 위한 기술 교육의 실시를 요청하는 내용이었다. 나라의 위신과 자립의 길이 민족 산업에 있다고 보았기 때문이었다. 호소문에서, 한국의 여러 상점에는 일본과 중국의 물품으로 가득 차 있는 형편인데도 한국 사람들은 나무를 베고 물을 긷는 하인 노릇만 하는 실정이라고 토로하면서, '광목과 비단 짜는 법을 가르쳐 주고, 우리의 상품을 우리의 손으로 제조하며, 전기 기계를 설치하고 우리 손으로 발동기를 돌릴 수 있게 해달라'고 진정하고 있었다. 일제의 침략을 경제적인 차원에서 보고, 나라의 위신과 자립의 길이 민족 산업에 있음을 절실히 느껴 그 교육을 호소한 이들에게 주어진 해결책은 별로 없었다. 그러나 이 자주의식의 적시성에 놀란 노블은 그들의 고민을 대변하고 있었다.

"이런 잔혹한 전제 통치의 나라 안에서는 산업의 자유와 발전만이 정치적 개혁에 이르게 하는 유일한 길입니다. 우리가 조선을 진정으로 위한다고 하면서, 그 백성들이 나라를 지킬 기회를 호소하고 있는데 온 세계가 이 나라를 착취하고 있는 것을 방치하여 둔다면, 그것처럼 부당한 일이 없을 것입니다. 한국인들이 요구하는 바와 같은 학교를 우리 신도들이 이용할 수 있도록 설립한다면, 그것은 하나의 자선 사업에 끝나지 않고 가장 뜻 깊고 참된 의미의 기독교적 공헌이 될 것입니다. 그것은 복음 전파의 가장 확실한 통로가 될 수 있기 때문입니다."

산업 발전에 대한 한국인 자신의 강렬한 의지는 민족 산업에 대한 기독교의 시대적 요청이었다. 교회는 이 사실을 예민하게 판단하고 있었다.

"우리는 이교인(異敎人)을 교육해 악을 도모케 하자는 것이 아닙니다. 교회인들을 받아서 훈련시켜 민족의 산업 지도자로 훈련시키는 데 목적이 있습니다. 자기의 언질(言質)을 신성하게 지키기를 배운 이들을 가르치면 그들은 타인의 권리를 존경할 것입니다. 정의를 위해 살아가는 이들을 교육시켜 그들 손에 산업의 지도력과 개혁력을 맡긴다면 조선을 구원할 가장 강력한 요소들이 거기서 나올 것입니다."

여기 한국 기독교 민족 산업의 대헌장이 있었다. 말을 신성시하고, 타인의 권리에 우선 마음 쓰며, 정의의 보편성에 목숨을 걸고 있는 기독자들에게 비로소 산업 발전과 개혁의 책임이 돌려지고, 거기 민족 구원의 가장 강력한 동력이 제공된다는 것이었다. 이것이 여명기의 조선을 근대 한국으로 도약시킨 사회 변혁과 윤리의 신앙 에너지였다.

한편 1902년 노블은 경향 각지에서 일어나는 학교 교육을 위한 교과서 편찬에도 참여했다. 게일은 《유몽천자》를 편찬하였고, 베어드 부인은 식물학, 심리학, 지리학을, 밀러(E. H. Miller)는 산수 교과서, 노블은 심리학 교과서, 번커와 헐버트는 《배재교육총서》를 간행하였다. 또한 노블은 1906년 선교연회에서 쉬어러, 모리스, 케이블, 무어와 함께 새로이 여는 성경학원(감리교 협성신학교)의 교수로 임명되었다. 교장에는 존스가 위임되었다.

노블이 속해 있는 미국 북감리교회는 계속해서 선교 구역을 확장하여 1902년 5월에는 연회를 서울이 아닌 평양에서 개최할 수 있었다. 지금까지 지방적 성격을 지니고 있던 감리교는 이제 전국에 걸친 교회로 확장되었던 것이다. 한국 서북지방은 6개 구역, 즉 평안도 진남포와 삼화, 영변, 여포, 신계를 포함하고 있었다. 필요한 일꾼이 절대적으로 부족한 형편임에도 불구하고 노블 감리사를 위시로 해리스(L. Harris)와 의사 폴웰, 원산에서 옮겨 온 맥길, 여선교사인 에스티(E. M. Estey, ?~1929년) 양과 밀러(S. Miller) 양이 '그들의 임무에 영웅적인 헌신을 보여 주고 있는 한인 본처 전도사와 조사'와 함께 선교 활동을 하고 있었다. 1904년 선교회의 제20차 연회 보고서에서 노블 감리사는 미국 북감리교회의 놀라운 성장을 보고하였다.

"지난해 동안 늘어난 전체 신자 수는, 비록 그들 중 많은 이들이 원입교인들이었지만, 약 3천 명 정도입니다. 이것은 지금까지 우리 교회 참석자들의 42퍼센트가 넘는 수입니다. 이중 약 90퍼센트가 러일전쟁 이후에 늘어났습니다."

노블이 평양지방의 감리사로 있던 1907년에 평양 대부흥이 일어났다. 다음은 평양 대부흥에 대한 그의 보고다.

"부흥회는 1월 첫째 주에 시작되었고, 3월 초가 되기 전에 거의 모든 교인들이 하나님의 임재에 사로잡혔습니다. 하나님은 당신의 손을 그들에게 펼치사 그들을 과거에서 해방시키셨습니다. 그들은 심한 고통 중에서 하나님 앞과 교회 앞에서 자신들의 죄를 고백하고 떨쳐 일어나 하나님을 위한 기드온의 용사가 되었습니다."

노블은 이 대부흥이 한국 교회의 성격을 혁명적으로 변화시켜 놓았다고 하며 1907년 전후의 교회 양상을 비교했다. 1909년 노블은 변화된 한국 교회가 수행한 초등교육의 진상을 감격으로 진술한 바 있다.

"청소년을 위한 한인들의 교육 운동은 놀라운 규모로 진행되고 있는데, 이 목적을 달성하기 위하여 바치는 희생은 다른 어디에서도 찾아볼 수 없을 정도입니다. 어떤 지방의 인사들은 학교를 세우고 교사들의 봉급을 한 몫 담당하기 위하여 문자 그대로 재산을 다 바쳐 스스로 가난에 처하는 형편입니다."

부임 후 15년 동안 평양을 중심으로 한국 서북지방 교회를 돌보던 노블은, 서울로 이주하여 1933년 은퇴할 때까지 서울에서 활동하게 되었다. 1914년 노블은 경성지방 감리사로 활동하면서 그 해의 교회 활동 중 제일 효력 있는 일은 부흥회였다고 말하면서, 지방 내 부흥회의 진흥으로 인해 전도가 크게 일고 있음을 감격으로 보고하였다.

1918년 이후 노블은 수원지방 감리사로 활동하다가 거기서 1919년 3·1운동의 진행에서 발생한 수원 제암리교회의 참사를 목도하였다. 그는 비통한 심정으로 이를 보고하였다. 다음은 그의 보고다.

"교회 사업이 3월 1일까지 진보하였으나, 3월 1일 조선 독립운동이 시작된 후로부터 교회를 심방하기에 불능한 것은, 선교사들이 회당을 심방한 후에는 순사(巡査)의 조사가 막심하므로 9월 1일까지 교회 시찰하기가 곤란하였습니다. 목사 5인과 인도자 13인이 수감되었고, 교인 13인이 일병(日兵)에게 피살되었습니다. 그리고 교역자 52인이 없어졌습니다. 그중 목사 3인은 놓이고 1인은 보석되어 나왔습니다. 남양과 제암과 오산 구역의 7개 교당이 일병에게 파괴를 당하였고, 그 근방에 329개 가옥이 불탔으며, 1,600인이 거처할 곳이 없게 되었습니다. 그 지경에 참사자의 수를 분명히 알기 어려우나 신용할 만한 통계에 의한즉 신자와 불신자를 합하여 82인이라고 합니다. 피소(被燒)된 회당 3처는 개축하였고, 기타 3처 회당은 건축 중입니다. 5월 중에 총독이 그 지경을 시찰하고 1,500원을 보조하였으며, 선교회에서 2천 원을 보조하였습니다. 제암교회당에서 일병에게 피살된 자가 23인이나 되는 고로 금일까지 참배자는 여하히 변을 당할까 무서워하는 중에 있으며, 이 지경 신자 334인 중에 173인은 혹 피살 혹 피수(被囚) 혹 도피하였나이다. 제암 지경에 있는 교인들은 생각할 수 없는 변을 당하며 악형과 총검의 위험을 보았으되 신심이 더욱 독실하여가며, 하나님을 더욱 의지하면서 말하기를 죽음은 어느 때나 올 터인즉 나를 위하여 죽으신 주 예수께 전심, 참으로 충성하겠다고 하는데, 불신자들은 항상 권하기를 예배당에 가지 말라, 일병이 또 올까 두렵다고 하므로 이것이 어렵습니다. 금년 환난으로 인하여 옥중에서 고생을 많이 당하여 사면한 목사가 1인이요 생활난으로 인하여 사면한 목사가 2인이외다."

선교사 노블은 한국의 기독자들과 동행하고 동고했으며, 세계기독교회에 진정과 호소를 했다.

노블은 1928년 3월 24일부터 4월 8일까지 예루살렘에서 열린 제2회 국제선교협의회에 조선예수교연합공의회 대표 중 한 사람으로 참석하였다. 이 회의에는 50개국의 대표 231명이 참석했는데, 그중 42명이 아시아에서 참석했으며, 한국에서는 조선예수교 연합공의회 대표로 신흥우(申興雨, 1883~1959년), 김활란(金活蘭, 1899~1970년), 양주삼(梁柱三, 1879~1950년), 정인과(鄭仁果, 1890~1972년), 그리고 노블과 마펫 선교사가 참석하였다. 이 예루살렘 협의회 이후 열린 1929년 4월의 조선예수교 연합공의회는 조선 농촌의 진흥책을 심도 있게 다루었다. 감리교회 역시 농촌 교회 자립 운동으로 무급 평신도 전도자 활용과 교회 농토의 실용 등의 방안을 내놓았다.

노블은 1927년 교회 재정 확보를 위해서 그 일대의 농토를 구입하였다. 실제 1933년경 52개 감리교회 중에서 거의 3분의 1에 해당하는 교회가 이러한 농토를 가지고 교회 재정을 도왔던 것으로 나타났다. 어떤 교회의 농토는 200정보, 2만 정보에 이른 곳도 있었다. 평균 면적이 교회당 2에이커였다. 작지 않았다. 이들 교회 농토들 중에서 4분의 3이 소작농에게 대여되었고, 그 소작료가 교회 예산에 들어갔다. 그리고 나머지 4분의 1이 교인들 자신의 협동 농작이었다. 이러한 농토들로부터의 수입은 반드시 많은 것은 아니었다. 1937년 그 평균 수입은 74원이었고, 그것은 한 교회의 목사 연봉의 5분의 1에 겨우 미치고 있었다. 하지만 헌금을 낼 현금, 그리고 노동으로 드리는 헌금, 협동 정신, 새로운 형태의 농사 개량과 실습, 이런 점에서 실질적인 농촌 교회의 경제 발전에 공헌하고 있었다.

1930년 조선감리회 제1회 총회에서는 남·북 만주와 몽골에서 전개되고 있는 선교사업을 그대로 조선감리교회의 선교사업으로 인정하면서, 만주 선교 문제를 취급할 특별위원들을 선정하였다. 특별위원회는 위원장에 커언 감독, 서기에 노블, 그리고 양주삼, 배형식(裵亨湜, 1874~1955년), 이화춘(李和春, 1871~1956년), 데밍, 홍에스더, 턴슬리로 구성되었는데, 이들은 만주 선교 상황을 연구하여 중앙협의회와 미국 감리교회 선교국에 보고함으로써 만주 선교사업의 지원을 요청하는 일을 맡게 되었던 것이다. 여기 노블이 참여하게 된 것은 1923년에서 1927년까지 미국 북감리회 만주지방회의 선교사로 활동한 그의 경력을 인정받았기 때문으로 보인다.

노블은 뛰어난 행정 실력을 갖춘 목회자였다. 그는 한국에서 관리자로 2년, 지방 감리사로 40년을 일했으며, 여러 지방을 동시에 관할했던 때가 많았다. 1908년부터 3년간 평양 및 서울지방 감리사로 일할 당시 한국 감리회의 70퍼센트가 그의 관할하에 있었다. 그는 전 선교 구역을 순회하였으며, 한국 지방회의 90퍼센트를 관장할 때도 있었다. 한국에서 일하는 42년 동안 노블은 한국 감리회가 독자적인 성장을 이룩하는 것을 목격할 수 있었다. 그가 한국에 들어올 당시 50명 가량이었던 감리교인이 그가 은퇴할 즈음에는 2만 명으로 늘어났던 것이다.

이 거대한 성장의 여정에 그는 계속 동행하였던 것이다. 노블은 1933년 3월 은퇴한 후에도 1년 동안 더 서울에 머물면서 계속 일을 돕다가 귀국하여, 1945년 1월 6일 캘리포니아 스톡턴에서 소천하였다.

— 민경배(연세대학교 명예교수)

전라도 지방에 복음을 심은 유진 벨

미국 남장로교 한국 선교사인 유진 벨(Eugene Bell, 裵裕祉, 1868~1925년)은 1868년 4월 1일 미국 켄터키 주 셀비빌 군 스코트스테이션에서 아버지 헨리 벨(William Henry Bell)과 어머니 프랜시스 스코트(Frances Venable Scott) 사이에서 출생하였다. 그는 1889~1891년에 켄터키 주 센트럴 대학교에서 수학하고 1894년에는 켄터키 신학대학을 졸업하였다. 그는 아내 로티(Lottie Witherspoon)와 함께 미국 남장로교 선교사로 파송을 받아 1895년 4월 9일 내한하였다. 샌프란시스코 항을 출발해 두 달 만에 제물포에 도착하였던 것이다.

그들은 우선 서울 정동에 있던 남장로교의 숙소 딕시 하우스에 짐을 풀고, 그곳에서 한국의 풍습과 언어를 배웠다. 그들의 한국어 선생은 변창연이라는 사람으로, 후에 전라도 지역으로 파송될 때 동행하게 된 사람이다. 로티 벨이 본국에 보낸 편지에 따르면 유진 벨도 을미사변 때 고종을 지키는 불침번을 섰다고 한다. 미국 남장로교 본회에 보낸 보고서를 보면 유진 벨은 한국에 대한 부정적인 첫인상을 가졌던 것 같다. 너무나 태연하고 느긋한 한국인들의 시간 개념을 그로서는 이해하기 힘들었을 것이고, 무엇보다도 백성들을 쥐어짜는 관리들의 행태에 비판적인 시선을 보내고 있었다. 하지만 그런 어려움들은 이미 각오한 터였고, 자신의 사명을 이뤄내기 위한 강한 다짐을 어머니에게 보낸 편지글에서 볼 수 있다.

"밥은 맛이 없습니다. 그러나 나는 한국 음식을 먹기로 했습니다. 친구가 되려면 그러지 않을 수 없습니다."

한편 보수적인 미국 남장로교회가 한국에서의 선교사업을 결정하게 된 것은 안식년으로 귀국한 언더우드가 한국 선교를 호소했기 때문이다. 언더우드는 내슈빌(Nashville)에서 개최되었던 신학교협의회에서 그 열정적인 설교와 선교 보고를 통하여 젊은 신학생들의 한국 선교 의욕을 불태웠다. 이에 남장로교 해외선교부 실행위원회는 1891년 12월에 테이트(Lewis B. Tate, 崔義德, 1862~1925년), 전킨(Wm. McCleery Junckin, 全緯廉, 1865~1908년), 그리고 레이놀즈(Wm. D. Reynolds, 李訥瑞, 1867~1951년) 등 세 청년의 한국 파송을 승인하게 되었다. 이때 데이비스(L. F. Davis, ?~1903년) 등 네 여성도

한국에 나갈 선교사로 함께 임명받았다. 이들은 다 함께 동시에 한국으로 항해할 예정이었으나 건강 때문에 결국 데이비스가 먼저 한국의 이부인과 함께 1892년 10월 20일에 알렌의 환영을 받으며 서울에 들어왔다. 나머지 일행들이 뒤따라 제물포에 온 것은 그해 11월 3일, 온 시가 일본 천황의 생일을 축하하던 날이었다. 이들은 서울에 도착하여 미국 북장로교 선교부의 마펫 목사의 영접을 받은 날로부터 곧바로 1년 계획으로 한국어 습득을 위해 정진했다. 그러나 언어의 장벽은 심각했다. 선교사 중의 한 사람은 한국말을 가리켜서 '목이 곧고 하이드라 머리를 가진 괴물'이라고 평하고 있었으니, 그 고충을 이해하고도 남는다. 유진 벨과 로티 벨 신혼부부는 1895년 4월 9일 추가로 파송된 미국 남장로교 선교사들 중에 있었다.

남장로교 선교부는 1895년에 이르러 전라도 지방을 선교 지역으로 작정했다. 로마 가톨릭의 세력이 가장 강했던 고장에 선교의 방향과 정열을 집중시키기로 한 것이었다. 유진 벨의 4대손인 존 린턴(John Linton, 인요한)은 당시 남장로교 선교부의 호남 선교를 가리켜 이렇게 말한다.

"세상에 대하여 깜깜했던 한국인들이 임금부터 시골 촌부까지 문을 굳게 걸어 잠그는 쇄국을 고집할 때, 그 문을 연 것은 한 방의 대포였지만, 마음의 문을 두드려 연 이들은 군인도 아니요 정치인도 아니요 시인도 아니었습니다. 그들은 다름 아닌 선교사들이었습니다."

그런데 전주 선교부와 군산 선교부의 사업이 뚜렷한 진전을 보지 못하던 가운데 이 두 선교 구역 외에 전라남도 남단에 제3의 선교부 개설론이 대두되었다. 최초 계획에 제출된 후보지는 목포였다. 그러나 5명의 선교부원들이 두 패로 나뉘어서 답사한 후 1896년 12월에 만장일치로 나주를 선교부 소재지로 선정하고, 1895년 6월 당시 27세의 유진 벨을 그 개설의 초대 책임자로 임명하였다. 나주를 선정한 것은 그 도시가 내륙에 있어 건강에 좋고 인구의 중심지였기 때문이다.

이듬해 봄에 벨은 나주로 가서 집 한 채를 사고 적당히 수리하여 사랑방을 만들고 이를 구도자들을 면접하는 데 사용했다. 그러나 보수적인 나주의 유생들이 작당하여 선교사들을 성문 밖으로 축출하려 하였고 땅을 판 사람에게도 행패를 부리는 등 견딜 수 없는 나날을 보내게 되었다. 그런데 그해 10월에 목포가 개항장으로 지정되었다. 재한 선교부는 다음의 이유로 종전의 결정을 번복했다.

"현하 동양의 불안정한 사태에 비추어 체스터(Chester) 박사와 기타 인사들과의 회의 끝에 목포에 즉시 선교지부를 설치하기로 합의를 보았습니다. 불의의 사태 발생으로 인하여 내륙에 있을 수 없게 될 경우를 생각하여, 목포를 정식 본거지로 하고 여기를 기점으로 하여 순회전도로 선교 사업을 할 수 있게 될 것입니다. 이외에도 다른 정당한 이유가 있으므로 선교부는 목포에 선교사의 주택을 짓기 위하여 건축비를 요청하였으며, 벨 목사를 임시로 그 선교지부 소재지에 거주하게 하였습니다."

이에 벨은 나주를 떠나 목포로 향했다. 이즈음 벨이 그의 어머니에게 보낸 편지에 보면 그는 선교부지 마련에 퍽 곤란을 겪었던 것으로 보인다.

"2개월 전에 개항된 목포의 모든 땅은 다 팔리고 없었습니다. 천주교 신부들은 건축할 수 있는 부지를 마련하게 되었습니다. 그러나 우리는 6일 동안을 헤매고 다녔지만 헛수고뿐이었습니다."

그러나 천신만고 끝에 선교부지를 마련한 벨은 1898년 3월에 이르러 선교사역을 시작하였다. 낯선 땅에서 시작된 새로운 생활이 고달팠던 것은 너무나 당연했다. 하지만 그는 한국인들과 친해지려고 무던히도 애를 썼다. 매월 15일을 '구경day'로 정해, 자신의 집에 한국인 누구라도 들어와 둘러볼 수 있게 했다. 벨은 교회가 완성되기 전까지 초가집에서 예배를 드렸는데, 첫 예배를 드린 사람은 모두 8명이었다. 드디어 그는 1898년 5월 15일 목포 최초의 개신교 교회를 설립하고 첫 예배를 드렸다. 곧이어 부임한 오웬(Clement C. Owen, 吳基元, 1867~1909년) 의료 선교사가 1898년 목포진료소를 개설하여 지역 주민들의 건강을 지켜 주고, 변창연 조사의 헌신적인 도움으로 새신자가 증가했다. 외부에서 이사 온 교인들도 다수 있었기 때문이었다.

그중 김윤수는 오웬이 그의 어머니를 치료해 준 것을 계기로 처음 교회를 찾게 되었다. 그는 열심히 교회에 출석하고 성경공부도 하여 원입교인 시험을 치르게 되었다. 벨은 그가 양조장을 운영하며 술을 팔고 있다는 이유로 직업을 바꾸지 않으면 세례를 줄 수 없다고 단호하게 말했다. 김윤수는 이에 실망하지 않고 오랫동안 기도하던 중 양조장을 처분하고 원입교인 시험에 합격, 그 후 세례까지 받게 되었다. 그는 벨의 좋은 협력자가 되어 후에 광주교회를 설립하고 그 교회의 장로로 장립되었다.

하지만 목포 선교가 활발하게 결실을 맺어가던 중 뜻하지 않은 불행이 닥쳤다. 벨의 아내 로티가 풍토병으로 1901년 32세의 젊은 나이에 세상을 떠난 것이다. 그때 벨은 지방 선교 여행 중이었고, 남편도 없는 상태에서 로티는 아들 헨리와 딸 샬롯을 품에 안고 숨을 거두었던 것이다. 벨은 아내의 장례를 치른 후 미국으로 귀국해 2년간 머물다가 1903년에 두 자녀를 미국 고모들에게 맡기고 나서 다시 한국에 들어왔다. 아이들을 미국에 보낸 것은, 힘든 선교사역의 특성상 혼자 아이들을 돌보기 어려웠던 데다 당시 한국에서 활동하던 외국인 선교사의 자녀들 중 적지 않은 수가 풍토병으로 사망하던 현실 때문이었다. 1900년대 초 많은 선교사 자녀들이 풍토병으로 죽었는데, 그 수치는 아프리카에서 활동하던 선교사들의 자녀 사망률보다 높았다고 한다.

1903년에 200명으로 증가한 교인들을 수용하기 위해 석조 건물인 '로티 위더스푼 벨 기념교회당'을 신축했다. 그런데 목포는 물이 좋지 못하고 교인들은 내륙에 흩어져 있었기 때문에 역시 불편하다고 판단한 미국 남장로교 선교부는, 1904년 9월 연례회의에서 전라남도 도청 소재지인 광주(光州)로 본거지를 옮기기로 작정하였다. 광주선교부 개설의 책임을 맡은 벨은 그해 12월 오웬과 함께 광주선교부 초대 선교사로 전임했다. 그는 광주시 양림동에 선교부를 설치하고 자신의 사택 사랑방에서 크리스마스 축하예배를 드림으로써 광주 선교 역사의 첫 장을 열었다.

1905년 9월, 그의 보고에 이런 말이 나온다.

"지난해는 나 개인으로서는 한국에서 가장 바빴던 한 해였습니다. 광주에서 오웬과 주택을 짓느라고 안간힘을 기울였습니다. 우리는 목포에서 광주로 옮겨와서 성탄절에 맞추어서 정착할 수 있었습니다. 지난 가을 동안에 나는 목포와 광주에서 집을 짓는 데 빼앗긴 시간을 제외하고는 모두 전도에 바쳤습니다. 새로운 주택에 안착한 다음에도 복음을 전하기 위해서 가능한 방법을 강구하게 되었습니다."

벨의 광주 사역의 시작은 매우 성공적이었다. 남장로교 선교부의 통계에 의하면 1904년 광주의 교세는 미조직 교회 15개, 세례교인 총수 72명, 그해 세례받은 교인 52명, 그해 학습받은 교인 107명이었는데, 벨이 부임하고 그 이듬해인 1905년에는 미조직 교회 42개, 세례교인 총수 218명, 그해 세례받은 교인 154명, 그해 학습받은 교인 583명으로서 그의 부임 전과 현격한 차이를 보이고 있다.

벨이 광주에 부임할 무렵, 한국 교회는 을사늑약의 위기 한가운데서 일어났던 대부흥운동으로 미래의 소망을 찾고 있었다. 1903년 원산에서 일어난 성령운동이 1907년 평양을 거쳐 전국적으로 번져갔던 것이다. 1906년 미국 남감리교 선교사 제르딘(J. L. Gerdine, 1870~1950년)이 목포에서 부흥회를 인도하였고, 1907년에 리(G. Lee, 李吉成)는 선천으로, 길선주는 의주와 서울로, 헌트는 대구로, 스월른(W. I. Swallen, 蘇安論, 1865~1954년)은 광주로, 이렇게 각각 흩어져서 부흥회를 개최하였던 것이다. 특히 광주 북문안교회에서 부흥회를 인도했던 스월른이 평양 대부흥 당시 지은 찬송가는 을사늑약으로 땅의 소망을 잃은 한국인들에게 하늘의 소망을 심어 주었다. "내가 천성 바라보고 가까이 왔으니 아버지의 영광 집에 가 쉴 맘 있도다. 나는 부족하여도 영접하실 터이니 영광 나라 계신 임금 우리 구주 예수라." "그 나라에 마지막 소망을 두고 이 세상을 이기며 살자." 스월른 선교사가 1905년에 이 비탄의 민족사에 외친 위로와 감격의 메시지는 많은 영혼에 가 닿았다.

기독교가 한국 역사의 토양에 뿌리를 박아, 오늘 세계 유수의 기독교 교세의 나라가 되었다면, 그것은 바로 그날부터의 일이었다. 손을 불끈 쥐고 살아갈 희망과 의지, 그리고 에너지를 부여하였기 때문이다. 스월른의 광주 집회로 많은 사람들이 광주북문안교회로 모여들면서 교회는 계속 성장해갔다. 이 무렵 광주의 유명한 깡패 최흥종이 그의 추종자 30여 명과 함께 벨을 찾아와 기독교에 입교하였다.

벨의 희생적인 선교 활동 가운데 목포의 정명(貞明)학교, 영흥(永興)학교, 광주의 숭일(崇一)학교, 수피아 여학교, 목포 프렌치 병원, 광주기독병원이 서게 되었고, 지역마다 수많은 교회가 세워졌다. 그가 세운 교회는 광주제일교회를 비롯하여 광주 송정리, 장성 모생리, 해남 우수영, 곡성 옥과리, 장성 소룡리, 순창 쌍계리, 해남 신덕리, 장성읍, 광주 월성리, 담양읍교회 등 수없이 많았다. 그는 과연 전라 선교의 개척자라 할 수 있었다.

그는 수년 동안 평양장로회신학교 교수를 겸직하였다. 1911년 10월 15일, 벨은 전주에서 열린 전라노회 창립 총회에서 부회장으로 피선되었고, 1914년 제3회 장로회 총회에서는 그 총회장으로 피선되었다. 그의 말년 격무로 건강을 잃고 몇 년 동안 병에 시달리다가 1925년 9월 28일 광주 자택에서 별세하였다.

그가 한국에 도착한 지 100주년이 되는 해인 1995년, 그의 4대 손들이 주축이 되어 미국에 '유진 벨 100주년 기념 재단'(Eugene Bell Foundation)을 만들었으며, 같은 이름의 재단이 2000년 한국에 설립되었다. 이 단체가 하는 일은 북한에 식량을 전달하고 결핵을 치료할 수 있는 의료 시스템을 지원하는 사업으로, 재한 기독교 선교사 유진 벨의 헌신적인 사랑을 이어가고 있다. 4대에 걸쳐 한국에 머문 유일한 선교사 가문의 재단 사역은 지금까지 한국 교회를 위해 몸 바친 수많은 선교사들과 그 역사 전체에 걸쳐 관통하고 있는 맥박의 고동을 일신에 담고 남북 분단의 신고(辛苦) 그 신음을 들으면서 다시 한 몸이어야 할 한국, 그것을 잊지 못하는 한국 교회의 모습을 대신 내보이고 있다고 하겠다.

— 민경배(연세대학교 명예교수)

평등 사상을 고취시킨 선교사
클라크

　미국 북장로교 한국 선교사이며 신학자요 교육자였던 클라크(Charles Allen Clark, 郭安連, 1878~1961년)는 1878년 미국 미네소타 주에서 출생하였다. 그는 1899년 세인트폴에 있는 매카레스터 대학을 졸업하고 1902년에는 시카고의 맥코믹 신학교를 졸업하였다.
　그해 미국 북장로교 해외선교부의 파송을 받은 클라크는 9월 22일 아내 마벨 크래프트(Mabel Craft)와 함께 내한하였다. 그는 처음에 서울에 머물면서 선교 준비에 힘쓰는 한편 곤당골교회(지금의 승동교회)의 개척 전도를 위해 활동했다. 1905년에는 승동교회의 새 교회당을 직접 감독하여 건축했고 부흥을 이루었다. 클라크는 이후 20년 동안 승동교회에 시무하면서 다방면에 걸친 선교 활동에 몰두했다. 그는 특히 한국의 오랜 관습이던 계급 차별과 남녀 차별의 부당함을 인식하고 그 차별의 타파와 형평 운동에 크게 공헌했다. 클라크의 이런 활동은 서울에서 백정들을 대상으로 선교 활동을 전개했던 선교사 무어(S. F. Moore, 牟三悅, 1846~1906년)를 뒤이은 것이었다. 무어는 서울에서 처음으로 양반과 천민이 함께 드리는 예배를 시도하였는데, 이 교회가 후에 승동교회로 발전한 것이다.

승동교회는 한국에서의 백정(白丁) 해방과 관련이 깊다. 1895년은 백정 해방의 눈물겨운 소식으로 빛나고 있다. 그해 4월, 서울 관잿골에 사는 백정 일동이 조정 내부(內部)에 진정서를 낸 것이다. "우리는 지난 500년을 인종지말로 비참하고 가장 천한 사람들로 갓이나 망건을 쓰지 못하는 천대를 받고, 이제 그 비통이 뼈에 사무쳐 있습니다. 우리 여기 소청(訴請)하오니 우리 백정들이 더 이상 구박받지 않고 사람답게 살도록 해주십시오." 이 소청은 곧 수락되었고, 1896년 3월(음력)에는 그들도 호적에 올릴 수 있도록 윤허가 내려졌다. 백정에 대한 신분 해방과 갓 착용에 대한 포스터가 전국에 나붙은 것은 5월 13일의 일이었다.

이 대담한 일에 나섰던 사람은 백정 박(朴) 씨와 지(池) 씨였는데, 이들에게 이런 엄청난 사회적 변혁의 구체적 제도 혁파를 수행하도록 자극을 준 사람이 바로 당시 서울에서 백정들을 대상으로 선교 활동을 벌이고 있던 선교사 무어였다. 백정 박 씨는 그가 장질부사(장티푸스)로 사경을 헤맬 때 고종의 시의인 에이비슨이 찾아와 시료할 때부터 교인이 되었다. 시의가 자기 같은 천인을 찾아와 만지고 말을 건네고 기도해 주고 하는 데에 가슴이 벅찼던 것이다. 그의 설교문 하나는 북장로교 총회의 월간지 〈The Church at Home and Abroad〉의 1896년 8월호에 게재되었다. 박씨는 클라크가 담임하던 승동교회에서 1916년 장로 장립까지 했다. 그의 아들인 박서양(朴瑞陽)은 제중원의학교를 제1회로 졸업하고 거기 잠시 교수까지 되었던 인물이다. 한국 최초의 대학교수가 백정의 아들이었다. 기독교가 한국에서 해낸 이 엄청난 혁신을 이만큼 깊이 그리고 넓게 보여 주는 일이 따로 없을 것이다.

한국에서 기독교가 여성을 해방하고 그 사회적 신분과 활동을 신장시킨 추진력도 거대하였다. 실로 혁신적인 일이었다. 1897년 12월 정동예배당에서 남녀가, 그것도 합석하여 남녀동등 문제를 토론한 일이 있는데, 이것은 실로 단군 이래 처음 있는 일이었다. 교회의 세례교인 명부에는 여성의 성명이 독립된 한 사람의 인격으로 따로 기재되고 있었다. 선교사 샐리 스월른(S. W. Swallen)은 1896년 원산에서의 여성 사역을 보고하며 감격의 어조로 다음과 같이 말하였다.

> "기독교는 지금 다른 개혁이 해낼 수 없는 사회 풍습의 악들을 개화해 나가고 있습니다. 복음 앞에서 오랜 악습과 폐습이 조용히 그러나 근원부터 깨져 나가고 있습니다."

복음은 남녀의 창조 질서 안에서의 인간의 존엄성을 설교하고,

그 동등성을 필연적인 것이라 선언하고 있었다. 한국 여성에게 생의 목표를 제시해 주고, 그 마음의 지평선을 확대해 주며, 그의 마음과 손에 전에 없었던 책임과 열정을 가득 채워 준 것, 그것이 바로 기독교였다. 이것은 실로 미증유의 복음이었다. 한편, 당시 교회나 선교사들은 여성의 지위 향상이 그들의 무지와 천대에서의 해방과 병행해야 한다고 믿고 있었다. 여성 교육이 미신 타파와 직결된다는 확신이었다. 무당 미신이 주로 "ᄆᆞ음이 약ᄒᆞᆫ 녀인네"에 파고든다고 보았기 때문이다.

한편 클라크는 일본의 한국 침략기에 예민할 수밖에 없었던 정치문제에 관하여 다른 대다수의 선교사들과 같이 정치 중립의 입장을 고수하였다. 특히 1895년의 을미사변을 전후하여 민족의 교회로서 한국 교회가 그 구조를 굳히던 과정에서, 선교사들은 한국 교회의 직접적인 정치 활동에의 관여를 대폭 제한하기를 권고하고 있었다. 장로교의 경우에는 길선주와 서상륜 등이 반일 의병의 선유(宣諭) 황소(皇召)를 받았다든가, 안창호와 마펫과의 불화, 그리고 여운형(呂運亨)의 클라크 및 언더우드와의 갈등, 이런 사건들이 처음부터 현상화하고 있었다.

클라크가 1908년 2월 15일자로 서울에서 띄운 편지 내용에는 정치 문제에 대한 재한 선교사들의 태도가 잘 드러나 있다.

"정치 문제에 관하여 선교 본부에서 불편 중립 정책을 채택한 데 대하여 말한다면, 재한 선교부가 지금까지 걸어온 정책과 일점일획도 틀림없습니다. 우리는 지금까지 그 정책을 견지하였고 또한 실천하여 왔습니다. 한국에 있는 어느 다른 선교부보다 우리는 더 고수하기 위해 노력했습니다. 오늘 일인(日人)에 대한 우리의 상대 정책은 우리가 맨 처음부터 항상 준수하여 온 정책과 동일합니다. 우리는 교회는 교회로서, 본래부터 어떠한 면에서든지 정치에 간여할 일이 절대적으로 없다고 믿습니다. 우리의 입장은, 교회는 진정 영적인 조직체로서 현 정부나 또 다른 어떤 정부의 정치에 관하여도 찬성이나 반대를 하여서는 안 된다는 것입니다. 문자 그대로 과거 수백 번 우리 교인들이 박해를 당하고 있음을 보기는 하였으나 그들을 석방할 권리를 가진 지방장관에게 그들을 석방하여 주라고 한마디의 말도 한 적이 없었습니다. 1년 전에 의병운동이 시작되어 지금도 계속되고 있지만 처음 시작할 임시에는 요원의 불길과 같았습니다. 우리는 이 운동에 대하여 힘껏 반대하여 우리 교회로 하여금 말려들어가지 않도록 지켰습니다. 실제로 교인 중에는 한 사람도 들어간 사람이 없었습니다."

이것이 바로 대다수의 선교사들이 취한 태도였다. 선교사들은 기독교인들이 박해를 받을 경우라도 일본인을 상대하여서는 중립을 지켰다. 더욱이 선교사들은 이 정책을 자기네들끼리만 사용한 것이 아니라 한국인 지도자들도 그렇게 하기를 가르쳤다.

그런데 1910년 한일합병의 십자가가 메워지던 날, 지금까지 비교적 온건하게 일본에 동조하던 선교사들의 동향이 주목되었다. 이때 감리교의 헐버트는 이왕의 일시적인 친일의 자세를 수정했다. 이는 클라크나 쿤스(E. W. Koons, 君芮彬, 1880~1947년) 등 선교사들의 지속적인 친일에 견주면 상당히 인상적인 것이었다. 클라크는 3·1운동에의 기독교 참여를 공격하던 전형적인 선교사였다.

그런데 3·1운동이 있고 나서 천도교 간부들이 대개 다 감옥에 갇히고 일경(日警)들이 천도교의 근절을 계획한다는 소문이 퍼질 때, 한 천도교의 지도층이 미국 유학을 한 한국인 기독자를 중재로 해서 천도교와 기독교의 합동을 제의해 온 충격적인 사건이 있었다. 이 제안은 선교사 클라크와 예수교 장로회의 총회 임원들에게 똑같이 제기되었다. 그때가 총회 기간이었기 때문이다. 클라크의 글을 보면 이 제의를 거절한 네 가지 원인을 알 수 있다. 첫째는 천도교인들의 도덕적 심각성의 결여였다. 축첩, 음주, 흡연이 그들 교회 안에서 용인되고 있었다. 둘째는 그들이 기독교회의 교리에 무지하였다는 사실이고, 셋째는 천도교가 소위 자연종교적인 교리로서 인간이 통절히 하나님의 세계를 찾는 한 정신의 표현이므로, 계시종교인 기독교와 상반된다는 것이었다. 마지막으로 천도교가 거교회적으로 정치 활동에 나서고 있었기 때문에 겨레의 호응을 받고는 있었지만 그것이 기독교와는 융합할 수 없다고 판단하였기 때문이다. 기독교가 '애국적'인 것은 확실하였다. 그러나 클라크는 '애국'과 '정치'는 같은 것이 아니라고 단정했던 것이다. 이렇게 해서 이런 제의가 비록 공식적인 것은 아니었다 치더라도, 그 정황을 설명했던 합동 의사는 거절되고 말았던 것이다.

한편 클라크는 1908년부터 평양 장로회신학교 교수로 취임하여 후진 양성에 매진했다. 1916년 정교수가 된 그는 1940년 학교가 폐교될 때까지 계속 봉직했는데, 그의 교수 과목은 실천신학과 종교교육이었다. 1916년 당시 평양신학교의 교수 진용은 다음과 같았다. 교회학과 선교사에 교장 마펫, 도서관리, 교회사, 희랍어에 엥

겔(G. O. Engel, 王吉志, 1864~1939년), 조직신학에 레이놀즈(W. D. Reynolds), 구약문학 및 주석에 어드만(W. C. Erdman, 魚塗萬, 1877~1948년), 신약문학 및 주석에 로버츠(S. L. Roberts, 羅富悅, 1881~1946년), 실천신학 및 종교교육에 클라크였다.

클라크는 이와 함께 〈신학지남〉의 편집 책임을 맡는 등 저술 활동을 병행하고 있었다. 그는 설교 및 목회학, 심리학, 교육학, 종교학 등에 걸쳐 헤아릴 수 없을 정도로 많은 저술 및 번역서를 남겼다. 그는 1910년 매카레스터 대학에서 신학박사 학위를 받았고, 1921년에는 시카고 대학에서 문학박사 학위와 1929년 철학박사 학위를 받았다. 또한 1934년에는 조선예수교장로회 총회의 《표준성경주석》의 발행책임자로 선임되어 일제 말의 혼돈으로 더 이상 발행할 수 없을 때까지 욥기, 시편, 잠언, 전도서, 아가, 로마서, 고린도전후서, 갈라디아서 주석을 순차적으로 발행하였다. 대단한 학구적 자세였다.

클라크의 저술 중 몇 가지를 특기해 보자. 우선 그는 1918년 《장로교회사전휘집》을 펴냈다. 이 책은 '조선예수교장로회 창설 후 각 회 약사와 교회 헌법과 각 항 규례와 예의와 인사의 변천과 각 년 총계를 수합 편성한 것인데 6대조로 분(分)하고 《장로교회사전휘집》이라 명명' 하였던 것이다.

1930년 클라크는 뉴욕에서 《The Korean Church and Nevius Methods》를 출간했다. 이것은 한국 교회 성장에 결정적인 영향을 미친 선교 방법 중 하나인 네비우스 선교 방법을 다룬 것이다. 이 책에서 클라크는 '네비우스 원리'를 다음의 9개항으로 요약하고 있다. ① 선교사들의 복음 전파는 광범위한 순회 전도에 의한다. ② 자립 선교, 곧 신자 한 사람 한 사람이 다른 사람의 교사가 된다. ③ 자립 행정을 하며, ④ 자급(自給)하며, ⑤ 모든 신자들을 위한 체계적 성경공부가 있도록 한다. ⑥ 성서적 교훈에 의해 엄격하게 치리하며, ⑦ 다른 교파, 그리고 최소한도 같은 지역 안에서 타 교파와 협조하고 일치한다. ⑧ 소송(訴訟) 관계에서 간섭하지 않으면, ⑨ 토착민들의 경제생활이나 그러한 문제에서 가능할 때에는 일반적인 도움을 줄 수 있다.

1932년, 클라크는 한국 종교 연구서인 《Religions of Old Korea》를 뉴욕의 프레밍 레벨 출판사에서 간행했다. 여기에는 조선 재래의 불교, 유교 및 무격(巫覡), 그리고 기독교에 관한 연구가 망라돼 있었다. 저자는 한서(漢書) 몇 개를 제외하고는 한국 종교에 관해 쓰인 책 전부를 읽었다고 하였으며, 그러느라고 20년의 자료 수집과 연구 끝에 이 저서를 내놓았다고 자처할 정도였다. 그는 이 책을 통해 세계가 저자의 조선에 대한 사랑과 존경을 알게 되기를 바란다고 피력했다. 이 책은 언더우드가 1910년에 간행한 《The Religions of Eastern Asia》(New York)와 함께 저 유명한 세계적인 원시 종교 연구의 대가 프레이저(J. Fraser)의 《Golden Bush》(金枝篇)에 수다하게 인용되었다.

일제 말기, 일본의 신사참배 강요와 관련하여 클라크가 교수하고 있던 신학교가 문을 닫게 되는 혼란이 몰아닥쳤다. 그는 당시 신학교장 로버츠가 공석이어서 교장 대리를 맡고 있었는데, 평양 장로회신학교가 폐교된 후 일제의 묵인에 의해 평양신학교가 따로 세워질 때 학교 재산과 문서 기록의 인도를 강요받았으나 이를 단호히 거절하였다. 이후 클라크는 1941년 3월 2일의 평양의 '반전(反戰)기도일 사건'에 연루되어 본국으로 강제 추방되었다. 그는 해방 이후 다시 내한하려고 했으나 고령으로 뜻을 이루지 못하고 1948년에 정년 은퇴하였다.

이후 오클라호마에 거주하며 저술 활동에 매진했는데 1953년 민수기, 1957년 레위기, 1958년 마가복음 주석을 계속 간행했으며 1961년 5월 26일 별세했다. 그의 사후 자녀들이 클라크의 유고를 모아 1963년 《누가복음 주석》, 1964년 《예레미야 주석》을 펴냈다.

— 민경배(연세대학교 명예교수)

4대에 걸친 한국 사랑
언더우드 3세

    미국 연합장로회 선교사이며 교육자였던 언더우드 3세인 원일한 (Horace Grant II Underwood, 元一漢, 1917~2004년)은 언더우드 1세의 손자이며, 언더우드 2세의 장남이다. 언더우드 가(家)는 2005년 현재 4대 선교사 가문으로 한국을 섬겨왔다. 언더우드 1세는 한국 교회사에서 영원히 기억될 한국 장로교회 첫 선교사로, 연세대학교의 전신인 연희전문학교와 한국장로교회의 모교회인 새문안교회를 세우고 〈그리스도신문〉을 창간, 전도와 교육과 문서 사업에 전력투구했던 선교사 언더우드 1세이다.

    언더우드 1세의 형인 존(John T. Underwood, 1857~1937년)은 '언

더우드 타자기 회사'를 운영하였는데, 그가 동생에게 보내온 교육기금이 연희전문학교를 설립하는 직접적인 계기가 되었다. 그리고 언더우드 2세 원한경은 1890년 한국에서 태어나 한국에서 자라 한국에서 일하다가 1951년 한국에 묻힌 파란 눈의 한국인이었다. 그는 1912년 연세대에서 영어 강의를 시작한 후부터 평생을 대학 강단에서 헌신했다. 그는 한국인과 한국문화에 대한 조예가 깊었다. 그는 한글뿐 아니라 한문에도 관심이 많아 한국학을 개척, 세계에 한국을 알리는 데 기여했다. 그는 사냥에 취미가 있었는데, 1915년 〈영국왕립아시아학회〉지(誌)에 "한국 수렵 안내"란 논문을 발표했으며, 서해와 남해를 항해하며 이순신 장군이 임진왜란 시 활동한 '해도'(海圖)를 만들었고, "한국의 선박"이라는 논문을 발표하기도 했다. 이외에도 《한국어 자습서》, 《영한사전》 등 한국에 관한 저서만 수십 종이 된다. 당시 어느 학자가 그만큼 한국학에 관심이 있었을까 할 정도로 원한경은 한국을 잘 알고, 또 한국을 사랑했다.

한편 언더우드 3세 원일한의 아들인 원한광(元漢光, H. H. Underwood II)은 부친이 한국에서 강제 추방된 시절인 1943년에 출생하였고, 세 살 때 아버지를 따라 내한하여 유년 시절을 한국에서 보냈다. 미국에서 공부를 마친 그는 1971년 연세대학교 초빙교수로 부임한 이후 계속하여 한국에서 증조부와 조부, 부친의 사역을 묵묵히 이어갔다. 2005년 언더우드 4세가 한국을 떠날 때 그는 한미교육위원회 총무로 봉사하고 있었다.

언더우드 3세인 원일한은 1917년 10월 17일 서울에서 태어났다. 일곱 살이 되던 해 미국으로 건너간 그는 1939년 뉴욕의 해밀턴 대학을 졸업하고 1955년 뉴욕 대학교 대학원에서 교육학 석사학위를 받았다. 대학을 졸업하던 1939년 원일한은 23세의 청년 선교사로 입국하여 연희전문학교(지금의 연세대학교)에서 교수 생활을 하면서 한국 교회 근대교육의 지평을 여는 공적을 남겼다. 하지만 당시 일제 말 기독교 박해가 극에 달해 있었으므로 1941년 12월 부임해 있던 연희전문학교에서 강제 추방당할 수밖에 없었다.

한편 일제 말기 선교 재단의 기독교 학교들은 '공식적인' 절차를 통해서 한국인이나 일본 재단에 이양되기 시작해서 1939년에 마무리되었다. 원일한이 근무하던 연희전문학교의 경영은 그의 아버지 원한경 박사의 고집으로 1941년까지 계속되었으나, 풍전등화로 결국 적산(敵産)으로 처리되어 1942년 8월 7일에 총독부 손에 넘어가고 말았다. 이화여자전문학교 역시 경성여자전문학교로 바뀌고 있었다.

1940년 10월 서울 주재 미국 영사 마쉬(O. G. Marsh)는 선교사의 완전 철수를 명령했고, 이 지령에 따라 선교사 219명이 처음 들어왔던 그 인천항을 떠나 본국으로 귀환하였다. 그해 11월 16일의 일이었다. 잔류 선교사들에 대한 일제의 발악적인 축출의 강요는 간혹 엉뚱한 명분까지 동원하고 있었다. 1941년 3월 2일, 평양의 '반전 기도일 사건'이란 것이 그 하나다. 세계기도일의 기도문 속에 버츠(Miss A. M. Butts)가 '극히 불온한 반국가적이요 반전적인' 말들을 써서 중일전쟁의 성전성(聖戰性)을 모독했다는 것이었다. 여기 연루되어 체포된 선교사들은 15명이었다. 적대감과 고독 속에서 인내하던 몇몇 선교사들은 이렇게 해서 그해 9월, 필리핀이나 미국 본토로 퇴거하지 않을 수 없었다. 마지막으로 조선을 떠난 선교사들은 99명, 1942년 6월 1일 밤 아사마루 호로 부산을 떠났다. 언더우드 2세는 그의 부친 언더우드의 기념비가 조선 교회 교인들의 손에 의해 새문안교회 뜰에서 제거되는 것을 보아야 했다. 그는 그 한 달 후에 이 땅을 떠났다. 조선 교회는 이로써 무서운 박해와 전향의 끝없는 위협 속에서 정신적 지원이 없는, 형극의 길을 스스로 견디어 나갈 운명에 놓이게 되었던 것이다.

미국으로 돌아간 원일한은 곧 미국 해군에 입대하여 태평양전쟁에 참전하였으며, 해방 후 다시 한국으로 돌아와 1946년부터 1947년까지 서울대학교 교무과장으로 재임하면서 대학 재건에 전력투구하였다. 그는 1947년 9월 선교부에 소속되면서 연희대학교에 복직하여 근속하던 중, 1950년 6·25 한국전쟁으로 미국 해군에 입대하였으며, 그해 9월 연합군 인천상륙작전 당시 미국 해병사단 정보부에서 활약하였다. 또한 1951년 7월 휴전회담이 열리면서부터는 휴전협정이 조인될 때까지 유창한 한국어 실력으로 수석 통역관의 임무를 수행하였다. 원일한은 이때의 공로를 인정받아 2002년 11월 14일 한미협회로부터 제1회 한미우호상을 수상하기도 했다. 당시 〈한국기독공보〉는 그의 수상 이유를 다음과 같이 적고 있었다.

"원일한 박사(연세대학교 재단이사)는 지난 14일 한미협회가 주는 제1회 한미우호상을 수상했습니다. 원 박사는 1939년부터 한국에서 선교사로 활동하고 있으며, 연세대 교수, 경신중고 · 대광중고 이사 등을 역임했습니다. 새문안교회와 연희전문대학(연세대학교 전신)을 세운 호레이스 언더우드의 손자이기도 한 원 박사는 한국전 당시 인천상륙작전에 참가했을 정도로 한국에 대한 사랑이 각별한 인물로, 이번 수상도 한국과 미국의 우호 증진에 공을 인정받아 추진되었습니다."

한편 원일한은 해방과 6 · 25의 소용돌이 속에서 부모를 모두 잃고 말았다. 1948년 남한 단독 정부의 출범에 불만을 품은 좌익 청년들이 연희동에 소재해 있던 그의 아버지 원한경의 사택에 난입해 그의 어머니 와그너 여사(Ethel Van Wagoner, 1888~1948년)를 암살하였던 것이다. 와그너 여사는 당시 연희대학교의 영어교수로 봉직하고 있었는데, 그녀의 죽음은 언더우드 가족과 연희대학교 전체에게 커다란 상처로 남았다. 원한경 박사는 아내를 양화진의 외국인 묘지에 안장하고 이듬해 5월에 귀국하였다가 6 · 25 한국전쟁이 발발하자 그해 10월 다시 한국에 돌아왔다. 그러나 언더우드 2세 역시 민간 고문 자격으로 부산에서 지원활동을 하던 중 1951년 2월 20일 과로로 숨을 거두고 말았다.

원일한은 1953년 10월 휴전과 함께 제대하였다. 이와 때를 같이하여 그는 연희대학교 문과대학 교육학과 조교수로 취임하였으며, 백낙준(白樂濬)과 김윤경(金允經)을 보좌하여 환도 이후의 학원 복구 사업에 전력을 기울였다. 그 후 그는 연세대학교의 대규모 시설과 교육 발전을 위해 재단법인 이사 및 상임이사로 헌신적인 공헌을 하였다. 그러한 그의 교육계에 대한 업적이 두드러지자

1964년 5월 고려대학교에서는 그에게 명예법학박사 학위를 수여하였고, 1967년에는 한양대학교에서 명예문학박사 학위를 수여하였다. 그는 또한 1956년부터 경신학교 이사 및 '왕립아시아학회' 회장을 겸임하였고, 정신여학교 이사로서도 활약이 대단하였다.

연세대학교가 4·19혁명으로 어려움을 당할 때가 있었다. 이 문제를 해결해낼 사람은 조선에서 태어난 원일한 박사밖에 없다고 판단한 당시 이사회는 그를 총장 서리로 추천했다. 원일한은 이때 4·19 이후 혼란된 학원 분위기의 정상화를 위하여 교수 및 학생들 간의 문제에 솔선수범하여, 총장 서리로서의 훌륭한 수완을 발휘함으로써 학원 기강 수립에 크게 공헌하였다.

그는 또한 1960년대 한국 교회에 평신도운동이 서서히 일어나고 있을 때 평신도회 전국연합회 협동총무로도 활동하였다. 그는 미국의 저명한 평신도 운동가 램지 장로, 히치코크 장로 등을 초청하여 전국을 순회하면서 평신도운동의 기틀을 만들어 놓았다. 평신도대회가 개최되는 날이면 원일한은 자신을 기억할 수 있도록 색다르게 소개하곤 했다.

"저의 이름은 성은 영어로 '원' 이고, 이름은 '일' 곧 하나라는 뜻이며, 마지막 '한' 도 하나라는 뜻입니다. 모두 합쳐도 하나밖에 없는데, 그 하나는 유일하신 하나님을 섬기면서 산다는 뜻입니다."

그는 주일이면 어김없이 할아버지가 설립한 새문안교회에 출석했다. 원일한은 이 교회의 시무장로와 원로장로로 봉사하면서 한국 교회의 모교회답게 영적으로 성장하게 해달라는 기도를 게을리 하지 않았다.

　원일한은 연세대학교 문과대학에서 영어영문학을 강의하였으며 자신의 모국어보다 한국어를 더 잘 구사하고 있었는데, 1978년 교수직에서 은퇴하였다. 그 이후 원일한은 연세대학교의 상임이사로서 연세대학교의 계속적인 발전과 기독교적 인격 도야 및 학문의 길에 깊이 관여하였으며, 동시에 1954년 이후의 연합장로회 선교사로서의 임무 수행에도 전력을 다하며 전도자요 교육 행정가로서의 길을 걸어갔다.

　그는 연세대학교에서 재직하며 다양한 분야에서 학교의 발전을 위해 노력했을 뿐만 아니라 정신여자중·고등학교를 비롯해 경신과 대광 중·고등학교 등 대한예수교장로회 통합 교단 산하의 대표적인 교육기관의 이사를 두루 역임하며 교육 발전을 위해서도 노고를 아끼지 않았다. 그가 길러낸 인재들은 말 그대로 동량이 되어 이 나라와 교회의 재건과 발전을 이뤄냈다. 그는 또한 선교사 대표 자격으로 성서공회 이사로 일하며 성서의 보급에 많은 열정을 쏟아 부었다. 1999년 12월 12일, 한국 교회가 처음 '성서주일'을 지킨 지 100년이 되는 날을 얼마 앞두고 모인 대한성서공회 제92회 이사회에서 원일한은 선교사 대표로 계속 유임되었다.

　1999년 5월의 어느 날, '82세의 고령에도 불구하고 소년 같은 해맑음을 지닌 원일한 장로'는 한 신문사와의 인터뷰에서 그의 할아버지를 회고하며 감상에 젖었다.

　"할아버지께서 세우신 연세대학교에서 그 뜻을 이어 섬기고 봉사할 수 있게 해주신 하나님께 감사할 뿐입니다. 제가 태어나기 한 해 전에 할아버지께서 돌아가셨기에 생전의 모습을 뵐 수는 없었지만 아버지를 통해 많은 말씀을 들었습니다. 할아버지께서 한국 교회에 하신 일은 할아버지 개인의 힘이 아니라 하나님께서 함께하시고 할아버지를 도구로 쓰셨기에 가능했던 일이라고 생각합니다."

이때 원일한은 할아버지 언더우드 선교사의 사역에 대해 "하나님께서 할아버지로 하여금 하나님의 사역에 동참하게 하신 것"이라고 회고했다. 그러면서 언더우드 동상에 새겨져 있는 "Messenger of God, Follower of Christ, Friend of Korea" 세 마디 글귀를 소개하면서 "할아버지는 '하나님의 사자'로서 이 땅에 와서 '그리스도의 제자'로 살다가 '한국인의 친구'가 된 사람"이라고 회상하였다.

한국 사회와 한국 교회에 사라지지 않을 발자국을 남긴 원일한은 2004년 1월 15일 87세를 일기로 서거하였다. 2004년 1월 19일 오전 10시 연세대학교 루스 채플에서는 원일한 박사의 장례예식이 거행되었다. 연세대학교와 한국 교회 연합장으로 치러진 장례예배에서 고인이 생전 장로로 시무하던 새문안교회 이수영 목사는 "순수한 믿음을 지녔던 원일한 박사는 하나님과 복음을 위한 선한 싸움을 마치셨다"면서 "우리의 기억 속에 영원히 아름다운 삶으로 기억될 것"이라고 기억했다. 또 빈소를 찾은 토머스 허버드 주한 미국대사는 "고인은 한·미관계를 긍정적이고 발전적으로 변화시키는 데 큰 역할을 한 위대한 미국인이자 한국인"이라며, 한미 우호 증진의 공을 높이 평가했다. 이어 한국기독교총연합회 길자연 대표회장은 조사에서 "원일한 박사 일가의 복음 사역은 많은 새들이 깃들인 큰 나무처럼 이 나라, 이 민족의 등대가 되었다"고 말했다. 연세대학교 김우식 총장은 "임종 하루 전 찾아가 뵈었는데 내 손을 잡고 윙크를 하시더라"면서 "죽음을 앞두고도 여유롭고 낙천적인 모습을 잃지 않으셨다"고 전했다.

이날 장례예배 후 오전 11시 30분 서울 합정동에 위치한 외국인묘지공원의 언더우드가 묘역에 안장되었다. 그가 세상에 머물렀던 87년의 세월 동안 미국에서의 학업과 일제의 강제 추방 때문에 한국을 떠난 기간을 제외하고는 오로지 한국에 머물며 기쁨과 슬픔을 함께하며, 한국 교회와 사회의 발전을 위해 헌신한 언더우드 3세 원일한 박사는 하나님의 부르심을 받고 이렇게 우리 곁을 떠나갔다.

― 민경배(연세대학교 명예교수)

아프리카 원주민 선교사
김종양 목사

무지하고 큰 죄인을 구원하신 하나님

　돈을 많이 벌어야겠다는 사업가의 꿈을 가지고 있던 중, 오랫동안 기계를 연구하고 다룬 경험이 있다는 20대 중반의 엔지니어 두 사람을 만났다. 자기들이 10년 동안 연구하여 발명한 신제품을 만들어 수출하면 큰돈을 벌 수 있다는 말을 믿고 나는 돈을 투자하고 엔지니어들은 기술을 투자하여 회사를 설립하였다. 서울 충무로에 사무실을 열고 미아동에 공장을 설치하여 1년 동안 사원들과 함께 열심히 일했으나 발명했다는 신제품은 나오지 않고, 돈을 끌어대는 것도 한계에 도달하여 결국 문을 닫았다. 기계, 엔지니어 계통에 전혀 관심도 없고 전문가도 아닌 사람이 돈을 벌어 보겠다는 욕심으로 엔지니어들의 말만 믿고 회사를 시작했다가 20대 중반에 완전히 실패를 하고 보니 눈앞이 캄캄했다.

회사가 문을 닫은 후 몇 개월 동안 고민을 하면서 괴로워하다가, 차라리 최고의 기계를 생산하는 독일에 가서 엔지니어가 되어 공장을 다시 일으켜 보자는 생각을 하게 되었다. 독일로 가는 길을 모색하다가 독일 정부에서 장학금을 제공하는 연수생으로 갈 수 있는 길을 찾게 되어 1976년 3월 독일에 들어갔다. 교육을 받는 동안 독일의 기계 공장들을 방문해 보았는데, 내가 상상했던 것보다 엄청나게 크고 정밀한 기계들이 설치되어 있는 것을 보니 독일인들이 부럽기만 했다.

교육이 시작도 되기 전부터 독일어 때문에 스트레스를 받았고, 외로움을 견디기도 쉽지 않았다. 당시 독일에서 머물던 기숙사 근처에 있는 교회에서 새벽 5시가 되면 종을 쳤는데, 그 종소리를 들으면 마음이 더 허전하고 서글픈 생각이 들기도 했다. 그러던 중 우연히 한국병원선교회의 간호사들을 만났는데, 이들은 신실하고 복음에 대한 열정을 가진 분들로 주말이면 기차나 차를 타고 나의 기숙사를 찾아와 한국 음식을 만들어 주며 전도를 하기 시작했다. 그들은 죄를 회개하고 예수님을 영접하고 예수님 믿으며 살다가 천국에 가야 한다고 만날 때마다 성경을 펼치며 전도를 했으나 나의 마음은 열리지 않았다.

나는 그때까지 교회에 다니는 사람들은 생활이 어렵거나 성격이 약간 이상한 사람들일 것이라는 생각과 만일 천국에 가기 위하여 교회에 다녀야 한다면 좀더 나이를 먹은 후에 교회에 다니다 천국에 가는 게 좋겠다는 생각을 했다. 가족 대부분이 불교를 신봉하고 있었으나 나는 종교에 관심이 없었다. 한국병원선교회 간호사들은 친절하고 헌신적이어서 내가 복음을 받아들이지 않는데도 몇 시간 동안 기차나 자동차를 타고 기숙사로 찾아와 한국 음식을 만들어 주며 계속하여 복음을 전했다.

그러던 어느 날 간호사 한분이 연락을 해왔는데, 오스트리아의 잘츠부르크라는 곳에 관광을 가는데 함께 가지 않겠느냐고 물어 왔다. 당시 정부에서 제공하는 교육비가 넉넉하지 않아 여행을 다닐 만한 여유가 없었다. 그런 나의 사정을 잘 아는 분들이라 내가 무어라 말을 하기도 전에 여행 경비는 자기들이 모아 마련할 테니 함께 관광을 가자고 했다. 그러면서 입국 비자를 받기 위하여 여권이 필요하다 하여 여권을 주었더니 2주 만에 전화로 오스트리아 입국 비자는 받았는데, 죄송한 말을 해야겠다면서 사실 이번 여행은 단순한 관광이 아니라 크리스천들을 위한 세미나 모임이기도 하다고 했다. 그 말을 듣고 나는 크리스천이 아니니 가지 않겠다고 말을 하려는데 마음속에서 그동안 김치도 잘 얻어먹고 한국 음식도 대접을 잘 받았는데 크리스천 세미나라고 가지 않는 것은 도리가 아니고 상대편에게 상처를 주는 것일지도 모른다는 생각이 들었다. 적당하게 타협을 해야겠다 생각하여 오스트리아에 가되 관광만 하겠다고 말했더니 흔쾌하게 승낙을 했다.

드디어 관광을 떠나는 날이 되었다. 1976년 10월 독일에서 버스를 타고 저녁에 오스트리아에 도착해 보니, 남자는 세미나 강사인 한국병원선교회 회장 황찬규 목사님을 비롯하여 5명 정도이고, 80여 명의 여자 간호사들이 모여 있었다. 저녁식사를 마치고 예배를 드린다고 하기에 본래 약속대로 나는 일찍 잠을 자려고 침실에 가서 누웠는데 잠이 오지 않았다. 장거리 버스 여행으로 무척 피곤할 텐데도 웬일인지 잠이 오지 않고 가슴이 두근거리고 뜨거워 견디기가 힘들어, 옷을 입고 저녁 예배에 참석하였다.

예배에 참석하니 황찬규 목사님이 설교를 하면서 간증을 하고 계셨다. 방광암으로 3년여 동안 국립의료원과 서울대학병원을 전전하면서 치료를 받았으나 병세가 더 악화되어 병원 치료를 포기했다. 서울 금호동 셋집에서 하나님 앞에 한 번만 살려 달라고 애원하며 기도를 했다. 살려 주시기만 하면 병원에 환자들을 찾아다니면서 예수 그리스도의 복음을 전하겠다고 서원기도를 하는데, 갑자기 뜨거운 불 같은 것이 머리로부터 시작하여 가슴을 거쳐 방광으로 내려오더니 마치 온몸에 불이 붙은 것처럼 뜨거워져서 두 시간 이상 이리저리 방바닥을 구르며 고통스러워했다. 고통스러워하는 두 시간 동안 방광에서 피가 계속 흐르더니 방광암이 깨끗이 나왔다는 간증이었다. 그 후 하나님께 서원한 대로 병원선교회를 설립하여 환자들을 대상으로 전도를 하고 있다는 간증에 나는 큰 감동과 충격을 받았다.

황 목사님이 간증하는 동안 가슴이 두근거리고 뜨거웠던 것이 사라졌다. 이제 예수를 믿어야겠다고 나름대로 결심을 하고 있는데, 주님을 영접할 사람이 있으면 손 들고 일어나라고 하여 맨 뒤에 앉았다가 벌떡 일어나 주님을 영접했다. 그날 저녁 간호사들 몇 명이 철야기도를 함께 하자고 해서 예배 후 그 자리에서 무릎을 꿇고 30여 분 동안 가만히 앉아 있었는데, 갑자기 가슴속에서 인생을 잘못 살아온 데 대한 회개와 감당할 수 없을 정도의 눈물이 쏟아져 통곡을 하며 황 목사님을 치료하신 하나님을 불렀다. 두 시간 동안 기도를 했는데 내 마음은 큰 기쁨과 평안으로 충만해지고 자신감으로 넘쳤다. 부정적으로 보이던 세상과 나 스스로가 긍정적으로 보이고 세상이 아름답게 보였다. 5일의 세미나 기간에 시간마다 주님의 말씀과 간증으로 은혜를 받았다.

독일에 돌아와서도 새벽 4시가 되면 일어나 세미나 기간 중 배운 찬송가 405장 "나 같은 죄인 살리신"을 부르면서 기도하고 눈물을 흘렸다. 이제 교회당의 새벽 종소리는 더 이상 고독과 외로움을 느끼게 하는 소리가 아니고 위로와 기쁨을 주는 소리로 변했다. 김근철 목사님(병원선교회 서독지부장)과 간호사들이 주님을 영접한 내가 영적으로 성장하도록 도와주어 나의 삶은 변화되기 시작하였고, 나 역시 병원선교회의 사역자가 되어서 섬기는 일을 하며 두 곳에 한인교회를 개척하는 일을 적극 도왔다.

아프리카 원주민 개척 선교사로 부르시는 하나님

하나님께서 독일어 학원에서 당시 미국 선교사인 브라이스(Bryce) 목사님을 만나게 해주시고, 그를 통하여 선교사의 사역을 알게 하셨으며 주의 종으로서의 부르심을 확인하게 해주시어, 연수 교육이 끝나기도 전에 신학교에 입학을 하였다. 독일에서 신학을 하는 동안 하나님께서 아프리카 선교의 소명을 주셨다. 그래서 아프리카 원주민 선교에 대한 오랜 경험과 아프리카 선교를 주관하는 선교단체가 많은 영국으로 신학교를 옮겨 공부를 했는데, 공부하는 동안 아프리카 선교에 대한 책자와 영국 선교사들의 경험담과 간증을 자주 접할 수 있었다.

영국에서 신학 공부를 하는 동안에도 하나님께서는 아프리카를 향한 뜨거운 선교의 열정을 여러 번 부어 주셨다. 당시 나는 아프리카에 대하여 아는 것이 별로 없었다. 그저 아프리카는 날씨가 뜨겁고 가난한 나라이며, 야생동물과 전염병과 풍토병의 위험이 있어서 사람이 살기가 힘든 곳이라는 막연한 생각을 가지고 있었다. 하나님께서 나에게 아프리카에 가서 선교하라는 소명을 주셨지만, 스스로 생각해 볼 때 나 자신의 환경이나 실력 등 갖추어진 것이 하나도 없었다. 나는 영어도 잘 못했고, 물질로 아프리카 원주민 선교를 후원해 줄 만한 교회나 동역자도 없었으며, 개인적으로 뜨거운 날씨도 좋아하지 않았다.

아프리카에서 복음을 전한다는 것은 나의 생각이나 뜻과는 반대되는 것이었지만 내 안에 임재하시는 하나님의 영이 나를 아프리카 선교지로 가도록 인도하셨다. 신학교를 졸업할 무렵 우선 선교비 지원을 받아야겠기에 독일의 김근철 목사님을 찾아가 선교 비전을 이야기하고 기도와 후원을 부탁드렸다. 그랬더니 병원선교회가 재정적으로 어려운 상황임에도 불구하고 매월 500달러씩 지원하겠다고 약속을 해주셨다.

영국에 돌아와 200여 년 동안 아프리카에서 선교를 하고 있는, 영국에서 제일 큰 아프리카 선교단체에 선교사로 가겠다는 편지와 서류를 보냈더니 면접을 하러 오라는 연락이 왔다. 신학교가 있는 웨일즈에서 기차를 타고 런던에 있는 선교단체를 찾아가 세 명의 면접 시험관들과 30여 분 인터뷰를 하는데, 세 가지 이유로 불합격이라는 결과를 받았다. 첫째, 선교비 지원이 너무 적고, 둘째, 방언을 해서 안 되며, 셋째, 영어 실력이 너무 부족하다는 것이었다. 나는 그때 하나님께서 함께하시면 모든 일이 만사형통할 줄로만 알았기에 불합격이라는 통보에 당황할 수밖에 없었다. 신학교에 돌아와 1개월 후에 영국에서 두 번째 큰 아프리카 선교단체에 선교사로 가고 싶다고 신청을 했다. 그러나 그곳에서도 똑같은 세 가지 이유로 면접에서 불합격되었다.

영국 선교단체로부터 두 번이나 불합격 판정을 받자 당황할 수밖에 없었으나 나는 포기하지 않고 몇 개월 동안 아프리카로 갈 수 있는 길을 열어 달라고 기도하면서 아프리카에 대해서 알아가는 데 노력하였다.

그때 중앙아프리카 말라위에서 40여 년 동안 선교를 하다가 말라리아에 걸려 치료차 영국에 들어와 신학교 병원에 입원하신 80세 된 더피 선교사님을 만나게 되었다. 어느 금요일 선교사님이 선교 보고를 하는데, 말라위에 더 많은 선교사가 필요하다며 학생들 중에서 선교사로 말라위에 와서 함께 일하기를 원하는 사람이 있으면 내일 도서관에서 면접을 하자고 광고하셨다.

다음 날인 토요일 9시, 나는 더피 선교사님을 만나 면접을 보았다. 선교사님이 연세가 많아서 그런지 했던 말을 여러 번 반복했다. 대화를 계속하기가 어려워서 하나님께서 나를 말라위로 보내기를 원하시는지 더 기도해 보겠다고 말씀을 드리고, 선교사님과 함께 일하는 원주민 목사님의 주소를 받아 선교사님께 양해를 구한 후 원주민 목사님에게 말라위에 선교사로 가고 싶다는 편지를 보냈다. 말라위에서 답장이 오기를 기다리고 있는데 중앙아프리카 말라위에서 오랫동안 선교 활동을 하던 잠베시 선교회의 에반스 목사님이 신학교에 와서 선교 보고를 했다. 그는 선교 보고를 하던 중 말라위에 선교사가 필요하다면서 누구든지 말라위에 선교사로 가기를 원하면 다음 날 면접을 하겠다고 광고를 했다.

두 번이나 불합격된 경험이 있는 나는 그날 밤 에반스 목사님과 면접을 보는 것이 좋겠다고 생각하고는, 밤늦게 목사님이 머무시는 방문을 노크했다. 면접에서 또 불합격하면 다른 사람들 보기에 창피할 것 같아서였다. 신학교 저녁예배가 끝난 후 10시가 되기를 기다렸다가 방문을 두드렸다. 내가 부끄러움을 무릅쓰고 면접을 보려는 사정을 이야기했더니, 좋다고 하시며 30분 정도 대화를 하였다. 면접을 하는 중 에반스 목사님은 나는 선교사 자격이 충분하지만 내 아내도 면담해야겠다고 했다. 많은 선교사들이 소명감 없는 아내들 때문에 선교지에서 어려움을 겪다가 결국 철수하는 것을 보았다면서 꼭 아내를 면담해야겠다는 것이었다.

이 조건은 대단히 어려운 일이며 가능하지도 않았다. 당시 나의 가족은 한국에 있었는데, 영국까지 오는 비행기의 비싼 삯도 문제였지만 더 큰 문제는 나의 아내는 선교가 무엇인지도 모르며, 아프리카에 가는 것조차 무척 반대를 하고 있었기 때문이었다. 나는 이 문제를 가지고 독일 베를린에 가서 3일 동안 금식을 하면서 기도하던 중 하나님께서 내가 아프리카에 개척 선교사로 가기를 원하신다는 확신을 하게 되었다. 아프리카에 선교사로 가서 너처럼 가난하고 영어도 잘 못하고 성령 충만한 선교사들을 위하여 아프리카 선교회를 조직하라는 마음을 주셨다. 나는 즉시 나를 신학교에 보낸 미국인 선교사 브라이스 목사님에게 전화하여 하나님께서 주시는 마음을 전했다. 그는 내가 하나님 뜻에 순종하기만 하면 모든 것을 하나님께서 책임을 지시니 순종만 하라고 조언해 주었다.

금식을 마친 후 영국에 돌아오니 말라위의 원주민 목사님으로부터 나를 말라위 선교사로 초청한다는 답장이 와 있었다. 신학교를 졸업한 후 런던에서 말라위를 위하여 기도하면서 영국 주재 말라위 대사관에 선교사 비자를 신청하였더니 3개월 체류할 수 있는 입국 비자를 주면서 체류 비자는 말라위에 들어가서 신청을 하라고 했다.

기독교하나님의성회와 한국병원선교회 독일지부의 파송 선교사로 아프리카 대륙 선교회 설립에 대한 큰 비전을 가지고, 1985년 11월에 말라위의 수도인 릴롱궤에 도착했다.

준비되지 않은 선교사를 훈련시키시는 하나님

나는 말라위에 도착한 후 세 가지 큰 문제에 부닥쳤다. 첫째는 비자 문제였다. 내가 가지고 갔던 3개월짜리 비자는 말라위의 수도인 릴롱궤 공항에 도착하자마자 1개월로 단축되었다. 당시 독재자 반다 대통령이 치리하던 터라 정치적으로 민감한 탓인지, 체류 허가서 입국 목적란에 '선교 활동을 위하여'라고 적혀 있는 것을 본 이민국 직원이 불쾌한 표정을 나타내며 1개월만 있다가 떠나라는 것이었다. 얼마나 어렵게 온 선교지인데 곧 떠나라니, 당황스럽기도 하고 어이없기도 했다.

릴롱궤 공항에서 저녁 9시 비행기를 타고 한 시간 후에 도착한 곳은, 영국 신학교에서 만났던 더피 선교사님의 소개로 나를 선교사로 초청한 원주민 목사님이 살고 있는 브란타이 지역이었다. 밤에 도착한 브란타이 공항은 초라했다. 짐을 찾아서 공항 밖으로 나오니 10여 명의 원주민들이 노래하고 춤을 추면서 나를 기다리고 있었다. 나는 정말 기쁘고 반가워서 마중나온 원주민 목사님들과 교우님들을 끌어안았다. 우리는 택시 세 대에 나누어 타고 내가 머물게 될 원주민 집사님 가정으로 갔다.

영국 선교사님의 소개로 알게 된 젊은 원주민 목사님은 1년 전에 교회를 개척하여 60여 명의 교인이 학교 교실을 빌려 예배를 드리고 있었는데, 정부에 등록도 되어 있지 않은 교회였다.

다음 날부터 나는 선교사 비자를 받기 위하여 동분서주해야 했다. 이민국으로 가서 이민국장을 만났으나 그는 매우 냉정한 사람이었다. 그는 방문 비자로는 선교사로 체류할 수 없으니 한국으로 돌아가서 정식으로 선교사 비자를 신청하라고 했다. 선교사 비자를 신청하면 8~12개월 정도 후에야 결과를 알 수 있었다. 나는 원주민 교우들과 기도하면서 하나님께 매달렸다.

시간은 쉬지 않고 흘러서 3주가 지났다. 나는 원주민 목사님에게 이민국장의 상관인 치안국장을 만날 수 있도록 주선해 달라고 했다. 일주일만 지나면 돌아가거나 추방을 당하게 하는데, 그럴 바엔 치안국장을 만나서 이야기라도 해야겠다고 생각하여 원주민 목사님, 장로님과 함께 다섯 시간이나 버스를 타고 치안국장을 만나러 갔다. 우리는 치안국장을 만나기 전에 종교과장을 만나기로 합의를 하고 먼저 종교과장을 만났다.

약 60세 정도로 보이는 종교과장은 우리가 자기를 만나러 온 이유를 알고 나서 한국에도 크리스천이 있느냐고 반문을 했다. 한국의 교회 성장과 선교에 대한 비전을 듣고 난 종교과장은 나를 바라보고 원주민 동역자들을 보면서, 김 선교사는 하나님의 사람이라고 하면서 우리 대신 자기가 치안국장을 만나서 협조를 구하겠다고 나에게 기도를 부탁했다. 나는 하나님께서 치안국장을 통하여 나의 체류 문제를 해결해 주시도록 간절한 마음으로 기도했다. 나의 기도가 끝난 후 치안국장실에 다녀온 종교과장은 일이 잘되었다며 활짝 웃었다. 방문 비자를 2개월 더 늘려 주도록 이민국장 앞으로 편지를 써 주고는 돌아가서 2개월 연장을 하고 기다리면 그동안 선교사 비자를 받도록 도와주겠다는 약속을 했다. 브란타이로 돌아오는 발걸음은 가벼웠다.

다음 날 종교과장의 편지를 가지고 이민국장을 만났는데, 그는 나를 차가운 모습으로 대하며, 선교사가 어떻게 말라위의 법을 무시하며 치안국장을 만나 편지를 가지고 왔느냐면서 나에게 가짜

선교사라고 했다. 그러면서 비자는 2개월 연장해 주겠지만 더 머물 생각은 말라고 했다. 나는 그날 이민국으로부터 2개월 동안의 체류 연장 허가를 받았지만 마음은 편치 않았다.

두 번째 문제는 선교사 간의 갈등이었다. 말라위에 도착한 지 6주 후, 잠베 시 소속의 선교사이자 영국의 신학교 선배인 독일인 선교사를 거리에서 우연히 만났다. 그는 나를 많이 찾았다면서 자기 집으로 초대를 하였다. 저녁식사 대접 후 그 선교사님은 나와 함께 일하는 원주민 목사님이 어떤 사람인가에 대하여 자세히 이야기하기 시작했다. 여러 선교사들이 그 원주민 목사님에게 사기를 당하고 말라위에서 어려움을 당했다면서, 되도록 속히 말라위를 떠나는 것이 좋겠다는 충고를 했다. 나와 함께 일하는 원주민 목사님은 선교사들에게 이런저런 이유를 대며 선교사의 돈만 취하고는 더 이상 물질이 나오지 않으면 이민국에 투서를 하여 선교사를 추방시키고 괴롭혀 왔다는 것이었다.

나는 그날 그 선교사의 이야기를 듣고 충격으로 인해 잠을 제대로 잘 수가 없었다. 선교사 체류 비자 문제도 해결이 안 되었는데 함께 일하게 될 목사가 그런 사람이라니 큰일이 아닐 수 없었다. 그렇다고 그 선교사님의 이야기만 듣고 말라위를 떠날 수도 없었다. 그런데 그 선교사님은 계속하여 원주민 목사님을 떠나라고 설득하며 화를 내더니, 결국 1개월 후 독일병원선교회를 찾아가서 내가 현지인 사기꾼 목사와 일을 한다고 보고를 하여 약속한 선교비 500달러 지원을 가지고 동역자들 간에 문제를 일으켰다. 선교사 체류 비자도 받지 못한 상황에서 독일 선교사의 성급한 행동으로 독일에서 보내오는 선교비까지 받지 못할 상황이 될 것 같아 마음이 무척 혼란스러웠다.

세 번째는 선교비 문제였다. 말라위에 도착한 후 3개월이 지나도록 약속된 선교비를 받지 못하여 빈민촌 원주민 집사님 가정에 머물렀다. 빈민촌의 생활은 생각보다 견디기 어려웠다. 원주민 형제 한 사람과 방을 함께 사용하고 있었는데, 밤이면 모기가 어찌나 극성을 부리는지 온몸이 부어오를 정도로 물려서 항상 긁고 다녔다. 또한 바퀴벌레와 도마뱀이 방에까지 떼를 지어 다니는 데다 아프리카 사람들은 음악을 좋아해서 아침부터 밤늦게까지 라디오를 큰 소리로 틀어 놓아 소음 때문에 너무 피곤했다. 천장을 기어다니던 도마뱀이 잠자던 나의 배 위로 떨어져 무척 놀란 적도 있었다. 그 후로는 도마뱀이 또 떨어질까 걱정이 되어 신경이 쓰였다.

버스를 타려고 길에 나오면 어린아이들이 백인이 지나간다고 손가락질을 하며 놀려대고, 버스를 타면 아기들이 나를 보고 무서워서 소리를 지르며 울어서 난처한 상황이 되었다. 이것도 나에게는 매우 어려운 문제였다. 음식 문제 또한 견디기 어려웠다. 원주민들의 아침식사는 식빵 몇 조각과 차였고, 점심은 옥수수가루를 백설기처럼 찐 것과 콩을 끓인 것이며, 저녁은 옥수수가루로 쑨 멀건 죽이었다. 어느 날 아침 마른 식빵과 차를 마시고 있는데 빵 안에 조그만 개미들이 움직이고 있었다. 며칠 동안 개미를 먹었겠구나 하는 생각이 들어 원주민 목사님에게 아프리카 사람들은 개미를 빵과 함께 먹느냐고 물어보니 자기들은 안 먹는다고 했다. 오늘 아침 빵 속에 개미가 있는 것을 먹었다고 하니 원주민 목사님이 집사님 가정에서 나를 잘 모시지 않는 것 같다면서 집사님에게 말하겠다고 하는 것을 간신히 말렸다.

말라위 사람들은 손으로 식사를 하기 때문에 식사 전 세수대야에 물을 떠서 둥그렇게 둘러앉아 돌아가며 손을 씻는 습관이 있다. 여럿이 함께 식사를 할 때면 여러 사람들이 씻고 난 후에 나에게 차례가 돌아오기도 하는데, 그러면 물이 이미 더러워져 있어서 손을 담그면 더 더러워질 것 같아서 망설여지기도 하지만 손을 안 씻을 수가 없어서 그냥 더러운 물에 손을 씻었다. 불결하게 느껴지지만 말도 못하고 아무렇지도 않은 척하며 손으로 식사를 하는데, 배가 고프니 금방 잊고 밥을 먹었다. 일주일에 한 번 정도 염소고기나 생선 한 조각을 먹을 수 있는데, 소금만 넣고 끓인 염소고기는 소금처럼 짰다. 이것도 충분한 양이 되지 못할 때는 바나나로 식사를 대신하곤 했다. 나는 항상 배가 고팠다.

빈민촌에서 나에게 잠자리를 제공한 집사님은 마음이 따뜻하여 정성으로 나를 보살폈다. 어디에서 들었는지 한국 사람들은 쌀을 주식으로 한다는 것을 알고는 어느 날 저녁에 쌀밥을 지어 놓고 나를 기다리고 있었다. 하얀 쌀밥을 보니 정말 반가워 기쁨으로 저녁을 먹기 시작했는데, 밥을 입에 넣고 씹자마다 돌이 깨지는 소리가 들리며 이가 시큰하여 나는 금방 밥맛을 잃고 말았다. 돌이 하도 많아서 물을 부어서 밥그릇을 흔들고 나뭇가지로 젓가락을 만들어 휘저어 돌을 밑으로 내려가게 한 다음 위에서 천천히 밥을 떠 먹어야 했지만 오랜만에 먹어 보는 밥은 맛이 괜찮았다.

어느 주일날 아침 예배시간에 힘차게 설교를 하고 다음 날 월요일에 원주민 집사님과 함께 우체국에 가서 혹시 편지나 선교비가 왔을까 하고 사서함을 열어 보았는데 아무것도 없었다. 집으로 돌아오는 길에 날씨는 뜨겁고 배도 고프고 외로움이 뼛속까지 밀려오는데 견딜 수가 없어, 집사님에게 하나님이 살아 계시다고 믿느냐고 물었다. 집사님은 깜짝 놀라며 나에게 반문했다. 나는 그에게 다시 이렇게 말했다. "오늘은 정말 주님이 살아 계신지 아닌지 잘 모르겠습니다. 주님이 정말 계시다면 나를 왜 이렇게 살게 놔두시는지 모르겠습니다. 나는 예수님을 믿기 전에는 이렇게 살아본 일이 없었습니다. 외롭고 배가 고파서 정말 힘이 듭니다." 내 푸념을 듣던 집사님이 나를 위로했다. "선교사님, 아프리카 빈민촌의 생활이 얼마나 어려운지 잘 압니다. 선교사님이 얼마나 외롭고 쓸쓸한지 저희들이 잘 알고 있습니다. 그래서 저희 가족과 온 교회가 선교사님을 위하여 기도하고 있습니다. 선교사님, 하나님은 분명히 살아 계십니다. 하나님께서 선교사님께 이 고통을 허락하시는 데는 목적이 있을 것입니다. 선교사님이 이 고통을 이겨내시면 하나님께서 선교사님을 크게 사용하실 것을 확신합니다. 하나님께서 선교사님을 이 시대의 리빙스턴 선교사처럼 사용하실 것입니다." 그 말을 듣고 나는 마음 깊은 곳에서 감당할 수 없는 새 힘이 솟는 것을 느꼈다.

    매 주일 예배 후 병자를 위한 기도 시간이 있다. 교인들 50퍼센트 가량이 신발이 없어 맨발로 걸어오는데 거의가 환자들이었다. 원주민 목사님들은 환자들을 위하여 열심히 기도를 해주는데 나는 그렇게 기도하기가 어려웠다. 마귀 들린 자들이 기도를 받으러 오면 두려운 마음이 들고 당황스러웠다. 그러나 젊은 원주민 목사님이 예수 그리스도의 이름으로 기도하면 귀신들이 떨면서 나갔다. 영국에서 공부할 때 어떤 학생이 아프리카에 가서 안수기도를 잘못하면 귀신이 오히려 따라붙으니 조심하라고 했던 말이 생각나서, 안수를 할 때 항상 원주민 목회자가 하도록 했다. 그러면서 나에게 환자를 사랑하는 마음과 귀신 들린 자들에게 담대하게 안수할 수 있는 능력을 부어 달라고 금식하며 기도를 시작했다. 얼마 후 하나님께서 사랑의 은사와 능력을 주셔서, 환자들을 위하여 안수하며 기도할 때 치료의 은사가 나타나고 귀신 들린 자들을 위하여 기도하면 귀신이 쫓겨 나가기 시작했다.

약속된 선교비는 오지 않고 체류 문제도 해결이 안 되는 데다 선교사 간의 갈등으로 마음이 무척 피곤한 상태로 지내는 것을 보고는 원주민 동역자들은 내가 곧 선교 활동을 포기하고 돌아갈 것이라고 수군거렸다. 그 당시 나는 약속된 3개월이 지나도록 선교비 500달러를 한 번도 받지 못했지만 독일병원선교회에 편지로 한두 번 지나가는 말처럼 선교비를 받지 못했다고 알렸을 뿐, 누구에게도 어려운 상황을 알리지 않고 오직 하나님께만 매달렸다.

나는 매주 금요일부터 주일까지 3일간 금식을 했고 새벽 시간과 저녁 시간에 한 시간씩 산 위에 올라가 기도하면서 하나님께 나의 어려운 사정을 토해냈다. 처음 10일간은 아프리카에 선교사로 온 것을 후회하며 하나님 원망만 하니 마음이 늘 답답하고 기도를 해도 가슴이 시원하지 않았다. 그러나 하나님께서 나의 죄 때문에 고통을 허용하신다는 생각이 들어 2주 정도 주님을 영접하기 전 지은 죄부터 시작해서 영접 후에 지은 죄를 생각하면서 진심으로 회개했다. 죄를 모두 회개하니 마음이 가볍고 평안했다. 죄를 회개하고 나서 말라위에 도착 후 처음으로 나의 입에서 하나님을 찬양하는 기도가 나왔다. 그때부터 아프리카의 무더위도, 모기도, 체류 문제도, 선교사 간의 갈등도 모두 견딜 수가 있었다. 사실 우표 값이 없어서 수십 통을 써가지고 다니는 편지를 발송할 수가 없는 것은 너무나 안타깝고 힘이 들었다. 그러나 하나님께서는 선교사의 자존심을 가져라, 너의 재정상의 어려움을 다른 이들에게 알려 동정을 구하지 말라는 마음을 주셔서 아무에게도 어려운 사정을 이야기하지 않았다.

가난한 선교사의 기도에 응답하신 하나님

말라위에 입국한 지 3개월이 되어갈 무렵 이민국장으로부터 선교사 체류 비자를 신청하라는 통보가 왔는데, 선교사 비자를 신청하려면 신청비 50달러가 필요했다. 그러나 내 수중에 돈은 한 푼도 없었다. 원주민 목사님은 이민국장을 찾아가 김 선교사님은 아시아의 가난한 나라에서 왔기 때문에 신청비가 없으니, 2주 후에 신청비를 가지고 와서 선교사 비자를 신청할 수 있도록 선처를 해 달라고 사정을 했다. 이민국장은 말라위도 가난한데 가난한 선교사가 무엇 하러 여기까지 와서 자기들에게 부담을 주느냐면서 내일 오전 10시까지 50달러를 가지고 와서 선교사 비자를 신청하든지 돌아가든지 하라고 냉정하게 말했다. 다음 날 우여곡절 끝에 은행에 근무하는 원주민 장로님의 부인 집사님이 은행에서 돈을 차용하여 와서 선교사 비자를 신청할 수 있었다. 선교사 비자 신청을 마치고 목사님, 장로님, 교우님들과 함께 손을 잡고 울면서 감사기도를 했다.

선교사 체류 비자는 받았지만 나는 몸도 마음도 쇠약해지고 살이 너무 많이 빠져서 몸에 맞는 옷이 하나도 없었다. 3~4개월 만에 몸무게가 16킬로그램 정도 빠지고 나니 기운이 없어 걷기조차 힘이 들었다. 나는 내가 아프리카에 온 것이 나의 동정심에 의한 것인지 정말 하나님께서 택하여 보내신 것인지 의심이 들기 시작했다. 나는 하나님께 만약 100일 될 때까지 약속된 선교비를 보내 주시면 나의 국적을 바꾸고 생명을 바쳐 예수 그리스도의 복음을 전하겠지만 100일 전까지 선교비를 보내 주시지 않으면 말라위를 떠나겠다고 하며, 만일 아프리카를 떠나게 되면 하나님 망신 내 망신이며 내가 아프리카를 떠나게 되면 아프리카 선교사로 가겠다는 사람을 말리겠다고 투정하면서 매일 우체국 사서함을 확인하였다. 버스비가 없어서 걸어서 한 시간 거리에 있는 우체국을 걸어다니며 확인을 하는데, 99일째가 되는 날에도 사서함에는 선교비는커녕 편지 한 장도 없었다. 함께 동행한 원주민 목사님과 집사님들의 실망하는 모습을 보니 수치스런 마음이 생겼다.

100일 되는 날 아침 이제 말라위를 떠나야겠다는 생각을 하며 보따리를 싸놓고는 마지막으로 사서함을 열어 보겠다는 각오로 한 시간을 걸어가서 사서함을 열어 보고 크게 놀랐다. 거기에 독일병원선교회에서 보내 온 500달러짜리 수표가 한 장 들어 있었다. 눈을 의심하며 원주민 동역자님들과 함께 확인을 했는데 분명히 나의 이름이 적혀 있는 수표였다. 그때야 문득 이상한 생각이 들어 우체국 직원을 찾아서 문의를 하니 우체국 직원이 놀란 표정으로 나를 보면서 그 수표 말고도 두 장이 더 있다며 500달러 짜리 수표를 두 장 더 가져다주었다. 2개월 전부터 와 있었는데 주인이 없어 지금까지 우체국에서 보관하고 있었는데, 이제야 임자를 찾았으니 기쁘다며 마치 자기 일처럼 좋아하는 것이었다. 나중에 알아보았더니 병원선교회의 회계를 보는 사역자가 나의 사서함 번호를 잘못 알려 주는 바람에 이렇게 된 것이었다. 내가 못 받았다는 연락을 한두 번 했을 때도 그저 우편물이 아프리카에 도착하는 데 시간이 오래 걸린다고 생각하고 있었다고 했다.

이 모두가 하나님께서 나를 연단하시며 새롭게 만드시기 위한 계획이라고 믿었다. 선교비를 하나도 받지 못했던 100일간의 생활은 너무나 견디기 어려웠지만 지금은 참으로 감사하고 아름다운 과거이며 간증이 된다. 지금도 그때를 생각해 보면 가슴이 벅찰 정도로 행복하고, 생각할 때마다 새로운 힘이 솟는 것을 느낀다.

우체국에서도 찾아가지 않는 수표 두 장을 돌려보내지 않고 왜 3개월이 넘도록 보관을 했었는지 알 수가 없다. 또한 독일에서도 3개월 동안 선교비를 보내고 받았는지 알아보지 않은 것도 이해할 수 없는 일이다. 우체국 직원은 그날 우편물을 2836번에 한 번 넣어 보고 그래도 찾아가지 않으면 독일로 돌려보내야겠다고 생각하며, 겉에 2846이라 기재된 봉투를 마지막이라는 마음으로 그날 아침 2836에 한번 넣어 보았다고 했다. 나는 이 모두 하나님께서 나를 아프리카에서 사용하시기 위하여 불로 연단하시며 새롭게 만드신 기간이었다고 믿는다. 이 기간을 통한 연단 속에서 나는 진심으로 하나님만 바라보며 그분만 의지하는, 나의 힘으로는 아무것도 할 수 없다는 것을 진실하게 고백하는 겸손한 사역자로 새롭게 태어날 수 있었다.

  하루에 500달러짜리 수표 세 장을 받아 1,500달러를 손에 쥐고 나니 재벌이라도 된 것 같은 마음이 들었다. 나는 그동안 생활이 어려운 가운데서도 나에게 숙식을 제공한 원주민 집사님 가정에 생활비를 지원하고, 생활이 어려운 원주민 목사님들 가정을 돕고, 동역자들과 함께 식당에 가서 마음껏 식사를 하면서 즐거운 시간을 가졌다. 위의 세 가지 문제들로 인해 말로 표현할 수 없는 어려움이 있었지만, 그 기간을 통하여 하나님께서 나를 개척 선교사로 부르시고 훈련시키셨다는 것을 깨닫고 얼마나 감사했는지 모른다. 하나님께서는 고난을 통하여 선교사로서 필요한 믿음과 겸손, 인내와 사랑과 영적인 능력으로 무장시키신 후 놀랍게 나를 사용하셨다. 선교비 문제, 체류 문제, 선교사 간의 갈등을 모두 하나님께서 해결하여 주셨다. 나는 이 일들을 기적이라고 믿는다.

  하나님께서는 나의 서툰 영어에도 불구하고 방송국의 문을 여시고 나를 사용하셨으며 수백, 수천 명이 모이는 전도집회에 부흥강사로 가게 하셨다. 내가 설교할 때 많은 사람들이 주님을 영접했으며, 귀신 들린 자들과 병자들을 위하여 기도할 때 하나님께서 치료하여 주셨다. 원주민 목사님과 함께 섬기던 60여 명이 모이던 작은 원주민교회는 2년 만에 400여 명이 모이는 교회로 성장했으며, 말라위의 여러 지방에 30개의 교회를 개척하였다.

아래의 두 글은 내가 선교지에서 체험한 일들을 적은 것이다. 부족한 나를 들어 사용하시는 하나님의 은혜를 나누고자 하는 마음에 적어본다.

1986년 2월 말라위 체험 일지

1986년 2월 어느 날, 함께 사역을 하던 현지 목사님이 빈민촌의 집사님 댁에 살고 있던 나에게 편지를 보내왔다. 집세를 내지 못하여 집주인에게 쫓겨나게 되었다면서 기도를 부탁한다는 내용이었다. 나 자신도 돈이 없어 쩔쩔매는 처지라 목사님을 도울 수가 없어 한숨이 나왔다. 그래도 찾아가서 위로라고 해주어야 할 것 같아 집에 같이 있던 집사님의 다섯 살짜리 아들 헤롯에게 담임목사님 집을 아느냐고 물었다. 아이가 안다고 하기에 데리고 목사님 댁을 향하여 가는데, 어린아이라 걸음이 느려서 그냥 내가 번쩍 안고 걸어갔다. 아무리 어린아이라도 안고 가려니 숨이 차고 더운 날씨라 더욱 힘이 들었다.

땀을 뻘뻘 흘리며 정신없이 걷고 있는데 뒤에서 큰 소리가 들렸다. 청년들 30여 명이 칼과 몽둥이를 들고 나를 향하여 소리를 지르며 따라오는 것이었다. 그들의 표정이 하도 험악하여 왜 그런가 물었더니, 나에게 안고 있는 어린아이를 당장 땅에 내려놓으라고 했다. 그래서 헤롯을 땅에 내려놓았더니 이번에는 아이로부터 5미터 정도 떨어지라는 것이었다. 시키는 대로 하니 험악한 표정의 젊은 청년들이 당신은 누구이며 무엇을 하는 사람이냐고 물어왔다. 나는 한국에서 온 선교사인데 현지인 목사님 댁에 가는 중이라고 하니 아이에게 나에 관해서 물었다. 원래 헤롯은 말을 잘하지도 못하고 똑똑한 아이가 아니었는데, 하나님께서 도우셔서 그때는 아주 똑똑한 목소리로 나를 가리키며 자기 집에 함께 살고 있는 선교사이며 목사님 댁에 찾아가는 중이라고 말하는 것이었다. 헤롯의 이야기를 다 듣고 난 젊은 청년들은 험한 표정을 바꾸면서, 내가 아이를 잡아가지고 산속에 가서 잡아먹으려는 중국인인 줄 알았다며 정중히 사과를 하고 흩어졌다.

중·남부 아프리카의 원주민들 중 상당수가 중국인들이 사람 고기를 먹는다고 믿고 있어서, 빈민촌에 살던 시절 기도하려고 새벽에 산에 올라갈 때 사람들을 만나면 나를 피해 달아났다. 특히 어린이들이 나를 만나면 호랑이를 만난 것같이 두려운 표정으로 꽁지가 빠지도록 도망을 갔다. 그 일이 있은 후 주일날 예배 시간에 설교를 하면서, 우리나라에서는 아프리카 사람들 중에 사람 고기를 먹는 식인종이 있다고 말하는데 아프리카에 오니 오히려 아프리카에서는 중국 사람들이 사람 고기를 먹는다고 말한다면서, 당신들이 나를 중국인으로 오인하여 식인종 취급하고 있는데 나는 당신들을 잡아먹으러 온 사람이 아니고 예수 그리스도의 복음으로 생명을 주기 위하여 말라위에 왔다고 이야기했더니 교회가 웃음바다가 되었다.

1988년 3월 스와질란드 체험 일지

　1988년 6월, 중앙아프리카 말라위에서 2년 6개월의 임기를 마치고 스와질란드로 옮겨서 선교를 시작하였다.

　스와질란드는 남아프리카 공화국과 모잠비크 사이에 있고, 인구 100만으로 아프리카에서 가장 작은 나라이며, 젊은 왕이 통치를 하는 소왕국이다. 우리는 1994년에 이 나라의 수도인 음바바네(Mbabane)의 주거지역에 교회를 개척하였다. 그 교회가 개척된 지역은 '마활랄라' 라는 곳인데 마활랄라는 어두움이라는 뜻이다. 주로 무당, 도둑, 깡패들이 모여 살고 있는 우범지역에 청년 2~3명을 모아 교회를 개척하여, 많은 어려움이 있었지만 성령님의 도우심으로 계속하여 성장하고 있었다. 처음엔 예배드릴 장소가 없어서 한 원주민 청년의 방을 하나 빌려서 예배를 드렸다. 교회가 성장하면서 마른 나무 껍질을 헐값으로 구하여 그 집 마당에 교회 건물을 세웠었는데, 교회가 성장하여 두 번이나 확장을 하였다.

　그러던 어느 날, 주일 예배를 마치고 집에서 저녁시간 휴식을 취하고 있는데 갑자기 교회 청년 한 사람이 큰일 났다며 전화를 걸어 왔다. 스와질란드의 국영 방송국에서 저녁 뉴스에, 한국에서 온 김 선교사가 마활랄라 지역에 통나무 껍질로 교회를 세워 놓고 예배를 드리면서 어린아이를 죽여서 그 피를 주일날 성찬 예식에 포도주 대용으로 사용하며 교인들에게 나누어 주어 마시게 한다고 보도되어, 주민들이 분노하여 교회당을 불을 지르려고 한다는 소식이었다. 그때까지 그 교회에서는 성찬식을 한 번도 해본 적도 없었는데 어린아이를 죽여서 피를 마시는 살인자로 몰리게 되었다. 그 말을 듣고 나니 참으로 두렵기도 하고 기가 막히기도 하여 어쩔 줄을 모르고 있는데, 전화를 건 청년은 당장 내일 아침 신문에 톱기사로 보도되고 TV 방송국의 기자들이 교인들을 모아 놓고 인터뷰를 할 것 같다는 것이었다.

말라위에서는 중국인처럼 생긴 것 때문에 식인종으로 몰려서 봉변을 당하고, 이번에는 스와질란드 이단 종파들에 의하여 사람의 피를 마시는 흡혈귀로 몰려서 교회당이 불태워지고 추방을 당할 것 같아 걱정이 되기도 하고 기가 막혔다. 당시 함께 살고 있던 (지금은 천국에 가셨지만), 스와질란드의 초대 문교부 장관을 지냈으며 유럽의 대사를 역임하신 가메제 목사님에게 이 일을 상의하였다. 가메제 목사님은 하나님께서 큰일을 하시려고 하면 항상 마귀가 먼저 알고 공격을 하니 염려하지 말라고 위로해 주면서, 지금 내가 당하고 있는 고통은 우리 신앙의 선배들이 먼저 당했으며 사도 바울도 똑같은 어려움을 겪은 것을 기억하자고 했다.

예상했던 대로 다음 날 아침 신문에 "어린아이의 피로 성찬식을 하는 한국에서 온 선교사"라는 제목의 글이 톱기사로 보도되고 TV 기자들이 통나무 껍질로 세워진 교회를 찾아와 원주민 교우들을 모아 놓고 피의 성찬식에 대하여 집요하게 물었다. 인터뷰를 하던 교회 청년들이 나에 대한 방송과 신문 보도는 전혀 사실무근이라면서, 오히려 자신들이 술주정뱅에 날마다 싸움질만 일삼던 깡패들이었는데 나를 통하여 복음을 받아들여 새사람이 되었다고 간증을 하였다. 또 나의 사역을 돕지는 못할망정 억울한 누명을 씌우려고 하는 것은 잘못된 행위라고 주장하였다. 나중에 밝혀진 일인데, 교회를 세운 지역에 있던 이단 종파의 지역회장이 교회가 성장하는 것이 두려워 우리 교회를 그곳에서 몰아내려고 누명을 씌웠던 것이다.

신문과 방송 보도 때문에 버스 안이나 빨래터, 시장에서 사람들이 모이기만 하면 피로 성찬식을 하는 한국에서 온 선교사의 이야기가 화제가 된다고 교우들이 전했다. 가장 가슴 아팠던 일은, 그 일 후에 진실이 밝혀졌음에도 불구하고 교회를 떠나는 사람들이 생기더니 나중에는 적극적으로 교회를 위하여 일하던 청년들마저 두려움을 느끼고 교회를 떠났던 것이다. 참으로 긴장되고 두렵고 외로웠지만 눈물의 기도가 하늘에 상달되어 하나님께서 상황을 바꾸어 주셨다.

신문이 보도 내용을 정정하였고, 라디오 방송국에서 피의 성찬을 일방적으로 보도했던 아나운서가 파면되었으며, TV 방송도 교우들의 인터뷰와 간증을 통하여 진실을 보도하였다. 그 후에도 수년 동안 시골 지역에 교회를 개척하는 데 어려움을 당해야 했으나 지금은 시골 지역에서도 거의 잊혀진 사건이 되었다.

문제의 지역인 마활랄라에 현재는 600~700명을 수용할 수 있는 현대식 교회당이 건축되었고, 미션 중·고등학교가 설립되었으며, 고아원과 교육관이 건축되어서 학생들이 공부를 하고 있다. 또한 주민들을 위한 구제사업과 복음 전파 사역이 날로 확장되고 있다.

로마서 8장 35절 "누가 우리를 그리스도의 사랑에서 끊으리요 환난이나 곤고나 핍박이나 기근이나 적신이나 위험이나 칼이랴" 라는 말씀처럼 우리는 선교 현장에서 복음을 전하며 주님의 고난에 동참하고 있다.

1985년부터 현재까지 하나님께서 우리들을 통하여 중·남부 아프리카 7개국에 500여 교회를 세우시고 120개의 교회를 건축하셨으며, 남아프리카공화국에 정규 신학대학과 기도원을 설립하고 건축하게 하셨다. 모잠비크에 56만 평의 선교농장을 주시고(Lomahasha 지역), 농장 안에 주민들을 위한 중학교가 건축되었으며, 수도인 마푸토에 초등학교를 설립·건축하게 하셨고, 같은 장소에 현재 중·고등학교도 건축 중에 있다.

선교 초기에 체류하던 말라위의 빈민촌 지역에 500~600명을 수용할 수 있는 현대식 교회당을 세우셨고, 400여 명의 원주민 교역자들과 열 가정의 선교사들이 콩고, 케냐, 잠비아, 말라위, 모잠비크, 남아프리카공화국, 스와질란드에서 3만여 명의 원주민 교우들을 섬기고 있다. 현재는 스와질란드 정부와 협력해 수도인 음바바네에 크리스천 의대와 공대를 설립 중에 있으며, 이미 두 지역에 병원을 건축하였다.

나는 23여 년 동안 아프리카 선교 현장에서 하나님의 크신 사랑과 신실하심을 체험하였고, 하나님의 심부름꾼이 되기 위하여 초창기에 혹독한 훈련을 받았으며, 말라리아와 폐병과 심장병으로 여러 번 죽을 고비를 넘기고, 두 번이나 강도를 만나 사망의 음침한 골짜기를 다녀왔다. 이제 생각하니 이 모든 것이 하나님의 은혜다. 하나님의 심부름꾼이자 한국 교회의 사역자로 아프리카의 구령운동에 동참하여 여러 면에서 큰 열매를 맺게 하는 도구가 된 것이 최고의 영광이요 기쁨이라 믿고 고백한다.

특별히 오랫동안 아프리카 원주민 선교를 위하여 큰 기둥 역할을 하여 주신 존경하는 여러 목사님과 동역자들이 천국에 가서 큰 상급을 받으시기를 소원한다. 나는 지금도 예수 그리스도 안에서 나 자신과 내 위치와 내가 할 일들을 잘 알기에, 아프리카 선교의 사명을 가지고 이 땅을 떠날 때까지 하나님의 나라와 의를 구하는 일에 최선을 다할 것이다.

― 김종양(아프리카 선교사)

한국기독교성령백년인물사 Ⅱ

목회자

박성산 | 김삼환 | 나겸일 | 최성규 | 이재창 | 강헌식 | 김봉준 |
최창범 | 김삼환 | 최인숙

성령세례와 사회참여를 외치며 하나님의성회 창립을 주도한 **박성산 목사**

한국 하나님의성회 창립자 중 한 사람인 박성산(朴聖山, 1907~1957년) 목사는 1907년 6월 19일(음) 경북 군위군 우보면 선곡리에서 장로교 전도사였던 부친 박동희 씨와 어머니 신영복 씨 사이에서 출생하였다. 박성산은 출생 이후 유년 시절부터 기독교 신앙에 젖어 있었다. 부친 박동희 전도사는 장로교 초창기의 선교사인 애덤스가 세운 고향 마을의 교회에 박성산을 데리고 다녔다. 박성산의 가족과 친척들이 대부분 믿음의 가정들이어서, 비록 가난했지만 믿음으로 단합되고 화목한 분위기에서 성장했다.

고향인 군위군 우보면 공립보통학교를 졸업한 박성산은 애덤스 선교사가 세운 대구의 계성고등학교에 진학했다. 대구의 계성 중·고등학교는 "여호와를 경외하는 것이 지식의 근본이니라"(잠 1:7)는 말씀을 교훈으로 삼아 애덤스 선교사가 1906년에 설립한 유서 깊은 미션스쿨이다. 당시 기독교 정신으로 설립된 이 학교를 다니면서 박성산은 더욱더 깊은 기독교 신앙을 체득한 것으로 보인다.

그는 계성고등학교를 졸업한 후 민족계몽운동에 눈을 뜨게 되었다. 돈독한 기독교 신앙의 바탕 위에서 민족의식과 사회의식을 가지게 된 것이다. 그리하여 농촌 문제, 지역사회 발전 문제, 청소년 문제에 깊은 관심을 갖고 금주, 단연(斷煙) 운동을 벌였다. 이러한 박성산의 민족 계몽운동의 행보는 한국 오순절 교회의 창설자로서는 보기 드문 경우라고 볼 수 있다. 박성산은 개인 구원에 치우친 감이 없지 않은 한국의 오순절 성령운동이 지향해야 할 사회구원의 기치를 이미 선구적으로 제시한 선각자였던 것이다.

이러한 와중에 박성산은 군위군 군수의 딸인 유지혜를 만나 결혼하게 되었다. 당시 군수였던 장인은 자신의 딸이 가난한 청년 박성산과 결혼하게 된 것을 내심 못마땅하게 여겼던 것 같다. 더구나 두 사람이 교회에서 만나서 교회에서 신식으로 결혼식을 올린 것에 대해 불만이 대단하였다. 처가 쪽의 극렬한 반대에도 불구하고 결국 두 사람은 사랑으로 결혼하게 되었다. 그 당시만 해도 박성산은 민족 계몽운동이나 사회운동에 큰 관심을 가지고 있었고, 주의 종이 되어 평생을 복음 전파를 위해 헌신하리라고는 생각지 못했던 것 같다.

박성산은 스무 살이 되고서 '배워야 민족과 사회에 봉사할 수 있다'는 신념을 갖게 되어 아내를 고향에 남겨 둔 채 홀로 일본 유학 길에 올랐다. 학문을 닦기 위해 일본에 갔지만 식민지 백성인 그에게 그 누구도 도움을 베풀어 주지 않았다. 그의 학문의 길은 멀고 험난해 보였다. 박성산은 우선 주린 배를 채우기 위해 신문팔이를 시작했고, 점원과 서생으로 일하면서 고단한 삶을 하루하루 이어갔다. 그러던 어느 날 박성산의 삶을 변화시킨 일이 일어났다. 박성산이 길을 가다가 열심히 노방전도를 하고 있던 한 청년과 마주친다. 박성산은 열정을 다해 전도하는 그 청년의 모습을 보고 큰 감동을 받았다. 그리고 참된 신앙은 뜨거운 열정의 신앙이라는 것을 깨닫게 되었다. 그 후로 박성산은 오순절 성령운동의 교회와 인연을 맺었다. 그는 그 후 일본의 오순절교회 내에 설립된 성서신학원에 입학하여 원장 존 주르겐센으로부터 사사했으며, 1928년 신학 과정을 마치고 1932년 귀국하였다.

한국에서의 오순절 운동의 전래는 1928년 봄, 럼시 선교사가 서울에 도착함과 동시에 시작되었다. 럼시 선교사는 원래 뉴욕 시 근교에 있는 감리교회 성가대원이었다. 그녀의 아버지는 목수이고, 어머니가 일찍 세상을 떠났던 관계로 외할머니 슬하에서 자라나 성장해서 간호사로 일했고, 1906년부터 1907년까지의 로스앤젤레스 대부흥 때 은혜를 받아 감리교 계통 신학을 공부했다. 1906년 4월 로스앤젤레스 한 다락방에서 성령세례를 받은 그녀는 "한국으로 가라"는 성령의 음성을 듣게 되었다. 한국 땅에 도착한 럼시 선교사는 하디 목사가 기거하던 감리교의 최초병원 시병원

(施病院)에 여장을 풀었다. 럼시 선교사는 정동시병원 숙소에서 꿇어 엎드리어 "하나님이시여! 당신의 명령에 따라 무조건 한국에 왔습니다. 저로 하여금 이 땅에서 이루시고자 하는 당신의 뜻을 부족함 없이 이루게 하소서" 하고 간절히 기도 드린 후 발길이 닿는 대로 걸어서 구세군 조선 본영 사무실로 갔다.

여기에서 럼시 선교사는 사무원으로 일하고 있던 청년 허홍(許 弘)을 만나 "조선에 오순절 신앙을 전교하러 왔는데, 전혀 생소한 곳이어서 구체적인 방안이 서질 않으니 허 선생이 좀 도와주시오"라고 간청했다. 허홍은 아버지가 구세군 사관인 까닭에 구세군에 입대하여 사무를 보고 있었다. 그러나 허홍은 이곳에서 나라 없는 슬픔을 뼛속 깊이 체험하고 있었다. 자기로서는 이 민족적 차별 대우를 개선할 수 없다고 여기고 조만간에 사표를 내리라고 마음을 단단히 먹고 있었는데, 40세쯤 되는 외국인 여성이 다가와 선교사업을 같이하자고 하니 이것 또한 하나님의 뜻이라 생각하고 그날부터 럼시 선교사와 손을 잡고 일을 하기 시작했다.

럼시 선교사는 미국 하나님의성회와는 관계없이 하나님의 절박한 음성을 듣고 달려온 개인 자격의 선교사였다. 허홍과 럼시 선교사는 럼시가 기거하는 시병원에 선교 본부를 두고 이 땅에 오순절 신앙을 전하기로 결심하였다. 허홍은 럼시 선교사로부터 성경을 배우면서 은혜 체험을 하게 되었다. 이 두 사람의 노력의 결과로 조선 최초로 오순절 교회가 서게 되었는데, 그것이 바로 서빙고교회이다. 박성산은 일본에 체류 중일 때 마침 선교 협의차 도일(渡日)했던 럼시 선교사를 만나서 1932년 졸업과 동시에 귀국하자 서빙고교회를 담임하게 되었다.

박성산은 오순절적 뜨거운 설교를 통해 "성령세례의 표적은 방언이며 바람직한 그리스도인의 모습은 성령 충만함과 사회참여"라고 역설했다. 이러한 박성산의 설교야말로 오늘날 오순절 성령운동이 지향해야 할 바람직한 모습을 제시한 것이라 볼 수 있다. 이에 그 당시 한국 교회는 "오순절 교회는 이단이다" 혹은 "방언패거리"라며 공격의 화살을 퍼붓기 시작했다. 박성산은 사도행전에 입각하여 방언과 신유와 권능이 나타나야 진정한 신앙이며, 이 세 가지 역사는 성령세례를 받아야 이루어진다고 역설했다.

당시 서빙고 지역은 기독교에 대한 일반상식이 전혀 없었고 사람들도 배타적이어서 복음을 잘 받아들이지 않았다. 유교, 불교, 그리고 샤머니즘 등 토착종교가 이미 뿌리를 박고 있는 가시밭 터전에 복음의 씨앗을 뿌리기란 여간 어려운 일이 아니었다. 기존의 복음의 씨앗을 뿌렸던 장로교와 감리교의 텃세 또한 감내하기 어려운 일이 아닐 수 없었다. 그 당시 오순절 신앙을 지니고 방언으로 기도하는 것은 세상 사람들로부터는 물론 기독교인들에게서조차도 오해와 박해를 받았다.

박성산이 담임하는 서빙고교회에 출석하는 이혜열이라는 신도가 있었다. 그녀는 당시 이화여전에 다니던 엘리트 여성이었으며 사대부 집 외동딸이었는데, 그의 부모는 "우리 딸이 교회에 나가더니 한밤중에 요상스런 헛소리를 하게 되었다"며 교회에 가지 못하도록 했다. "한밤중의 요상스런 헛소리"란 방언기도를 지칭하는 것이었다. 그들은 "우리 딸아이를 버리게 되었다"며 집안에 감금까지 했지만 이혜열은 오순절 신앙을 끝끝내 굽히지 않았다. 그녀의 부모는 "사대부집 외동딸이 엿새 동안은 학교에 가고 일요일 날은 또 교회에 가니 매일 떠돌이가 되는데 이래서는 안 된다"며 "학교를 그만두든지 교회를 그만두든지 둘 중 하나를 택하라"고 최후통첩을 하자, 이혜열은 이화여전을 그만두고 교회 봉사에 진력했다고 한다. 이혜열은 그 후 원산의 웰슨 신학교를 졸업하고 한국 신학계의 태두(泰斗)인 송창근 박사의 며느리가 되었다.

한 번은 박성산이 여느 날과 다름없이 유지욱, 김동업, 단희동, 단희옥, 최용돌 등 교회 청년들과 함께 북을 치며 노방전도를 하는데, 난데없이 한 청년이 다가와 시끄럽다며 북을 치고 있는 박성산의 손목을 비틀며 발길질을 했다. 이 청년은 동네 난봉꾼이었다. 이 사건으로 박성산은 2개월 가까이 치료받아야 하는 고난을 당했다. 이와 같은 박해과 고난에도 불구하고 늦은비 성령의 역사로 말미암아 서빙고 지역은 차츰 오순절 신앙의 불이 붙게 되었다. 그리고 교회는 나날이 부흥하여 1934년에는 장년이 70여 명, 주일학생이 200여 명으로 교세가 확장되었다.

이즈음 교회를 동빙고로 옮겨야만 했는데, 개인 자격으로 온 럼시 선교사가 매월 지불되는 교회 임대료를 감당할 길이 없어서 지출을 줄이기 위해서였다. 1938년 10월, 럼시 선교사가 한국에 온 지 10년 만에 조선 오순절교회 최초의 목사 안수식이 있었다. 이 때 박성산은 허홍, 배부근과 함께 정동에 위치한 조선 오순절교회 선교 본부에서 목사 안수를 받았다.

훗날 박성산 목사는 연신내 장터에 연소교회를 세웠다. 그러나

1937년, 일제는 중일전쟁을 일으키고 난 뒤 기독교계에 서서히 마수를 뻗쳐왔는데, 바로 신사참배를 강요하기 시작한 것이다. 일제는 신사참배를 반대하는 목사를 속속 투옥, 감금하고 모진 고문을 가하여 변절을 강요했다. 그때 2천여 신도가 투옥당했으며, 200여 교회가 폐쇄되고, 50여 교역자가 순교의 면류관을 썼다. 그리고 선교사들은 강제 귀국을 당해야만 했다. 이 땅에 오순절 신앙을 전파하러 왔던 영국 오순절교회 선교사 벳시, 메르테드와 미국 오순절교회 선교사 팔선, 럼시 등도 1940년 12월 20일 서빙고교회에서 쓸쓸하게 환송예배를 드리고 난 뒤 강제 출국을 당했다.

워낙 미약하던 교세에 기둥 같은 선교사들을 잃은 조선 오순절교회는 일본의 기독교 박멸정책에 눌려 폐쇄되고 신도들은 뿔뿔이 흩어지고 말았다. 오순절교회가 강제로 해산당하는 와중에서 오순절 교단의 포교 관리자였던 허홍 목사는 엎친 데 덮친 격으로 중병까지 걸렸다. 배부근 목사는 안국동 소재 구영숙소아과병원에 약제사로 취직을 해서 생활을 꾸려가다가 1944년 경기도 가평으로 이사했다.

오순절교회가 강제로 해산되자 박성산 목사는 광화문에 성문당이라는 서점을 내서 생계를 꾸려나가면서 후일을 준비했다. 박성산 목사는 8·15 해방이 되자 배부근, 허홍 목사와 다시 합류하여 오순절교회 재건을 위한 일환으로 동지들을 규합하기 위해 전국을 순회하기 시작했다. 그리하여 마침내 이듬해 1950년 4월 9일 전남 순천에서 제1회 대한기독교 오순절대회로 모였는데, 평신도는 200여 명이었고 교역자는 허홍, 박성산, 윤성덕, 김성환, 박헌

근, 박귀임 등이었다. 그 후 박성산 목사는 부산 지역의 전도에 힘쓰면서 1952년 부산시 서대신동에서 교회를 개척하기도 하였다.

한국전쟁의 와중인 1952년 12월 15일, 한국 최초의 미국 하나님의성회 선교사로 체스넛 목사가 한국 땅에 발을 들여놓았다. 체스넛이 내한하자 하나님의성회 결성을 위한 움직임이 활발해졌다. 박성산 목사는 인화력이 뛰어나 여러 곳에 흩어져 있는 오순절 계통의 동지와 교회를 규합하는 일을 맡았다. 그는 순천, 부산, 거제, 광주 등지를 돌며 호소하였다. 그 결과 1953년 4월 8일, 허홍 목사가 시무하던 서울 용산구 한강로의 남부교회에서 역사적인 하나님의성회 창립 총회가 개최되었다. 창립에 참가한 사람은 체스넛, 박성산, 허홍, 배부근, 윤성덕, 곽봉조, 박귀임이고 그외 4인이 참관하였다.

한국 오순절 성령운동의 기수였고 한국 하나님의성회 창립자 중 한 사람이었던 박성산 목사는 슬하에 3남 3녀를 두었다. 박성산 목사는 쉰을 넘긴 후 1957년 2월 23일(음), 서대문구 천연동 자택에서 하나님의 부르심을 받았다. 그다지 긴 인생은 아니었으나 한국 오순절교회사에 있어 그가 남긴 족적은 위대했다. 막내딸인 박문영 권사의 전언에 의하면, 그날 저녁 천연동 주변으로 무지개가 선명히 떴던 것을 동네주민들이 보고 "오늘 무슨 상서로운 일이 있었는가?"라고 서로 말을 주고받았다 한다.

― 김삼환(여의도순복음교회 김포성전 담임목사)

여호와의 은혜의 큰 길, 명성교회 **김삼환 목사**

제가 걸어온 길은 여호와 하나님께서 마련하신 은혜의 큰길(大路)이었음을 깨닫습니다. 제 삶에 대한 글을 쓰라고 하면 저는 그 말밖에는 할 말이 없습니다. 제가 노력을 안 한 것은 아니지만, 지나고 보면 제 노력이나 방법이나 생각보다 더 좋은 결과를 주신 하나님이 계셨기에 모든 것이 가능했습니다. 제가 잘난 것이 없기에 제가 한 모든 노력이나 방법이나 생각이 수포로 돌아갈 수 있었겠지만, 여호와께서는 긍휼히 여기사 저를 바르게 인도하시고, 극심하게 어려운 생활 속에서도 희망과 용기를 주시고 이겨낼 수 있도록 도우시고 좋은 결실을 맺게 하셨습니다.

그렇습니다. 제가 살아온 인생 전체가, 그리고 제가 걸어온 46년의 목회 발자국 하나하나가 다 하나님이 주신 은혜가 점철되고 엮인 것입니다. 그래서 어떤 외국인이 제게, "당신의 목회철학을 한마디로 요약하면 무엇인가요?"라고 물었을 때에 "목회철학이라기보다는 목회신학이라고 하는 것이 좋겠고, 저의 목회 전체를 어거하는 신학은 '여호와의 은혜' 입니다"라고 대답했습니다. 우리가 하나님의 은혜 없이 어떻게 살 수 있겠습니까? 하나님께서 은혜를 주지 아니하시면 우리가 무엇을 할 수 있겠습니까? 아니, 한다고 한들 무슨 좋은 결과를 얻을 수 있겠습니까? 저는 아래에 저의 신앙 고백적 일대기를 듬성듬성 건너뛰면서 적어 보려고 합니다.

1. 모든 것이 없었기에 하나님의 훈련을 잘 받을 수 있었습니다

제가 태어난 경상북도 영양은 지금도 산골이고 하루에 버스 한 대만 지나가는 벽촌입니다. 그 산골에 가난한 농부의 일곱 남매 중 둘째로 태어난 저는 없는 것을 벗삼아 자라났습니다. 탈것이 있을 리 없는 우리는 어디를 가나 걸어 다녔습니다. 어머니 등에 업혀서 다니다가 유년기가 되어서는 논두렁 밭두렁 사이로 개울가로 걸어 다녔고, 집 근처에 신당교회가 세워지기 전까지는 10리가 넘는 먼 곳에 있는 교회에 걸어 다녔으며, 좀 커서는 학교를 걸어 다녔습니다. 영양중학교에 다닐 때에는 마을 뒷산의 검산성을 지나 구매천을 건너고 일월산을 넘어야만 했습니다. 일월산은 '하늘목'이라고 이름하는 곳입니다. 재가 워낙 높아 하늘 목에 닿았다 하여 붙여진 이름입니다. 학교에 가려면 두 시간 반을 쉬지 않고 걸어야만 했습니다. 궁핍한 가정의 경제 때문에 5일장에 계란을 팔러 갈 때도 걸어서 갔습니다. 힘든 일이었지만 이제 와서 생각해 보니, 아무것도 없는 중에서 하나님은 모든 것을 풍성하게 하셨습니다.

요즈음은 건강 증진을 위해서 걸으라고 야단들입니다. 그때 저는 걸으면서 길가에 핀 꽃을 보았고, 하늘에 떠 가는 뭉게구름도 보았고, 개울에서 퍼득이는 피라미도 보았습니다. 밭두렁 논두렁에서 뛰는 고추개구리도 수없이 보았습니다. 동생들이나 친구들과 걸으면서 이야기도 많이 하였습니다. 밤에 산길을 걸을 때면 너무 무서워서 노래를 부르거나 소리를 지르거나 달음질하기도 했습니다. 걸으면서 성경 구절도 외웠고, 전 주일에 들은 설교도 반추하였습니다. 걸으면서 인내심이 생겼고, 건강도 유지하였고, 생각도 많이 하였고, 신앙도 좋아졌습니다. 그때, 아무것도 없었지만 사실은 여호와께서 몸과 마음과 신앙의 건강을 위한 모든 것을 베풀고 계셨던 것을 이제 깨닫습니다.

목회 초년에도 없는 것뿐이었습니다. 방 한 칸에 온 식구가 사는데, 친구 목사나 나그네가 몇 날 또는 몇 주 머물다가 갈 때에는 대접할 것이 없어서 너무나 안타까웠습니다. 손님을 따로 모실 방이나 이불이나 식탁이 있을 리 없었습니다. 그래도 착한 아내는 어떠한 불평도 한 적이 없고, 콩나물 한 가지만으로도 무치고 데치고 볶고 국을 끓여서라도 손님을 대접하였습니다. 그때 우리는 가진 것이 아무것도 없었고 자랑할 것도 없었지만, 우리에겐 정성이 있었습니다. 사람을 위한 정성, 하나님이 그렇게 사랑하셔서 스스로 십자가에 달려서 구원하시고 싶어 하셨던 그 사람들을 위한 정성이 우리 가족의 마음 마음에 빼곡하게 들어차 있었습니다.

어떤 때는 있는 것마저 잃었습니다. 두 살 된 사랑하는 딸아이가 병들어 정성스럽게 간호했지만 죽었습니다. 장의사를 고용할 형편이 안 되어 저와 아내는 리어카를 사용해서 시신을 운반하여 뒷산에 우리 손으로 묻었습니다. 그때의 상실감은 말로 다할 수 없이 컸지만, 우리는 하나님을 원망하거나 배반하지 않았습니다. 우리는 아이를 잃으면서 인생의 귀중함, 그리고 하나님 없이 살다가는 인생의 허무함을 깨닫게 되었습니다. 참으로 엄청난 대가를 치르고 귀한 진리를 깨달은 것입니다.

목회 경력이 붙어도 아무런 영광이 없었습니다. 누가 특별히 알아주지도 않았고, 사람들이 구름 떼처럼 모이는 것도 아니었습니다. 직장교회였던 해양교회에서 10년 동안 목회하던 때의 일입니다. 제가 지금 하고 있는 설교나 그때 하는 설교 모두 제가 하는 것이므로 작은 차이가 있더라도 실은 비슷합니다. 직장교회였지만 새벽예배를 비롯하여 모든 예배를 철저히 하고 주일학교도 잘 진행하고, 명절에는 고향에도 못 가고 공장의 기숙사에 남아 있는 사원들을 방문하여 아내가 마련한 따뜻한 국과 밥을 대접하며 설교도 열심히 하였습니다. 남한산성의 양로원, 황산의 노인복지관, 성남의 철거민촌 등을 찾아 라면과 쌀을 전하고 위로하며 전도하면서 해양교회가 차츰 부흥되고 있었습니다.

그런데 제가 최선을 다하면 할수록 저의 목회는 힘들었습니다. 좀 좋아질 만하면 어려움이 닥쳤습니다. 공장에 붙어 있는 직장 교회였던 해양교회의 성도들은 신앙에 열심이었고 교회는 뻗어나갈 수 있었습니다. 그러나 공장의 경영진이 불신자로 바뀌면서 교회를 핍박하며 결국은 제게 떠나 달라고 하였습니다. 갈 데도 없는 나에게 어디로 가란 말인가 싶어, 갈 바를 알지 못하고 떠난 아브람의 형편이 나보다는 나았을 것이라고 생각한 적도 있었습니다. 돕는 사람도 별로 없었고, 칭찬하는 사람도 별로 없었고, 알아주는 사람도 없었고, 목회에 붙는 가속도도 없었습니다. 그러나 그 없는 중에 하나님은 저를 호되게 훈련시키고 계셨습니다. 인생이 무엇인지, 목회가 무엇인지, 설교가 무엇인지, 교회와 목회자의 바른 관계가 무엇인지, 아니 내 인생의 삶의 목표와 목적이 무엇인지, 여호와께서는 치밀한 교육 계획을 한 단계씩 진행시키고 계셨음을 나중에 깨달았습니다. 무시와 실패와 좌절과 영광 없음을 당해 보지 않았더라면 제가 어찌 이만큼이라도 바르게 살아올 수 있었겠습니까?

청장년 시절에 저에게는 건강도 없었습니다. 폐병이 늘 저를 괴롭혔습니다. 돈에 쪼들려서 간신히 약을 구해 먹는 형편이었습니다. 가난한 목회를 하느라고 늘 지쳐 있었고, 단칸방에 온 식구들이 함께 사느라고 삶의 질도 형편없었고, 겨울에는 집이 추위를 막지 못해서 늘 기를 펴지 못했습니다. 그래서 기도를 많이 했습니다. 집에 가봐야 단칸방이니 아예 교회에 있는 편이 낫다고 생각해서 기도하다 잠든 날도 많았고, 기도하다가 새벽을 맞은 날은 더 많았습니다. 신학교 동문의 권유로 폐병을 낫게 해달라고 하나님께 기도하여 여호와의 신유 은사를 체험하고 나니 하나님의 능력에 대한 확신은 더욱 불붙었습니다. 건강이 없었기에 기도하는 것이 생활이 될 수 있었고, 기도하다 보면 새벽이 되고, 그러다 보니 저는 자연히 새벽기도를 열심히 하게 되었습니다. 명성교회가 새벽기도 사역을 꾸준하고 광범위하게 하게 된 것은 사람의 머리에서 나온 것이 아니고, 목회 성장 세미나를 통해서 생긴 것이 아닙니다. 그저 현실 문제를 붙잡고 기도하고 또 기도하면 하나님께서 은혜를 베풀어 주시어 문제를 해결해 주신다는 성경의 진리를 실천해 보고 또 해본 결과로 생긴 것입니다.

이렇게 가진 것이 없었기에 하나님의 훈련을 잘 받을 수 있었고, 그렇게 하였기에 저는 하나님께서 마음대로 사용하실 수 있는 그릇으로 변화될 수 있었습니다. 마치 논산 육군훈련소에 들어갈 때에는 아무것도 안 가지고 들어가는 것과 같은 이치입니다. 그런데 군대 훈련소는 몇 주 만에 수료할 수 있지만 하나님의 훈련은 참으로 기나길 수도 있고, '훈련병'이 누구냐에 따라서 맞춤형 훈련을 하시기에 인내와 믿음으로 잘 견뎌내야 하는 것이라고 저는 경험을 통해서 알고 있습니다.

2. 여호와께서는 늘 저의 곁에 계셨습니다

하나님 한분이면 족한 것인데, 그것을 깨닫고 만족하며 살기는 어렵습니다. 그것을 깨달으면 도(道)를 깨달은 것입니다. 하나님께서는 저를 빈한한 상황에 두시면서 하나님 한분으로 만족할 수 있게 가르치셨는데, 돌이켜보면 그 빈한한 상황을 이겨낼 수 있도록 늘 저의 곁에서 도우셨습니다.

어머니가 늘 제 곁에 계셨습니다. 아버지는 술도 드시고 노름도 하시고 신앙생활에는 별 관심이 없는 분이었습니다. 셋째 아들인 아버지는 유교를 신봉하셨고, 매년 열 번이 넘는 제사를 꼬박꼬박 지내셨습니다. 근래에 아버지께서 장수하시고 소천하실 때에는 하나님에 대한 신앙을 가지셨지만, 제가 어렸을 때에는 아버지 때문에 괴로울 때가 많았습니다. 어머니는 신앙심이 깊으셔서 제가 아주 어렸을 때에는 저를 업고 교회 생활을 하셨습니다. 지금 생각하면 저는 하나님의 등에 업혀서 교회에 다녔던 것입니다. 어머니가 들려주는 신앙 이야기들과 생활의 지혜로 가득찬 이야기들, 어머니가 읽어 주신 성경 속의 이야기들! 참으로 어머니는 나의 학교였고 내 생각의 못자리였으며 내 신앙의 운동장이었습니다. 하나님은 어머니의 모습으로 늘 제 곁에 계셨습니다.

어머니와 제게는 교회의 종과 종소리가 있었습니다. 어머니는 늘 교회의 종을 치셨습니다. 눈이 오나 비가 오나 바람이 부나 하루도 빠짐없이 종을 치셨습니다. 그러다가 목사님이 제게 사발시계를 주셔서 제가 시간을 맞추고 새벽에 깨서 종을 쳤습니다. 새벽에 깜깜한 산길을 걸어서 교회에 가는 것은 소년이었던 저에게는 무시무시한 경험이었습니다. 그러나 저는 어머니처럼 하루도 거르지 않고 종을 쳤습니다. 저는 가진 것이 아무것도 없었지만, 하나님은 종소리가 울려 퍼지는 범위만큼 넓은 지역을 제 마음에 주셨습니다. 집안 살림이 가난하니 부지런해야만 하였고, 교회의 종을 치자니 시간에 맞추어 살아야 했습니다. 그런 것들이 다 저를 하나님의 은혜를 받아 누리는 사람으로 만들어 주었습니다.

저에게는 자전거가 있었습니다. 버스도 드물게 다니던 시절, 저는 어렵게 자전거를 마련했습니다. 너무 먼 거리를 걸어 다니며 심부름을 하고 학교에 다니느라 시간이 많이 걸렸는데 자전거가 생기니 참 좋았습니다. 저는 자전거를 잘 탔습니다. 가늘고 구불구불한 논두렁길도 자전거로 실수 없이 다녔습니다. 언덕길이나 고갯길도 자전거로 잘 오르내렸습니다. 지금처럼 21단 기어가 있는 것이 아니라 그저 두 바퀴만 있는 자전거였기에 언덕길을 오르는 것은 쉬운 일이 아니었으나, 저는 자전거의 '달인' 이었습니다. 경기도 하남 쪽에 있었던 해양교회에서 목회하면서 광나루에 있는 장로회신학대학까지 자전거로 통학을 했습니다. 지금 생각하면 자전거를 타고 아슬아슬한 길을 다닐 때나 비 오는 날 큰 트럭에 치일 뻔할 때에 하나님께서 늘 곁에 계셔서 저를 보호해 주셨습니다. 지금은 자전거를 탈 일이 없으나 하나님께서는 여전히 저의 곁에서 위태위태한 길을 갈 때에 보호해 주십니다.

저에게는 착한 아내가 있습니다. 건실한 목회자에게는 다 훌륭한 아내가 있기에, 제가 특별히 아내를 말하는 것을 이상해하실 분도 있을 것입니다. 그러나 저는 아내가 있기에 하나님이 제 곁에 계신 것을 믿고 늘 안심할 수 있습니다. 꽃다운 청춘에 전도사에게 시집와서 식구들 많은 가난한 시집에서 그 어려운 시집살이를 한마디 불평도 없이 잘 감당해 주고, 제가 빈한한 전도사로 고

생활 때에도 말없이 뒷바라지를 잘해 주고, 약도 변변히 쓸 수 없는 형편이라 아이가 죽어나가도 하나님에 대한 불평 한 번 말하지 아니한 아내! 가난한 목사의 생활에 보탬이 되려고 스테인레스 그릇들을 머리에 이고 이 골목 저 골목 누비며 갖은 고초를 다 당하면서도 지친 몸으로 밤새 기도하고 새벽기도 하던 아내! 목회를 한답시고 바쁜 남편이 가정일을 등한히 하여도 강짜 한 번 안 부리고 세 남매를 어엿하게 잘 기른 나의 아내! 지금은 늘 찬송하고 늘 기도하고 없는 듯이 있고 표나지 않게 명성교회를 위해서 헌신하는 아내가 있기에 저의 마음은 늘 안정이 됩니다. 하나님께서는 이런 착하고 순한 여자를 저에게 주셔서 하나님의 위로와 격려와 용기를 흠뻑 주셨습니다. 아내가 있기에 없는 살림이 부요하였고, 아내가 있기에 지금 저는 늘 힘이 납니다.

참으로 훌륭하고 신실한 성도들이 있습니다. 제가 가끔 실패한 목회, 제가 쫓겨났던 교회에 대해서 말합니다만, 실은 그 교회의 성도들 중에는 저를 위해서 기도하고 격려하고 힘이 되어 준 선한 분들이 있었습니다. 그분들 때문에 저는 목회가 아무리 어려워도 좌절하지 않았습니다. 명성교회를 개척하고 나서도 참으로 많은 성도들이 교회가 교회답게 되도록 희생과 봉사를 했습니다. 오늘 명성교회가 조금이라도 좋은 교회라면 그것은 절대로 저의 공로가 아니라 시간과 물질과 마음과 희생을 바친 장로, 권사, 집사, 구도자들이 있기 때문입니다. 제가 힘들 때에, 제가 어리석을 때에, 제가 무엇을 해야 좋을지 모를 때에 하나님은 성도들의 말없는 실천을 통해서 저를 격려하고 지혜를 주시고 방향을 잡아 주셨습니다. 참으로 이러한 성도들은 여호와 하나님께서 저의 옆에 항상 계심을 말없이 알려 주는 산 증인들입니다.

3. 하나님의 은혜는 절실하고, 그것을 전하는 설교는 신이 납니다

이미 말씀드린 대로 저의 목회를 한 단어로 압축하면 '은혜', 즉 하나님의 은혜입니다. 하나님께서 그 빛난 얼굴을 저에게로 향하고 은혜를 주시기 때문에 저의 삶과 목회는 의미가 있습니다. 그렇지 않으면 목회는 개인의 노력이요 사업적 수완이고 인간적 네트워크가 되기 쉽습니다. 하나님의 은혜를 받아서 살고, 은혜 받은 것을 설교하고, 은혜 받은 것을 보여 주면, 주변의 사람들도 교회의 신자들도 하나님의 은혜 속으로 빨려 들어갑니다. 은혜는 무자격자에게도 하나님께서 베풀어 주시는 사랑입니다. 우리 인간은 하나님에게 무엇을 받을 자격이 없을 정도로 하나님에게서 멀어졌고 타락하였고 이기적입니다. 그러나 하나님은 측량할 수 없는 사랑으로 다가오셔서 우리를 끌어안고 상처를 싸매 주시고, 도와주시고 바른길로 가게 하십니다. 그것이 은혜입니다.

저는 하나님에게서 받은 은혜가 많기에 그 은혜를 전하고 싶어서 늘 안달합니다. 목사이니까 설교가 바로 그 은혜를 전하는 가장 기본적이고 흔한 방법입니다. 그래서 설교 준비와 설교 시간에 최선을 다합니다. 설교를 준비할 때에 저는 인생을 사는 보람을 가장 많이 느낍니다. 그리고 저는 설교할 때가 가장 행복합니다.

그리고 저의 설교를 듣고 생활이 아름답게 변한 성도의 증언을 들을 때에 하나님께서 쉬지 않고 일하고 계심을 확인합니다.

그래서 저는 제가 설교를 잘하느냐 못하느냐에 관심을 두지 않습니다. 다만 저는 이 설교가 과연 신자들에게 하나님의 은혜를 제대로 전달하는 파이프라인이 될 것이냐 못 될 것이냐에 관심을 두고 설교를 준비합니다. 저의 설교에 대해서 이런 저런 평가들이 있고 또 있을 수 있겠지만, 저는 그런 평가들이 그저 반 정도는 맞고 반 정도는 틀린 것이 아닌가 어렴풋이 생각합니다. 왜냐하면 저의 설교를 평가하는 것보다는 하나님께서 어떻게 성도들의 마음에 역사하고 계신가가 더 중요하기 때문입니다. 하나님은 장닭을 울게 하거나, 먼지가 회오리바람을 타고 올라가게 하거나, 돌들이 소리를 지르게 해서라도 사람의 마음에 깨달음과 변화를 주실 수 있기 때문입니다. 닭이나 바람이나 돌들을 평가한다고 해서 무슨 진리를 발견하겠습니까? 하나님께서 그렇게 하신 이유와 그 결과를 생각해 보는 것이 더욱 유익하지 않겠습니까? 마찬가지로 저의 설교나 설교 방법은 중요하지 않습니다. 다만 저를 사용해 주시고 계신 하나님의 뜻이 귀할 따름입니다. 하나님에게 사용되고 있다고 생각하면 설교할 때 신이 납니다. 그것뿐입니다. 저의 설교에 대해서 무슨 비결이 있느냐고 묻는 분들이 종종 있기에 이 자리를 빌려서 말씀드립니다. 그저 신이 납니다.

4. 목회는 종점의 사역입니다

저는 명성교회를 개척하기 전에 시골에 있는 홍구교회, 월전교회, 풍북교회, 해양교회를 차례로 17년 동안 목회하며 주의 종의 길을 수련하였습니다. 제가 풍북교회에서 목회할 때의 일입니다. 장마에 사방이 물이 잠기게 되어 예배당으로 달려갔습니다. 이미 교회 마루에 흥건히 고여 있는 빗물을 닦아 내고 있는데 천둥 치는 소리와 함께 지붕의 흙더미가 저의 등허리로 쏟아졌습니다. 저는 큰 충격을 받았지만 피하지 않았습니다. 성전을 더럽힐 수 없다는 일념 때문이었습니다. 장맛비가 퍼붓는 한밤중에 지붕에서 쏟아져 내리는 흙더미를 받아낼 장비가 없었습니다. 그래서 저는 밤새도록 흙더미를 등으로 받아냈습니다. 하나님이 거하시는 거룩한 교회에 흙탕물이 쏟아져 내리는 것이 죄송하고 송구스러워 엎드려 울며, 마냥 온몸으로 성전 바닥을 감싸안고 흙을 등으로 받아내었습니다. 제가 목회를 잘했느냐 못했느냐는 남이 판단할 일입니다. 그러나 제가 하나님의 교회를 얼마나 사랑하였는지는 저도 알고 하나님도 아십니다.

지금부터 30년 전에 명일동 500번 버스 종점에서 개척을 했습니다. 해양교회를 그만둔 다음입니다. 저는 서울 한복판으로 들어갈 자신이 없었습니다. 그래서 서울의 동쪽 끝 변두리에서 버스 차장들에게 전도하며 목회를 할 요량으로, 불안하고 조심스러운 마음으로 개척 교회를 시작하였습니다. 역시 가진 것도 없었고, 아는 사람도 없었고, 돕는 사람도 별로 없었습니다.

명성교회는 '명일동의 소리'라는 뜻입니다. 무슨 대단한 철학이나 비전을 가지고 지은 이름이 아닙니다. 저는 그저 명일동 내에서라도 그리스도의 복음을 전하면 좋겠다는 뜻으로 지은 이름입니다. 종점! 제가 계획한 것은 아니었지만 이것 역시 하나님의 섭리였습니다. 종점에는 버스만이 아니라 인생의 종점을 맞는 인생도 많았나 봅니다. 저의 설교를 듣고 변화되었다는 분들이 계속 나타났습니다.

비좁은 홍우상가 2층 34평에서 개척 교회를 시작하고 예배를 드리던 시절, 앉을 자리가 없도록 사람들이 몰려들었습니다. 개척한 지 1년 만에 장년 600명에 주일학교 150명이 되어 예배당에는 말 그대로 앉을 자리가 없었습니다. 그제서야 저는 하나님의 훈련 기간이 끝나고 근무할 부대에 배치된 것을 느꼈습니다. 그 시절에도 어려움은 있었지만 즐거움은 더 많았습니다. 저는 이미 인생과 목회의 혹독한 훈련과정을 거쳤기에 사람이 귀하고 아름다우며, 사람들은 너무 많은 고통 중에 살고 있고, 하나님께서는 그들을 하나님께서 지으신 원래의 모습으로 회복시키기 원하시며, 설교자의 한마디 말이나 한 가지 행동이 신자에게 심원한 영향을 미친다는 것을 체득한 일꾼이 되어 있었습니다. 그 이후에 예배당을 지으면서 겪은 감동, 건축 중에도 늘어만 가는 신자들의 행렬, 부족한 재정 속에서도 지불 기일에 맞게 감당해 주시는 하나님의 은혜를 말로 다 설명하기 어렵습니다.

그래서 명성교회는 종점에 선 사람들에게 치유와 희망과 용기를 주는 교회가 되기를 저는 간절히 기도했습니다. 그러기 위해서 제가 어떤 목회자가 되어야 할지 많이 생각하고 기도하였습니다. 저는 부흥회를 할 때에는 성도들에게 최선의 영적 양식을 먹이기 위해서 가장 훌륭한 강사를 모셔오기에 온 힘을 다했습니다. 개척 교회 시절에 신자가 많지 않을 때에 첫 번째로 한 부흥회에는 서울여대 고황경 박사님을 모셨습니다. 당시에는 참으로 배짱 좋은 개척 교회였습니다. 그런 식으로 혈연이나 지연이나 학연을 따지지 않고 매번 최선의 강사를 모셨습니다.

명성교회가 새벽기도회로 유명해진 것은 사실이나 유명해지려고 새벽기도회를 강조한 것은 아니었고, 또 교회 성장의 방편으로 한 것도 아닙니다. 저는 다만 "새벽에 하나님이 도우시리로다"(시 46:5)는 성경 말씀을 믿고 실천하자는 뜻으로 한 것뿐입니다. 저는 어느 교회에서 목회를 하든지 새벽기도를 강조하였습니다. 명성교회에서 새삼스럽게 새벽기도회를 시작한 것이 아니었습니다. 새벽에 기도하며 은혜를 체험하기 위해서 매일 새벽기도, 봄·가을로 특별 새벽기도회를 하고 있습니다. 그런데 하나님은 참으로 신실하셔서 새벽에 기도하는 사람들을 위로하고 격려하고 기도에 응답하여 주십니다.

기도를 말하기는 쉽습니다. 그러나 실천하기는 참으로 어렵습니다. 저는 기도를 통하여 임하시는 여호와 하나님의 능력을 믿습니다. 저는 명성교회 개척 시절에 심방을 하여 그 가정의 사정을 알게 되면, 기도제목을 정하고 그것이 이루어질 때까지 매일 자전거로 그 집 앞에 가서 기도하였습니다. 불신자 가정을 위해서 그 집 앞에서 기도하다가 문전박대를 당하여 그냥 그 자리에 무릎을 꿇고 기도하기도 했습니다. 저는 종점에 선 사람을 구할 길은 기도로 하나님께 호소하는 것밖에 없다는 신념으로 목회하고 있습니다.

5. 맺는 말

저의 일생에 의미가 있다면, 그것은 하나님께서 경상북도 영양 산골에까지 찾아오셔서 저를 예수 믿는 신자로 만드셨고 한 걸음 한 걸음 인도하시며 오늘까지 보호하시고 도우셨다는 것입니다. 그것 외에는 자랑할 것도 계획할 것도 내놓을 것도 없습니다. 모든 사람의 일생은 그저 다 고만고만하기 때문에, 어떤 인생을 빛내는 요소는 참된 신앙입니다. 저는 예수 그리스도에게서 그 신앙을 발견하고 붙잡고 살고 있습니다. 저는 행복합니다.

― 김삼환(명성교회 담임목사)

민족복음화와 세계선교의 기틀을 다진 주안장로교회
나겸일 목사

　남보다 조금 총명한 두뇌, 겸손한 품성 그리고 수려한 용모 등은 그가 본디 타고난 것이었다. 그러나 이런 것들만으론 누구도 기적을 낳지 못한다. 나겸일 목사는 올해 68세의 주안장로교회 담임. 사람들은 그를 흔히 기적의 목회자, 천행(天幸)의 목사라고 부른다. 불과 20년 만에 교세를 세계 10위권으로 끌어올린 능력, 죽음 직전에서의 기사회생, 또 수백 회에 걸친 왕성한 부흥사역 등이 대개 그를 기적과 연관짓게 하는 요소들이다.
　그러면 나 목사가 이처럼 놀라운 기적들을 이룬 원동력은 과연 무엇이었을까? 이에 대해 많은 사람들은 우선 하나님의 도우심을 언급한다. 그리고 그의 타고난 성품에 대해 자못 현학적인 풀이까지 덧붙인다. 즉 지나치게 '도우심'만을 강조한 나머지 그의 노력이나 고충 등은 쉬이 간과하는 것이다.

그러나 이야말로 대단한 잘못이다. 예부터 하늘은 스스로 돕는 자를 돕는다고, 무엇보다 주목할 부분은 한 사람의 인간, 한 사람의 목회자로서 나겸일이 신앙 안에서 스스로를 끊임없이 단련했다는 점이다. 줄곧 최선을 다하리라는 각오로 끝까지 노력했다는 사실이다. 때문에 우리는 여기서 나겸일 목사의 68년 인생을 통해 '노력'이라는 두 글자가 다다를 수 있는 최고봉, 그 정상의 끝이 성공이며 또 신앙의 궁극이 바로 기적임을 확인하게 되는 것이다.

부르심을 입기까지

충남 부여의 유복한 가정에서 출생한 겸일은 9남매 중 장남이었다. 그런대로 풍족한 가운데 자라난 그는 초등학교 시절 우연한 기회에 복음을 듣게 되었다. 또래 친구들을 따라 장난삼아 갔던 예배당에서 하나님을 만난 것이다. 가족 중 어느 누구도 예수를 믿지 않는 가운데 생긴 이 일은 어린 그로서도 신기하기만 했다. 또 아직 세상의 때가 묻지 않은 순결한 영혼이어서 그랬는지, 그는 복음을 영접함과 동시에 빠르게 말씀에 동화되어 갔다.

중학생이 되면서 그런 겸일의 신앙심은 더욱 고무되었다. 열댓 살 어린 나이로 벌써 산기도를 다녔고 매일 새벽기도회를 빠지지 않았으며 전도에도 열심이었다고 하니 당시 그의 열정이 사뭇 짐작이 가는 바다.

"기억하건대 그것이 첫사랑 아니었나 싶습니다. 마음의 뜨거움이란 표현이 참으로 적절한 때였으니까요. 그래선지 그때를 떠올리면 언제나 부끄럽습니다. 왜 지금은 그렇게 못하는가 하는 반성이 자꾸만 들기 때문입니다."

첫사랑, 그 가슴 떨리는 단어를 나 목사는 주저없이 이 시절에 바친다. 누가 시켜서도 아니고 알려 주어서도 아니었다. 그것은 백 퍼센트 자의에 의한 그리고 열정에 의한 행동이었다. 때문에 그는 어린아이와 같은 순수한 신앙이 맛볼 수 있는 은혜의 최대치를 이때 맛보았다. 어떤 이기심도 섞이지 않은 순백의 사랑, 그것을 이 시절 이미 하나님과 주고받은 것이다.

그래서 그는 조금도 힘들이지 않고 하나님 앞에 서원을 했다. 크면 반드시 당신의 사랑을 전하는 목회자, 복음의 전권대사가 되겠다는 다짐을 무서운 줄도 모르고 해버린 것이다. 그 후 겸일은 총명한 두뇌와 겸손한 성품 그리고 수려한 용모 등에 수반되는 세상의 갖은 환영을 받으며 잠시 첫사랑을 잊었다. 또한 한 가문의 장래를 책임질 장남으로서 갖는 의무, 그 단단한 혈연의 족쇄가 그를 한사코 세상에 매어 두었다. 그래서 그는 한동안 서원 따위는 전혀 한 일이 없다는 듯이 지냈다. 간간이 마음 한 구석으로부터 약속이란 단어가 불쑥 상기되기도 했지만 잘 모르는 일이라는 듯이 시치미를 뚝 떼고 살았다. 대학을 졸업하고 대학원에 진학한 겸일은 무리 없이 출세의 탄탄대로에 진입했다. 집안에선 그런 그를 매우 대견하게 생각하며 장차 사회의 대들보로서 한몫을 톡톡히 감당하리라 믿었다.

"그런데 이상하더군요. 대학원까지 다 마치고, 이제 사회에서의 성공만 남았다 생각했는데 웬일인지 하는 일마다 낭패를 보는 거예요."

학원강사, 공무원, 사업가, 고시생……. 그가 한 달이 멀다하고 갈아치운 명함의 직함들은 이제 실패와 좌절이라는 그의 회고 속에 고스란히 남아 있다. 그는 이것이 이제 부끄럽지 않다고 한다. 그 속에 어린 첫사랑의 몸짓을 볼 수 있기 때문이다.

솔직히 그는 잊었었다. 꿈과 야망, 그리고 가문의 기대를 팔아 어쩔 수 없다는 구실을 샀고 그것으로 그냥 첫사랑의 약속을 저버리려 했다. 그러나 하나님은 달랐다. 그의 불성실함에도 개의치 않고 그를 여전히 사랑했다. 그래서 그가 하루빨리 당신께 돌아오기만을 고대했고, 그런 마음은 그의 세속으로의 달아남을 번번이 훼방놓는 것으로 노정되었다.

정작 겸일이 이것을 깨닫기까지는 꽤나 오랜 시간이 필요했다. 그는 교통사고를 통해 단단히 혼쭐이 난 뒤에야 어슴푸레 그 약속을 겨우 기억했다. 하나님의 사랑을 알리는 목회자가 되겠다는 복음의 전권대사가 되겠다는 소싯적 그 첫사랑의 언약을.

"잘못을 깨닫고 많이 울었습니다. 그때 중학생 시절 뜨거웠던 신앙이 떠오르면서 제 참회의 심정은 더욱 커갔습니다."

그렇게 방향을 선회하고 목회의 길로 들어선 해에 그의 나이는 서른셋이었다. 그는 때문에 남들보다 몇 배 더한 노력을 기울이지 않으면 안 되었다. 이때부터 그의 삶의 철칙은 오직 '최선'이라는 두 글자뿐이었다.

"신학을 마치고 무학교회와 영운교회에서 각각 2년 동안 전도사 생활을 했습니다. 그리고 서른여덟 되던 해 늦은 목사안수를 받고 주안교회에 부임했습니다."

여기까지가 바로 '준비'라는 소제 아래 일단락 지을 수 있는 그의 이야기다. 아마도 여기선 누구도 그의 장차 인생이 성공의 정점을 향해 치달으리란 예측을 할 수 없을 것이다. 그저 준수한 청년이 가질 수 있는 평범한 미래가 이어질 것이라는 것밖에.

극단에서 극단으로 숨가쁜 질주

주안장로교회, 나 목사의 첫 번째 담임지인 이곳은 1949년 2월 모여 예배 드리다가 그로부터 6년 후인 1955년 창립된 교인 250여 명의 작고 아담한 교회였다. 그러나 해마다 꾸준히 교세가 늘고 활동의 폭도 넓어지는 성장 가능성이 큰 교회이기도 했다.

나 목사는 이곳에 부임하자마자 곧 교인들의 인화단결과 기도운동에 주력했다. 더불어 체계적인 성경공부와 전도훈련을 통해 신앙의 내실을 기하는 데에도 역점을 두었다. 그 결과 교회는 하루가 다르게 변모되기 시작했고 어느 사이엔가 지역사회를 이끄는 대교회의 반열에 성큼 올라섰다. 그러나 오늘과 같은 세계적 부흥을 이루는 데에는 아직 못 미쳤다.

"우리 교회여서 하는 말이 아니고 주안교회는 당시 여러 면에서 성장의 가능성을 많이 가지고 있는 교회였습니다. 무엇보다 말씀을 받아들이는 성도들 마음의 밭이 참 좋았고 서로 용납하며 사랑하는 모습도 아름다웠습니다."

나 목사는 주안교회가 이미 성장의 가능성을 충분히 가지고 있었고, 그래서 자신은 단지 그 가능성을 발견하고 키우는 역할을 했을 따름이라고 말한다. 그러나 우리는 나 목사의 이 말을 곧이곧대로만 수용하기가 어렵다. 한때 죽음의 문턱에까지 이르러 생을 마감할 뻔했던 그가 다시 생명을 연장받고 실로 분골쇄신하며 이룬 역사가 바로 오늘의 주안교회이기 때문이다. 따라서 지금 주안교회의 부흥은 그의 땀과 눈물에 대한 응분의 대가였다고 그렇게 말할 수 있는 것이다.

"그렇게 큰일을 겪고 보니 삶이란 게 무엇인지, 인생이 과연 어떤 것인지 조금 알 것도 같았습니다. 저는 그래서 하나님께 약속했던 대로, 생명을 유예받은 보답으로 더욱 열심히, 최선을 다해 목회에 매진했습니다. 덤으로 사는 인생 더 이상 아까울 것도 없었고, 오직 최선만이 저의 마땅히 할 도리라고 믿었습니다."

나 목사로부터 '큰일' 이라고 표현된 이 사건, 사람들은 이것을 주안교회의 대부흥에 앞선 일종의 암시성 기적이라고 말한다. 다시 말하면 이것으로 말미암아 주안교회는 급성장이라는, 기적적 부흥이라는 대역사를 이룰 도화선을 얻게 된 것이다. 그러면 이 사건이란 무엇일까?

"40대 초반, 그러니까 아직 죽음을 맞기에는 이른 나이였습니다. 그런데 돌연 저는 건강이 악화되기 시작했고 급기야 어느날 쓰러지고야 말았습니다. 황급히 병원으로 실려간 나에게 의사들의 진단은 너무나 가혹했습니다. 간암이라는 것입니다. 그것도 며칠 못 사는 악성간암이라는 것입니다."

나 목사는 그때 거의 죽은 목숨이었다. 말기 암환자에게서만 나타나는 온갖 증상이 그에게도 차례로 나타났고, 그를 포함한 모든 주위 사람들은 이제 초상 치를 날만 남았다며 안타까이 하루하루를 보냈다. 나 목사는 이 상황에서 기적을 꿈꾸지 않았다. 그저 이것이 그에게 주어진 인생이겠거니 하며 아쉽지만 세상과의 인연을 접으려 했다. 그런데 한사코 그를 붙잡는 것이 있었다. 바로 어린 두 딸, 그의 사랑하는 자녀들의 눈물이었다. 절대로 아버지가 이렇게 죽어서는 안 된다는 아이들의 호소가 거의 식물인간이 되다시피 한 그의 심장을 따갑게 자극했다. 그는 마지막 순간 아이들의 눈물이 걸려 그냥 죽을 수가 없었다.

"그래서 마음을 돌이켰습니다. 사는 것이 더 하나님의 뜻이겠다 생각했고 다시 말씀을 붙잡기 시작했습니다."

응답은 빠르게 왔다. 나 목사는 정확히 병원 측에서 선고한 사망시간에 소생되었다. 그야말로 기사회생이었던 이 사건, 이 체험을 통해 나 목사는 비로소 이성과 감성이 신앙으로 완전히 거듭난 새 삶, 하나님의 능력 있는 새 종이 되었다. 그 이후 일취월장, 그는 오직 교회성장과 세계복음화를 위해 헌신했다.

나겸일 목사는 무엇보다도 선교의 욕심이 많은 목회자이다. 그는 현재 세계 22개국에 172명의 선교사를 파송하고도 성이 덜 차 무려 그의 열일곱 배가 넘는 3,000명의 선교사 파송을 목표로 두고 있다. 또 현재 주안교회의 둥근 돔형 지붕이 상징하듯 세계를 위해 크게 사역할 수 있는 교회의 보다 왕성한 부흥을 소망하고 있다. 우리도 일하지만 다른 교회도 일하도록 자극을 주는 일종의 선교 촉매제, 그 본보기가 되는 교회가 되었으면 한다는 나 목사의 바람 앞에서 비전 없던 교회나 성도들은 새로운 목표와 비전을 갖게 된다. 그는 주의 일에 결코 두려움이 없는 목회자이다.

"우리 주안교회가 이토록 성장할 수 있었던 요인 중 첫 번째는 바로 말씀 중심의 보수신앙입니다. 그리고 두 번째는 성경공부를 철저히 시켜 전교인들을 제자화하는 교육입니다. 또 새벽기도를 통한 기도훈련도 한몫을 했을 겁니다. 그리고 뜨거운 성령운동과 전도훈련, 찬양예배 등이 그 답이 될 것입니다."

주안교회의 부상, 사실 그 비밀의 핵은 담임 나겸일 목사의 뛰어난 리더십이다. 그리고 그것에 더해 위에 열거된 것들이 아마 부수적 역할을 했을 것이다. 지난 한 해 동안에 무려 8만 3,400명이란 새신자를 맞고 그 가운데 약 10퍼센트인 8,000여 명을 정착시킨 주안교회의 공식적 재적인원은 9만 명, 실로 경이로운 수치이다. 그래선지 언제부턴가 나겸일 목사는 명실공히 한국교회 보수신학의 수호자로서, 뛰어난 목회의 승부사로서 깍듯이 대접받기 시작했다.

또 매 학기 70여 명에게 장학금을 지급하고, 매년 환경미화원 위로잔치, 소년소녀가장돕기, 사랑의 결혼축제 등을 통해 사회 안의 교회로서의 역할도 톡톡히 감당하고 있는 주안교회는 이 시대에 바람직한 대교회의 표본으로서 국민적인 사랑과 관심을 받고 있다. 따라서 그들의 행보는 언제나 공식적이다. 그것이 바로 앞서는 자의 책임이자 의무일 것이다. 예컨대 주안교회와 나겸일 목사의 향방에 따라 한국 교회의 미래가 판가름난다 해도 크게 잘못된 말은 아니다. 실로 그들의 책임이 무겁고도 크다.

총동원전도주일과 한 영혼 구원

주안장로교회 하면, 누구나 인정하는 대표적인 것이 두 가지 있다. 그 첫째가 새벽기도회이고 또 하나가 총동원전도주일이다. 총동원전도의 성공적 사역에는 무엇보다 새벽기도를 통해 다져진 성도들의 강력한 기도 운동이 있었다. 1988년 처음 시도되어 영혼 구원에 생명을 건 나겸일 목사의 강력한 의지가 프로그램화되어 새벽기도운동과 함께 전도의 생활화를 가능케 했다. 3만, 7만, 10만……해마다 초청 목표 수치가 증가하고, 과연 그 목표를 달성할지 언론과 사람들 사이에 초미의 관심사로 대두되기도 했다. 1992년에는 무려 12만 명의 불신자를 초청하는 경이적인 기록을 남겼다. 총력전도의 성공적 경험은 전도의 붐을 조성했고, 교회 부흥의 초석이 되었다.

무엇보다 여기에는 전도의 첨병이라 할 수 있는 전도왕들의 활동이 지대했다. 전도에 헌신한 전도왕들은 D-day 당일 하루에만 2,000~3,000명씩 동원하여 단체 전도를 주도하며 붐을 일으키는 일등공신이 되었다. 이는 나겸일 목사의 적극적인 격려와 동기부여에 힘입은 바가 크다.

나겸일 목사가 한 영혼 구원에 있어서 남달리 뜨거운 것은 부모님 구원을 위해 20년간 기도하면서 가슴에 사무쳤기 때문일 것이다. 주안장로교회에 부임하기 전부터 전도에 관한 책은 거의 다 읽었고 전도방법들도 많이 배우고 다녔다는 나 목사는 어떻게 하면 전도할 수 있을까를 늘 고민했다고 한다. 열심히 배우고 기도하다 보니 불신영혼에 대한 안타까움은 더욱 커져만 갔다. 부모님 구원을 위해서는 금식하며 기도했고, 어떤 기도를 해도 부모님 구원을 위한 기도는 빠지지 않았다.

간암에서 치유 받은 뒤인 1987년과 1988년에는 가만히 있어도 사람들이 교회로 몰려드는 형국이었다. 단지 교회성장이 목표였다면 이미 이룬 셈이었다. 그런데 진짜 목표는 '한 영혼 구원'에 있었다. 새신자들이 끊임없이 교회를 찾아도 나겸일 목사는 불신영혼들이 눈에 보였다. 그들에 대한 안타까움으로 기도 중에 눈물을 흘린 적이 한두 번이 아니다. 연구하고 고민한 끝에 나 목사가 실시한 것이 전도핵심 멤버 훈련이다. 그리고 1년간 그는 사례비를 아껴가며 돈을 모았고, 이를 훈련받은 이들에게 각각 20만 원씩 전도비로 나눠 주면서 전도 대상자들을 위해 사용토록 했다. 당시 20만 원은 나 목사의 한 달 생활비였다. 그들 대부분이 주안장로교회 전도왕이 되었고, 주안장로교회 하면 한국교회에서 손꼽히는 전도왕들을 배출한 것으로 유명해진 것이다.

나겸일 목사는 한 영혼을 위해서라면 1억 원이라도 쓰겠다고 말해 당회를 놀라게 한 적도 있다. 실제로 초기에도 총동원전도행사 한 번 치르려면 재정이 1억 원씩 들었다고 한다. 당시 1억 원이면 교회를 두 개는 세울 수 있었다는 것. 한 영혼을 얼마나 소중하게 여겼는지 알 수 있는 대목이다.

총동원전도가 제도적으로 안착되면서 단체전도의 문제점이 두드러지기 시작한다. 이 문제점을 고민하면서 한 단계 업그레이드시킨 것이 관계전도이며, 이를 위한 핵심전도전략이 바로 파이브(Five) 생명운동이다. '다섯 번 방문과 매일 중보기도'라는 구체적 실행지침을 담은 전도법을 확산시켰고, 이는 주안교회의 가장 효과적이고 강력한 전도법이 되고 있다. 파이브 생명운동 도입 후 새가족 정착률이 눈에 띄게 높아져 평균 25~30퍼센트에 이르는 기록이 계속되고 있다.

이제 총동원전도는 정착을 넘어 양육으로 이어지고 있다. 부평시대를 연 2002년부터를 성숙기로 분류하고 있는 주안장로교회는 기존 성도들을 새가족 양육자로 길러내기 위해 제자화 사역을 근간으로 한 양육 시스템, 간접전도를 위한 문화사역과 가정사역을 위한 '교구중심 사역 시스템'을 다양화시켰다. 일대일 제자양육 시스템 구축과 재생산이 그것이며, 문화 콘텐츠 이용으로 교회 이미지를 높이고, 가정사역을 통해 전도의 접촉점을 찾는 간접전도 전략도 수립하게 된 것이다.

그리고 총동원전도의 노하우를 한국교회와 공유하기 위해 총동원 콘퍼런스를 실시하게 됐다. 이 콘퍼런스를 통하여 총동원전도의 사역철학, 총동원전도의 전략과 핵심과정, 총동원 전도방법과 홍보계획, 총동원 당일예배 기획과 총동원 이후 정착 및 양육 프로그램의 노하우를 공개했다. 또한 총동원전도 콘퍼런스에 참여해서 실행해 본 교회들의 사례발표와 총동원주일 당일 프로그램 시연 등이 진행됐다. 이는 한국교회에 실질적인 전도 나눔 운동을 전개한 것이다. 아울러 콘퍼런스에 참여한 교회 중에서 30개 교회를 선정, 전도단을 파송하고 지역 교회와 함께 실제적인 총동원전도 컨설팅을 진행하고 있다. 이를 통해 주안장로교회는 한국교회에 전도의 열정을 불어넣고 실제적인 전도 노하우를 공개함으로 한국교회가 새롭게 부흥하는 기회가 되기를 열망한다.

창립 60주년 기념 나눔과 섬김으로

2008년 벽두부터 주안장로교회는 감사와 기쁨으로 충만했다. 창립 60주년을 맞이해 되돌아 본 교회 역사 속에는 하나님의 은혜로 충만했고, 나겸일 목사와 함께 경이적인 교회부흥의 주인공이 되었다는 자부심이 크기 때문이다. 그들은 이 감사의 마음을 나눔과 섬김으로 표현했다. 2월 10일 창립 60주년 기념 감사예배를 드리면서 100명의 개안 수술비를 실로암안과병원(김선태 목사)에 전달했다. 전교인 헌혈나눔운동과 태안 기름유출 현장에 600명의 교우들이 자원봉사자로 나섰으며, 무료 합동결혼식과 외국인 노동자들이 예배를 드릴 수 있도록 남동공단 내에 예배처소를 마련하는 등 다양한 섬김의 프로그램을 가졌다.

또한 5월에는 창립 60주년을 기념하며 제4회 총동원전도 콘퍼런스가 개최됐다. 10월 5일에는 나겸일 목사 성역 30주년 및 은퇴, 임직 감사예배를 드렸다. 이날 409명의 임직자를 세워 민족복음화와 3,000명 해외 선교사 파송이라는 큰 비전을 이루는 데 한 발

더 다가서게 된 것이다.

안상수 인천광역시 시장은 축사를 통해 "274만 인천시민과 더불어 축하하며 우리 사회에 귀감이 되는 모습에 감사드리고, 인천시를 위해 더 큰 사역을 감당해 줄 것을 기대한다"고 전했다. 김원종 원로장로는 "모세와 같은 지도자 나겸일 목사를 주안교회로 보내셔서 오늘과 같은 대교회로 성장시켜 주신 것은 하나님이 부으신 위대한 복음의 능력과 사랑의 역사"라고 말했다. 또한 나겸일 목사의 한 영혼 구원에 대한 뜨거운 사랑의 실례들을 소개하면서 소년소녀가장 장학금 지급과 전도왕 육성 등 사비를 털어가며 봉사하는 사례들을 언급하기도 했다.

'구령열정'으로 달려온 30년

'순교자적 영성으로' '오직 기도로' '생명을 걸고' 목양일념으로 정진해 온 나겸일 목사. 새벽기도 운동을 일으켰고, 총동원전도운동을 통해 비약적인 교회 부흥의 역사를 만들어낸 그는 목회를 "죽음에 이르는 연습"이라고 말한다.

"내가 목회 현장에서 얼마나 죽느냐에 따라 예수님의 꽃, 예수님의 열매가 나타납니다. 내가 죽는 여부에 따라 수많은 영혼이 살이 찌느냐 그렇지 못하느냐가 판가름나게 되지요. 생명을 걸고 나를 죽이는 것, 생명을 걸고 예수님을 나타내는 것 그것이 목회입니다."

나겸일 목사의 30년 목회가 바로 그랬다. 경이적인 부흥의 기록들은 자신을 그만큼 죽이는 순교적 신앙에 기인한 것이다. 생명을 걸고 기도했고, 생명을 걸고 일했으며, 그 일을 위해 생명을 걸고 준비한 30년 세월이었다. 하나님과 양 떼를 위해 죽고자 하는 열정 어린 사랑으로 자신의 모든 것을 걸고 달려왔고 그러기에 주안장로교회의 경이적 부흥이 가능했던 것이리라.

주안장로교회 성도들의 나겸일 목사에 대한 감사의 마음은 단지 교회를 놀랍게 부흥시켰다는 사실 때문만은 아니다. 그들은 나 목사를 통해 하나님을 믿는다는 것이 무엇인지 알게 되었고, 하나님을 깊이 체험하며 사랑하게 되었다. 더욱이 한 영혼을 품고 생명을 거는 기쁨, 사명을 위해 사는 삶의 은혜와 의미를 발견할 수 있었다는 것에 감사하고 있는 것이다. 수많은 성도들의 자발적인 헌신이 가능한 이유를 가늠할 수 있는 부분이다. 주안장로교회에서 전도왕이 왜 그렇게 많이 배출되었는지도 이해할 수 있을 듯하다. 그것을 한마디로 집약한다면 '구령열정'이다. 그리고 이를 감당하는 그들의 자세는 '죽도록 충성하라'는 것에 있다.

나겸일 목사도 목회철학이 여기에 있다. "죽도록 충성"하는 것. 나 목사는 이를 구역장들과 지역장, 교구장, 부교역자들에 이르기까지 심어놓았다. 특히 나 목사는 해외집회 때를 제외하고는 아무리 멀리 부흥회를 다녀왔어도 금요일 구역장 권찰예배는 직접 인도한다. 죽도록 충성하라는 나 목사의 목회철학을 구역장들이 일선에서 교육받으며, 헌신적이고 뜨거운 사람들로 변화되어 소그룹 모임의 리더들로 바로 세워지게 되는 것이다. 주안장로교회가 크면서도 탄탄하게 성장해 가는 이유다.

그리고 무엇보다 주목되는 것이 말씀과 성령 충만함이다. 이를 모토로 '민족복음화와 세계선교'를 향해 30년을 한결같이 달려왔다. 특히 2002년에 입당한 부평성전은 지역과 민족을 향해 열려 있는 교회, 나누는 교회, 섬기는 교회를 염두에 두고 건축됐으며, 한국교회를 구체적으로 섬기는 센터로서의 사역을 감당하고자 '총동원 전도 콘퍼런스'를 열기 시작하여, 많은 열매들이 맺히고 있다. 나겸일 목사가 부임 초부터 지속적으로 기도하는 것이 민족복음화와 세계선교다. 그리고 이를 감당하기 위한 해외 선교사 3,000명 파송을 두고 30년이 넘도록 기도해왔고, 그 가능성이 점차 현실화되어 가고 있다.

몇 해 전에는 선교사역을 집중 지원하고 통합 관리하는 '영천(靈泉)재단'을 설립하여 현지인 선교 소명자 발굴과 그들을 국내에 초청하여 신학교육 및 선교 훈련을 시켜 다시 본국으로 파송하고, 재단과 협력해 현지 선교가 이루어지도록 하는 일을 감당하고 있다. 아울러 교육과 훈련을 위해 사이버대학인 '주안대학원대학교' 설립을 진행하고 있으며, 영천재단을 통해 해외에도 신학교를 설립하여 선교사를 배출해 나가게 된다. 3,000명 해외 선교사 파송은 어떤 희생을 하더라도 세계선교를 향한 하나님의 꿈과 비전을 실현하겠다는 주안장로교회의 사명 감당에 대한 헌신과 의지이다. 또한 나겸일 목사는 세계복음화를 향한 하나님의 꿈을 이루기 위해 해외집회를 통한 영혼 구원 사역에도 최선을 다하고 있다.

민족복음화와 세계선교를 위해, 하나님의 영광을 위해, 하나님께서 원하신다면 생명까지 드릴 수 있다는 나겸일 목사. 그것이 주안장로교회가 오늘의 경이적인 부흥의 주인공이 될 수 있었던 비결일 것이다. 자신의 부족함 앞에서 한없이 겸손했고, 한 영혼 구원을 위해 죽도록 충성해 온 그에게 이제 남은 일선 목회는 3년이다. 이 3년을 지나온 30년 이상으로 일하겠다는 나겸일 목사는 천상 하나님의 종이다.

— 나겸일(주안장로교회 담임목사)

성경적 효 운동의 인천순복음교회 **최성규 목사**

어린 시절

최성규 목사는 1941년 7월 25일, 충청남도 연기군 전의면 고등리 283-1번지에서 할아버지가 9대 독자였던 집안의 장남으로 태어났다. 열 살이라는 어린 나이에 6·25 한국전쟁이 발발하여 당시 32세였던 아버지와 29세의 작은아버지, 27세의 셋째 작은아버지를 여의는 슬픔을 맞았다. 셋째 작은아버지는 6사단 2연대 1대대 작전참모로 활약하다가 전사했으며, 당시의 공을 기려 미 국방부로부터 실버스타 훈장을 추서받았다. 훗날 최성규 목사는 당시

작은아버지에게서 애국심을 배웠다고 회고한다.

아버지를 여의었을 때 어머니는 29세였고 동생은 4세였다. 어머니는 아비 없는 후레자식 소리를 듣지 말라며 어른들 앞에 예의 바르게 행동할 것을 늘 교육하셨다. 남편을 잃고 홀로 된 상황에서도 강인함과 꿋꿋함을 지켜온 어머니 덕에 소년 최성규는 곁길로 빠지지 않고 성실하고 바르게 성장할 수 있었다.

전쟁의 영향으로 최성규의 집안도 등록금, 기성회비를 내지 못할 정도의 경제적인 어려움을 겪게 되었다. 그런 역경 속에서 소년 최성규에게 잊지 못할 두 분의 스승이 계셨다. 한 분은 초등학교 5학년 때의 담임선생님이었다. 기성회비를 내지 못할 상황에서 선생님은 자신의 집에서 돼지꼴을 베게 하고, 그 대가로 기성회비를 내주셨다. 선생님은 학업을 포기해야 할 위기에서 좌절하지 않도록 이끌어 준 은인으로 최성규 목사의 가슴속에 남아 있다. 또 다른 한 분의 스승은 중학교 3학년 때의 담임이었던 서병국 선생님이다. 졸업식 날, 선생님은 칠판에 '십인'(十忍)이라는 글자를 쓰셨고, "인생을 살다 보면 괴로울 때도 있고 죽고 싶을 때도 있을 것이다. 그때 이 두 글자를 기억해라"고 말씀하셨다. 이 강력한 가르침은 훗날 힘들고 고된 서울 생활 속에서도 흔들리지 않도록 지탱해 준 원동력이 되었으며, 목회자로서 사역을 하는 동안에도 최성규 목사는 그 교훈을 잊지 않고 후배 목회자들과 성도들에게 가르쳤다.

상경과 기업인으로서의 삶, 그리고 결혼

최성규는 전의중학교를 졸업하고 형편상 고등학교 진학을 미루고 고향에서 농사일을 하며 지내게 되었다. 주어진 일에 최선을 다하면서도 소년 최성규는 어머니와 동생, 그리고 가문의 미래를 위해 이렇게 살아서는 안 된다는 생각을 가지고 있었다. 그러던 어느 날, 고향 선배가 서울에서 일할 사람을 데리러 고향에 내려왔고, 동네 어른들의 회의 끝에 최성규는 서울에 올라갈 기회를 얻게 되었다. 그것을 계기로 18세에 상경한 최성규는 전체 직원이 3명뿐인 무허가 화장품 공장에 취직을 했다. 작은 공장은 금세 성장하여 300명의 종업원을 두게 되었고, 최성규는 그곳에서 공장장으로서 성실히 일했다.

일을 하면서도 학업에 대한 집념은 계속되었다. 경제적 이유로 포기할 뻔했던 고등학교 진학의 꿈을 이루었다. 용문고등학교 야간 2학년 2학기에 편입하여 그야말로 주경야독하는 청소년기를 보냈다. 최성규는 그 누구보다도 성숙했다. 적은 수입이었지만 홀어머니와 동생에게 꼬박꼬박 생활비를 보내어 가장으로서의 역할을 책임감 있게 해냈다.

졸업 2년 후에 청년 최성규는 회사 경영에 대한 폭넓고 수준 높은 지식을 습득하기 위해 명지대학교 경영관리학과에 입학했고, 학업에 전념하고자 공장을 그만두었다. 최성규는 어려운 환경에서도 타고난 지도력과 모범적인 학업 생활로 경영학과 학생회장으로 선출되었다. 이때 신입생 오리엔테이션을 담당하던 중, 훗날 자신의 반려자가 될 한 여학생을 알게 되었다. 그때 여학생과 교제를 시작하게 되었고, 4년간의 교제 후에 1968년 8월 25일 결혼을 했다. 그 여학생이 지금의 김정자 사모이다. 최성규는 결혼을 통해 한 가정을 이끄는 남편으로서, 아버지로서의 인생을 시작하게 된다.

한편 대학 졸업 당시, 이전에 다니던 새한화학공업주식회사 사장의 부탁으로 다시 일을 시작하게 되었다. 이 시기에 최성규는 기획관리실 차장으로서 회사의 중추적인 역할을 수행하며 경영 능력을 더욱 키우게 되었다. 특히 제1회 전국디자인콘테스트에서 대상을 수상하여 회사에 큰 공을 세우기도 했다. 당시 쌓았던 경영 마인드와 디자인 감각, 그리고 성실함과 책임감은 나중에 목회자로서 사역을 하는 과정에서도 달란트로서 놀랍게 사용될 수 있었다. 얼마 후, 사장의 무리한 경영으로 회사는 부도를 맞이했고, 최성규는 집과 가산들을 처분하여 회사를 인수했다. 당시 최성규는 31세였고, 회사는 100명의 직공과 20명의 사무원, 전국 500개 거래처의 규모였다.

거듭남과 더불어 하나님을 향한 충성이 시작되다

어려움에 빠진 회사를 살려가며 열정적으로 사업을 추진하면서 1973년 1월 13일에 회사일로 지방에 내려가게 되었다. 그 사이에 아내가 조산원에서 막내딸을 낳았다. 출산 날짜와 출산 사실을 뒤늦게야 듣고 급히 달려온 최성규는 인생에 회의를 느끼게 되었다. 돈이 없어 조산원에 가야 했던 아내, 홀로 딸을 출산한 아내에게 미안한 마음이 몰려오면서 '내가 잘못 살고 있구나' 하는 생각에 혼란을 느끼게 되었다. 내가 노력만 하면 모든 것이 될 것으로 알고 자신만을 강하게 의지하고 살던 그가 출산한 아내 앞에서 무너져 버린 것이다. 그때 최성규는 '불완전한 인간은 자신의 힘만으로는 살 수 없다. 신의 도움이 필요하다' 는 생각으로 처음으로 절대자를 찾았다. 그러다가 과거에 서대문에 있던 순복음중앙교회(현 여의도순복음교회) 앞에 사람들이 북적이던 것을 떠올리며 그 교회로 발걸음을 옮겼다. 마침 주일이었기 때문에 조용기 목사의 설교를 들을 수 있었다.

처음으로 조용기 목사의 설교를 들었을 때는 '연설 참 잘하는구나. 어쩌면 나 들으란 듯이 꼭 집어서 말씀하실까?' 라는 생각을 했다. 최성규는 예배가 끝났는데도 일어나지 않고 또다시 이어서 예배를 드렸다. 두 번째 예배를 드리는 동안에는 성령의 역사가 더욱 강하게 일어났다. 그동안 잘못 살아왔던 불신앙의 모습을 회개하면서 구원의 확신을 갖게 되었고 하염없이 눈물을 흘렸다. 그때부터 그리스도인으로 살아가게 된 최성규는 교회에 출석하는 것에 그치지 않고, 남선교회 전도부와 총무부에서 봉사하면서 하나님의 일에 충성을 다하였다. 세상에서 최선을 다하며 살아오던 그가 하나님의 자녀로서 가장 가치 있는 일에 헌신하며 살게 된 것이다.

주의 종으로 부르심

교회에서는 충성된 평신도로, 사회에서는 사업가로 살아가던 최성규는 37세에 인생의 가장 큰 전환점을 맞게 되었다. 하나님께서 그를 주의 종으로 부르신 것이다. 부르시기 전까지 2년여 동안 조용기 목사가 서리집사인 최성규를 찾아와 자신을 도와 달라고 하는 꿈을 꾸었다. 꿈속에서 조용기 목사는 교적 카드 관리가 잘 안 되어 있는 상황을 보여 주며 "날 좀 도와줘"라고 계속해서 부탁했다. 조용기 목사의 손 앞에서 최성규는 거역할 수 없는 힘을 느꼈다. 조용기 목사와의 꿈속에서의 만남은 훗날 영적 스승과 제자로 나아가는 데까지 이르게 된다.

최성규는 하나님의 부르심에 순종하여 순복음신학교에 입학했고, 학업과 사업을 병행하면서 2년의 세월을 보냈다. 그리고 1978년 12월 4일 순복음신학교를 제24회로 졸업하고, 1979년 1월 여의도순복음교회에서 목회의 첫발을 내디뎠다. 39세의 나이에 목회를 시작한 최성규 전도사는 늦깎이 목회자였으나 그를 들어 쓰시는 하나님의 인도하심은 빠르고 긴박했다. 수련전도사를 시작으로 사역을 하다가 1981년 5월 19일 목사 안수를 받게 되었고 5대교구장이 되었다. 이후 1982년 6월 선교국장에 임명받은 데 이어, 그해 9월에 수석부목사에 해당되는 교무국장에 임명받아 교회의 중요한 위치에서 사역을 감당하게 되었다. 이 시기에 최성규 목사는 조용기 목사가 교회를 비울 때마다 주일 설교를 맡아서 했다. 나중 된 자가 먼저 되는 역사가 최성규 목사의 사역 가운데 펼쳐지고 있었다.

제2의 고향, 인천에서의 또 다른 시작

여의도순복음교회에서 자리를 잡아가며 사역의 활개를 펼치던 어느 날, 최성규 목사는 여의도순복음교회 당회장 조용기 목사의 명령으로 인천순복음교회 담임목사로 파송되었다. 당시 인천순복음교회는 여의도순복음교회에 소속된 기도처였다. 300명 가량이 모이는 기도처였지만 목자가 없는 까닭에 당시 성도들은 목회자를 보내 달라고 수차례 요청해 오던 차였다. 이에 조용기 목사는 최성규 목사를 인천에 보냈다.

사실 이 명령에 순종하는 것은 그리 쉬운 일만은 아니었다. 아무런 연고도 없는 인천 땅에 내려간다는 것, 그곳에서 처음부터 다시 시작해야 한다는 것, 세 자녀가 서울에서 중·고등학교 다니기를 포기해야 한다는 사실 등은 여간 부담되는 일이 아닐 수 없었다. 그럼에도 최성규 목사는 명령에 순종했다. 처음 지하 성전에 들어섰을 때는 막막하기 그지없었다. 모교회를 떠나왔다는 가슴 저림과 함께 습기 차고 어두운 이곳에서 사역을 해야 한다는 것은 앞을 캄캄하게 했다. 최성규 목사는 인천에 오게 하신 이유를 알아야 했기에 하나님 앞에 무릎 꿇고 기도했다.

좌절과 수심 속에 있던 최성규 목사에게 하나님께서는 "33년 전을 기억하라"는 음성을 들려주시며 33년 전 6·25전쟁 때의 상황을 떠올리게 하셨다. 그때 군인 가족이었던 최성규 목사는 자칫 잘못하면 인민군들에게 몰살당할 뻔했지만 인천상륙작전을 통해 살 수 있었다. 그런 인천 땅에 자신을 보내신 것이 인천을 복음화하고 인천 전역을 성시화하기 위함임을 깨달은 최성규 목사는 인천을 향한 하나님의 비전을 품게 되었다. 최성규 목사에게 있어 인천이란, 이제 아무런 연고도 없는 땅이 아니라 뼈를 묻어야 할 사명의 터전이었다.

인천순복음교회의 비약적인 성장과 영적 부흥

1983년 11월 8일, 인천순복음교회는 최성규 목사의 부임과 함께 창립 예배를 드리게 되었다. 최성규 목사는 부임 후 형제가 하나 되는 것을 기뻐하시는 하나님의 마음을 깨닫고 먼저 화합할 것을 강조하기 시작했다. "사랑으로 화목하고 힘모아 충성하자"는 표어를 내걸고 성도 간에 먼저 하나가 될 것을 가르쳤다. 화합을 향한 그의 외침으로 교회는 점차 안정을 찾아가기 시작했고, 하나님이 가장 기뻐하시는 화합을 이루기 위해 최성규 목사는 그때부터 끊임없이 몸부림쳤다. 최성규 목사가 부르짖는 하모니 목회가 그때부터 본격적으로 시작된 것이다. 1984년부터 최성규 목사와 인천순복음교회의 성도들은 새 성전 건축이라는 비전을 품고 기도로 준비해 나갔다. 완공이 되기까지 많은 난관이 있었지만 성도들과 하나 되어 기도하고 금식한 결과, 마침내 1986년 9월 26일 새로 지은 성전에서 헌당 예배를 드리게 되었다. 짧은 시간에 인천순복음교회는 대형 교회로서 발돋움하기 시작했다.

교회 성장과 더불어 최성규 목사는 인천순복음교회를 나라와 민족을 위해 기도하는 교회, 영혼 구원에 앞장서는 교회, 인천 성시화를 이루는 교회로 이끌어갔다. 1986년 4월 8일부터 최성규 목사는 겟세마네 기도회를 계획했다. 그때부터 인천순복음교회는 매일 저녁마다 모여 가정과 교회와 나라를 살리기 위한 기도의 불씨를 댕겼다. 그 기도회의 전통은 2007년부터 성령충만 기도회로 이어졌다. 더불어 당시 혼란스러운 정국 가운데서 "영혼 구원을 통해 교회를 성장시키라"는 하나님의 뜻을 깨달은 최성규 목사는 '배가 부흥 100일 작전'을 구상했다. 성도들의 열정적인 기도와 전도를 통해 1987년 6월 28일 '인천시민 100만 명 초청 천국잔치'로 명명된 총동원 전도 주일 행사를 열게 되었고, 이 행사를 가족 초청 천국잔치로 바꾸어 이어나갔다. 전도의 결실로 1992년에 인천순복음교회는 3만 성도의 규모로 성장하여 인천을 대표하는 교회로 자리매김하게 되었다.

최성규 목사는 성장과 발전의 모든 과정 속에서 성령운동의 강조를 놓치지 않았고, 성령의 역사로 말미암아 인천순복음교회는 더욱 급속한 성장을 이룰 수 있게 되었다.

독립 교회로서의 새로운 비전을 품다

그 후 1990년에는 여의도순복음교회 지교회 체제였던 인천순복음교회가 독립 교회로 출범하게 되었다. 독립 교회로의 새로운 출발과 더불어 차세대 양성이라는 긴 안목을 가지고 순복음유치원과 자폐아동들을 위한 베데스다 조기교육원을 설립했고, 2009년에 이르기까지 성산성전, 연수성전, 인천순복음북부교회, 인천순복음강릉교회, 송도성전의 지성전을 갖추었다. 이와 함께 강화성산예수마을, 강화성산청소년수련원과 같은 여러 부설기관들을 설립했다. 최성규 목사는 외부적인 성장과 더불어 성도들의 신앙 성숙을 위한 프로그램을 함께 구상했다. 이단사설에 현혹되지 않고 말씀 위에 선 신앙을 갖게 하기 위해 '101일 성경 통독 특별 새벽기도회', 매월 첫 주를 하나님께 드리기 위한 '여리고 작전 7일 특별 새벽기도회', 나라와 사회의 문제를 집중적으로 놓고 기도하는 '섹션 새벽기도회'를 진행했고, 성경 말씀 중심의 일천번제, 삼천번제 새벽기도가 이어졌다. 꾸준한 교회 성장을 위해 '안드레 전도대학'과 같은 교회 성장 프로그램을 진행했고, 교회의 교육 훈련 체계를 갖추어 나갔다. 체계적이고 균형 있는 성도들의 교육과 양육을 위해 최성규 목사는 끊임없이 연구하고 노력했다.

최성규 목사는 분명한 목회철학을 두고 인천순복음교회를 이끌어 나갔다. 1990년대에 들어서면서 교회 표어를 "전도하는 교회, 교육하는 교회, 봉사하는 교회, 교제하는 교회"로 확정했고, 전 성도가 이 일에 진력함으로 예수님께서 공생애 기간 중에 보여주신 사역들을 이어 나가고자 했다. 이 4대 표어는 지금의 "하나님을 아버지로 섬기는 교회", "하나님의 자녀로 교제하는 교회", "예수님의 제자로 훈련하는 교회", "세상을 향해 봉사하는 교회", "영혼을 사랑하여 전도하는 교회"라는 5대 비전으로 확장되었다.

인천의 지도자, 교단의 지도자로 우뚝 서다

최성규 목사는 교회 성장과 더불어 인천 성시화를 위해서도 힘썼다. 1987년 인천 지역 교회들이 함께하여 인천 성시화대성회를 열었고, 1988년 인천 성시화운동 본부장을 맡아 성시화운동에 앞장섬으로써 하나님께서 인천에 보내신 뜻을 실현하고자 했다. 인천을 향한 사랑과 인천 성시화를 위한 땀과 눈물은 그를 인천의 지도자로 우뚝 서게 했다.

이와 더불어 최성규 목사는 교단을 위해서도 많은 헌신을 했다. 최성규 목사가 교단에 기여한 것은 화합이었다. 1981년 예수교 대한하나님의성회와 기독교 대한하나님의성회가 나뉘고 나서 10년이 지났을 시기에 교단 통합의 움직임이 시작되었다. 이때 최성규 목사는 예수교 대한하나님의성회 총회장에 당선되어 교단 통합이 시대적 요청이라는 사명감을 가지고 이 일에 적극 나섰다. 결국 1991년 분열 10년 만에 역사적인 통합을 이루게 되었고, 통합 이후 최성규 목사는 부총회장으로 국내 교단 처음으로 성총회를 성공적으로 개최하기도 했다.

교단 화합에 헌신한 최성규 목사는 1993년에는 기독교 대한하나님의성회 총회장에 당선되었다. 이후 2000년에도 교단의 내분을 종식시킬 유일한 지도자라는 이유로 만장일치로 총회장에 추대되었다. 최성규 목사는 임기 동안 교단의 정체성 확립과 위상 강화를 위해 '새생명, 새마음, 새생활'이라는 '3새 운동'을 전개해 나갔다. 하나 되기 위한 화합, 즉 하모니를 이루기 위한 그의 열정과 리더십은 한 교회의 지도자에서 교단을 대표하는 지도자로 도약하게 했다.

제2의 종교개혁, 성경에서 효를 발견해내다

최성규 목사는 1995년에 목회에 있어서 일대 전환기를 맞게 된다. 그 계기가 되었던 사건은 1995년 6월 29일, 삼풍백화점 붕괴 사건이었다. 당시 매몰된 현장에서 기적적으로 구출된 세 청년에게 감명을 받은 최성규 목사는 크리스천도 아닌 그들이 살아날 수 있었던 이유에 대한 해답을 찾기 시작했다. 최성규 목사는 그들이 모두 효자, 효녀였음을 알게 되었고, 그 사건을 계기로 하나님께서 효에 대해 어떻게 말씀하시는지를 성경 속에서 찾았다. 그 결과, 십계명 중에서도 대인계명의 첫 번째에 해당되는 효 계명의 중요성과 하나님께서 효도하는 자에게 주시는 약속을 발견하게 되었다.

최성규 목사가 말하는 효란, 단지 부모를 공경하는 것에 그치지 않았다. 성경적인 효는 하나님을 아버지로 섬기는 것이다. 최성규 목사는 하나님을 아버지로 섬기는 것은 곧 하나님 아버지의 말씀대로 사는 것이라고 말하며, 신앙의 실천적인 면모를 강조했다. 그리고 하나님 아버지의 말씀은 하나님을 아버지로 섬기는 것을 포함하여, 부모·어른·스승을 공경하는 것, 어린이·청소년·제자를 사랑하는 것, 가족을 사랑하는 것, 나라를 사랑하는 것, 자연을 사랑하고 환경을 보호하는 것, 이웃을 사랑하고 인류를 위해 봉사하는 것으로 정리했다. 성경적 효의 발견에 대해 혹자는 제2의 종교개혁이라고 말한다. 그만큼 성경적 효는 상대적이고 불확실한 현 시대의 문제를 극복할 수 있는 유일한 해답이자 가장 성경적인 정신문화였다. 1970, 80년대 조용기 목사의 성령운동이 한국 기독교에 희망을 가져다주었다면, 최성규 목사의 효 운동은 새로운 2000년대의 희망임에 틀림없었다.

처음에 최성규 목사의 효 운동은 그야말로 혼자의 싸움이었다. 최성규 목사는 외롭고 고독한 길을 가야 했음에도 하나님께서 발견하게 해주신 사명임을 알았기에 지칠 줄 모르고 달려갔다. 효 운동은 목회의 방향으로 이어졌으며, 인천순복음교회의 성도들은 홀몸노인들을 섬기는 일을 비롯하여 7대 신앙에 따라 이웃과 나라를 위해 봉사하는 일에 한 걸음 더 다가서게 되었다. 인천순복음교회는 더 이상 교회 안의 교회, 담이 있는 교회가 아니었다. 세상을 향해 손을 내미는 교회, 소외된 이웃을 먼저 찾아가는 교회, 예수 사랑을 실천하는 교회로 변모해 나갔다.

이에 체계적이고 적극적인 효를 실천하고자 많은 기관이 설립되었고, 기관 운영을 통해 성경적 효를 실천하고 보급하는 일이 급속히 진행되었다. 성산청소년육성재단, 성산효마을학교, 한국청소년효행봉사단과 같이 청소년들이 직접 효를 배우고 실천할 수 있는 기관과 단체들이 세워졌다. 성산종합사회복지관, 노인복지센터, 효피플자원봉사단과 같이 우리 주변의 이웃, 특히 노인들에게 유익한 도움이 될 수 있는 기관이 운영되었다. 또한 성산효행대상을 통해 효를 장려하고 효행자들을 격려하는 일을 이어갔다. 아무도 알아주지 않았던 효 운동이 점점 사회 곳곳에 스며들고 있었고, 많은 이에게 감동과 영향을 끼치고 있었다.

효 신학의 전당, 성산효대학원대학교의 설립

최성규 목사는 효 운동을 시작하면서부터 성경적 효의 이론적 토대를 구축하고 그에 따르는 교육의 필요성을 절감했다. 효 신학의 기반을 닦고 나아가 청소년들에게 효를 가르칠 지도자를 양성할 것을 목표로, 외국에서와 같이 특수대학원 형태의 학교를 세우기 위해 기도하였다. 그 무렵 한국에서도 교육법 개정에 따라 특수대학원을 세울 수 있게 되었고, 성산효대학원대학교 설립에 대한 희망을 구체화시키게 되었다. 성산효대학원대학교는 1997년 6월 건물이 준공된 후 그해 12월에 설립 인가를 받았으며, 1998년 3월에 제1회 입학식을 거행함으로 개교하게 되었다. 성산효대학원대학교의 설립, 운영은 효 운동이 성경적이고 학문적인 토대에서 성장할 수 있는 기반이 되었다.

이 시대가 주목하기 시작한 효

성경적 효는 이 시대를 향한 하나님의 요청인 만큼 점점 사회의 관심을 받게 되었다. 사회는 최성규 목사의 효 운동에 주목하기 시작했고, 2002년 최성규 목사는 목회자로서는 처음으로 KBS 명사초청 특강에 출연하여 "효가 살아야 나라가 산다"라는 주제로 강연을 했다. 이 강연은 각계각층을 향해 효에 대한 새로운 깨달음과 성경적 효 사상을 전하는 계기를 만들었다. 최성규 목사의 효 운동은 단지 부모 공경에만 그치는 것이 아니라 성경적 효 사상에 따라 대한민국을 위한 대사회적 운동으로 이어졌다.

2002년 3월 제34차 국가조찬기도회에서의 최성규 목사 설교에 대한민국을 향한 비전이 잘 나타나 있다. 당시 최성규 목사는 "모두 함께 살자"라는 제목으로 신앙심, 애국심, 효심을 회복하고 깨어진 마음을 하나로 묶자는 내용으로 설교했다. 최성규 목사는 전국 곳곳을 돌아다니며 효 강연을 했고, 성경적 효를 좀더 체계적으로 알리기 위해 많은 저술 활동을 펼치고 있다.

한국을 대표하는 지도자가 되다

2000년대에 들어서 최성규 목사는 이제 교회 안의 지도자, 인천과 교단의 지도자에 머무르지 않고 대한민국의 지도자로 서게 된다. 최성규 목사는 한국 교회의 화합과 일치를 위해서 많은 기여를 했고, 효 운동 가운데서 나라를 살리는 일에도 헌신했다. 2002년 11월 18일에는 한국기독교교회협의회(NCCK) 회장에 당선되었다. 이것은 기하성(기독교대한하나님의성회) 인사로는 처음이라는 점과, 그동안은 대부분 교단 총회장이 회장직을 맡았던 데 비해 최성규 목사는 증경총회장 출신이라는 점에서 더욱 큰 의미를 가졌다. 최성규 목사는 재임 기간 진보와 보수 진영의 융화를 위해 노력하는 한편, '성령운동과 기도다운 기도'를 강조했다. 또한 "기도 없는 진보는 뿌리 없는 나무와 같고, 행동 없는 기도는 열매

없는 나무와 같다"라고 비유하면서 "전쟁 없는 평화를 위해, 분열 없는 통합을 위해 기도하는 일이 교회협의회의 급선무"임을 알리며 회장직을 감당했다.

이어서 2004년 12월 30일에는 한국기독교총연합회(CCK) 대표회장에 당선되었다. 진보와 보수를 대표하는 두 기관의 대표를 모두 맡게 되었다는 것은 드문 일이었다. 최성규 목사는 한기총 대표회장을 역임하면서도 한국 교회와 나라를 살리기 위해 몸부림쳤다. 북한 핵 폐기와 북한 인권을 위한 기도의 불꽃을 댕겼다. 미국이 허리케인으로 인해 피해를 입었을 때 힘을 모아 사랑을 전달했다. 사학법으로 인해 기독교 사학에 위기가 찾아왔을 때는 사학법 개정을 요구하며 강력하게 대응했다.

최성규 목사의 대사회적인 운동은 그 이후로도 계속되었다. '나라가 먼저' 라는 구호를 늘 내걸고, 나라를 위한 일에 앞장섰다. 2007년 마부노호 선원들이 피랍되었을 때는 기독교인들의 단결을 이끌어 구호금을 모아 전달했다. 서해안 기름 유출 사건 때도 기름띠를 제거하는 일에 동참했다. 2008년 총선 때는 기독사랑실천당의 명예대표로서 통일교가 정계에 진출하는 것을 막는 데 힘쓰기도 했다. 지도자로서 군림하는 사람이 아니라 일하는 사람으로서의 진가를 보여 주었고, 한국의 많은 정치 지도자들에게 영향을 미치는 한국 사회의 방향 제시자로 서게 되었다.

효 운동의 소중한 열매, 효행 장려법의 제정

2007년, 효 운동 역사에 중요한 획을 긋는 사건이 있었다. '효행 장려 및 지원에 관한 법률' 안이 통과된 것이다. 효행 장려 및 지원에 관한 법률안 통과를 위한 움직임은 오래 전부터 계속되어 오던 것이었다. 최성규 목사는 2003년, 패륜이 늘어나고 있는 세태를 염려하면서 효도법이 시행되어야 함을 주창했고, 같은 해 6월 27일 '효도법 제정을 위한 학술회의'를 시작으로 효의 제도적 방안을 모색했다. 성경적 효 운동 10주년을 맞이하던 2005년에는 본격적으로 효행 장려법의 입법이 추진되었고, 2007년 7월 2일에 찬성 182인, 기권 5인으로 단 한 명의 반대도 없이 '효행 장려 및 지원에 관한 법률'이 통과되는 쾌거를 얻게 되었다. 이 법률은 2008년 8월 4일부터 시행에 들어갔다. 한 목사의 효 운동이 한 나라의 법을 제정하는 데에까지 이른 것이다. 성경에 나타난 하나님의 뜻이 국가의 법으로 제정되고 실행될 수 있게 한 것은 하나님 아버지의 뜻을 이 땅 위에 실현하고자 했던 땀과 노력의 결실이었다.

새 성전과 목회 30년

최성규 목사는 2007년부터 인천순복음교회의 새로운 미래를 구상했다. 그 시작으로 이루어진 일이 새 성전 건축이었다. 성도들의 기도와 헌신이 모아져 총 1년 2개월이 걸려 새 성전이 완공되었고, 2008년 9월 헌당 예배를 드리게 되었다. 새 성전은 효피플

센터라는 이름으로 세대가 함께 모여 예배하고, 효 실천을 통해 하모니 세상을 만들고 효자, 효 지도자, 효 봉사자를 양성하기 위한 교육 훈련의 장소로서 거룩한 사역의 전당이 되었다.

그해 12월 31일은 최성규 목사에게 의미 있는 날이기도 했다. 하나님의 부르심을 받아 목회자의 길을 걸은 지 30년이 되는 날이기 때문이다. 늦게 시작한 목회였지만, 30년 동안 맺은 사역의 열매는 대단했다. 최성규 목사는 30년 동안의 인도하심에 감사하여 조용기 목사를 강사로 목회 30년 감사 예배를 드렸고, 이제까지의 30년 사역을 뒤로하고 앞으로도 끝까지 하나님 나라의 확장과 영혼 구원을 위해 힘쓸 것이라고 말했다. 특히 성산효나눔재단을 설립하여 장학사업과 구제사업을 진행할 계획을 밝혔다. 최성규 목사는 남은 사역 기간에도 쉼 없이 하나님의 뜻을 향해 달려갈 것이며, 이는 한국 교회의 희망찬 미래를 약속하는 것이다.

국제로 뻗어나가는 효

효 운동은 해외로 뻗어나갔다. 국내에서뿐 아니라 미국과 뉴질랜드, 필리핀, 몽골 등지에서 국제 강연이 이어지고 효 관련 단체들이 세워졌다. 가장 괄목할 만한 것은 중국에서의 변화였다. 2008년 성산효대학원대학교는 중국인민대학과 학술 교류 협정을 맺었다. 그리고 최성규 목사는 2009년 4월 17일 베이징 사범대학과 인민대학에서 중국의 내로라하는 철학 전공의 석·박사와 교수들을 상대로 효 강연을 했다. 중국의 두 대학에서 각각 두 시간씩 진행된 강연에서 최 목사는 "효가 희망"이라고 역설했다. 그는 "지금 세상 사람들은 글로벌 금융 위기를 논하고 있지만 진정한 위기는 경제 위기가 아니라 정신 문명의 위기"라고 진단했다. 공산주의 국가에다가 동양에서 효의 원조를 자처해 온 중국에서 한국인 목사가 현지 철학 전공자들을 상대로 한국의 효 사상을 강의했다는 것은 실로 대단한 사건이 아닐 수 없었다.

최성규 목사는 효가 '3통(三通) 7행(七行)'이라고 말했다. 3통(三通)은 통교(通敎), 통시(通時), 통념(通念)이며, 7행(七行)은 하나님을 아버지로 섬김, 부모·어른·스승 공경, 어린이·청소년·제자 사랑, 가족 사랑, 나라 사랑, 자연 사랑·환경 보호, 이웃 사랑·인류 봉사이다. 공산주의 국가에서 효가 지대한 관심을 받기 시작한 것은 '효가 3통(三通)'이라고 역설한 것이 현실로 나타나는 순간이었다.

성경적 효의 국제적인 확산은 앞으로도 계속될 것이며, 혼란스러워져 가는 이 시대의 해결책으로 자리 잡게 될 것이다.

- 최성규(인천순복음교회 담임목사)

오직 교회와 영혼 구원에 매달린 수원순복음교회 **이재창 목사**

나는 1944년에 경기도 화성시 향남면 하갈1리에서 이동범 집사와 이기정 권사 슬하의 7남매 중 장남으로 출생하였다. 집안에서는 외할머니 한 분만 교회에 다니셨고 아버지와 어머니는 신앙생활을 안 하셨다. 나도 교회하고는 거리가 멀었다. 그러던 중 잦은 병에 시달리던 어머니가 친정어머니로부터 "예수를 믿으면 병을 고친다"는 말을 듣고는 당신의 병을 고치기 위하여 자녀들을 데리고 교회에 나가기 시작하였다.

나는 초등학교 2학년 때 화성시에 있는 화련감리교회에 출석하게 되었다. 어머니는 신앙생활을 하면서 병도 고치고 건강하게 되었다. 나 역시 동생들과 신앙생활을 열심히 하였다. 어머니는 주일예배는 물론 새벽예배, 수요예배, 철야예배 등 각종 예배에 참석하면서 말씀을 사모하고 성경대로 살 것을 다짐하였다. 더불어 자녀들에게도 철저한 신앙교육을 실시하여 어려서부터 믿음 안에서 성장할 수 있도록 지도하였다.

어머니는 설교시간에 말씀하시는 목사님의 메시지를 깨알같이 모두 적어서 집에 돌아와 7남매에게 성경과 찬송을 그대로 재연하면서 가정예배를 드렸다. 아무리 늦은 시간이더라도 말씀을 전하지 않고는 우리 형제들이 잠자리에 들지 못하게 하셨다. 가정예배를 드리는 시간에 졸다가 어머니에게 뺨까지 맞으면서 혼났던 기억도 있다. 이런 어머니의 열성적인 신앙교육 때문에 우리 7남매는 성경을 통해 글을 배우고 이해력과 문장력을 기를 수 있게 되었다. 이것이 나를 비롯해 동생 이재웅 목사(안산 소망장로교회), 이재섭 목사(마산 아름다운교회)가 목회자의 길로 갈 수 있는 원동력이 되었다.

나는 어렸을 때부터 활달한 성격으로 매사에 적극적이었으며, 남에게 지지 않으려는 끈기와 추진력이 강했다. 특히 유머와 재치가 있어 내 주위에는 언제나 많은 사람들이 모였다. 동네 친구들은 나의 이야기를 듣는 것을 좋아했다. 어른들에게는 인사 잘하는 어린이, 진실한 어린이, 포용력 있는 어린이로 통했다. 신앙생활도 열심이어서 중학교 때부터 주일학교 교사로 봉사하였다. 그때부터 어린이를 사랑하는 마음은 특별하였다.

내 고향은 당시 개발되지 않은 농촌이었다. 지금과는 사뭇 달랐다. 전기도 들어오지 않은 촌이라 등잔불 밑에서 불을 켜 놓고 책을 보아야만 하였다. 나는 코 밑이 시커멓게 그을리는 것도 모르고 공부하였다.

군 입대 당시 논산훈련소 25연대 90기 신우회 회장을 맡아 군 선교에도 최선을 다했다. 한번은 군대에서 받은 월급을 십일조를 내기 위해서 수첩에 기록해 놓았는데, 내무사열 때 수첩을 검열하는 사령관이 '십일조는 하나님의 것' 이라고 써놓은 것을 보고는 "십일조는 하나님의 것이야? 임마! 하나님이 어디 있냐?" 하면서 물었다. 나는 "예, 십일조는 하나님의 것입니다" 하고 목청껏 외쳤는데 사령관이 웃으며 지나갔다. 나중에 알게 된 일인데, 그때 믿음 좋은 사병으로 인정을 받았던 것이다. 얼마 되지 않은 월급이지만 군대 있을 때부터 나는 철저하게 십일조를 구별하여 하나님께 드렸다.

어느 날 관물대 점검을 하는데 보급품으로 전달된 양말이 분실되었다. 지휘관이 양말 분실에 대해서 책임을 물었는데 나는 담대하게 "제 양말을 찾을 수가 있습니다"라고 말하였다. 당시는 군대 보급품이 많이 분실되기도 하고 다른 사람이 훔쳐가기도 했다. 나는 양말에다가 빨간 크레용으로 십자가 표시를 해 놓았기 때문에 찾을 수 있다고 하였다. 그래서 지휘관의 지시하에 내무반 관물대 검열을 했는데 크레용으로 빨간 십자가가 표시된 양말이 내 옆 전우 관물대에서 나왔다.

전우들이 군에서 신앙생활하는 나를 보고 '하나님' 이라 부를 정도로 나는 신앙에 열정이었다. 전우들이 어려운 일이 있을 때마다 신앙 상담을 해주고 기도도 해주고 작은 일이라도 도움을 주기 위해 쉴 틈 없이 발로 뛰어다녔다. 당시 군목으로 계시던 목사님은 나의 열심을 보고 군종으로 만들려고 생각하기도 하였다. 안양에 있는 공병대 1201건단에 배치받아 근무하는데, 당시 여의도 비행장에서 국군의 날 행사를 하기 위해 파견 나가 불침번을 서게 되었다. 그때 옆 전우가 너는 어디서 그렇게 유창한 외국어를 배웠느냐고 놀라면서 물어보았는데, 알고 보니 한 시간 이상 방언으로 기도하면서 꿈꾸는 것을 보고 외국어를 하는 것으로 착각한 것이었다. 이렇게 나는 모든 면에서 열심이었다.

공병학교에서는 열심히 공부하여 전체 300여 명 중 5등의 성적을 거뒀다. 쉽지 않은 학업이었지만 10등 안에 들면 가고 싶은 지역으로 지원할 수 있었다. 나는 서울에서 근무하고 싶은 생각에 죽기 살기로 공부에 매진하여 결국 서울과 가까운 안양에서 근무할 수 있게 되었다. 안양에서 군 복무를 할 당시에는 안양감리교회에 출석하며 행정반 일종계 사수에게 착실함을 인정받아 조수로 선임되었다. 육군본부작업장에 파견되어 부대병들이 작업을 진행할 때에는 부식을 실어다 주는 일을 맡았다. 당시 고위층 자제들이 나와 함께 군 생활을 하며 많은 대화를 나누고 친분을 쌓아 지금까지 두터운 우정을 이어오고 있다.

성령 체험과 목회의 길

1968년에 군대를 제대하여 사업가가 될 것을 결심하였다. 그러나 먼저 기도한 후 결정하기 위하여 관악산 벧엘기도원에 들어가 30일 동안 기도에 매달렸다. 이때 성령을 뜨겁게 체험하고 주의 종 사명을 받게 되었다. 지금은 뉴욕 나사렛교단 사랑방교회에서 목회하는 이종사촌형님 되는 이계선 목사님에게 진지하게 상담을 하였더니 신학교에 가지 말라고 하였다.

그래서 그의 말을 듣고 사업을 시작하였다. 종로 3가 새서울 나사빌딩 303호 사무실을 개설하여 시작한 첫 사업은 국산물 PR 센터였다. 당시 24세의 사업 초년생이었음에도 불구하고 16명의 직원을 거느리고 제법 큰 사업을 시작하였다. 처음에는 각 지역에서 올라온 특산물들이 불티나게 팔려 나갔다. 멸치며 버섯, 꿀, 대추, 오징어, 고추 등 각 지방의 특산물을 판매처로 판권을 석권하기에 이르렀다. 그러나 당시 월남고추 파동으로 싼 가격의 고추가 대거 유입되면서 이미 구입해 놓은 고추 가격이 갑자기 폭락했다. 잘나가던 사업이 2년 만인 1971년에 물거품이 되었다. 그렇지만 결코 포기할 수가 없어 또다시 용기를 내어 다른 사업을 시작하였으나 동업자의 배신으로 어려움을 겪게 되었다. 타 업종으로 전환하여 1년 동안 한일합섬 대리점을 하다가 '천성블럭' 이라는 벽돌 공장을 창업하였다.

그러나 결코 하나님의 부르심을 거역할 수 없었다. 그때 나가던 이문동 경동순복음교회 김용철 목사님의 권유를 받아 큰 결심을 하고 야간에 순복음신학교에 다니게 되었다. 순복음신학교 후기 모집 시험을 치르고 서울역에서 39번 버스를 갈아타려고 기다리고 서 있는데, 40~50대로 보이는 여자분이 "목사님" 하고 부르는 것이었다. 나는 내 옆에 목사님이 있는 줄 알고 가만히 있었다. 그런데 계속해서 "목사님" 하고 불러서 보았더니 나를 부르는 것이었다. 어이가 없어서 "저는 목사가 아닙니다"라고 했는데 "앞으로 목사님 되실 분 아닙니까?" 하고 반문하는 것이었다. 그래서 나는 "어떻게 아셨습니까?" 하고 물었더니 꿈에 나를 보았다고 했다. 그러면서 자기 아들을 위해 기도해 달라고 부탁했다. 그 여자분을 따라갔는데, 신용산중학교 3학년인 아들이 귀신 들려 고통을 당하고 있었다. 열심히 기도하자 귀신이 떠나가고 학생이 온전한 정신으로 돌아왔다. 신학교 편입을 준비하던 나에게 하나님은 신학교에 합격시켜 준다는 뜻으로 치료의 능력을 주셨던 것이었다.

그 뒤 신학교에 입학하여 열심히 학업과 영혼 구원을 위해서 최선을 다하였다. 주경야독하며 고된 생활을 하다가 신학교 3학년 때부터는 본격적으로 주의 일만 하기로 결심하였다. 그렇게 결심한 후부터는 모든 일이 잘 풀려 나갔다. 학교 내에서도 기도대장 전도부장으로 최선을 다하였다.

신학교에서 설악산으로 졸업여행을 갔을 때였다. 많은 신학생들이 졸업여행을 가는데 나는 회비 2만 원이 없어 졸업여행을 포기하고 강단에서 기도를 하였다. 그때 하나님께서 세미한 음성을 들려주셨다. "염려하지 말고 슬퍼하지 마라. 설악산에 실컷 보내 주겠다"라는 음성이었다. 후에 생각해 보니 이 음성이 하나님의 위로만은 아니었다. 학교를 졸업하고 강원도 지역으로 부흥회를 많이 다니게 되었는데, 그때 설악산을 실컷 구경했다. 이 모든 것이 하나님의 은혜이다.

신학교 졸업반이던 어느 날이었다. 삼각산 특별기도원의 구국제단에서 일주일 금식기도를 하고 하산한 후, 종로감리교회 이태선 목사님의 교회를 찾아갔더니 그 자리에서 중매를 서시는 것이었다. 나는 "몸 하나밖에 없으니, 보시고 사모감이다 하시면 선 안 보고 결혼하겠다"고 말씀드렸다. 당시에 나는 새벽기도 시간이 하루 평균 세 시간이었다. 그리고는 이왕 교회에 나왔으니 교회 청소도 하였다. 아무리 바빠도 유리창이라도 닦고 나서야 집에 갈 수 있었다. 교회에 가면 기도하고 찬송을 뜨겁게 하였다. 교회에서 청소하는 시간이 정말 즐거웠다. 그러던 중에 혼인 이야기가 오가게 되었다. 이태선 목사님이 본교회의 신실한 청년 중 사모감이라며 소개한 자매를 만나게 되었다. 사실 그때는 경제적인 기반이 전혀 없어서 결혼할 엄두를 내지 못하였다. 동생부터 결혼하고 천천히 하리라고 생각하고 있었다. 이렇게 만난 강신경 자매는 종로감리교회 청년회 부회장으로, 주일학교 반사로, 성가대로 교회 일에 열심이었다. 수원의 어느 다방에서 만나서 가난한 신학생에게 시집 올 수 있을까 하는 마음에 두 가지를 물었다.

"한 달 생활비는 얼마면 되겠습니까?"

"보리쌀 두 되하고 쌀 한 되면 한 달을 살 수 있을 거예요."

"내가 연탄 리어카를 끌고 가파른 언덕길로 올라가고 있다고 동네 아이들이 일러 주면 어떻게 하겠습니까?"

"기꺼이 뒤에서 내 힘껏 밀어 드리겠습니다."

이런 대화 끝에 평생 배필로, 목회자의 아내로 삼아도 좋겠다는 생각이 들었다. 내친김에 이렇게 제안하였다. 이 결혼으로 교회를 개척하고 싶은 나머지 아무것도 해오지 말고 혼수 비용을 통장에 넣어 가져오라고 하였다.

평생의 동역자인 강신경 사모를 이렇게 만나 1973년 3월 26일에 약혼을 하고 12월 15일 결혼에 골인하였다. 결혼을 하기까지 단 세 번의 만남이 데이트의 전부였다. 당시 아무런 기반 없이 시작됐던 터라 통장 교환으로 모든 예단과 예물, 혼수를 대신하였다. 나는 아내가 혼수비로 마련한 20만 원이 저금된 통장으로 교회를 개척하였다. 혼수비 20만 원으로 교회를 개척한지라 변변한 살림이 있을 리가 없었다. 그저 밥그릇과 냄비와 수저 두 벌 갖고 수돗물도 안 나오는 곳에서 신혼 살림을 하게 되었다. 친구들이 내가 사는 곳을 다녀가더니 처가 쪽으로 이상한 소문이 나기 시작하였다. "신경이가 전도사에게 시집갔다고 했는데 찾아가 보니 거지하고 살더라"는 소문이었다. 나는 그 이야기를 듣고 목회에 성공할 때까지 처가에 가지 않기로 결심했다.

아내와 한 교회에서 가깝게 지내며 기도해 주던 한영자 권사가 3만 원을 주어서 전세로 속칭 하꼬방을 신혼집으로 얻게 되었다. 사모는 큰아이 한나와 요한, 요셉을 금요일에 낳았다. 그러나 병원에서 하루 쉬고 주일성수하러 교회에 나왔다. 아내도 어떤 경우든지 주일성수를 철저히 한다는 신앙이었다. 교회를 떠나서는 아무것도 할 수 없다는 교회 제일주의의 신앙이었다. 그래서 결혼 첫날밤을 교회에서 부부가 철야 기도하는 것으로 신혼여행을 대신하였다.

기도와 열정으로 세워진 북수동 개척교회

1974년 12월, 신학교 졸업을 앞둔 나는 10월 어느 날 고향인 화성과 가까운 수원을 복음의 도시로 변화시킬 것을 다짐하고 사역지를 찾고 있었다. 졸업 후 개척을 하게 되면 공백기가 생기므로 맥이 끊어져서 헛된 시간을 보낸다는 생각이 들었다. 이를 위해서 매일 저녁 수원시 중심에 위치한 팔달산에 올라가 철야기도를 하며 개척을 준비하였다. "교회를 어느 쪽에 세워야 합니까?" 하며 눈물로 기도하던 중 하나님께서 북문 쪽으로 인도하셨다. 그러나 개척하기 6개월 전부터 기도로 준비하던 나에게 교회를 구할 만한 돈은 없었다. 돈이라고는 결혼을 위해 준비해 둔 아내의 혼수 비용 20만 원이 전부였다. 이 금액으로 교회를 얻는다는 것은 거의 불가능했다. 그래도 하나님께 의지하여 거의 매일 자전거를 타고 동분서주 알아보았지만 사대문 안에 교회를 세우기에는 준비된 금액이 너무나 부족했다.

당시 인구가 20만 정도였던 수원에서 그만하면 좋은 교회 장소라고 생각되는 곳을 발견하였지만, 그곳에는 이미 교회가 들어서 있었다. 그래서 더 외진 북문 쪽으로 내려와 교회를 물색하던 중 조그마한 장소를 발견하게 되었다. 북수동 111번지로, 1층은 부동산 주인 할아버지인 조태근 씨가 살고 있었고, 건물 2층은 7평 정도 되는 다락방으로 내 마음에 꼭 들었다. 나는 '아! 이곳이다!' 라는 생각이 들었다. 그 다락방마저도 전세금이 25만 원이어서 돈이 부족하였지만 건물주인 조씨 할아버지에게 20만 원에 세를 달라고 떼를 쓰며 매달렸다. 할아버지는 끝내 허락하지 않아서 다른 장소를 알아봐야만 했다. 다른 곳을 가 보아도 그만한 자리를 찾을 수가 없었다. 그래서 다시 용기를 내어 할아버지를 찾아가 간절히 애원했다. 나는 할아버지에게 "나중에 꼭 은혜를 갚을 테니 이번 한 번만 도와 달라"고 사정했다. 어느새 내 눈에서는 뜨거운 눈물이 흘러내렸다. 이에 감동한 조씨 할아버지는 "젊은이, 울지 말게. 자네 말대로 하겠네"라고 말하면서 계약서를 써 내려갔다.

계약서를 쓰던 중에 2층에 세 얻을 사람이 나타났다는 소리를 듣고 절에 다니던 조씨 할아버지 부인이 헐레벌떡 뛰어왔다. 할머니는 "세를 얻어서 무엇을 할 거에요?"라고 물었고, 내가 교회를 세울 것이라고 하자 펄쩍 뛰며 시끄러워서 안 된다는 것이었다. 나는 할머니를 설득하기 위해 교회 사무실을 할 것이라고 하면서도 마음속으로는 기도로 하나님께 매달렸고, 하나님께서는 결국 나의 기도에 응답하셨다. 조씨 할아버지는 "젊은이랑 먼저 약속했으니 지켜야 한다"면서 할머니를 설득하였다.

결국 그곳 7평 다락방에 교회가 세워지게 되었다. 그때가 1974년 11월이었다. 바로 그곳이 하나님이 역사하시고 준비하신 곳이었다. 전세 20만 원의 7평 다락방, 이곳이 바로 수원순복음교회 최초의 성전이었다.

성전의 모습은 외부에서 볼 때 허름했다. 나와 사모는 건물 밖 사방 귀퉁이에 각목으로 십자가를 만들어 빨간 페인트 칠을 해서 세웠다. 2층으로 올라가는 계단은 두 사람 정도가 오르내릴 정도인데 비좁고 가팔랐다. 싼 값에 얻은 장소라 건물 내부에는 변변한 것이 하나도 없었다. 있는 것이라곤 우리 부부뿐이었다. 강대상도 의자도 없어서 앉은뱅이 책상에 나무 각목을 사다가 철사로 묶어서 다리를 만들어서 강대상으로 사용하였다. 아내는 광목으로 십자수를 놓아서 그 위를 덮어 주었다. 이렇게 하여 교회 내부에 강대상이 마련되었고, 바닥에는 가마니를 깔아서 앉을 수 있게 하였다. 예배 시에 사용할 종은 다방에서 사용하던 것으로, 손님이 주문한 차를 다 만들고 난 뒤 꼭지를 누르면 때르릉하고 울리는 것이었다.

주님 앞에서 '거룩한 바보'를 자청하는 목회자

1974년 11월 23일 수원시 북수동의 7평 남짓한 2층 작은 건물을 임대하여 개척 예배를 드렸다. 이후 35년 만에 한국 교회 100대 교회로 선정된 교회로 성장한 것은 남다른 친화력과 하나님을 향한 변치 않는 믿음의 대가라고 할 수 있다. 개척을 앞두고 수원의 팔달산 정상에서 밤새 철야를 할 때 하나님께 "어떻게 해야 하나님을 기쁘시게 하는 목회자가 되며, 세상에 선한 영향력을 발휘할 수 있습니까?"라는 간구를 하였다. 또한 빛과 소금의 역할을 감당하는 교회가 되기 위해 수일을 팔달산에서 금식하며 밤새 기도하였다. 하나님께서 '꿈과 사랑과 축복을 심어 주는 교회'를 신앙의 모토로 삼으라는 응답을 주셨다. 그래서 첫째는 가난한 자 부요하게 하는 교회, 둘째는 병든 자 치료하는 교회, 셋째는 문제 있는 자 해결 받는 교회, 넷째는 믿음 없는 자 강건한 믿음을 소유하게 하는 교회를 목회철학으로 삼아 교회를 개척한 것이다.

사모와 단둘이 교회를 개척하고 '나는 교회의 머슴으로, 사모는 교회의 식모로' 주님께서 주신 은혜에 감사하며 영혼 구원의 열정을 다하자고 다짐을 하고 기도하였다. 개척 교회 당시에 성도는 없고 사모만 앞에 두고 설교를 하였다. 한번은 설교 가운데 사모가 아멘을 크게 하지 않아 "나는 지금 100명을 놓고 설교를 하고 있으니 사모도 100명의 목소리로 아멘을 해달라"고 요청하면서 큰 소리로 설교를 하였다. 사모가 임신하여 친정에 가 있을 때 일이다. 사모마저 친정에 가서 교인석이 비게 되자 그냥 있을 수 없어 당시 가마니 바닥 위에다 분필로 성도들을 그렸다. 성도들이 기도하는 모습과 박수 치는 모습, 손 들고 있는 모습 등 다양한 모습의 그림을 그려서 그 그림 앞에서 열정적으로 설교를 선포하고 다시 강단에서 내려가서 그 그림 위에 안수를 하였다.

이런 거룩한 열정과 주님 앞에서의 순수한 모습 때문이었는지 개척 1년 만에 78명의 성도가 모여기 시작하여 5년 만에 7층 성전을 건축하여 주변의 많은 사람들을 놀라게 하였다. 이러한 성장은 순수하고 열정적인 목회관과 성도들 한 사람 한 사람을 가족이라고 생각하며 영·혼·육을 구원하는 데 최선을 다한 결과라고 할 수 있다.

한번은 성도가 새벽기도회를 나오지 않기에 새벽기도회가 끝나자마자 그 집을 심방하였는데, 아무리 노크를 해도 인기척이 없어 담을 넘어 집에 들어가 보았더니 가족 전체가 연탄 가스에 질식되어 의식을 잃어가고 있었다. 5분만 늦었더라도 그 가족은 모두 연탄 가스 중독으로 숨을 거두었을 것인데, 마음에 오는 감동대로 심방을 하였기에 그들이 살아난 것이다.

이러한 영혼 사랑의 열정으로 주님 앞에 겸손과 섬김의 자세로 낮아져서 나를 비우고자 했던 '거룩한 바보'로서의 사명을 감당하였다. 그리고 목회자 세계에서도 누구와도 적이 없다. 아무리 문제가 생기고 오해가 생겨도 먼저 용서를 구하고 평화의 종으로서 최선을 다했다. 신학교 때 학내 문제로 학생들이 불신과 반목으로 물리적 충돌까지 있어 돌이 수없이 날아드는 학교 운동장의 정중앙에 서서 예수 그리스도의 사랑을 외쳤다. 그로 인하여 기도와 사랑으로 학내 문제들을 풀고 해결하였다. 또한 목회 35여 년 동안 당회와 제직회에서 문제가 생기거나 소란스러웠던 적도 없다. 왜냐하면 하나님을 높이고 성도들을 내 몸과 같이 사랑하였기 때문이다. 이렇게 주님 앞에 철저히 자아를 죽이고 성도들의 영·혼·육의 변화와 구원에 관심을 가지고자 했던 거룩한 바보 목회자로서의 삶을 살았기에 오늘의 부흥이 가능했다고 믿는다.

국내외 부흥 운동

나는 신학생 때부터 예배 전에 뜨겁게 찬송 인도를 잘하였다. 그래서 선배 목사님 교회에서 부흥회를 하면 예배 전 찬송 인도자로 불려 다녔다. 1968년에 제대하고 관악산 벧엘기도원에서 30일 동안 기도를 할 때 "이 기쁜 소식을"이란 찬송을 70번 이상 부르다가 성령을 받았다. 방언으로 기도하기 시작하였다. '내 작은 입으로 곧 증거하리니'를 부를 때마다 복음의 나팔수가 되어서 온 세상에 힘차게 불어대는 제스처를 하며 찬송하였다.

개척교회를 섬기면서도 수원에서 부흥회가 열리면 열성으로 참석하였다. 1976년의 추운 어느 겨울날, 수원의 은혜성결교회에서 오관석 목사가 부흥회를 인도한다는 소식을 듣고 은혜 받기 위하여 집을 나섰다. 그때 교회 헌금으로는 아침식사를 해결하면 점심과 저녁은 자동적으로 금식이었다. 금식하고 싶어서가 아니라 없어서 하는 굶식이었다. 개척 교회 전도사 부부가 허기진 상태로 부흥회 하는 교회를 찾아 나섰다. 그런데 길 옆에 서낭당 같은 모양을 해놓은 곳에 고사를 지낸 떡과 사과가 보이는 것이었다. 날씨가 추웠기에 떡이 상하지 않아서 흙먼지를 털어내고 아내와 함께 떡과 사과를 나누어 먹었다. 옆에 하얀 봉투가 보여서 열어 보았더니 500원이 들어 있었다. 누군가 치성을 제대로 한 모양이었다. 시내 버스비가 20원 하던 때라 왕복 교통비로 80원을 사용하고 400원을 부흥회 감사헌금으로 드렸다.

이런 나에게도 부흥회 초청이 들어오기 시작하였다. 전국은 물론 미주 해외성회 등 1,000여 교회에서 부흥성회를 인도하였다. 성회에서는 본교회에서 설교 중 성령이 강하게 역사한 것을 찾아 집중적으로 기도하고 말씀을 전했다. 나의 설교는 대부분 생활 속에서 편하게 듣고 적용할 수 있도록 하는 것으로, 누구나 편하게 들을 수 있으면서도 깊이 있는 해설이라고 호평을 받았다. 사람들은 나에 대해 연구하고 노력하는 목회자라고 말한다. 내가 인도하는 부흥집회에는 많은 사람들이 모여든다. 매일 새벽 4시에 일어나 새벽기도회를 인도한 후에 아침 시간을 최대한 활용하며 철저하게 자기 관리를 하였다. 단 한 번의 부흥집회 인도를 위해서도 먼저 기도로 철저하게 준비했다. 무엇보다 내가 인도하는 집회를 통해 많은 사람들이 은혜를 받을 수 있도록 하기 위해 언제나 말씀 연구에 열심을 냈다. 부흥회를 인도하기 전에 많은 시간을 기도에 투자하였다. 집회에 참석한 사람들이 하나라도 더 받아 갈 수 있도록 하기 위해서 철저하게 말씀을 준비해 선포하였다. 나의 부흥집회는 말씀 중심의 메시지를 통해 사람들에게 감동을 준다는 것인데, 그 메시지에는 강한 힘이 있다.

인터넷 및 방송 설교를 통해서도 시청자와 청취자들에게 은혜와 능력을 심어 주고 있다. 사업 실패 때문에 자살을 결심하고 고속도로에 차를 타고 가던 청취자가 "자살은 지옥"이라는 제목의 설교 말씀을 듣고 은혜를 받아 다시 살아갈 것을 결정한 적이 있다. 그는 방송국에 전화를 하여 자살을 하지 않게 되었고 신앙을 갖게 되었다고 말했다. 방송국에서도 나의 설교를 통해 수많은 사람들이 변화를 받고 세상을 살아가는 믿음이 생긴다고 했다. 가정 문제로 인해 고민하던 사람들이 다시금 그리스도 안에서 건강한 가정으로 새로워지고, 각종 질병의 고통 속에서 힘겹게 하루하루를 보내던 사람이 집회를 통해 치유되는 등의 역사가 지속적으로 일어나고 있다.

나는 바쁜 부흥집회 일정 속에서도 언제나 성도들을 위해서 기도를 한다. 성도들의 기도가 없으면 어떻게 부흥집회를 인도할 수 있겠는가. 나를 위해 기도하고 있는 성도들에게 감사할 따름이다.

하나님께서 귀한 사명을 주신 만큼 더욱 열심히 기도하면서 복음 전파에 힘쓸 것이다.

　나는 국내 부흥집회와 함께 타 문화권을 향한 집회에도 열심을 낸다. 아직 복음을 모르고 살아가고 있는 사람들을 위해 부흥집회를 인도하며 전도하는 일에 적극 매진하고 있다. 국내 교회 혹은 대형 집회에서 집회를 인도할 때마다 언제나 그들을 위해서 기도할 것을 강조한다. 구체적인 기도를 통해 미전도 종족들을 복음화하고, 그들에게 관심을 가져 줄 것을 호소하는 것이다. 실제적으로 해외 부흥집회를 통해 아직 복음을 모르고 살아가고 있는 현지인 전도에 적극 앞장서고 있다.

　복음을 듣기 위해 수십 리를 걸어서 오는 사람들을 볼 때 그 감동은 이루 말할 수 없다. 그들은 복음을 갈급해하고 있기 때문이다. 그 누구도 상상할 수 없는 하나님의 놀라운 계획하심 속에서 타 문화권 현지인들을 만난다는 것은 생각만 해도 가슴이 뛴다. 하나님으로부터 좋은 것을 받은 만큼 함께 나누는 작은 예수들이 많이 있어야 한다. 하나님은 바로 그러한 한 사람을 찾고 계신다는 사실을 늘 기억해야 한다.

　특히 인도네시아 지교회, 필리핀 지교회, 아프리카 말라위에 있는 무란제 교회, 마씬고로 교회, 쏘로진 교회, 나이지리아 교회, 또한 미국 및 남미지역의 복음의 전초기지인 맥알랜 순복음교회 등 국내 15개 지역과 해외 20개 지역, 그리고 국내외 각 기독교단체 지역에 최선을 다하여 복음을 전하고 있다.

　안준배 목사와 함께 1989년 3월에 세계성신클럽을 창립하고 성령운동을 국내외적으로 조직적으로 전개하였다. 수원순복음교회는 한국의 부흥하는 100대 교회로 선정이 되었고, 나 역시 100대 목회자로 뽑혔다. 나는 21세기 신사도적 부흥운동을 주도하는 부흥사로서 제5회 홀리 스피리츠맨 메달리온 시상식에서 부흥사 부문을 수상하였다. 그리고 한국 교회 부흥사의 소명을 받아 '92세계성령화대성회 강사와 한국기독교성령100주년대회 강사로, 성령운동을 통하여 한국 교회와 해외 한인교회 부흥사역을 주도하였다. 가는 곳곳마다 민족과 열방을 살리는 제2의 종교개혁의 사명으로 부흥회를 인도하고 있다.

문화선교 사역에도 많은 관심을 갖고 경기도 기독교문화원 총재를 맡아 활동하고 있다. 선교에 대한 지원을 강화해야 한다고 강조하며, 한국의 샤머니즘 문화를 기독교 문화로 바꾸고 여전히 유교 사상에 물들어 있는 한국 사회를 변화시킬 생각을 가지고 있다. 아울러 경기도 기독교총연합회 총회장을 재임하면서 300만 명의 경기도 기독교인을 대변하고, 대한민국의 미래를 열어가는 일을 통해 정치, 경제, 문화, 종교 등 다양한 분야에서 선한 영향력을 끼치고자 한다. 특히 독거노인, 홀부모 자녀, 소년소녀가장, 다문화 가정, 도시 근로자, 사회 빈민층, 실직자 등 사회에서 소외되고 어려움을 당하고 있는 이들을 섬기고자 경기도 기독교사회복지협의회 이사로 있다.

수원순복음교회는 곡반정동에 대지 7,000평에 건평 3,000평의 교회를 건축하였다. 재적교인 1만 성도로 부흥하기까지 나는 여러 대학을 졸업하였다. 아르바이트로 등록금을 충당하며 고생대학 성공학과를 다녔다. 믿음대학 기적학과를 체험으로 배웠다. 기도대학 응답학과를 눈물로 배웠다. 축복대학 복음학과를 드림으로 배웠다. 충성대학 면류관학과를 생명 드려 배웠다. 세상이 인정하지 않지만 하나님께서 인정하시는 체험적 대학을 졸업하여 목회에 자신을 가졌다. 눈물로 바친 공납금은 하나님의 주신 졸업장이고 면류관이다. 앞으로도 오직 교회, 영혼 구원에만 매달릴 것이다.

―이재창(수원순복음교회 담임목사)

성령님과 동행하는 열정의 목회자 **강헌식 목사**

하나님께서 우리에게 주신 인생을 감사함으로 살아가다가, 어느 한 꼭지점에서 지나온 인생의 여정을 뒤돌아볼 때가 있다. 그러면 믿는 자에게는 우연이란 존재하지 않았음을 깨닫게 된다. 인간의 이성으로는 이해할 수 없었던 각각의 상황들이 있게 마련이다. 때로는 은밀하게, 때로는 격정적으로 개입하시고 주장하시는 하나님의 시선과 손길을 발견할 수 있다. 나의 부르심의 삶 또한 지나고 보니 모든 일이 은혜이다. 주님의 손길만이 존재했던 시간이었다.

회개로의 부르심

나는 충청남도 대덕군 신탄진에 위치한 삼정리라는 조그마한 시골 농촌마을에서 농사꾼인 아버지 밑에서 5남매 중 막내로 태어났다. 마을에서 누구보다 성실했던 아버지와 사랑이 많았던 어머니 밑에서 다복하게 유년 시절을 보냈다. 우리 집안은 할머니 때부터 3대째 예수를 믿는 가정이었다. 항상 교회는 집 가까이에 있어, 매년 농사의 첫 열매는 먼저 목사님께 드렸다. 당연히 심부름은 내 차지였다. 그러면서 신앙생활에 있어서 베풀기를 좋아하며 목사님 섬기기를 즐겨 하셨던 어머니의 신앙을 본받게 되었다. 나도 부지런히 교회의 문지방을 밟으며 드나들었다. 그때는 구원의 확신과 신앙의 성숙함보다는 성탄절 행사 같은 교회의 프로그램들에 이끌려 교회에 다녔다. 하지만 그것 또한 지나고 보니 신앙의 뜨거움은 아니었을지라도 하나님께서 나에게 신앙의 틀을 만들어 주셨던 시기가 아니었나 하는 생각이 든다.

형식적이었던 신앙은 그리 길게 가지는 못했다. 시간이 흘러 청소년기를 거쳐 10대 후반의 청년이 되어서는 친구들과 어울리기를 좋아했다. 외부에서 에너지를 얻는 성격이었던지라 세상적인 즐거움에 몰두하게 되었다. 자연스럽게 교회와는 점점 멀어져 가면서 변질되어 가고 있는 나를 발견하게 되었다. 소위 말하는 방황의 시기를 겪었다. 그러던 어느 날, 매년 지역에서 추석 명절 후에 열리던 축제인 노래자랑에서 사소한 시비 끝에 패싸움에 휘말리게 되어 폭행치사 혐의로 경찰에 쫓기는 신세가 되고 말았다.

그렇게 집을 나와 여기저기 옮겨다니며 노숙을 하게 되었다. 쥐엄 열매를 먹고 연명했던 탕자처럼 육체적으로 정신적으로 매우 피폐하게 생활하고 있었다.

그렇게 각지를 돌아다니며 방황하다가 1972년도 2월 아주 추웠던 날, 그날도 술에 만취된 상태에서 쓰러져 잠들었다가, 교회의 새벽 종소리를 들었다. 유년 시절 가지고 있었던 교회라는 곳의 따스함이 남아 있었는지 남루한 행색을 한 채 종소리가 들리는 교회 쪽으로 발걸음을 옮겼다. 교회 안은 칼바람이 휘몰아치는 바깥보다 한결 따뜻했다. 예배당에 들어가 맨 뒷자리 구석에 자리를 잡고 앉았다. 마침 교회에서는 전도사님이 새벽기도회를 인도하고 있었다. 전도사님은 기도회를 인도하면서 찬송가 337장 "인애하신 구세주여"를 불렀다.

주여 주여 내 말 들으사
죄인 오라 하실 때에 날 부르소서.

이 가사를 듣는 순간, 나의 가슴이 벅차오르면서 말할 수 없는 탄식과 오열이 터져 나왔다. 지금까지 덧없이 살아온 인생의 여정이 파노라마처럼 머릿속을 스쳐 지나갔다. 이후 338장 "천부여 의지 없어서 손 들고 옵니다"와 340장 "멀리 멀리 갔더니 처량하고 곤하며" 찬양이 이어졌다. 나는 더욱더 말할 수 없는 내 안의 아픔과, 이어지는 하나님께로부터의 치유와 만지심을 느낄 수 있었다. 십자가에서 고난을 받으시며, 충혈된 눈으로 "헌식아, 헌식아" 하며 나를 조용하게 안아 주시는 예수님의 사랑이 이미지화되어 다가왔다. 나는 네다섯 시간을 그 자리에서 회개하고 또 회개했다. 눈물, 콧물을 다 흘려가며 예수님을 떠나 방탕하게 살았던 추악한 내 인생의 죄악들을 모두 토해냈다. 그렇게 강권적인 성령님의 임재하심을 경험한 후 나는 집으로 돌아왔다. 방황을 끝내고 돌아온 나를 따뜻하게 받아 주었던 가족의 사랑 또한 내가 회복되는 데 도움이 되었다.

소명으로의 부르심

방황을 끝내고 다시 신앙생활을 시작하게 되었다. 신앙의 긴 공백 기간이 있었던 만큼, 신앙이 없으면 타 죽을 정도의 열정만으로 교회생활을 시작했다. 1.5킬로미터쯤 떨어져 있던 교회에 새벽제단을 쌓기 위해 매일 3시 50분쯤 일어났다. 교회까지 뛰어가 새벽종을 치면서 새벽기도회로 하루를 시작했다. 그렇게 매일매일 감격과 기쁨을 누리며 하나님께서 주시는 감격 속에서 살았다. 인생의 의미를 느끼며 가치관을 세워 교회 생활을 하던 즈음이었다. 김화자 담임전도사님이 다가와서는 불쑥 설교집을 하나 내미셨다. 전도사님은 나를 '형제님'이라고 부르며 이번 주 주일학교 설교를 좀 해줄 수 있느냐고 물어오셨다. 교회에 나온 지 얼마 되지도 않았던 나에게 설교 요청이라니, 다소 황당하기는 하였지만 교회에 열정적으로 헌신하니 주시는 사명이었던 것 같았다. 전도사님의 요청이라 순종하는 맘으로 하겠다고 답하였다. 집에 돌아와 설교집을 달달 외웠다. '설교가 뭐 힘이 들겠어?' 하는 생각이 들었다. 교만한 자세로 외운 설교집의 설교만 믿고 강단 위에 섰다. 그러나 그전의 당당하던 자신감은 사라지고 어쩔 줄 몰라 하며 쩔쩔매게 되었다. 내가 한 말이라고는 "유대인은 좋은 나라, 이방인은 나쁜 나라"라고 외친 것이 전부였다. 땀은 비 오듯이 쏟아졌다. 그렇게 땀을 흘리며 단을 내려오고 나서는 너무 부끄러웠다. 당혹감을 감추지 못해 쥐구멍에라도 들어가고 싶었다. 나를 보고 있는 아이들에게도 너무나 미안했다. 이 경험을 통하여 나는 하나님의 말씀을 선포하는 자리가 얼마나 경건하고 위엄이 있으며, 사람의 자신감이 아닌 하나님께로부터의 은혜의 기름 부으심 아니면 할 수 없는 일이라는 사실을 뼈저리게 느끼게 되었다.

    그렇게 교회에서 열정만으로 가득 차 있던 내가 말씀의 진정성을 알게 되고, 이러한 내적인 동기를 가지고 말씀을 가까이하기 시작하였다. 그때부터 지식적으로 하나님을 아는 훈련에도 열심을 내게 되었다. 봉사와 말씀으로 하루하루를 지내면서 청년회장이라는 직분도 맡아 감당하던 어느 날, 홍명수 목사님께서 "청년아 일어나라"라는 주제를 가지고 교회에서 부흥회를 인도하셨다. 그 부흥회에서 하나님은 나에게 소명을 주셨다. 다른 일보다는 하나님의 일을 우선하라는 말씀을 받았으나 그때는 단순히 지나쳤다. '나 같은 것이 무슨……' 이라고 생각하며, 낮은 자존감으로 부르심을 외면하려 하였다. 하나님이 주시는 은혜에 감사함을 느끼며 살기 위해 신앙생활에 열심이었지 주의 종이라는 길은 꿈에도 생각하지 못하였다.

그러다가 1973년 오산리기도원에서 전국청년연합금식수련회에 참석했는데, 그곳에서 그때까지 있었던 만성 축농증과 두통, 허리 통증 등을 치료받는 신유의 은혜를 경험했다. 그때에도 하나님께서 나를 온전하게 고쳐 주신 이유를 잘 알지 못했다. 폭포수처럼 쏟아지던 은혜를 갈망하며 하루하루를 기쁨으로 섬기는 신앙생활만이 나의 행복이었다. 그러다 김화자 전도사님의 강권적인 신학 권유를 받았다. 고모님이 개척하신 충청남도 대덕군 진잠면 구봉산 기슭에 자리 잡고 있는 가수원감리교회에서 열린 부흥회에 참석하여 금식하며 은혜 속에 기도하다가 깊은 영적 체험도 하게 되었다. 이어 토요일 새벽시간에 드디어 확실한 하나님의 소명을 받게 되었다. 하나님께서는 이사야 41장 9~13절의 말씀을 주셨다.

"내가 땅 끝에서부터 너를 붙들며 땅 모퉁이에서부터 너를 부르고 네게 이르기를 너는 나의 종이라 내가 너를 택하고 싫어 버리지 아니하였다 하였노라……이는 나 여호와 너의 하나님이 네 오른손을 붙들고 네게 이르기를 두려워 말라 내가 너를 도우리라 할 것임이니라."

나는 그 말씀을 받고는 번개를 맞은 듯 몸을 움직일 수가 없었다. 한 번도 아니고 세 번씩이나 말씀하시는 하나님의 음성을 도저히 뿌리칠 수가 없었다.

배움으로의 부르심

받은 소명을 부모님께 말씀드리니 펄쩍 뛰셨다. 강하게 반대하며 도와줄 수 없다고 하셨다. 할 수 없어 당시 집 근처의 대청댐 도로공사에 돌을 나르는 일을 하였다. 신학교 등록금을 마련하기 위해 1년을 돈을 벌어야만 했다. 몇십 킬로그램씩이나 되는 돌을 나르며 힘겨운 노동에 비록 몸은 힘들었으나 하나님이 주신 말씀만으로 하루하루가 행복하였다. 그것은 세상이 줄 수 있는 행복이 아니었다. 그렇게 노동을 하면서 얻은 수입으로 첫 학기 등록금과 기숙사비를 마련했다. 단벌옷을 입은 채로 한 학기 등록금과 기숙사비만 가지고 무작정 서울로 상경을 했다.

신학교에 입학한 후로는 하루하루가 물질의 광야였다. 아는 사람이 아무도 없는 서울 땅에 등록금과 기숙사비만 가지고 왔으니, 다음 학기 등록금은 고사하고 하루를 살아갈 생활비도 없는 형편이었다. 내가 할 수 있는 것이라고는 학교 강당에서 무릎 꿇고 기도하는 것밖에는 없었다. 하나님은 하나님께서 부르신 사람을 외면하지 않으셨다. 필요한 순간마다 나에게 엘리야에게 허락하셨던 까마귀들을 보내시고 하나님의 살아 계심을 증거하게 하셨다. 기숙사 생활 한 달 후에 뜻하지 않게 기숙사 임원 선출에서 임원이 되어 기숙사비가 해결되었다. 근로 장학금을 허락하시어 2학기 등록금도 해결받을 수가 있었다. 이렇게 순간순간의 채우심을 통하여 하나님의 깊고도 놀라운 은총을 체험하며, 기쁨과 감사의 물결을 타고 신학의 길을 걸어갈 수가 있었다.

사랑으로의 부르심

나는 신학교 2학년 때부터 사역을 시작하였다. 함윤식 목사님이 시무하고 계시던 미아동에 있는 동산교회에서였다. 신학교에서 배운 대로 성도들에게 성경의 진리를 바르고 신실하게 전달하기 위해서, 성도들이 알아주든 몰라주든 상관하지 않고 받은 사명 감당하기 위해 최선을 다했다.

그러다가 군대 영장이 나와 징집만을 기다리게 되었다. 그 시기에 교회에서 한 자매를 보았는데, 보는 순간 '이 사람이 내 사람이구나' 라는 확신을 가질 수가 있었다. 예배가 끝나기만을 기다리다가 끝나고 나오는 그 자매에게 불쑥 한마디 했다. "나와 결혼해 주십시오." 지금 생각해도 그 사람 입장에서는 정말 납득이 안 가는 황당한 상황이었을 것이다. 말을 마치기가 무섭게 그 자매는 나를 피해 도망치듯 황급히 사라졌다. 그날 이후로 나는 그 자매 생각으로 잠을 이룰 수가 없었다. 이 또한 하나님께서 주신 마음이라고 굳게 믿었다. 그래서 자매가 기거하던 자매의 작은아버지 댁을 찾아 방문하였으나 그 자매는 시골로 내려가고 없었다.

나는 고향 주소를 받아 주소만을 손에 쥐고 아무 기약도 없이 그 자매가 사는 천안행 기차에 몸을 실었다. 자매의 이름만 알 뿐 나이도 직업도 몰랐다. 그저 나에게 주신 성령님의 감동만 의지한 채 찾아나선 것이다. 지금 생각해 보면 너무 무대포였다. 그러나 그 자매를 보았을 때의 내 느낌은 확신으로 가득 차 있었다. 무작정 천안역에 내려 그 자매가 사는 집으로 가는 시내 버스를 탔는데, 이게 웬일인가, 그 자매를 만난 것이다. 세상이 말하는 우연도 이런 우연이 없었다. 나와 눈이 마주치자 그 자매는 당황한 기색이 역력했다. 수주일 전 처음 본 자신에게 청혼을 한 남자가 서울 땅도 아니고 천안 땅에서, 그것도 같은 버스에서 자기를 보고 있으니 얼마나 무서웠겠는가. 그 자매는 나를 보자마자 황급하게 나를 피해 버스에서 내렸다. 나도 같은 정거장에서 내려 그녀를 쫓아 황급히 따라갔다.

그곳에서 나는 처음 지금의 장모님을 만날 수 있었다. 나를 보신 그 자매의 어머니께서 매우 놀라워하는 것이었다. 후에 알고 보니 어머님께서 수주일 전에 꿈을 꾸었는데, 꿈속에서 새끼를 밴 소 한 마리가 힘들게 시냇가로 걸어가더니 송아지를 낳더라는 것이다. 송아지를 시냇물에 씻어 놓았더니 갑옷을 입고 투구를 쓰고 허리에는 긴 칼을 찬 말을 탄 늠름한 장수로 변하더라는 것이다. 그런데 그 장수의 얼굴이 내 얼굴과 똑같았다고 했다.

이런 우여곡절을 겪으면서 나는 내 인생에서 처음으로 한 자매와 사랑을 하고 결국 결혼에까지 이를 수가 있었다. 더욱 놀라웠던 것은 내가 어렸을 때부터 장차 배우자로 '은희'나 '윤희'라는 이름을 가진 자매였으면 좋겠다고 기도했던 것이 그대로 응답이 되었다는 것이다. 내 아내의 이름은 바로 서은희이다. 나는 배우자와의 만남을 통해서 나의 목회 현장뿐 아니라 나의 모든 만남을 주관하시는 이가 하나님이심을 느낄 수 있었다.

응답으로의 부르심

나는 성도들에게 기도의 응답에 관한 설교를 할 때면 내 군대 시절의 간증을 곧잘 하곤 한다.

군대에 입대했을 때 훈련소에 있는 기간에 나는 3일간을 금식하고, 군대에서 받은 첫 봉급을 첫 열매로 하나님께 드리며 세 가지의 기도 제목을 가지고 서원하였다. 육체적으로 힘든 그 훈련소에서 유일한 삶의 오아시스였던 식사를 포기하는 것은 쉬운 일이 아니었다. 하지만 나는 확실한 비전과 소망이 있었기에 하나님께 희생의 대가를 치러야 했다. 나의 기도 제목은 다소 무모해 보일는지 모르는 세 가지였다. 첫째, 뜨거운 용광로에 더욱 단단한 강철이 제련되듯이 남들이 가기 싫어 하는 최전방에서 근무하게 해달라는 것이었다. 둘째, 그리스도인이 머문 자리에는 그리스도인의 흔적이 남아야 한다는 마음으로 성전 건축으로 하나님께 영광 돌리게 해달라는 것이었다. 마지막 셋째, 그 당시 배움에 대한 열정으로 가득 차 있던 나로서는 군대에 있는 시간이 500권 이상의 책을 독파하는 기회가 되었으면 좋겠다는 것이었다. 이렇게 세 가지가 나의 군생활의 기도 제목이었다.

결론부터 말하자면 모든 것이 하나님의 은혜 가운데 이루어졌다. 하지만 나의 군생활이 처음부터 기도 응답과 같이 순탄했던 것은 아니었다. 그러나 시련 속에서도 나를 이끄신 하나님의 시선을 가득하게 느꼈다. 그중에서 짧은 간증 하나를 소개하겠다. 훈련소 기간을 마치고 자대 배치를 받기 전 보안교육대에서 보안교육을 받았다. 당시 보안교육대에는 교회가 없었다. 종교 행사가 있는 날이면 모든 군 분위기가 그렇듯이 반강제적으로 법당에서 법회에 참석하는 경우가 많았다. 이를 분히 여긴 나는 건방지게 상관(군기반장)한테 예배를 드려야 한다고 건의를 해보았다. 그러나 돌아오는 것은 상상도 못할 구타와 폭언들뿐이었다. 그러기를 수차례 반복하며 영적 갈증으로 힘들어하고 있을 무렵이었다. 그날도 예배를 건의해 어김없이 구타를 당하였고, 서러운 마음에 기도하며 막사 주위를 걷고 있었다. 그러다 어느 교육실 안에서 한 장교가 성경책을 읽고 있는 것을 보았다. 오른쪽에 벗어 올려 놓은 모자를 확인하여 소령 신분인 것을 알았다. 교육생 신분으로는 상상도 못할 일이었지만, 어떤 용기였는지 조용히 소령님께 다가가 예배 없는 삶에 대한 이야기를 드렸다. 그러자 소령님께서는 정색을 하고 그런 일이 있어서는 안 된다며 무엇이든 도와주겠다고 하는 것이었다. 나는 크게 반가워 그 당시 크리스천인데 예배를 드리지 못했던 나와 같은 17명의 교육생들을 모아 다시 그 소령님을 찾아갔다. 그렇게 해서 우리는 한 교육실을 예배당 삼아 말씀을 나누며 성경공부를 하였다. 그렇게 교육 기간에 신앙생활을 이어갈 수가 있었다.

훗날 내가 부흥사가 되어 세계를 돌아다니며 이탈리아 밀라노에서 복음을 전할 때 폴란드 바르샤바 한인교회에서 시무하고 계신 선교사님이 오셨다. 각처에서 오신 선교사님들과 담소를 하면서 군대 이야기를 하다가 보안교육대에서의 간증을 하게 되었다. 그런데 그때 폴란드에서 오신 선교사님이 바로 그 김헌종 소령이었다. 이렇게 오랜 시간을 지나고 나서 같은 주의 종으로 만나게 된 것이다. 나는 기쁨을 감출 길이 없었다. 삭막한 군대 시절 신앙 안에서 만나게 하셨던 사람을 다시 신앙 안에서, 그것도 강사와 선교사로 만나게 하신 것이다.

교육과정을 거친 후 기도 바람대로 보안상 지면으로는 밝히기 힘든 주특기를 부여받고 강원도 인제군 북면 서화리에 위치한 민통선 부근의 부대로 전입되었다. 보직의 특성상 많은 여가 시간이 있어 군대에 있는 동안 기백 권의 책을 읽을 수 있었다. 제대 날도 모르고 바삐 뛰었다. 서광교회라는 군대교회를 세우던 중이어서 제대를 연기해 달라고 신청을 할 정도였다. 연기는 무산되었지만 이렇듯 나의 군생활을 돌아보면, 나의 의지와 생각이 아니었다. 하나님께서 나를 향해 세우신 선한 계획 가운데 움직여졌던 하나님 주권의 시간들이었음을 고백한다.

영혼 구원으로의 부르심

군대를 제대하고 입대 전 몸담았던 동산교회에서 다시 교역자 생활을 이어가다가 경기도 파주에 있는 천현순복음교회에 청빙을 받았다. 내가 본래 농촌 출신이다 보니 농촌에 대해 빚진 자로서 농촌 교회를 섬기고 싶다는 생각과, 가라고 하시는 하나님의 응답을 가지고 그곳에서 담임교역자 생활을 시작했다. 신학교를 다니면서 낮에는 학교 생활로 보냈고, 쉬는 여가 시간에는 농촌 목회가 그렇듯이 교인들이 일하는 논밭에 나가서 일손을 도왔다. 오후에는 교회에 돌아와 모든 예배들을 집례하며 행복한 목회의 시간들을 보낼 수 있었다. 그곳에서 사랑하는 1남 1녀라는 선물도 받았다. 약 5년여의 시간 동안 재정적으로 부족한 교회 여건 속에서도 하나님의 역사와 성도들의 헌신의 노력 속에 성전 개축을 비롯해 사택도 건축하였다.

그렇게 그 교회가 안정적으로 운영되고 있을 때쯤, 서울에서 사역할 때 섬기며 신앙생활을 하던 권사님께서 찾아오셨다. 전임 목사님이 미국으로 이민목회를 떠나신 후 새로 부임한 교역자로 인해 동산교회가 이단으로 넘어가게 되었다는 것이었다. 상황을 들어 보니 그 교역자는 서울에서 교회를 섬길 당시 가르쳤던 제자였다. 권사님으로부터 그 일을 전해 듣고 하나님께 내가 어떻게 반응해야 하는지를 여쭈었다. 그러자 하나님께서는 "강 목사! 네 힘으로는 문제를 해결할 수 없지만 전능하신 하나님을 의지하여 가서 해결하고 세워 주라"는 감동으로 마음을 움직여 주셨다. 나는 부르심에 순종하여 다시 한 번 앞이 뻔히 보이는 시련의 목회지로 짐을 꾸렸다.

막상 서울에 도착하니 예배를 드릴 공간은 고사하고 거처할 집도 없었다. 가까스로 산꼭대기에 있는 하수구도 없는 집 방 한 칸을 보증금 100만 원에 월 3만 원에 얻었다. 이삿짐을 대충 정리하고 보니 교회는 이단들에게 이미 넘어갔고, 예배드릴 처소가 없어 방황하고 있는 성도들이 기다리고 있었다.

급한 대로 미아리에 있는 임순례 권사님 댁에서 10여 명의 교인들과 함께 처음 예배를 드리게 되었다. 매주 부어 주시는 은혜에 이단에 빠져 있던 사람들이 회개하고 찾아오게 되었다. 전도되는 인원이 늘어나고 주위에서 시끄럽다는 민원 때문에 권사님 집에서 도저히 예배를 드릴 수 없는 상황이 되었다. 그래서 큰형님의 도움과 성도들의 헌신으로 상가 2층 건물을 임대하여 조그마한 교회를 개척할 수가 있었다. 그곳에서도 역시 하나님의 시선이 머무는 목회를 하기 위해서 동분서주하며 최선을 다했다. 이단에 빼앗긴 교회를 되찾아오기 위해 갖은 협박 속에서 법정 소송을 불사하며 한 달이 멀다 하고 재판정에 출석해 법정 싸움도 벌여야 했다. 새벽이면 차량 운행에서 시작해 심방과 모든 예배에 몸이 백 개라도 모자랄 지경이었다. 그러나 하나님께서 부어 주신 바쁜 순간들을 경험하며, 목회에서 성공하기보다는 하나님의 마음을 아는 목회자가 되기 위해서 최선을 다했다. 그러기를 6년, 연단의 시간을 거치면서 법정 소송을 통해 넘어갔던 교회도 1, 2, 3심 승소를 거쳐 명도 반환 판결까지 받아내었다. 잃었던 교회도 다시 찾을 수 있었다. 또한 성도들도 계속 부흥되어 성전 건축도 계획하게 되었다.

이렇게 어려운 시기를 통과하면서 안정적인 궤도에 들어서서 한숨을 돌리고 있었다. 그즈음에 예배시간에 낯선 사람들이 찾아왔다. 내 설교를 듣고 싶어서 왔다는 것이었다. 그렇게 몇 주간의 의 설교를 듣고 난 후 자기들의 사정 이야기를 하였다. 그들은 평택순복음교회 성도들인데, 자기네 교회가 재정 문제와 몇몇 문제들로 인해 혼란스러운 상황에 처해졌다는 것이었다. 담임목사가 타 교회로 가게 되어 나를 담임목회자로 청빙하고 싶다고 하였다.

처음에는 그 말을 듣자마자 거절했다. 그렇게 힘든 시기를 겪고 이제야 목회적으로 부흥되는 과정인데 다시 평택이라는 지방으로 내려가야 한다는 생각에 마음이 썩 내키지 않았다. 하지만 이것은 하나님의 생각이 아닌 나의 개인적인 육신의 생각이었다. 성도들이 돌아가고 다시 지난번 천현순복음교회를 떠날 때의 심정이 되었다. 나의 마음은 전혀 기쁘지 않고 답답하기만 했다. 내 마음에 걸리는 것은 '교회에 문제가 있다' 는 말이었다. 천현순복음교회에서 옮겨 올 때에도 문제라는 말에 하나님의 영이 감동을 주셨다. 이번에도 문제가 있다는 말에 다시 한 번 하나님께 외치며 기도를 했다. 역시나 이번에도 하나님의 결정과 판단은 내가 옮기는 것에 대해 평안함을 허락하셨다. 나는 한번 어떤 일을 결정하고 나면 선택한 그 시점부터는 절대 뒤를 돌아보지 않고 실행에 옮기는 성격이다. 그래서 결정을 한 뒤 나의 아내 외에는 아무에게도 말하지 않았다.

그리고 이사하는 주간 주일 저녁 예배 때 성도들에게 작별을 알렸다. 당연히 성도들은 당황스러워했다. 이렇게 하는 것이 주의 종이 할 일임을 성도들에게 설명하였다. 인간적인 심정으로는 나도 그들과 똑같은 마음이었다. 그러나 하나님께서 하시는 일에 감정적인 것을 개입시킨다면 그 또한 하나님의 사역이 아닌 나의 사역이 될 것 같아서 부르심에 대한 선포만을 한 채 조용히 강단에서 내려왔다. 성도들은 수차례 마음을 바꿀 것을 요청하였지만 나의 결심을 번복할 수는 없었다. 성도들은 사랑이 변하여 원망과 증오로 변한 듯 보였다. 그래도 가라 하시면 가고 머물라 하시면 머물 수밖에 없는 주의 종의 사명이기에 부르심에 순종할 수밖에 없었다. 받은 퇴직금도 모두 헌금으로 드리고 성도들을 뒤로한 채 순종의 길로 나섰다. 빈손으로 와서 빈손으로 가는 인생을 연습하듯이 이삿짐도 대충 꾸려서 싣고 내려오는 길엔 따사로운 봄날의 햇빛과 4월의 꽃의 향기가 가득했다. 그렇게 지방의 작은 도시 평택에 내려왔다.

회복으로의 부르심

막상 평택 땅에 도착하여 평택의 성도들을 돌아보니, 교회 설립자인 초대 목사님을 따르던 성도들과 2대 목사님을 따르던 성도들 사이에서 그리 크진 않지만 좋지 않은 목소리들이 오가고 있었다. 일반 신자들도 적지 않게 상처들을 받고 있음을 영적으로 알 수 있었다. 어려움과 문제들이 파악되자 나는 그 문제를 놓고 다시 한 번 하나님께 울부짖었다. 낮에는 대심방을 다니며 상처받은 심령들을 기도와 말씀으로 위로하기 위해 열심히 뛰었고, 밤에는 예배와 기도로 인간적인 방법이 아닌 하나님의 지혜를 달라고 간구하였다.

1990년에 4월 5일, 평택으로 와서 약 두 달 동안 기도하며 매달렸더니 하나님께서는 우리 교회에 대한 비전을 설정하게 하셨다. 5차년의 계획으로 교회의 비전을 설정하되 안식년을 포함하여 7년의 주기로 정하였다. 분열되었던 성도들의 마음을 묶기 위해서 제 1차년은 "하나 되어 준비하게 하소서", 그리고 2차년은 하나

된 성도들이 행복하게 신앙생활을 할 수 있도록 요람에서 무덤까지의 슬로건을 걸고 "건축하게 하소서"라는 계획을 수립하였다. 3차년 "부흥케 하소서"에는 평택을 성시화할 수 있는 부흥을 허락하셔서 성도들에게 패역한 이 땅을 변화시키고자 하는 마음을 갖게 하고자 하였다. 4차년 "선교하게 하소서"에는 평택시의 성시화를 위한 지교회 열둘과 민족 복음화를 위한 70여 개의 교회를 세우고 세계 선교를 위한 교두보를 마련하기 위하여 세계 선교에 앞장설 수 있는 300개의 교회를 만들기를 기도하였다. 그리고 마지막으로 5차년 "빛이 되게 하소서"는 평택의 어둡고 그늘진 곳을 찾아 예수 그리스도의 섬김과 사랑을 실천하고 지도자를 세워가는, 열매 맺는 교육 사역에 주안점을 두기를 원하였다. 이렇게 5차년의 우리 교회 성장 동력안을 만들었다.

하나님께서는 사람은 절대 할 수 없는 하나님의 사업들을 구상하게 하셨다. 하나님께서 생각나게 하신 비전들을 구체화시키는 게 우선 내가 해야 할 사명이었다. 성도들의 분열되어 있는 마음을 어떻게 봉합하고 연합시킬 수 있을까? 답은 하나였다. 성령님의 은혜였다. 성령님이 역사하시는 화해와 섬김과 회복밖에 다른 방법은 없었다. 그 방법으로 연합수련회를 선택하였다. 강원도 군부대에 있는 휴양소에서 분대형 막사들과 중대형 막사 몇 동을 빌려서 설치한 후 분열의 상처로 인하여 고생했던 성도들을 같은 텐트에서 숙식하게 했다. 오전에는 그들이 같은 공간에서 대화하고 부딪치며 연합할 수 있는 프로그램들을 준비하였다. 저녁에는 말씀을 통하여 그들을 깨우려 애를 썼다. 그때 예배를 드리면서 성도들에게 이제 광야 길로 가자고 선포하며 주문했다. 이스라엘 백성들이 애굽을 떠나 가나안 땅에 들어가기 위해 40년간의 광야생활을 통해 가나안 입성의 청사진을 그리며 소원하는 마음을 가졌던 것처럼 우리 또한 하나 되어 준비하면서 새로운 비전에 대하여 기대하고 소망하도록 그런 마음을 성도들에게 심어 주었다. 발을 맞추어서 5차년 목회 종합 계획을 성도들에게 공표하였다. 기도의 동역자가 되어 함께 기적의 주인공이 되어 보자고 소리 높여 간절히 외쳤다.

나의 지나온 목회에서 하나님의 뜻을 이루는 길은 결코 평탄하지 않았다. 하지만 하나님께서 하시는 일에 방해의 장벽은 존재하지 않는다. 새 성전의 필요성과 하나님의 개입하심을 느낀 성도들의 헌신으로 7차에 걸쳐 동삭동의 황량한 들판에 비전의 성전과 전당을 세울 3,300평의 대지를 구입할 수 있었다. 지면상으로 다 담지 못할 갖가지 은혜와 간증의 사건들이 이루어졌다.

비전으로의 부르심

3,300평의 성전 부지를 마련하고 성전 건축을 이야기하였을 때 다들 나보고 허황된 이야기라고 하였다. 그때 교회가 가진 돈이라고는 4천만 원밖에 없었는데, 60억 원짜리의 공사를 시작한다고 하니, 절대 할 수 없다며 성도들이 극구 만류하고 나섰다. 심지어 성전 건축이 되면 손에 장을 지진다는 교인들도 있었다. 성전 건축이 내 안목과 개인적인 구상이었다면 이 일은 절대 인간적인 이

성으로는 이루어질 수가 없었을 것이다. 그러나 나에게 계획을 알게 하시고 성전 건축에 대한 소망을 여러 통로를 통해 알게 하신 하나님만 의지하고 불도저처럼 밀고 나갔다. 성전을 건축하였던 다른 모든 교회들이 마찬가지였겠지만, 성전을 건축하기까지의 과정들을 어떻게 이 짧은 지면에 표현할 수가 있겠는가. 하지만 우리는 2003년에 계획했던 60억 공사가 아닌 100억에 이르는 공사를 마치고 입당하게 되었다.

입당하는 순간 나는 울지 않을 수 없었다. 그간 겪었던 마음고생에서 흘린 눈물은 결단코 아니었다. 신체적으로 원래 간장이 약해서 금식하면 죽을 수도 있는 체질이라고 의사들이 만류하였지만 월 5만 7천 원을 입금하는 생명보험을 들어 놓고 21일 금식기도를 감행한 일도 있었다. 그때 겪었던 연단을 조금이나마 표현할 수 있을지 모르겠다. 내가 눈물을 흘린 이유는 따로 있었다. 지금까지 경험했던 하나님의 살아 계심을 다시 한 번 체험했기 때문이었다. 그 누구를 통해서가 아니라 추악하고 허랑방탕하게 살았던 나를 택하셔서 주의 종으로 삼고 사용하시어 이 기적들을 이루게 하심에 참으로 감사했다.

그 순간 떠오르는 사람들이 있었다. 갖은 고난을 겪으면서 눈물의 기도와 물질로 협조해 주신 성도들과 나의 아내였다. 나에 대한 사랑만으로 내조자라는 큰 직분을 감당하면서 가졌을 마음고생과 상처들이 있었을 것이다. 나야 본래 받은 소명이라 나 혼자 감당하고 하나님께 울부짖으며 주께 토해내며 위로받으면 된다. 그러나 순박하기 그지없는 여인으로 주의 종의 길이 무엇인지 깊이 인식하지도 못한 채 결혼하자마자 최전방인 경기도 파주의 파평산 기슭의 천현순복음교회로부터 시작해서 그 긴 시간 동안, 내성적인 성격이라 어려움과 힘겨움을 표현도 제대로 하지 못했을 것이다. 미아리 산동네에서, 또 평택 땅에서 교회가 건축이 되기까지 수많은 성도들의 소리를 가슴으로 듣고 묻고 울어야 했던 아내 생각이 났다. 그래도 전을 건축하기 전 100분의 1은 있어야 한다며 넉넉지 못한 사례비에 힘들었을 텐데 은행에서 2천만 원을 융자받아 선뜻 내밀던 아내에 대한 미안함과 고마움으로 가득했다.

기묘하시고 정확하신 하나님의 계획에 더욱 놀랐던 것은, 이렇게 아름다운 전을 건축하고 조용기 목사님을 모시고 입당 예배를 드린 2003년 5월 30일이 바로 나의 2차년 목회 계획인 "건축하게 하소서"가 끝나는 날이었다는 것이다. 날짜를 일부러 맞추려고 한 것도 아니고, 모든 마무리 공사와 조용기 목사님의 스케줄이 되는 시간들을 종합하여 입당예배 날짜를 잡은 것인데……. 하나님께서 계획하신 계획들에는 빈틈이 없음을 나는 체험할 수가 있었다.

현재는 입당을 하고 난 후 3차년인 '부흥케 하소서'의 계획에 맞추어 하나님께서 일하심을 매주 지켜보며 감사하게 사역에 임하며 행복한 목회를 하고 있다. 앞으로 3차년, 4차년, 5차년 계획들도 하나님께서 앞서 일하셨던 것처럼 역사하실 줄 나는 강하게 믿는다. 이 모든 것을 사람의 힘으로는 절대 할 수가 없다. 하나님이 하시는 사역들이기 때문이다.

하나님으로부터의 부르심

목회 30여 년을 돌이켜보면서, 나를 돌아보고 나와 함께 일하셨던 성령님의 역사를 추억해 보았다.

신명기 34장에 등장하는 모세의 모습이 떠올랐다. 가나안 입성 전 느보 산 꼭대기에 올라서서 그 힘든 광야의 세월을 마치고 하나님께서 허락하신 산지들을 둘러보았을 때 모세의 심정이 나와 같지 아니했을까? 천현순복음교회, 동산교회를 거치면서 언제나 나는 하나님께서 가라 하시면 갔고, 멈추어 서라 하시면 멈추어 섰다. 그 힘들고 고된, 어찌 보면 인간의 행함과 의를 자랑할 수 있었던 그 순간들마다 하나님께서는 나에게 더 큰 비전을 향해 현재 쥐고 있는 분깃을 내려놓게 하시고, 더 큰 파도를 만날 준비를 하게 하셨다. 이러한 성령 하나님을 바라보면 느보 산 꼭대기에 올라서서 잠잠히 시선을 이동하며 열방들을 바라보았던 모세의 모습을 감히 나의 모습과 비견해 보게 된다.

나는 살면서 한 가지 원칙을 가지고 목회를 한다. 성도들에게도 계속 강조하는 '주 안에서 문제란 존재하지 않는다. 문제가 아닌 문제를 문제시하는 것이 문제이다' 라는 것이다. 맞다! 하나님이 우리를 창조하시고 각자에게 계획과 비전을 허락하셨다. 그러한 것들을 하나님을 의지함으로 성취해 나갈 때에, 이성으로는 이해하기 힘든 상황들이 다가올 수도 있을 것이다. 때로는 물질적, 인간적 환경들 속에서 고민하기도 한다. 그러나 분명한 것은, 그러한 모든 것의 배후에서 하나님이 성취하신다는 것이다. 많은 크리스천들이 수백 번, 수만 번 들었던 이러한 이야기들이 단순히 들음과 앎에서 멈추지 않고 가슴속에 분명하게 심겨져 있다면 이 세상에는 어떠한 문제도 존재할 수가 없을 것이다. 존 웨슬리가 말했다. "세계는 나의 교구이다." 나는 이렇게 말한다. "세계는 나의 사역지다." 이것은 성공지향적이고 개념적인 비전이 결코 아니다. 이것은 하나님께서 나에게 허락하신 비전의 높이와 깊이일 뿐이다.

나는 목회를 42.195킬로미터를 뛰는 마라톤 선수들과 빗대어 생각한다. 맨몸뚱이 하나로 때로는 오르막길을, 또 그에 상응하는 내리막길을 만난다. 또한 굽이진 길로 돌아갈 수도 있고, 예상치 못한 코스 앞에 주저앉고 싶을 때도 있을 것이다. 달리다가 나보다 앞서 뛰는 선수들을 발견하고 부러움과 그들처럼 뛰고 싶다는 생각에 무리하게 힘을 소진할 수도 있을 것이다. 하지만 분명한 것은 높은 순위에 오르고 싶다는 동기도 있겠지만, 그들에게는 먼저 마라톤 선수로서 부여받은 완주에 더 기본적인 목적이 있을 것이다. 현대를 살아가는 많은 목회자들이 이러한 함정에 빠져 있다. 목회는 남들과 비교하는 것이 아니다. 받은 소명을 성령님과 함께 완주하는 것이 무엇보다 중요한 목표라 할 수 있다. 겉으로 보면 지루한 것 같지만 속을 가만히 들여다보면 구름과 시원한 바람으로 함께 뛰시는 성령님의 동행 여정이다.

나는 현상보다는 본질의 목회를 추구하는 목회자이고 싶다. 이 부족한 종이 한 가지 확실하게 이야기할 수 있는 것은, 우리가 사람을 바라보지 않고 하나님이 주시는 소원함으로 진정으로 간구하고 기도한다면 그 어떠한 형태의 목회도 이룰 수가 있다는 것이다. 이것은 나와 함께 일하셨던 성령님에 대한 간증이다. 대신 잃으면 안 되는 것이 있다. 바로 목회자로서 또 소명자로서 받은 영혼 사랑에 대한 분명한 이해와 사랑과 열정이다.

―강헌식(평택순복음교회 담임목사)

부활의 능력을 몸으로 체험한 김봉준 목사

두 번의 죽음을 딛고

저는 두 번의 죽을 고비를 통해 예수님을 만났습니다. 첫 번째 죽음을 경험하면서 주의 종으로서 새 삶을 하나님께 전적으로 헌신할 수 있게 되었고, 두 번째 죽음을 체험하면서 하나님께서 사용하고 계신다는 믿음의 확신과 열정을 얻을 수 있었습니다.

첫 번째 죽음의 위기는 군대에서 일어난 폭발 사고였습니다. 제가 속한 부대는 최전방에 위치하여 수색과 매복을 담당하고 있었습니다. 그날도 평상시와 똑같이 야간 수색 작전에 투입되어 임무를 수행하던 중 갑자기 수색로에 묻혀 있던 지뢰가 폭발했습니다. 작전 수행 중이던 부대원 12명 중에 11명이 현장에서 즉사하고, 저는 오른쪽 다리에 심각한 부상을 입고 혼수상태에 빠졌습니다. 사고 다음 날 발견된 저는 긴급 후송되었지만 3주 동안 의식을 되찾지 못하고 있었습니다. 하지만 저는 3주간의 혼수상태 동안 살아 계신 예수님을 만나는 체험을 했습니다. 이 체험 이후 저는 의식을 회복하기 시작하였고, 예수님께서 저를 살리셨음을 깨닫게 되었습니다.

그 후 저의 삶은 완전히 변했습니다. 입원 중인 병원에서 금식을 하면서 기도 생활에 열심을 내었습니다. 또한 성령세례를 받고 이 사고가 주님께서 저를 사용하시기 위한 부르심이었음을 깨달았습니다. 사고 이후 부대에 복귀하면서 군종병으로 발령이 났습니다. 신학이라고는 전혀 하지 않은 제가 군교회의 군종 전도사로서 사역을 하면서 신앙적 훈련을 받게 되었습니다.

두 번째 죽음의 위기는 제가 여의도순복음교회의 지교회 담임목사로 사역을 한창 감당하고 있을 때 찾아왔습니다. 조용기 목사님을 도와 열심히 목회에 전념하던 중 뜻하지 않은 병마가 저를 덮쳤습니다. 저는 평소 건강에 상당히 자신이 있었습니다. 태권도와 유도 유단자였고 평소 각종 운동들을 즐겼습니다. 그리고 제가 쓰러지기 전에 건강검진을 받았을 때도 혈압이나 심혈관 및 각종 검사에서 이상이 없었습니다. 그런데 어느 날 교회에서 퇴근하여 집에 왔을 때 갑자기 쓰러지며 의식을 잃고 말았습니다. 아내는 제가 쓰러져 꼼짝도 못하자 119 구급대를 불러 여의도 집에서 가까운 종합병원 응급실에 입원시켰습니다. 그때 의사는 과로로 인한 뇌혈관 파손, 즉 뇌출혈이라고 진단했습니다. 이어서 15분 후 뇌동맥이 파열되어서 의사들은 더 이상 손을 쓸 수 없다며 장례를 준비하라고 했습니다. 죽기만을 기다리는 신세가 된 것입니다.

그렇게 며칠을 지냈는데, 그때 제 영은 몸을 빠져나와 제 육신을 보았습니다. 제 발치 아래에 어떤 환자가 얼굴이 풍선처럼 부어올라 누워 있는데, 제 아내가 미국에서 급하게 귀국한 아들과 함께 그 환자 옆에서 울고 있었습니다. 그 환자는 바로 저였습니다. 그러고는 환한 빛이 갑자기 저를 감싸면서 천국의 모습을 보고 올 수 있었습니다. 짧은 지면에 천국에서 경험한 모든 것들을 설명할 수는 없지만, 제가 보고 듣고 온 것은 성경에서 묘사한 그대로였습니다. 이 놀라운 광경 속에서 돌아가기가 아쉬워 발길을 차마 돌리지 못하고 있는데 저 멀리서 제 딸아이가 풍선처럼 부풀어 오른 제 얼굴에 볼을 비비며 울고 있는 것이 보였습니다. 순간 '여기서 머물면 나는 행복하지만 내 가족은 누가 돌보나?' 하는 생각이 들었습니다. '불쌍한 사람들······.' 이런 생각이 제 머릿속에 떠오르면서 저는 하나님께 기도하기 시작했습니다.

제가 이렇게 천국을 경험하고 있는 동안 제 가족과 지인들의 마음고생은 이루 말할 수 없었습니다. 나중에 아내에게 듣기로는 조용기 목사님 역시 마찬가지였다고 합니다. 제가 뇌출혈로 갑자기 쓰러졌다는 보고를 받은 조 목사님은 그날의 모든 일정을 취소하고 저를 방문하셨습니다. 그리고 그 후에도 몇 번이나 더 저를 방문하셨고, 주일 대예배 설교를 마치고 성도들에게 "김봉준 목사의 생명은 이제 우리의 손을 떠났고 하나님 손에 맡겨졌으니 우리 같이 기도합시다"라고 광고하며 전 성도의 기도를 요청하기도 하셨습니다. 조 목사님이 대예배 시간에 개인적으로 중보기도를 부탁하신 것은 수십 년 목회 사역에 처음 있는 일이라 성도들도 깜짝 놀랐다고 합니다. 그만큼 많은 분들이 저를 위해 기도의 밑불을 붙이고 기도해 주셨습니다.

 기도의 전폭적인 후원 속에 조용기 목사님은 다시 저를 방문하셨습니다. 승용차 안에서 기도하시던 중 성령의 음성을 듣고 목사님께서는 병원으로 급히 차를 돌려 중환자실로 오시더니 누워 있는 저를 두고 "기도합시다"라고 말씀하셨습니다. 그러자 의식이 없는 제가 갑자기 두 손을 모으고 기도를 받을 준비를 했습니다. 이 모습에 모두들 깜짝 놀라며 그때부터 새로운 기대를 품기 시작했습니다. 그런데 더 놀라운 것은 목사님이 저를 위해 "주의 종을 살려 주십시오"라고 기도를 할 때마다 의식도 없던 제가 "아멘, 아멘" 하며 그 기도를 받아들였다는 것입니다.

 목사님이 돌아가신 후부터 놀랍게도 터졌던 혈관의 피가 서서히 멈추기 시작했습니다. 장례를 준비해야 한다던 의사들도 제 상태를 살펴보면서 혈관의 피가 완전히 멈추면 수술 가능성이 생기니 좀더 두고 보자고 말했습니다. 곧이어 혈관의 피가 완전히 멈추었고 풍선처럼 부풀어 올랐던 제 얼굴도 서서히 가라앉기 시작했습니다. 저의 회복에 의사들도 놀라워하며 수술을 하였고, 이후에 완전히 회복될 수 있었습니다.

 수술 이후 하루가 다르게 회복되어 가는 제 모습에 담당 주치의도 매우 놀랐습니다. 그 의사의 말에 의하면 뇌동맥 파열로 끊어져 버린 동맥을 잇기 위하여 수술을 하였는데, 이미 끊어져 버린 두 동맥 옆에 우회로처럼 새로운 핏줄이 자연적으로 자라나 연결되어 있었다고 합니다. 병원장이었던 담당 주치의는 이제껏 3천 명을 수술하였지만 이런 일은 본 적도 없으며 정말 기적과 같은 일이라고 말했습니다. 놀라워하는 의사에게 저는 "그 핏줄은 성도들이 저를 위해 기도해 주었기 때문에 하나님께서 직접 뇌 속에 새로운 핏줄을 하나 만들어 주신 것입니다"라고 고백했습니다. 그러자 그 의사도 제 말에 맞장구를 치면서 "저도 그것을 믿습니다. 저는 천주교 신자이지만 그런 기적을 베푸시는 순복음의 하나님은 정말 못 말리는 분이시네요"라고 말해 웃음바다가 되기도 했습니다.

이 일을 계기로 저는 하나님 나라에 대한 변치 않는 확신과 이 간증을 사람들에게 널리 알려야 한다는 불타는 열정 속에서 지금까지 아무 후유증 없이 건강하게 살아가고 있습니다.

세상 성공을 내려놓고

할아버지, 아버지께서 장로님이셨기에 저희 집안은 모두가 교회 생활에 열심을 다했습니다. 또한 어릴 적부터 신앙생활에 열심이신 부모님께 양육받으며 신앙을 키워 나갈 수 있었습니다. 고등학교에 진학하면서 저는 서울로 올라오게 되었습니다. 아버지께서는 저를 보내시면서 서울 생활 속에서 제가 자칫 신앙생활을 멀리할까 걱정을 많이 하셨습니다. 그래서 저를 당시 가장 뜨겁다고 소문난 서대문순복음교회에 출석시키기로 결심하셨습니다. 그리하여 장로교회에서 신앙생활을 하던 제가 순복음교회와 인연을 맺게 되었습니다. 하지만 갓 상경한 제가 서울 사람들 속에서 생활하는 것은 그리 만만치 않은 일이었습니다. 결국 고등부 학생들과 잘 어울리지 못하고 성인 예배에 참석하면서 '나 홀로 신앙생활'에 만족하고 있었습니다.

하지만 군대에서 겪은 경험 이후에는 교회 생활도 크게 변화되었습니다. 저는 좀더 적극적으로 교회를 다니기 위해 교회학교 교사로 봉사하며 신학교에 편입하였습니다. 그렇게 성실히 신앙생활과 공부로 하루하루를 보냈습니다.

저는 일찍이 대학 졸업 후 남들이 부러워할 만한 좋은 직장에 취직하였습니다. 그러다가 주의 종으로 부르시는 하나님의 음성을 듣게 되었습니다. 어릴 때부터 공부를 곧잘 했기 때문에 고등학교와 대학교를 모두 차석으로 입학하였습니다. 그래서인지 사회생활을 통하여 성공하고 싶은 욕망이 제 마음속에 꿈틀거리고 있었습니다. 회사에서도 제 능력을 인정하고는 제게 외국 유학을 제안했습니다. 유학을 끝나고 돌아왔을 때는 더 좋은 자리로 승진시켜 주겠다며 파격적인 조건을 제시했습니다.

이런 상황 속에서 처음에는 하나님의 부르심을 외면하기도 했습니다. 그런 제게 하나님께서는 계속해서 찬송과 꿈을 통해 목회자의 길을 걷도록 말씀하셨습니다. 점차 제 마음에는 하나님이 주시는 확신이 자리 잡기 시작했습니다. 만약 군대에서 겪은 죽음의 경험이 없었다면 끝까지 하나님의 부르심을 외면할 수도 있었겠지만 죽음을 통해 이미 세상의 욕심을 어느 정도 내려놓을 수 있었습니다. 그렇게 저는 주님의 길을 걷기 위해 세상 성공을 포기하고 순복음신학교에 3학년으로 편입하여 사역자의 길을 걷게 되었습니다.

이러한 저의 결심을 주님께서는 어여삐 여기셨는지 여의도순복음교회에서 사역할 수 있는 길을 열어 주셨습니다. 지금의 국제신학연구원의 전신인 순복음교육연구소에서 실장, 부소장, 소장으로 근무 후에 강남 대교구장, 청년국장, 강남 제2교회 담임, 교무 담당 부목사까지 모든 부서를 거치면서 훈련받을 수 있도록 하셨고, 그 후에는 이영훈 목사의 뒤를 이어 동경순복음교회 담임목사로서 사역할 수 있는 기회까지 얻게 되었습니다.

조용기 목사님의 설교를 내 것으로

연구소에서 사역하면서 맡게 된 임무 중 하나가 당시 기독교방송에 나가는 조 목사님의 10분 설교를 준비하는 것이었습니다. 10분 설교는, 저희가 조 목사님이 이전에 하셨던 주일 설교를 요약한 다음 방송에 적합한 구어체로 바꾸면 목사님이 그것을 가지고 방송 녹음을 하는 것이었습니다. 만약 저희가 요약한 내용이 적절치 못하거나 영성이 조금이라도 맞지 않으면 목사님은 그 자리에서 방송을 중단하실 정도로 10분 설교의 내용을 철저하게 검토하셨습니다. 그러다 보니 저 역시 설교를 요약하기 위해서는 엄청난 노력이 필요했습니다. 조 목사님의 설교를 요약하기 전에는 목사님과 영적 주파수를 맞추기 위해 항상 두 시간씩 기도하여 영적으로 충만한 상태에서 설교문을 요약했습니다. 이 작업을 6년간 지속하다 보니 자연스럽게 저는 조 목사님의 설교의 핵심을 그대로 이어받을 수 있게 되었습니다.

제가 이 과정에서 배운 것이 아주 많기에 저 역시 한세대학교 신학대학원에서 설교학 교수로 학생들을 가르칠 때 이 방법을 쓰곤 합니다. 즉 조용기 목사님의 설교를 10분 분량으로 요약한 다음, 다시 이것을 가지고 자신의 설교로 늘리는 것입니다. 자신의 언어로, 자신의 예화를 활용하여, 자신이 자주 사용하는 단어로 설교문을 작성토록 하는 것입니다. 이러한 훈련을 지속적으로 하면 설교의 내용에는 순복음의 정수를 고스란히 담고, 스타일에서는 설교자 개인을 그대로 살릴 수 있는 설교문을 작성할 수 있습니다. 목사님들과 소그룹 리더, 구역장들 중 설교를 어떻게 해야 할 것인가로 부담을 많이 느끼는 분을 보면 이 방법을 권하곤 합니다. 목사님의 설교 내용을 요약한 다음 다시 자신의 언어로 표현해 보는 훈련을 반복한다면 분명 설교에 자신감이 생기고, 좋은 설교를 작성할 수 있을 것이라 확신합니다.

또 설교를 위해서는 항상 기도의 불을 이어가야 합니다. 이것 역시 조용기 목사님을 통해 배웠습니다. 저는 여의도순복음교회 대성전에 조 목사님 다음으로 강단에 많이 선 제자 목사라고 생각합니다. 조용기 목사님이 수십 년 동안 설교하시던 주일 4부 설교를 이어받아 하기도 했으며, 조 목사님 해외 출장 시에는 주일예배와 수요예배, 금요 철야예배를 대신 맡아서 설교하기도 하였습니다.

예배에서 사회 보는 것을 쉽게 생각하는 분들도 있지만, 실제로 사회는 상당히 중요한 일입니다. 사회자가 너무 튀어 설교자를 가려서도 안 되고 또한 사회자가 너무 수준 이하여서 설교자에게 누가 되어서도 안 되기 때문입니다. 즉, 설교자는 하나님의 말씀을 선포하는 신성한 사역을 수행하기 때문에, 사회자는 항상 '그는 성하여야겠고 나는 쇠하여야겠다'는 심정으로 준비를 해야 합니다. 그래서 저는 항상 사회의 정도를 걷기 위해 강단에 서기 전 두 시간씩 기도로 준비를 했습니다. 이것은 조 목사님께서 항상 강단에 서시기 위해 세 시간씩 기도로 준비하시는 모습을 보면서 나름대로 제 사역에 적용한 것입니다.

청년국장이 된 저는 1만 명이 들어가는 대성전에서 청년 찬양예배 설교를 담당하게 되었습니다. 대성전의 예배는 성도들이 항상 준비된 마음으로 참석하기 때문에 기도 없이 올라서면 영적인 힘에 눌려 목이 잠기고 중언부언할 수 있다는 것을 깨달았습니다. 많은 성도들 앞에서 설교하기 위해서는 완벽한 설교문을 작성하는 것 이상으로 그만큼 차고 넘치는 기도로 설교를 준비해야 한다는 것을 느꼈습니다. 그래서 대성전 설교를 맡게 되면서부터는 기도 시간을 한 시간 더 늘려 조 목사님과 똑같이 세 시간씩 기도한 뒤 강단에 올라서는 것을 원칙으로 삼았습니다.

사자도 토끼를 잡기 위해서 목숨 걸고 뛴다

조용기 목사님을 모시면서 제가 꼭 배워야겠다고 생각한 것이 바로 설교입니다. 신학교를 다닐 때에는 저도 여러 은사들을 사모했었습니다. 위대한 설교자가 되고 싶기도 했고, 신유의 은사를 받아 치유의 사도가 되고 싶기도 했고, 박사 학위를 받아 교수가 되고 싶기도 했습니다. 그러나 성령님께서 그 모든 기도들을 하나로 모아 주시는데, 그것이 바로 하나님 말씀을 잘 전하는 설교자가 되는 것이었습니다. 그래서 저는 훌륭한 설교자가 되기 위해 제가 궁금한 사항이 있을 때마다 목사님이 편안하게 쉬고 계실 때 한 가지씩 물어보아 배워 갔습니다. 당시 제가 배운 조 목사님의 설교는 기도와 철저한 준비, 그리고 올바른 설교입니다.

훌륭한 설교자가 되기 위해 가장 중요한 것은 바로 '성령과 기도'입니다. 조 목사님이 설교를 위해 그 전날 기도원에 올라가서 하루 종일 기도하시고도 주일 아침 설교 직전까지 세 시간 정도 기도하시는 것은 잘 알려져 있습니다. 그런데 제가 목사님을 곁에서 보면, 목사님은 강단에 서시기 직전까지 매번 간절히 기도하고 계셨습니다. 그래서 제가 한번은 이렇게 물었습니다.

"목사님, 꼭 그렇게까지 기도하셔야 합니까?"

목사님이 듣기에 황당한 질문일 수도 있었을 텐데, 목사님은 제가 이해하기 쉽게 설명해 주셨습니다.

"사자는 토끼 한 마리를 잡기 위해서 목숨 걸고 뛰어가 잡지 않는가. 설교자 역시 설교를 할 때는 반드시 목숨을 걸고 한 영혼이라도 구원하고 회복시키기 위해 최선을 다해야 하는 것이네."

이때 저는 큰 감동과 깨달음을 얻었습니다. 설교란 내 목숨을 걸고 성령께 끝까지 매달려야 하는 일이라는 것을 가슴에 새기고 지금까지 그러한 심정으로 강단에 서고 있습니다.

다음으로 훌륭한 설교자는 '준비된 설교자' 라 할 수 있습니다. 목회자들의 대부분은 토요일에 설교문을 작성합니다. 그런데 저는 교무담당 부목사로 사역하면서 조 목사님이 그 전 주 화요일에 설교문을 이미 다 작성해서 통역실로 보내는 것을 보았습니다. 저는 참으로 놀라워 이렇게 물었습니다.

"목사님, 설교를 참 일찍 작성하시네요?"

목사님의 대답은 저를 더욱 놀라게 했습니다.

"그럼, 난 이미 다음 다음 주 설교까지 다 준비되어 있네."

그러면서 덧붙이시는 말씀이, 설교문을 늦게 작성하는 것은 나쁜 습관이며, 설교는 최소 한 주 정도 일찍 작성한 다음에 일주일 동안 충분히 묵상하며 설교문을 다듬어 가야 한다고 하셨습니다. 다시 말해, 미리 작성한 설교문을 가지고 목회자가 한 주 동안 새로운 이슈들을 설교에 보충하고 또한 기도하면서 그 내용을 조금씩 뜸들여 나가야 한다는 것입니다.

마지막으로 훌륭한 설교자는 설교를 잘하는 설교자가 아니라 '바른 설교' 를 하는 사람입니다. 저는 설교를 잘하려는 욕심에 조 목사님의 설교를 많이 연구하였습니다. 그러다 발견한 것은, 설교를 잘하는 것은 설교자만 영광을 받게 하지만 바른 설교는 바로 하나님께서 영광을 받으시도록 한다는 것이었습니다. 조 목사님은 설교를 하실 때도 설교문을 똑바로 정리하면서 설교를 하시는데, 그 작은 행동 하나에서 저는 하나님 말씀에 대한 목사님의 진지함을 느낄 수 있었습니다. 반면 저는 부끄럽게도 때로는 성도들의 눈치를 보면서 설교를 하기도 했습니다. 하지만 지속적으로 조 목사님의 바른 태도와 바른 설교를 통해서 올바른 설교자의 모습을 정립하게 되었고, 지금은 잘한 설교로 칭찬받기보다는 모두에게 바른 설교를 하기 위해 노력하고 있습니다.

하나님이 내게 허락하신 사역지 '구로'

저는 구로순복음교회에 부임하기 5년 전부터 개척을 생각해 왔습니다. 개척을 생각하게 된 결정적인 계기는 친한 선배 목사님이 저에게 "하나님께 100명만 달라고 기도하라"는 말씀을 해주었기 때문입니다. 그 말을 믿고 하나님께 개척을 위해 100명의 사람을 보내 달라고 기도를 하기 시작했습니다. 강남 제2교회 담임의 임명장을 받을 때도 100명을 위해 기도했고, 부목사 임명장을 받을 때도 100명을 위해 기도했습니다. 조 목사님을 뵐 때면 개척지에 보낼 사람이 없으면 절 보내 달라고 말씀을 드리기도 했습니다. 이렇게 5년을 기도하자 하나님께서는 지금의 구로순복음교회를 허락하셨습니다.

구로순복음교회는 짧지 않은 역사를 지닌 교회였지만, 순복음교회라고 하기엔 성령운동이 미약하고 침체된 교회였습니다. 담임목회자의 은퇴와 맞물려 후임자를 선정하지 못해 갈등을 겪고는 제가 이곳으로 부임한 것이었습니다. 제가 온 후 교세를 확인하니 출석 성도 260명의 교회였습니다. 큰 교회가 아니었지만 100명을 놓고 기도했던 5년을 생각하면 주님께서 100명의 두 배가 훨씬 넘는 성도를 보내 주신 것에 감사할 수밖에 없었습니다. 더욱이 서울에서 교회 건물까지 갖춘 교회로 부임하여 성전 건축에 대한 부담감도 덜 수 있어 여러모로 하나님의 응답하심에 감사로 헌신해야겠다는 다짐을 했습니다.

더욱 감사한 것은, 저는 기존 교회의 담임목사로 부임하면서 겪는 후임자의 어려움을 크게 겪지 않았다는 것입니다. 이 교회의 장로님들은 물론 성도들도 다들 양같이 순하신 분들로서 저를 믿고 지지해 주셨기에, 저는 적응 기간을 짧게 거치고 목회에 전념할 수 있었습니다. 저는 4년 반 동안 교회 부흥을 위하여 성령운동에 초점을 맞추어 목회를 감당하였고, 지금은 제가 부임했을 때보다 출석 성도나 재정 모두 상상을 초월할 정도로 성장에 성장을 거듭하고 있습니다.

창립 50주년을 맞이하는 해인 2014년에 출석 성도 1만 명을 꿈꾸고 있습니다. 이를 위해 교회 건축을 위한 땅을 조금씩 구입해 나가고 있습니다. 그래서 50주년 기념 성전을 새로 건축하고 현 교회 자리는 청년 예배처로 사용할 비전을 갖고 있습니다. 담임목사가 이렇게 교회 부흥의 꿈을 꾸자 성도들도 같이 꿈을 꾸며 행복하게 꿈에 부푼 교회 생활을 하고 있습니다. 지금 저희 교회는 주일예배를 마친 후 장로님들이 어깨에 띠를 두르고 전도를 합니다. 이러한 열심 있는 모습을 볼 때면 저는 감격이 차오르게 됩니다. 예수님이 꾸셨던 교회 부흥의 꿈이 조 목사님에게로 그리고 저에게로 이어지고, 나아가 저희 교회 성도들에게로 흘러넘침으로써 우리 교회를 살아 움직이게 하고 있다고 믿습니다.

— 김봉준(구로순복음교회 담임목사)

나보다 앞서 행하신 하나님
장위동교회 **최창범 목사**

독실한 기독교 가정에서 태어난 저는 어려서부터 교회 마당에서 살았습니다. 외할머니가 청주 우암교회(구 외덕교회) 여전도사님으로 계셨기 때문에 방학이 되면 교회 사택과 마당이 놀이터가 되었습니다. 어머님 역시 기도하는 분이라 교회에서 살다시피 하셨는데 어머님은 야맹증이 있으셔서 밤에 교회를 가려고 할 때는 늘 나를 길잡이로 삼아 데리고 다니셨습니다. 그래서 어려서부터 새벽기도를 다니게 되었고 온갖 부흥집회를 따라다녔습니다. 나중에 커서 어머님께 물어보았습니다.

"삼형제가 있었는데 왜 나만 데리고 다니셨어요?"

그러자 어머님이 좀 미안한 표정을 지으시면서 "네 형은 공부를 열심히 하니 몸이 고단할 것 같아 못 데리고 다녔고, 네 동생은 몸이 약해서 못 데리고 다녔다"고 하셨습니다. 돌이켜보면 어릴 때 밤 집회와 새벽예배를 따라다니는 것이 힘은 들었지만 그 시절에 하나님께서 나에게 폭포수와 같은 은혜를 부어주셔서 오늘의 내가 있게 한 것 같습니다. 지나고 보니 모든 것이 감사할 따름입니다.

1. 강원도 탈출하기

저의 아버지는 초등학교 교사이셨습니다. 대구와 경북지역에서 초등학교 교감으로 일하시던 아버지가 어느 날 갑자기 강원도 평창으로 임지를 옮기시는 바람에 온 가족이 낯선 타향으로 이주하게 되었습니다. 저도 대구에서 중학교를 다니다가 졸지에 전기불도 안 들어오는 시골로 따라가게 되었고 그때부터 혼란스러운 청소년기를 보내게 되었습니다. 고등학교에 진학해보니 국어, 영어, 수학은 잘 가르치지 않았고 그 시간에는 학교 농장에 나가 일을 하는 것이 공부였습니다. 음악과 미술은 선생님이 없어서 배우지 못했습니다. 엎친 데 덮친 격으로 아버지는 제가 고등학교 일학년 때 갑자기 고혈압으로 돌아가셨습니다. 아버지가 돌아가신 후 가정형편이 어려워지며 대학 진학은 생각도 하지 못하게 되었습니다. 그때부터 저는 방황하는 인생이 되었습니다.

고등학교를 졸업하고 몇 달 동안 집에서 놀다가 이렇게 살아서는 안 되겠다는 생각을 하고 어머니에게 30만 원만 달라고 했습니다. 어머님이 뭘 하려느냐고 물으셔서 서울에 가려고 한다고 했습니다. 서울에는 아무 연고도 없었지만 강원도를 떠나야겠다는 한 가지 생각으로 어머니를 졸랐는데, 놀랍게도 어머님이 30만 원을 만들어주셨습니다. 1973년에 30만 원을 가지고 서울에 올라와보니 연희동 산동네에 있는 판자촌의 단칸방 월세가 8천 원 했습니다. 그때부터 고달픈 서울생활이 시작되었습니다. 고등학교를 졸업하고 강원도를 떠나온 후 가끔 다니러 갈 때를 제외하고는 다시 돌아가지 않았습니다. 저는 내 인생의 길을 열어야겠다는 한 가지 생각으로 버티어나갔습니다. 철부지 20살 난 아들을 믿고 종자돈을 주신 어머니가 있어서 나는 오늘과 같이 목사의 길을 걷게 되었습니다.

객지생활은 너무나 고달프고 힘들었습니다. 어떤 때는 버스 탈 토큰 하나가 없어서 용산에서 영등포까지 걸어간 적도 있었습니다. 대학에 가려고 공부를 할 때에는 하루에 3시간 이상 잠을 자지 못했기 때문에 세수하려고 엎드리기만 하면 코피가 흘렀으며, 온갖 허드렛일을 하면서 어려운 시절을 보냈습니다. 그랬더니 하나님께서 은혜를 베풀어주셔서 길을 열어주셨고 내가 노력한 것보다 더 좋은 결과를 주셨습니다.

강원도를 떠난 지 25년 만에 중학교 동창들을 만났습니다. 얼굴에는 옛날 모습이 있는데 모두가 중년의 나이가 되었습니다. 그중에는 예수를 믿게 된 친구들도 있었습니다. 친구들은 한결같이 제가 목사가 되었다는 것을 알고 신기해 했고 어떻게 대학을 갔는지 궁금해 했습니다. 제가 다닌 고등학교는 제 앞에 대학을 간 사람이 없었고 그 후로도 10년 동안은 대학에 간 사람이 없었습니다. 동창회를 마치고 헤어지는데 친구 하나가 제게 와서 "넌 학교 다닐 때도 뭔가 우리하고 달랐어"라고 말했습니다. 돌아오는 길에 '뭐가 달랐을까?' 혼자서 생각해 보았습니다.

저도 청소년 시절에는 다른 친구들과 다를 바 없이 말썽을 많이 부렸습니다. 답답한 시골, 배울 것이 없는 학교, 어떤 희망도 찾아볼 수 없는 땅에 내가 살고 있다는 사실 때문에 불만이 가득했던 것 같습니다. 그래도 친구들과 한 가지 달랐던 것은 신앙이 있었다는 것입니다. 강원도 평창은 불교가 강한 지역이었는데 우리 가정은 예수를 믿었습니다. 어려운 시절에도 교회를 빠진 적이 없었습니다. 늘 마음의 소원을 하나님께 기도로 하소연하며 살았습니다. 돌아보니 나는 주일성수 하나를 바르게 했는데 하나님께서는 수많은 축복으로 나의 삶에 복을 주신 것입니다. 모든 것이 하나님의 은혜입니다.

2. 목회로 부르심

저는 제대 후 직장을 다니면서 1982년도에 결혼하여 안정된 신혼생활을 하고 있었습니다. 그런데 실은 몇 년 전부터 전도에 불이 붙어서 영적으로 뜨거운 상태였습니다. 한 달 하숙비가 3만 3천 원일 때 4만 5천 원짜리 메가폰을 사서 영등포역전과 시장통을 돌아다니며 노방전도를 했습니다. 어깨띠를 띠고 메가폰을 들고 시장통을 돌아다니며 전도하면서도 부끄러운 줄을 몰랐고 전철에서는 쫓겨나기도 했습니다. 너무 가슴이 뜨거워서 금요일마다 청년들과 철야기도를 했고 어떤 때는 회사를 다니면서 14일 연속철야기도회를 하기도 했습니다. 그때쯤 해서 하나님께서 나를 목회로 부르고 계신다는 소명이 들기 시작했습니다.

  본래 우리 집안에서는 제가 목회자가 되는 것이 오랜 기도제목이었습니다. 할머니와 어머니는 태중에서부터 저를 목사로 드리겠다고 하나님께 서원하고 기도하셨습니다. 저 역시 어릴 때부터 매일 목사가 되라는 기도를 듣고 자랐습니다. 그런데 강원도에 살던 청소년기에 목사님의 힘든 생활과 교회 분쟁에 시달리는 모습을 직접 보게 된 후 '나는 절대로 목사가 안 돼야겠다'고 다짐을 했었습니다. 가족들이 목사가 되라고 기도하는 것조차 싫어했습니다. 그리고는 신학과는 다른 길로 갔습니다. 그런데 하나님께서 여러 가지 통로로 나를 부르셔서 마침내 1986년 직장생활을 마감하고 장로회신학대학교 신대원에 진학함으로 목회의 길에 들어서게 하셨습니다.

3. 나를 있게 한 영적 스승들

  제 외할머니(김옥례 전도사)는 청주 우암교회에서 여전도사로 18년간 사역하시고 은퇴를 하셨습니다. 어린 시절 외할머니는 담임 목사님이신 한 빈 목사님께 늘 안수기도를 받게 하셨습니다. 대구에서 자랄 때는 신일교회를 다니면서 이성택 목사님(평안교회 원로목사)의 설교에 은혜를 받았습니다. 그리고 청년 때는 서울 시온성교회 윤길원 목사님께서 영적인 아버지가 되셔서 저를 잘 지도해 주셨습니다. 오늘 제가 균형 잡힌 목회자로 자라게 된 것은 평신도 때에 저를 신앙으로 잘 길러주신 수많은 목사님들의 가르침이 있었기 때문입니다. 이렇게 하나님께서 저에게 좋은 목자들을 만나게 해주셨습니다.

    신학을 공부하면서도 많은 교수님들로부터 갚을 수 없는 은혜를 받았습니다. 제가 신학교에 입학했을 때는 시국이 어수선하여 데모도 많았지만 마침 외국에서 학위를 마치고 모교로 돌아온 교수님들이 많아서 짧은 3년 동안 마치 스펀지가 물을 빨아들이듯이 그분들이 가르치는 것을 내 속에 차곡차곡 채워 나갔습니다. 신학대학원 3년 재학하는 동안에 평생 어떻게 신학을 공부해야 할지 방법을 배웠습니다. 그리고 목회현장에서는 한국 교회를 이끌어 가시는 훌륭한 목사님들 밑에서 목회를 배우는 특권을 누렸습니다.

    저는 교육전도사 시절을 충신교회에서 보내며 박종순 목사님의 가르침을 받았습니다. 2년 동안 그 교회에서 사역할 때 한 주도 목사님의 설교에 은혜를 받지 못한 날이 없었습니다. 저는 가끔 '다음 주에는 무슨 설교를 하실까? 오늘처럼 은혜가 없으면 어떻게 할까?' 쓸데없는 걱정까지 했습니다. 박종순 목사님은 오늘의 제 설교가 있게 한 스승이십니다. 저는 목사님에게 설교 한편 한편에 최선을 다하는 자세를 배웠습니다.

전임교역자가 되어서는 영락교회에서 임영수 목사님을 모시고 8년을 훈련받았습니다. 저는 지금도 목회적으로 어려운 일이 생기면 늘 임영수 목사님이 영락교회 당회를 이끌어가시던 모습을 생각하며 지혜를 얻고 있습니다. 임영수 목사님은 탁월한 영성과 청빈, 그리고 온유한 리더십으로 영락교회 당회를 건강하게 이끌어가셨습니다.

또 한 가지 행운은 제가 영락교회 행정목사로 시무할 때 한경직 원로목사님께서 살아 계셨기 때문에 한국 교계의 어른을 가까이에서 모시며 많은 영향을 받고 은혜도 받았다는 것입니다.

이처럼 하나님께서 저에게 은혜를 베풀어주셔서 늦게 목회를 시작했음에도 불구하고 훌륭한 목사님들을 만나 그분들을 통해 훈련받게 하시고 부족하지만 오늘의 목회를 하게 하셨습니다. 10년간의 부교역자 생활은 저를 완전히 다른 사람으로 변화시키는 계기가 되었습니다.

4. 9년간의 유럽목회

저는 신학교 다닐 때부터 임지를 정할 때 신문에 난 채용공고에 이력서를 내지 않고 청빙을 받았으면 하는 기대가 있었습니다. 그런데 하나님께서 이 소원을 들으셨는지, 지금까지 교회를 옮길 때마다 청빙을 받게 되었습니다. 영락교회에서 8년간의 부목사 사역을 마치자 이탈리아의 밀라노한인교회에서 청빙이 와 임지를 해외로 옮기게 되었습니다. 아무런 계산도 없이 새로 이끄시는 사역의 현장으로 무작정 발걸음을 옮겨 창립된 지 17년이 된 밀라노한인교회에 1996년 12월 4일에 4대 목사로 부임하였습니다. 모든 것이 생소한 타국 땅에서 담임목사 사역을 시작했는데 어려운 것이 한두 가지가 아니었습니다. 언어를 새로 배우는 일부터 자녀들의 학교 문제까지 스스로 할 수 있는 일이 없어서 교인들의 도움을 받으며 이민목회의 첫걸음을 내딛었습니다.

1) 교회 건축

밀라노한인교회는 600여 명의 교세를 가진 해외교회로 유학생 85퍼센트, 상사주재원 5퍼센트, 장기 거주자 10퍼센트의 비율로 구성된 교회입니다. 유럽의 한인교회들이 그러하듯이 교회당이 없어서 현지교회의 예배당을 빌려서 사용하고 있었습니다. 주일날이 되면 장년예배와 교회학교, 찬양대 연습과 제자훈련 등 짧은 시간에 모든 예배와 순서를 마치고 교회당을 비워주는 일은 참으로 어려운 일이었습니다. 그래서 목회의 제일 중요한 과제가 독자적인 예배당을 가지는 일이었는데 이탈리아는 가톨릭의 본산이고 개신교는 3퍼센트밖에 되지 않는 나라이기 때문에 교회 건축 자체가 쉬운 일이 아니었습니다. 그러나 저는 부임 첫해인 1997년도에 이민목회 적응과 교회 건축이라는 두 가지 목표를 세우고 사역을 시작했습니다.

아무리 교인들이 많아도 부모님에게 학비 지원을 받아 유학 중인 학생교인들과 교회를 건축하는 일은 쉬운 일이 아니었습니다. 그런데 다행히 밀라노한인교회에는 성악을 공부하러 온 유학생들이 많아서 그들과 함께 기도하면서 '성전 건축을 위한 한국 교회 순회연주'를 계획하게 되었습니다. 이 계획을 실현하기 위해서는 한국 교회의 협조를 받아야 하고, 순회연주단을 구성해야 하고, 음반을 만들어야 하고, 항공비와 체류비 등 해결해야 할 난제들이 많았지만, 수개월 동안의 준비를 통하여 드디어 40명의 대원이 6주간의 일정으로 한국 순회연주를 하게 되었습니다.

고된 순회연주의 과정이었지만 한국 교회의 사랑과 지원으로 연주 수입, 음반 판매, 건축헌금 지원 등을 통해 2억 5천만 원의 수입을 얻게 되었습니다. 이 자금이 교회 부지를 매입하는 종자돈이 되었습니다. 당시 많은 교회들이 순회연주단의 찬양과 음반 판매를 도와주셨습니다. 명성교회(김삼환 목사), 여의도순복음교회(조용기 목사), 충신교회(박종순 목사), 사랑의교회(옥한흠 목사), 지구촌교회(이동원 목사), 온누리교회(하용조 목사), 강남순복음교회(김성광 목사), 영락교회(임영수 목사), 남서울은혜교회(홍정길 목사), 광성교회(김창인 목사), 계양감리교회(최세웅 감독), 임마누엘교회(김국도 목사), 종암교회(류종상 목사), 장석교회(이용남 목사), 여전도회연합회(이연옥 권사), 그밖에도 많은 성도들과 교회에서 순회연주를 후원해주시고 격려해 주셨습니다.

순회연주를 통해 건축기금을 마련해서 부지 매매계약을 체결했는데 이듬해인 1998년 IMF 경제위기가 몰아닥쳤습니다. 본래 이민사회는 한국이 기침을 하면 몸살을 앓게 되는데 한국의 IMF는 건축 자체가 불가능할 만큼 재정적인 어려움을 주었습니다. 그러나 이미 시작한 일이기 때문에 중단할 수가 없어서 전교인들이 건축헌금을 작정하고 기도하며 건축을 추진해 나갔습니다.

유학생들은 송금 받은 학비에서 십일조와 건축헌금을 드리고 국제 콩쿠르에 입상한 학생들은 상금을 헌금으로 드리는 등 최선을 다해 교회 건축을 도왔습니다. 순회연주에 참여하지도 못하고 헌금을 드릴 만한 여력이 없는 성도들은 건축공사 현장에 나와서 막일을 하여 교회 건축에 참여했습니다. 그리고 교회 공사는 비용을 줄이려고 직영으로 운영하여 각 분야별로 이탈리아 건축업자들과 계약을 체결하여 공사를 진행시켰습니다. 이탈리아는 건축 법규가 까다로워 외국인이 건축을 하는 일이 어려웠습니다. 특히 개신교회를 건축하는 일이라서 관공서에서 협조를 잘 안 해주고 주민들도 외국인 교회가 들어온다고 민원을 제기하는 등 크고 작은 어려움이 한두 가지가 아니었습니다.

그러나 이런 어려움에도 불구하고 공사를 시작한 지 3년만인 2000년 10월 29일 감격적인 입당예배를 드리게 되었습니다. 교회는 본당 500석, 소예배실 100석, 교회학교, 식당, 사무실, 안식관을 갖춘, 유럽에서 가장 아름다운 한인교회당으로 준공되었습니다. 하나님의 크신 은혜로 부임 4년만에 자기 교회를 가지고 목회하게 되었습니다. 모든 것이 하나님의 은혜이고 감사한 일뿐입니다. 많은 성도들이 마치 개울물에 징검다리를 놓고 지나가듯이 자신은 예배드리지도 못할 예배당을 건축하기 위해 헌신하다가 유학을 마치면 귀국했습니다.

교회 건축을 위해 많은 성도들의 수고가 있었지만 지금도 잊지 못할 일은 첫 번째 순회연주에 헌신했던 신혼부부 중에 세 가정이 연주 일정이 너무 고되어 유산을 하게 하였던 점입니다. 저는 지금도 이 일을 생각하면 마음이 아프고 밀라노한인교회는 수많은 성도들의 피와 땀과 눈물로 지어진 교회라는 사실을 잊지 않고 있습니다.

2) 유럽코스타

이탈리아 목회의 대상은 유학생들이 다수였기 때문에 장차 한국의 예술계, 패션디자인계를 이끌어갈 인재들을 복음으로 변화시키는 것이 사역의 중요한 초점이 되었습니다. 그러나 유럽의 한인교회는 소규모이기 때문에 개교회가 훌륭한 강사를 모시고 집회를 하는 일이 쉽지 않았습니다. 그때 유럽을 방문한 홍정길 목사님을 만나게 되었고 남부 유럽에서 이탈리아 코스타를 출범시켜 유학생들을 복음화하는 일을 시작하였습니다.

1998년 밀라노에서 시작된 이탈리아 코스타는 2002년부터는 프랑스 코스타(대표 이상구 목사)와 연합하여 유럽코스타로 전환하게 되었습니다. 유럽 코스타는 스위스 인터라켄과 빌튼, 이탈리아 로마와 돌로미티 등에서 집회를 열어 전 유럽에 흩어져 있는 한국 유학생들을 초청했고 지금은 매년 1,500여 명 이상 모이는 사역으로 발전했습니다. 유럽 코스타는 지금도 겨울방학 기간인 2월에 독일에서 개최되어 이탈리아, 스페인, 네덜란드, 영국, 독일, 오스트리아, 스위스, 프랑스 등 전 유럽에서 은혜를 사모하는 유학생들이 모여들고 있고 특별히 동유럽 선교사들은 영적인 재충전을 위해 참석해서 많은 은혜를 나누고 있어, 저에게도 유럽에서 9년간 사역하던 중에 가장 보람있었던 사역으로 남아 있습니다. 지금도 국제 코스타(국제유학생선교회)에서는 전 세계 18개 지역에서 매년 한국 유학생 2만여 명을 섬기는 집회를 통해 한국 유학생들을 영적으로 무장시켜 한국으로 돌려보내는 사역에 헌신하고 있습니다.

3) 이민목회의 감격

저는 9년간의 해외 목회를 통해 수많은 유학생들과 상사주재원들을 섬기는 특권을 누렸고 약 1,500명 이상의 성도들을 영적으로 무장시켜 한국으로 돌려보냈습니다. 지금도 한국의 대학과 예술계, 패션디자인계에서 활약하는 많은 분들이 삶의 현장에서 그리스도의 증인으로, 빛과 소금으로 살고 있는 모습을 보며 감사하고 있습니다. 때때로 이민목회의 고달픔과 어려움이 있지만 충성스러운 동역자들의 기도와 헌신으로 위기를 넘기기도 했습니다.

이민목회의 일등공신은 아마도 아내인 것 같습니다. 9년간 유학생들을 돌보고 섬긴 아내의 헌신적인 동역이 없었다면 이민목회는 불가능했을 것입니다. 아내는 이민목회 내내 주방을 벗어나지 못했기 때문에 귀국 후에 목과 척추 디스크 치료에 많은 시간을 보냈고 지금도 불편한 몸을 가지고 있습니다.

최근에 귀국 한 지 3년 반 만에 떠나온 사역지를 다시 돌아볼 수 있는 기회가 있었습니다. 밀라노에서는 교회를 건축하며 고락을 함께했던 평신도 사역자들이 영적으로 건강하게 서있는 모습을 보고 감격했고, 동유럽 선교지에서는 동역했던 선교사들이 활발하게 사역하는 모습을 보며 감사했습니다. "눈물을 흘리며 씨를 뿌리는 자는 기쁨으로 거두리로다"(시 126:5)라고 하신 것처럼 사방에서 자라나고 있는 복음의 씨앗들을 바라보며 하나님께 감사했습니다. 나같이 자격 없고 부족한 사람을 2천 년 기독교 역사의 중심인 유럽, 특히 이탈리아로 보내주셔서 한 시대를 목회하며 책임을 감당하게 하신 것은 오직 하나님의 은혜였습니다. 목회를 하는 동안 많은 상처도 받았지만 돌아보면 모든 것이 은혜이고 부족한 종을 훈련시키고 연단시키신 하나님의 손길이었음을 깨닫게 됩니다.

5. 다시 한국으로

제가 이탈리아에 선교사로 나가려고 할 때 장신대 서정운 총장님께 "제가 선교사로 이탈리아에 가서 사역을 잘 할 수 있겠습니까?"라고 묻자 "아무도 모르지"라고 대답하셨습니다. 이탈리아에서는 박종순 목사님(충신교회)을 모시고 집회를 하면서 "목사님, 제가 다시 한국으로 돌아갈 수 있을까요?" 하고 물어본 적이 있습니다. 그때 박 목사님께서 "여기에서 잘하면 길이 있고 여기에서 잘못하면 길이 없다"고 대답하셨습니다.

그런데 교회 부임 4년 만에 교회를 건축하고 다시 5년이 지나서 건축의 채무를 다 정리하고 나자 한국의 장위동교회에서 청빙이 왔습니다. 장위동교회는 예장 통합의 탁월한 부흥사이자 목회자이신 이인구 목사님이 개척하여 30년간 부흥 성장한 건강한 교회입니다. 과분한 부르심에 순종하여 눈물로 이별을 안타까워하는 밀라노 교인들을 뒤로하고 2005년 12월 18일 부임하여 위임목사로 사역을 시작했습니다. 부임하던 주간에 김삼환 목사님(명성교회)을 찾아뵙고 인사를 드리며 물었습니다.

"목사님, 제 목회의 미래가 어떻게 되겠습니까?"

김 목사님께서는 "거기가 끝이 아니야"라고 말씀하셨습니다. 저는 여기까지 인도하신 하나님께서 늘 함께하심을 믿고 오늘도 개척자의 정신을 가지고 교회와 성도를 섬기며 목회에 전념하고 있습니다.

1) 제 3의 물결

9년 만에 돌아온 한국 교회는 영적 지형이 완전히 달라진 목회 현장이었습니다. 80년대부터 시작된 성령의 기름 부으심이 2000년대에 들어서서 한국 교회 안에 광범위하게 흐르는 것을 목격하였습니다. 20세기 초반에 시작된 오순절 운동이 은사주의 운동을 거쳐 제3의 물결인 성령 충만으로 발전하여 은사와 능력으로 사역하는 교회들이 부흥을 이끌어가고 있었습니다. 우리가 살고 있는 현대는 과거 20년 전보다도 죄악이 더 팽배해졌기 때문에 하나님께서는 교회의 본래 목적인 영혼 구원 사역을 위하여 성도들에게 은사를 부어주신 것입니다.

저는 성령의 나타나심에 순종하여 성령의 기름 부으심을 제한하지 않고 모든 성도들을 그리스도의 주권에 순종하게 하여 성령의 능력 하에서 영혼 구원하는 일에 헌신하게 하는 목회로 나아가고 있습니다. 특별히 장위동교회는 56만 평, 2만 6천 세대, 8만 명의 주민을 위해 준비되고 있는 장위뉴타운의 중심에 있기 때문에 새로운 교회 성장의 기회를 맞이하고 있습니다. 부족한 종은 성령의 임재 가운데 드려지는 예배와 사역을 통하여 기적이 상식이 되는 교회가 되기를 소망하며 새로운 미래를 준비하고 있습니다.

― 최창범(장위동교회 담임목사)

말씀과 성령, 그리고 영성의 목회자 김삼환 목사

　김삼환(金三煥) 목사는 1958년 4월 6일(음), 부친인 김기선 씨와 모친 안옥순 씨의 장남으로 대구에서 출생했다. 그의 부친은 고향이 평양으로 어려서부터 기독교 신앙을 지니고 있었으며, 그의 모친 또한 김삼환 목사가 출생할 당시 대구 서문교회에 출석하던 신앙인이었다. 그는 어려서 대구의 한 감리교 계통의 유치원을 다녔고, 수창초등학교와 영신중학교를 거쳐 계성고등학교를 졸업했다. 영신중학교는 그 당시 추첨으로 배정받아 들어갔으며 계성고등학교는 입시를 치르고 들어갔다. 그런데 이 두 학교가 모두 다 기독교 계통의 학교였다. 특히 계성고등학교는 1906년에 애덤스 선교사에 의해 설립된 유서 깊은 명문 사학이었다. 이러한 유년 시절과 학창 시절을 통해 김삼환은 자연스레 기독교 신앙을 접하게 된다.

김삼환은 유년 시절부터 교회에 출석했다. 그 당시 대구 비산동에 소재했던 비산동교회에 출석했고, 집을 대구 노곡동으로 옮긴 중학교 1학년 때부터는 팔달중앙교회를 출석했다. 김삼환은 중학교 2학년 때 교회에서 기도하던 중 뜨거운 회개 기도를 체험하게 되었다. 중학교 2학년, 실제 나이는 중학교 1학년의 나이인 14세였는데, 그 당시 무엇을 그렇게 참회하며 눈물을 흘렸는지 좌우간 눈물을 흘리며 회개했다. 그리고 당시 노곡동 주위의 야산에서 교회 친구들과 함께 밤중에 눈물을 흘리며 뜨겁게 기도하는 일이 잦아지고 열정적으로 신앙생활을 했다.

1976년 계성고등학교를 우수한 성적으로 졸업한 김삼환은 경북대학교 인문 계열로 진학하여 학문의 세계 속에 들어갔다. 원래 고등학교에서 이과 계열이었으나 대입 예비고사를 치른 후에 갑자기 인문 분야의 학문에 관심이 생겨 인문 계열로 진학한 것이다. 그런데 결국 이 모든 것이 신학을 공부시키시려는 하나님의 예비 작업이었다. 인문 계열에서 교양과정을 이수하면서 보낸 대학 1년의 시기에 그는 철학적인 물음들에 깊은 관심을 갖게 되었다. 그는 틈만 나면 대학 도서관에서 철학사전을 탐독하였다. 인생의 물음에 대해 날마다 깊이 고뇌하던 그는 그 이듬해 철학과로 진학했다. 그는 대학에서 철학을 전공하면서 사고의 깊이를 추구함과 동시에 한편으로는 외국어에 대해서도 남다른 열정과 관심을 갖게 되었다. 부친에게서 일본어를 배웠고, 영어와 독일어 공부에도 열중하였다. 그리하여 1980년에 대학을 졸업한 후에 한국외국어대학원 독일어과로 진학했다. 그러면서 그는 외무고시를 준비하게 되었다. 인생에 있어서 꼭 필요한 직업 중에서 가장 바람직한 것이 외교관이라고 생각했던 그는 밤낮 고시 공부에 열을 내었던 것이다.

그러다 1980년 말에 뜻하지 않게 병에 걸리게 되었다. 병에 걸려 고통을 당하다 보니 살아 계신 하나님께 부르짖게 되었다. 그 때 그는 시편을 1편부터 150편까지 구구절절 낭독하면서 주님을 찾았다. 그러던 중 기독교방송을 통해 조용기 목사의 설교를 듣게 되었는데, 이것이 결정적으로 신앙의 방향을 새롭게 정립하는 계기가 되었다. 그때까지 장로교에서 신앙생활을 했던 김삼환은 신유나 기적, 그리고 성령의 은사와 같은 순복음 신앙에는 무지하였는데 조용기 목사의 설교를 통해 성령의 은사에 대해 새롭게 눈을 뜨게 된 것이다. 그때부터 그는 1년 동안을 하루도 빠짐없이 새벽기도를 나가는 열정적인 신앙생활을 했다.

그러던 중 1981년 5월 어느 날, 군 입대를 위한 신체검사를 받기 위해 고향 대구에 내려갔다가 고향 교회의 새벽기도회 중 방언의 역사를 체험하면서 주의 종이 될 것을 결심하게 되었다. 이러한 변화는 그야말로 그의 인생에 있어서 획기적인 변화였다. 주의 종이 될 것을 결심하면서, 그것도 순복음교회의 주의 종이 될 것을 결심하면서 그는 그동안 공부하던 외무고시를 과감히 포기하고 대학원 졸업 논문을 준비했다.

1981년 12월에 최초로 치러진 카투사 모집 시험에 합격하여 1982년 2월 한국외국어대학원을 졸업하고 그해 3월 미군부대에 입대했다. 그는 캠프 험프리에서 군생활을 하면서 믿음의 어머니인 임인숙 여사를 만나게 되었다. 그녀는 현재 미국 LA에서 주의 종으로 사역하고 있는데, 그 당시 안양순복음교회에서 조장으로 헌신하면서, 한 해 200명 가까이 전도한 적도 있었다. 그녀는 당시 김삼환 상병을 믿음의 아들로 받아들여 순복음신앙을 지도해 주면서 기도와 성령의 은사, 그리고 목회에 대해 많은 실천적 가르침과 조언을 주었다.

김삼환은 그녀의 기도에 힘입어 1984년 4월 제대 후에 조용기 목사가 설립한 영산신학교에 입학했다. 김삼환은 영산신학원 2학년 재학 중이던 1985년, 여의도순복음교회 코이노니아회에서 주최하여 대성전에서 진행되었던 일본어 설교대회와 영어 설교대회에서 모두 다 우승하여 주위의 이목을 집중시켰다. 그가 영어 설교와 일어 설교를 유창하게 할 수 있는 것은 그때부터 발휘하게 된 실력 때문이다.

김삼환은 영산신학교에서 2학년을 보낸 1985년 12월에 오산리기도원으로 발령을 받아 기도원에서 수련전도사로 사역하게 되었다. 그 후 1986년 1월 강남 압구정 교구의 교구장으로 발령받아 나가면서 본격적으로 목회를 하게 되었다. 압구정 교구에서 사역할 때 그의 지성적이고 영성적인 설교는 인기가 대단했다. 2년 동안의 목회 사역을 마치고 순복음교육연구소로 들어와 사역하다가 그곳에서 연구원으로 사역 중이던 하선옥을 만나 결혼했다. 하선옥은 숙명여대 정외과와 연세대연합신학대학원을 졸업하고 교육연구소에서 사역을 하고 있었다.

1990년 김삼환 전도사는 다시 화곡 3교구장으로 발령을 받아 목회 사역을 했고, 그해 5월 목사 안수를 받았다. 또한 그해에 신학을 더욱더 열심히 공부해 보아야겠다는 마음에서 감리교신학대학원을 지망하여 차석으로 입학했다. 일찍부터 그의 마음속에는 순복음의 목회적 열정과 신학적 숙고를 함께 연합시키려는 욕망이 타오르고 있었던 것이다.

1993년에 김삼환 목사는 감리교신학대학원을 전공 과정 전체 성적을 수석으로, 또한 논문 점수를 수석으로 받고 졸업했다. 그리고 감리교신학대학원 재학 시절에 프랑스 유학을 마치고 돌아온 양명수 박사(현재 이화여대 기독교학과 교수)를 만나 특별한 교제를 나누었고, 그에게서 프랑스 신학과 철학 전반에 걸쳐 깊은 학문적 지도를 받고 신학적 역량을 쌓게 되었으니, 이 모두가 다 후일에 프랑스 유학을 위해 하나님이 예비해 놓으신 일이었다. 양명수 박사 역시 감리교신학대대학원을 졸업했고 선한용 교수로부터 어거스틴의 인식론을 주제로 논문을 썼는데, 김삼환 목사 역시 선한용 교수의 지도로 어거스틴의 시간론에 대해 논문을 썼다.

김삼환 목사는 1993년 8월 프랑스 파리 소르본 대학교로 유학을 떠나 1998년 3월 박사학위를 받고 1998년 8월에 귀국했다. 그는 1989년부터 사실상 프랑스 유학을 계획해 놓고는 프랑스어를 열심히 공부했었다. 1989년 회현동 소재 알리앙스에 등록하면서 시작된 그의 프랑스어 공부는 1993년 8월 그가 프랑스로 떠나던 날까지 줄기차게 계속되었다. 그의 프랑스어에 대한 남다른 열정은 주위 사람들의 혀를 내두르게 했고, 아내에게 "당신은 내가 아니고 불어와 결혼했다"는 말을 들을 정도였다. 그가 프랑스어 공부를 하게 된 것은 사실 기독교 영성에 대한 깊은 이해를 추구하면서부터였다. 그는 왠지 모르게 개신교에서 다소 부족하다고 여겨지는 기독교의 역사적 영성을 추구하기 시작했다. 프랑스 떼제에 소재한 떼제 공동체 형제들 중에서 한국에 와서 생활하고 있던 안토니 수사, 마크 수사, 장 폴 수사, 실바 수사, 다니엘 수사 등과의 교제도 기독교의 역사적인 영성을 추구하는 데 귀한 모티브가 되었다. 이 모든 것이 순복음 신앙의 질적 향상과 역사적 숙고, 그리고 신학적 반성을 추구하는 데 밑거름이 되었던 것들이다.

프랑스에서의 유학 생활은 생활이라기보다는 생존에 가까웠다. 하선옥 사모는 5년 유학 생활 동안 단 두 번 미용실에 갔다고 한다. 평소에는 남편인 김삼환 목사가 아내의 머리를 잘라 주는 미용사 노릇을 했다. 그러나 이러한 궁핍이 오히려 그를 단기간에 박사학위를 받게 했다. 그는 도불한 지 만 4년 7개월 만에 DEA 학위와 박사학위를 모두 취득했다. 이는 그가 프랑스에서 한눈팔지 않고 공부에 전력을 기울였기 때문이다.

프랑스 유학 생활을 통해 김삼환 목사는 폭넓은 신학적 이해와 영성을 배웠다. 그리고 이데올로기에 치우치지 않는 톨레랑스의 정신도 배웠다. 프랑스 사회가 타인은 나와 다르다는 것에 대한 수용과 약자에 대한 배려, 그리고 법보다도 중요시되는 상식을 강조하는 것에 대한 의미도 깨우쳤다. 이러한 것들은 한국 사회가 본받아야 할 점들이기 때문이다. 뿐만 아니라 프랑스 특유의 예술적 감수성과 문화적 다양성을 체험하면서 하나님의 아름다움을 추구하는 영성도 깨우치게 되었다.

귀국한 후 김삼환 목사는 여의도순복음교회 국제신학연구원에서 신학연구소장, 부원장 등의 직책으로 사역하면서 한세대학교에서 역사신학 조교수를 역임하기도 하였다. 그러다 2001년 11월, 이영훈 목사의 후임으로 국제신학연구원의 원장으로 취임하였다. 원장으로 재직하면서 만 3년 간 여의도순복음교회 수요 저녁예배를 인도하여 평균 출석 500여 명이던 예배를 1,800명 출석으로 부흥시켰다. 그리고 여러 신학 세미나를 개최하여 순복음 신앙의 질적 향상과 신학적 반성을 도모하였다. 성경을 순복음적으로 주해한 《은혜로운 주해성경》을 발간했으며, 여의도순복음교회의 사역을 신학적으로 변증하는 일에 앞장섰다. 그의 변증 논리는 항상 명쾌하고 탁월하여 세미나 때마다 좌중을 압도하였다. 특히 KNCC를 비롯한 에큐메니컬 단체와 부지런히 대화하였고, 조용기 목사의 목회 사역을 위한 신학적 보좌 사역도 탁월하게 감당하였다. 2000년 7월에는 스위스 보세신학교에서 열린 WCC와 오순절 신학자와의 대화 모임에서 오순절 신학 한국 대표로 참석하여 논문을 발표하기도 했다.

김삼환 목사는 2004년 11월 도봉성전의 담임목사로 임명받아 나가면서 목회 일선에 다시 나서게 되었다. 도봉성전에 재직 중이던 2006년 말에 시행된 조용기 목사 후임 투표를 위한 후보자 7인 중에 포함이 되기도 하였다. 그는 2007년에는 시흥성전을 담임했고, 2008년부터 현재에 이르기까지 여의도순복음 김포교회에서 담임목사로 사역하고 있다.

그의 설교는 지적이면서도 영성적이란 평을 듣는다. 또 생각지 못했던 부분을 끄집어내어 깨닫게 해주는 설교라는 평도 듣는다. 순복음교회에서는 보기 드문 지적 엘리트요 영어, 일어, 불어, 독어에 능통한 어학의 천재요, 중세의 수도사적 이미지를 풍긴다는 평도 없지 않다. 그의 신학적 이해는 개신교뿐 아니라 가톨릭과 역사신학 전반에 걸쳐 광범위하다. 특히 어거스틴에 대한 그의 신학적 이해는 탁월하다.

신학자로 손색이 없는 김삼환 목사는 진정으로 목회와 신학을 함께 아우르며 말씀과 성령을 함께 병치시키고, 이에 더하여 깊은 영성을 추구하는 설교자요 목회자로도 알려져 있다. 김삼환 목사는 폭넓은 신학적, 철학적 지식과 어학 실력의 화려함과는 달리 소탈하고 검소한 삶을 좋아한다. 그는 소박함과 단순함을 신앙의 목표로 삼았던 중세 영성을 추구하는 이미지를 지니고 있다. 개신교 목회자요 순복음의 성령운동의 계승자이지만 어거스틴과 프란체스코를, 그리고 클레르보의 베르나르를 흠모한다. 그의 목회 모토는 '말씀과 성령, 그리고 영성' 이란 말로 요약될 수 있다.

― 김삼환(여의도순복음 김포교회 담임목사)

나에게 찾아오신 주님, 구미성문옥토교회
최인숙 목사

내가 예수를 믿기 시작했을 때

최 면장 댁의 맏손녀로 태어나 사랑받고 자란 나는 초등학교 3학년 때 같은 반 친구로부터 전도를 받았다. 우리 집은 예수의 '예' 자도 부르면 안 되는, 예수를 모르고 무당을 불러 굿하기 좋아하고 환난을 당해 망해 가는 집이었다. 부자가 망해도 3년은 간다는 말처럼 무당을 불러서 굿할 수 있는 돈이 있는 것이 큰 문제였다. 점점 망해 가고 있으면서도 무당을 더 의지하고 굿하는 어리석은 어른들이 얼마나 미련해 보이던지, 그때 나는 결심하고 맹세했다. 나는 귀신 믿고 살지 않을 것을.

　나는 여름성경학교에서 '갈릴리 바다에서 고기 잡은 어부에게 나를 따르라 나를 따르라 사랑의 예수님이 부르셨다네. 갈릴리 어부들은 배와 그물 다 버리고 주님 따랐네, 주님 따랐네. 사랑의 예수님을 따라갔다네"라는 찬양을 불러 1등을 하였고, 교회에서 1등하여 상 받는 즐거움을 누구에게도 빼앗기지 않고 출석, 전도, 요절, 헌금 등으로 성탄절에도 최고의 모범상을 받았다. 여름성경학교에서 불렀던 그 찬양이 주님이 나를 부른신 것임을 20년 후 1980년에 철야예배 때 회개의 눈물 속에 주님이 깨우쳐 주셨다.

　나는 상 받는 것이 취미일 정도로 상 받는 것을 좋아하는, 학교에서나 교회에서나 열정적인 아이로 자라 갔다. 내가 주일학교에서 배운 찬양 중에 가장 즐겨 부르던 "나는 주의 화원에 어린 백합꽃이니 은혜비를 머금고 고이 자라납니다. 주의 은혜 감사해 나는 무엇 드리리, 사랑하는 예수님 나의 향기 받으소서/나는 주의 품안에 자라나는 아이니 찬미하며 주님을 믿고 따라갑니다. 주의 사랑 감사해 나는 무엇 드리리, 사랑하는 예수님 나의 마음 받으소서"라는 찬양은 나의 삶에 있어 신앙고백이며 나를 겸손하게 만들어 준 곡조 있는 기도가 되었다.

　학교에서나 교회에서 모범생으로 열심히 놀며 열심히 공부하는 내게 병마가 찾아와서 1년 이상 죽음에서 헤매일 때, 예수님이 달빛으로 창문에 그림자로 비추는데 강대상에서 설교하는 내 모습을 보았다. 환상 속에 "최인숙! 너는 본토 친척 아비 집을 떠나라"고 말씀하셨다. 나는 그때부터 일어나서 걸을 수만 있으면 집을 떠날 준비를 마음으로 계획하고 있었는데 어느 날 아침, 새 힘이 생겼다. 나는 가족과 의논하지 않고 걸을 수 있는 힘이 있으므로 새벽기도에 나간 지 3일 만에 성경책 위에 손을 얹고, 주께서 내게 공부할 길을 열어 주시면 평생토록 배우면서 진리의 말씀을 가르치며 살겠다고 서원하며 기도했다.

주일 낮 예배를 마치고 목사님께 찾아가서 공부할 수 있도록 서울에 보내 달라고 했더니 서울에서 온 편지를 뜯으면서 이 목사님께 한번 부탁해 보자고 말씀하셨다. 그리고 편지 내용을 읽는데 신실한 학생, 공부하기 원하는 학생을 한 사람 보내 달라는 내용이었다. 목사님은 깜짝 놀라시면서 내 얼굴을 몇 번이고 쳐다보셨다. 주님은 나를 위해 공부할 수 있는 집을 예비해 놓으셨던 것이다. 나는 주소만 가지고 서울로 상경하여 D신학교 학장님 댁에서 선교비로 고등학교 과정을 공부할 수 있었다. 대학 예비고사를 좋은 성적으로 합격하였으나 신학교에 가지 않고 일반대학에 가기 위해 학장님 댁에서 나왔다.

많은 체험을 하고 주의 은혜를 많이 받았으면서도 주의 종의 길은 가지 않고 교회만 잘 다니면 되는 줄 알고 지내던 대학 시절의 어느 날, 물도 음식도 목에서 넘어가지 않아서 아무것도 먹을 수가 없게 되었다. 억지 단식이 시작되고 여러 날 먹지도 마시지도 못하여 힘이 없어서 누워 있다가 친구가 와서 함께 병원에 가서 진찰했으나 아무 병도 없고 모두가 정상이라고 하였다. 하도 어처구니가 없어 집에 와서 울고 있는데 밖에서 우체부 아저씨가 마루에 편지를 던지고 갔다. 편지는 독일에서 친구가 보내온 것이었는데, 조용기 목사님이 서독에 오셔서 부흥성회를 했는데 거기에 참석하여 방언기도도 하게 되었고 무좀도 고침 받았다는 내용이었다. 나도 조용기 목사님의 교회에 가서 병 고침을 받고 싶었으나 힘이 없어 혼자 갈 수 없어, 그때는 전화도 없던 때라 병원에 함께 가주었던 친구가 와주기를 바라며 기도했는데 주일 아침에 친구가 교회 가자고 왔다. 나는 여의도순복음교회 조용기 목사님이 신유 기도 시간에 많은 병자를 위해 선포 기도를 하실 때 고침을 받고 건강이 회복되어 주님 뜻대로 살기로 했다.

그 후 대학을 중퇴하고 신학교에 갔는데 시간마다 교수님들은 하나님은 사랑이시라고 하지만 나에게 하나님은 나를 괴롭히는 분이라고 믿어져서 더 이상 신학 공부를 할 수 없어서 그만두고 결혼을 했다.

결혼 1년 뒤에 폐병 3기로 매일 각혈을 했다. 코와 입으로 얼마나 많은 피가 나오는지 막을 수가 없었다. 1년 이상 약을 한 주먹씩 먹고 이틀마다 주사를 맞아도 차도가 없어서 왼쪽 폐를 잘라내기로 하고 수술날을 잡았다.

그러던 중 1980년 6월 금요일 구역예배에서 신유의 은사를 받아서 기도해 주시는 유 집사님(현재 유순임 목사)의 기도로 폐병을 고침 받았다. 그리고 한얼산기도원에 가서 회개기도 하는데 방언기도가 터져나왔고, "나는 너를 변함없이 사랑한다"는 주님의 음성과 함께 십자가 위에서 달리신 예수님의 환상을 보게 되었다. 주님께서 "나는 너를 위해 피 흘렸으니 이제부터 예수님 피의 복음을 전하라"고 하셨다. 나는 그날부터 믿음이 있는 그리스도인이 되었고, 나의 신앙은 "하나님은 사랑이시다"라고 사랑의 하나님을 확실하게 믿는 신앙으로 변화되었다.

목회하라

1984년 Y대학교 기독교교육학과 3학년 시절, 가을 밤에 기도하다가 그대로 잠들었는데 인상 좋은 멋있는 목사님이 내 양팔 위에 손을 가만히 얹고 "목회하세요! 꼭 하셔야 합니다!"라고 말하는 것이 아닌가. 그때 나는 말했다. "저는 목회는 못합니다. 여자가 무슨 목회를 합니까? 달리 할 일도 많은데……. 지금 서울중앙침례교회 중·고등부 전도사 하는 일 계속하면 되지, 왜 제가 목회를 합니까? 내가 혹 남자 전도사라면 생각할 수 있는 일이지만 다른 사람은 다 해도 저는 목회는 못합니다." 그러자 "목회는 여자나 남자가 하는 것이 아니라 성령의 인도받는 사람이 순종하면 성령께서 가르쳐 주시고 성령 하나님이 하시니 당신은 순종하면 되는 것입니다"라고 말하고 나갔다. 깨어 보니 꿈이었다. 나는 다행이라고 생각하며 그날부터 기도 제목 하나를 더했다.

"주님! 평생 주님 위해 살겠으니 목회는 하지 않게 해주세요."

정말 간절하게 주님께 부탁하는 기도를 했다. 믿고 기도하면 된다는 믿음을 가지고, 항상 내 기도에 응답하신 하나님을 믿고, 내 뜻을 아시고 내가 원하는 것을 이루어 주시는 하나님 아버지를 믿고 기도했다.

1985년 인천순복음교회 중·고등부 전도사로 사역을 하면서,

여름방학 때 청소년들을 위한 부흥사가 되기 위하여 0시 백일 작정기도를 하는데, 8월 말경 "구미로 가라! 내가 더 큰일을 네게 맡기고 큰 복을 주리라" 하는 음성을 들었다. 나는 주님의 음성을 듣고 인천순복음교회 최성규 목사님께 상담을 하고 그 다음 해 1986년 1월 중순에 구미로 이사를 갔다. 그리고 집에서 가까운 동산성결교회 새벽기도에 갔다가 주님 인도를 따라 전도사로 시무하게 되었다. 그런데 시무한 지 3년 되던 해 1988년 8월 첫 주일 예배를 마치고 돌아와서 쉬고 있을 때 나에게 가장 귀한 선물, 하나님이 주신 외아들, 서원하여 얻은 귀한 아들, 아주 건강하게 잘 놀던, 눈에 넣어도 아프지 않을 것 같은 아들이 갑자기 온몸이 굳어지면서 퍼렇게 죽어갔다. 나는 주님의 이름으로 두 손을 얹고 "주님! 살려주세요!" 하고 외쳤다. 그때 주님의 음성이 내게 들렸다. "디모데후서 4장 1절에서 7절을 보아라." 즉시 성경책을 찾아서 읽었다.

"하나님 앞과 산 자와 죽은 자를 심판하실 그리스도 예수 앞에서 그의 나타나실 것과 그의 나라를 두고 엄히 명하노니 너는 말씀을 전파하라 때를 얻든지 못 얻든지 항상 힘쓰라 범사에 오래 참음과 가르침으로 경책하며 경계하며 권하라 때가 이르리니 사람이 바른 교훈을 받지 아니하며 귀가 가려워서 자기의 사욕을 좇을 스승을 많이 두고 또 그 귀를 진리에서 돌이켜 허탄한 이야기를 좇으리라 그러나 너는 모든 일에 근신하여 고난을 받으며 전도인의 일을 하며 네 직무를 다하라 관제와 같이 벌써 내가 부음이 되고 나의 떠날 기약이 가까웠도다 내가 선한 싸움을 싸우고 나의 달려갈 길을 마치고 믿음을 지켰으니."

말씀을 다 읽자 주님은 즉시 아들을 살려 주셨고, 나는 그때부터 하나님 아버지가 너무나 무서워서 두 손 들고 무릎 꿇고 "주님 시키신 대로 하겠습니다" 하며 항복하게 되었다.

주님 명령은 내가 바꿀 수 없고 내 뜻대로 되는 것이 아니라 주님 뜻대로 이루시는 것임을 배웠다. 철이 없어서 내 뜻대로 기도하며 내 뜻대로 살고 싶어서 몸부림치던, 겉으로만 그리스도인처럼 살던 나를 주님은 고치시고 주님 뜻대로 살 수 있도록 주관하시며 인도해 주셨다.

사역을 위한 기도

"주님 목회를 어떻게 합니까?" 내 기도는 대화 기도로 바뀌었다. "내가 세 여인을 통해 이루리라." "세 여인이 누구입니까?" "이○○ 집사, 이○○ 집사, 박○○." 세 여인의 이름까지 말씀해 주셨다. 나는 "주의 말씀대로 이루어지이다" 하고 기다리고 있을 뿐 아무것도 할 수 없었다.

그런데 며칠 후 토요일에 전화가 걸려왔다. "전도사님! 전도사님! 만나서 얘기 좀 합시다!" "왜 그러십니까?" "성경에 빌립보 초대 교회도 루디아의 집에서부터 시작되었다던데, 내일부터 전도사님 집에서 예배를 드립시다." 나는 이 말을 듣고 깜짝 놀라서 "아니, 누가 그래도 된다고 했습니까?" 하고 물었다. 주님의 뜻이라고 했다. 개척헌금이 준비된 이○○ 집사였.

1988년 9월 4일 첫 주일, 눈을 비비면서 일어나는데 천사들의 찬양소리가 들려왔다. 내 입이 그 찬양을 따라 불렀다. "보라 내가 새 일을 다 이루어 놓았다. 이제 나타났으니 너희가 보고 앎이라. 정녕히 내가 사막에 샘물을 내리니 장차 들짐승들과 시랑과 타조도 나를 존경할 것은 광야에 샘물을, 사막에 강들을 내 백성에게 주리라. 나의 택한 백성들로 마시게 할 것이라. 나의 택한 자들로 마시게 할 것이라." 주님은 내 입을 열어 친히 말씀하셨다. "다 이루어 놓았다."

주님의 일은 주님 뜻대로 진행되었다. 오전 11시에 세 여인은 우리 집에 와서 첫 예배를 드리고 교회 장소와 교회 이름을 위해 함께 기도하기 시작했다. 성문옥토교회는 그렇게 하여 태동했으며, 목회하면서 목회는 하나님 일이기에 하나님이 하시고 사람은 순종하는 심부름꾼임을 철저히 깨닫고 실감하게 하셨다. 주님은 목회하라는 명령을 받은 후 3년이 되어도 불순종하는 나를 그대로 두지 않으시고 역사하셨다. 아들 생명이 걸린 목회가 시작되었기에 모든 것을 참으며 모든 것을 견디며 인내할 수 있었다. 해마다 연말이면 "억지로 목회하는 것을 용서해 주세요. 즐거움으로 감당하게 해주세요"라는 회개기도를 했다.

주님이 말씀하신 대로 주님께서 쓰시고자 하는 세 여인을 통해 목회가 시작되었다. 이○○ 집사는 물질로 도왔고, 이○○ 집사는 건강한 몸으로 봉사할 수 있는 일꾼이었고, 박○○는 새신자 구경꾼이었다. 주께서 나에게는 말씀 전하는 일과 기도하는 일에 전무하라(행 6:4)고 말씀하셨다. 모두 교회 생활에서 많은 일을 해본 사람들이 아니었으므로 어려움은 끝이 없었으나 주님의 뜻은 이루어졌다. 주변에서 놀랄 만큼 교회도 부흥되었다. 성령께서 주일 낮 예배 설교 제목을 주시며 말씀 구절이 생각나게 하신 일들, 금요 철야에 따르는 표적들, 찬양예배와 수요예배는 강해 설교로 말씀을 가르치는 일들, 기독서점에 가면 꼭 필요한 책들을 골라 살 수 있게 되어 목회 발전을 주신 일들 등등, 나를 기르시는 선한 목자가 되신 주님은 내게 많은 말씀으로 계시하시고, 스승이 제자를 가르치듯 나를 가르치시며 지도해 주셨다. 불평과 투정을 하며 목회 정말 못해먹겠다, 적성에 맞지 않았다고 했던 나를 한 번도 책망하지 않으시고 위로하시며 치료해 주셨다. 목회 21년을 돌아보면 범사에 감사뿐이다.

주님의 음성을 듣다

1995년 실촌수양관에서 새벽 4시에 혼자 기도하고 있을 때에 "숙아, 숙아, 숙아" 하고서 나를 부르는 주님의 음성이 들렸다. 그때 나는 사무엘을 부르신 주님이 생각나서 "주여, 제가 여기 있나이다" 하고 대답했다. 주님께서는 "이제부터 너를 한국이 낳은 드보라라 하리라"는 말씀을 하시며, 일을 행하시는 주님께서 나에게 중국 단동에 선교를 가라 하셨고, 또한 필리핀 목회자 세미나 강사로 세워 주시면서 선교 현장에서 많은 은혜과 기적을 체험하게 하셨다.

1997년 11월 중국 광동성 심천 삼자교회에서 설교하기 위해 중국으로 가는 어느 날 아침, 잠은 깨었으나 눈이 떠지지 않아 침대에 앉아서 기도하는데 부드러운 주님의 손이 나를 만지면서 말씀하셨다. "사랑하는 내 종아, 내가 너를 기뻐한다. 중국 선교를 부탁한다. 네가 큰 일을 행하겠고 반드시 승리를 얻으리라." 그리고 마태복음 28장 19~20절 말씀을 주셨다.

"그러므로 너희는 가서 모든 족속으로 제자를 삼아 아버지와 아들과 성령의 이름으로 세례를 주고 내가 너희에게 분부한 모든 것을 가르쳐 지키게 하라 볼지어다 내가 세상 끝 날까지 너희와 항상 함께 있으리라 하시니라."

이후로 세계 선교는 단기선교로 선교사를 파송하여 주님의 제자 삼는 일을 하고 있다. 1999년 2월 필리핀 와와게이트시티에 와와성문교회와 블라칸에 생명교회를 세워 아름다운 교회를 건축하게 되었으며, 선교사를 파송하여 원주민 선교를 활발하게 하고 있으며, 성도들과 함께 1년에 1차씩 단기선교를 가고 언어 연수도 보내고 있다.

주께서 약한 나를 강하게 하시고, 가난한 나를 부요케 하셨다. 선한 역사를 이루신 하나님께 이 모든 영광을 돌린다. 현재 하는 나의 사역에 성령 하나님은 변함없이 역사하시어 꾸준한 성장과 발전으로 복에 복을 더하시며 지경을 넓혀 주신다. 그리고 나로 하여금 2007년 10월에 영남총회신학(합동중앙총회 분교) 학장으로 일하게 하셨다. 2003년 2월 중국 광동성 동관시에 성문교회를 개척하고 선교사를 파송하여 봄·가을로 부흥성회를 하여 관란성문교회가 개척되었다. 2005년 중국에서 새벽에 기도할 때 주님께서 소독약이 가득 묻은 솜을 들고서 내 몸을 성결하게 씻으시며, 세상이 날이 갈수록 음란하고 악해지므로 나에게 함께 세상을 변화시키자고 하셨다. 그때 "아멘" 하고 순종하여 하나님께서 나에게 귀한 일을 많이 맡겨 주셨다.

현재 중국 광동성 심천 화평신학 학장, 미국 애틀랜타 만복래기도원 원목, 미국 텍사스 신학대학 교수, 민족복음화 여성운동본부 교육위원장, 2010 천만인 성령대회 강사 단장, 구미성문옥토교회 담임목사로 섬기고 있다.

"이스라엘이여 너는 행복자로다 여호와의 구원을 너같이 얻은 백성이 누구뇨 그는 너를 돕는 방패시요 너의 영광의 칼이시로다 네 대적이 네게 복종하리니 네가 그들의 높은 곳을 밟으리로다"(신 33:29).

아멘, 할렐루야!
말씀하신 대로 나는 전적인 주님의 은혜로 사는 행복한 주의 종이 되었다.

— 최인숙(구미성문옥토교회 담임목사)

한국기독교성령백년인물사 II

한인 목회자

정우성 | 나광삼 | 이만호

오직 성령께서 행하셨을 뿐, 시드니순복음교회
정우성 목사

어느덧 호주 시드니에 온 지도 30년이라는 세월이 흘렀다. 시드니에 발을 디딘 게 엊그제 같은데 벌써 30년이라니 실감이 나지 않는다.

집사람과 함께 순복음신학교를 졸업하고도 무엇을 하겠다는 뚜렷한 것이 없었다. 충청도 사람 특유의 흐리멍텅한 성격이 그대로 있었던 것 같다. 신학교를 졸업하면서 진로에 대해서 설문조사를 했다. 여러 항목 중에 하나도 나에게는 해당되는 것이 없었다. 무슨 목회, 군목 등 여러 항목이 있었지만 해당되는 것이 하나도 없어 기타라고 항목을 하나 더 만들어서 거기에 표를 할 정도였다.

집사람은 고려대학교를 졸업한 후 중·고등학교의 영어 교사를 했다. 내가 군대 다녀와서 학교를 마치니 임무 교대가 되었다. 고려대학교 법학과를 졸업하고 사법시험 준비를 하면서 지냈다. 그런데 부인을 일하러 내보내고 남편이 일을 안 하고 있으니 안 되겠다 싶어 다시 임무를 교대하기로 하였다. 그때는 아주 불황이라 신입사원을 뽑는 데도 별로 없었다. 마침 삼성생명과 현대건설에서 정규 신입사원을 채용하기에 서류를 냈는데 다행히 두 군데 다 합격되었다. 나는 현대건설에 출근하게 되었고, 집사람은 학교를 그만두는 대로 신학교에 들어가서 나보다 한 학기 먼저 다니게 되었다. 당시 3년제이던 순복음신학교에 집사람은 2학년 1학기에 편입을 하고 나는 2학년 2학기부터 다녔다. 하지만 졸업을 하고도 주의 일을 하지 않고 교회만 열심히 다녔다.

그때 우리가 살던 전셋집이 국립현충원 뒤편 흑석동에 있었는데, 축대가 있는 집이었다. 비가 계속 쏟아지니 축대가 무너져 그 아래 좋은 집들을 쳐서 망가뜨리고 말았다. 집주인들과 변상 문제로 옥신각신하게 되었다. 밤중에도 비는 계속 그치지 않고 쏟아졌다. 그런데 한밤중에 집사람이 나를 깨웠다. 축대가 더 무너질 위험이 많았기 때문이다. 그러면서 우리가 주의 일을 안 해서 하나님이 치시는 것이니 일어나서 회개기도 하자고 했다. 직장일 마치고 곤하게 자는 사람을 한밤중에 깨워 기도하자고 하니, 나는 건성이었지만 집사람은 밤새 기도 후 새벽에 없어졌다. 당시 우리가 섬기던 여의도순복음교회의 최자실 목사님께 상담을 하러 갔던 것이다. 최자실 목사님께서 그날부터 집사람에게 교회 전도사를 하라고 해서 전도사로 일하게 되었다.

그때는 교회 방침이 개척교회를 3년 해야 해외 선교사로 나갈 수 있었다. 몇 년 후 1975년 크리스마스날, 강남구 영동의 지금 한양아파트 있는 자리에서 막 지은 상가 건물을 빌려 교회를 개척하게 되었다. 그날 개척 예배를 드리면서 왜 그런 기도를 했는지 모르겠지만 앞으로 3년 후에 선교사로 나가게 해달라고 기도를 했다. 어느 나라에 가겠다는 생각도 없이 왜 그런 기도를 드렸는지 모르겠다. 그리고 그 기도를 잊어버렸다. 그런데 우리는 기도를 잊어버려도 하나님은 우리의 기도를 잊어버리지 않으셨다.

정확히 3년이 지난 후 회사의 연말 영업회의 때였다. 새해 해외 지사의 모든 수출 계획을 세우고자 해외 전 지사에 나가 있는 임원들(회사 중역들)이 참석하였다. 새로운 지사장도 그때 선임이 되었다. 초대 지사장이었던 분은 그때 당시 현대중공업 사장의 대학 동기로, 상처 후 시드니에 가서 주로 병원에만 있다가 왔다. 그래서 지사의 수출 실적이 전혀 없었다. 집사람은 내가 회사를 그만두고 주님의 일에 전념하기를 원했다. 당시 나는 1월 1일부 정규 신입사원으로 시험 쳐서 들어온, 말하자면 사명감 비슷한 것을 갖고 있었다. 내 회사라는 의식이 강했고 그만둔다는 것은 꿈에도 생각하지 않고 있었다. 나에게 말해도 반응이 없으니 오산리 기도원에 가서 금식하며 하나님께 구했다. 본인에게 말해도 반응이 없으니 하나님 앞에 떼를 쓰는 것이었다. 기도원에서 금식기도를 통하여 회사 그만두게 해달라고 기도하면 응답은 회사를 통해서 축복하시겠다는 것이었다고 한다. 집사람 말대로 회사 승진에서 똑

떨어지라고 기도를 하고 내려오면 오히려 승진이 되든지 승급이 되더라는 것이다.

내가 시드니에 지사장으로 오기 전 한국에서 시드니 지사로 수속을 시작할 때, 시드니 현지에서 몇 명의 성도들이 조용기 목사님의 설교 카세트테이프로 예배를 드리게 되었다. 당시는 비디오테이프도 없을 때였다. 한인 교회가 하나 있었는데 뜨겁지 못했다. 그중에 조용기 목사님의 설교 테이프를 돌리는 분이 있어, 설교 테이프로 은혜 받은 성도들이 우리도 순복음교회를 세우자고 하여 몇 명이 모이고 있었다. 여의도순복음교회에 선교사 파송 요청을 하여 한 분이 수속 신청을 했는데 호주 이민국에서 부결되었다. 당시 호주는 기독교 국가이면서도 선교사의 유입을 원치 않아서 비자 받기가 보통 어려운 것이 아니었다. 이러한 판국에 내가 시드니에 간다고 하니 조용기 목사님께서 선교사로 파송장을 주셔서 지사장 임명장과 선교사 파송장을 가지고 시드니에 오게 되었다.

회사일에 더 열중할 것이냐 아니면 교회 일에 더 열심을 낼 것이냐는 나에게 맡겨진 숙제였다. 시드니에 도착하는 날부터 급한 환자 성도를 심방하게 되었다. 목회자가 없던 터에 내가 오니 정말 좋아했다. 시드니에 도착한 지 두 달 만에 한국 본사로부터 지사를 철수할지 모르니 사업을 확장하지 말라는 연락이 왔다. 당시 회장의 지시로 종합상사 제도가 생겨서 해외지사는 모두 종합상사 소속이 되었다. 그때 내가 속해 있던 선박영업부 전체가 종합상사 소속으로 바뀌었다. 그러면서 수출 실적이 없는 지사는 철수한다는 회사 자체의 원칙이 세워져 시드니에 도착한 지 3개월 만에 지사 철수가 결정되었다. 하나님 앞에서 금식기도 12일 만에 응답을 받고 회사를 그만두었다. 일단 귀국해서 사표를 냈지만 회사에서는 다시 와서 근무하라며 사표 수리를 하지 않았다. 그래서 사표만 우편으로 보내고 시드니로 다시 왔다. 나는 지사장으로 장기 체류 비자 받은 것이 있어서 그것을 가지고 시드니로 돌아와서 그때부터 지금까지 목회에만 전념하고 있다.

돌이켜보면, 선교사로서는 호주 입국이 어려운데 지사장으로는 대환영이어서 정말 하나님이 회사를 통해서 선교사의 길을 열어 주신 것이다. 그때 회사에 냈던 사표가 수리되지 않아 퇴직금도 못 받았지만 미련은 하나도 없다. 호주식으로 말하면 그때부터 풀타임 사역자가 된 것이다.

어린이까지 20명이 채 안 되었는데 작년에 계산해 보니 교인 재적 수가 4,500명이 넘었고 현재 호주, 뉴질랜드, 피지 등 우리 교회 지교회만 25개가 되었다. 지교회들은 그 지교회가 있는 지역에서 대부분 가장 큰 한인교회가 되었다. 어떻게 이런 큰 역사가 일어났는가? 솔직히 말해서 내가 한 것은 아무것도 없고 오직 성령님께서 일하셨을 뿐이다. 그저 겸손한 표현이 아니라 그것이 사실이다. 누가 어떻게 이렇게 큰 교회가 되었느냐고 물으면, 나의 대답은 정해져 있다. "조용기 목사님에게서 배운 그대로 실천했더니 성령님이 일하셨다"고. 그것은 진실이다. 다시 말하면, 성령님이 일하셨고 내가 한 것이 있다면 단지 기도뿐이었다. 기도했더니 성령님이 일하셨다.

시드니순복음교회를 한마디로 말한다면 기도하는 교회이다.

2009년 상반기에 교회조직을 개편해서 지금은 모두 33개 셀 지역이 되었지만 종전까지는 31개 셀 지역이었다. 성도들이 자기 셀지역 숫자의 날에 전원 금식기도를 한다. 전날 저녁 7시부터 당일 오후 7시까지 교회에서 정해 주는 금식기도 제목을 가지고 24시간씩 금식기도하는 것이다. 그러니 교회는 1년 내내 그치지 않고 계속 금식기도를 하는 셈이다. 그리고 목회자인 나는 매달 3일씩 십일조 금식기도를 한다. 간혹 해외에 나간다든지 사정이 있을 때는 바꾸기도 하지만, 매달 3일씩 꼭 금식기도를 한다. 보통 호주에 있을 때는 매달 1~3일에 금식기도를 한다. 전달 마지막 날 오후 7시부터 3일 날 오후 7시까지만 72시간을, 한 달도 빼놓지 않고 오랫동안 계속하고 있다. 여기에는 깊은 사연이 있다. 이것은 내가 주님으로부터 직접 받은 것이기 때문에 절대 양보를 안 한다. 간혹 집사람이나 성도들이 교회도 이만큼 부흥되었으니 3일 중 하루만 하고 나머지는 자기에게 맡기라고 하지만 나는 그것은 타협을 하지 않는다.

나는 중학교 2학년 때부터 교회를 다니게 되었는데, 교회를 다니면서 내 마음속에는 예수님을 꼭 만나고 싶다는 간절한 소원이 생겼다. 러시아가 낳은 유명한 소설가 톨스토이의 작품 중에 구두장이 영감의 이야기가 있다. 이 구두장이 영감이 예수를 믿고 난 뒤 마음속에 예수님을 만나고 싶은 간절한 소원이 있어 결국 만났던 것처럼 나도 예수님을 만나고 싶은 막연한 소원이 있었다. 교회를 다니면서 예수님은 예루살렘에 계신 것을 알게 되고, 그래서 예루살렘에 가 보고 싶다는 소원을 가지고 있었다. 시골 읍에서부터 신앙생활을 했기 때문에 예루살렘에 간다는 것은 생각조차 할 수 없었다. 그리고 교회를 다니면서 예수님이 예루살렘에 계신 것이 아니라는 것을 알게 되었지만, 그러면서도 마음 한구석에는 예루살렘에 가면 예수님을 만나게 된다는 막연한 기대가 늘 남아 있었다.

그러다가 드디어 예루살렘에 갈 수 있는 기회가 다가왔다. 1981년이었다. 매년 서울에서 갖는 순복음세계선교대회가 그해에는 서부 독일의 수도 베를린에서 열리게 되었다. 그때는 아직 동독과 서독이 통일이 되지 않은 때였다. 동독 땅 안에 있는 서부 베를린의 도로 좌우에 벽을 쌓아서 그 길로만 다닐 수 있도록 만들어 놓았었다. 우리 일행은 독일의 프랑크푸르트에서 비행기를 타고 서부 베를린으로 갔다. 서부 베를린에서 선교대회를 마치고 미국과 캐나다에서 온 성도들 일부와 함께 이스라엘에 갈 수 있게 되었다.

그때 이스라엘의 예루살렘에서 최자실 목사님이 주최하는 국제 금식성회가 있었다. 30개국 대표들이 참여하는 성회였는데 우리 선교사 일행도 참여하게 되었다. 비행기가 프랑크푸르트에서 떠나 텔아비브 공항에 도착하였다. 우리 일행을 실은 자동차가 가다가 갈림길을 맞이하게 되었다. 한쪽은 예루살렘, 반대쪽은 여리고라고 표시되어 있는 갈림길에서 드디어 예루살렘이라고 표시가 되어 있는 길로 들어서게 되었다. 가슴이 뛰기 시작했다. 드디어 예루살렘에 이르는구나. 예루살렘에 가면 예수님을 만나게 된다는 막연한 기대감에 가슴이 쿵쾅쿵쾅 뛰었다.

예루살렘에 도착한 우리 선교사 일행은 아침에 일어나서 새벽기도회 겸 아침기도회를 가졌다. 아침식사 후 가까운 곳에 성지순례를 갔다가 오후에 좀 일찍 와서 저녁때 국제금식성회에 참여했다. 갈릴리 호수에 갔을 때는 바지를 걷고 들어갈 수 있는 제일 깊은 곳에 들어가서 돌 하나를 주워 그 돌과 대화를 했다. "돌아, 너는 2천 년 전 우리 예수님께서 제자들을 부르시고 여기서 풍랑을 잠잠하게 하실 때 그 음성을 들었겠지?" 돌이 말할 리가 없지 않은가! 수가 성 우물가에 갔을 때, 또 변화산에 갔을 때 예수님께서 어느 순간에라도 꼭 나타나실 것 같았다. 감람산에 갔을 때에 안내인이 이곳에는 수령 3천 년이 넘은 감람나무가 일곱 그루가 있다고 했다. 그러면 예수님 당시에도 수령이 1천 년이 넘었겠구나 하는 생각이 들어, 그중 한 감람나무에게 가서 나무와 대화를 했다. "감람나무야, 너는 2천 년 전 예수님께서 땀이 변하여 피가 되기까지 힘쓰고 애써 간절히 기도하실 때 그 음성을 들었겠지?" 감람나무가 말이 있을 리가 없었다.

그곳을 떠날 날을 하루 앞둔 날이었다. 예배 당번을 짜신 분이 실수를 한 것 같았다. 나의 예배 인도 순서를 맨 마지막으로 해놓은 것이다. 내가 떠나는 날 아침 예배를 인도하게 되어 있었다. 나는 지금도 그다지 알려진 사람이 아니지만 그때는 더욱 그랬다. 아마 제일 잘하시는 목사님부터 순서대로 짠 것 같았다. 그러나 달리기 경주에서도 제일 마지막이 가장 중요하지 않은가! 제일 잘 달리는 사람을 마지막에 배치하고 그 다음 잘 달리는 사람을 첫 번째에, 그리고 그 다음 사람들은 중간에 세우지 않는가! 다음 날 아침 설교가 고민이 되었다. 성도들에게 설교하는 것은 늘 하는 것이니 그렇다손 치더라도 목사님들에게 무슨 말을 해야 하겠는가! 잘못하면 비판이나 들을 것이기에 부담을 느끼게 되었다. 초저녁부터 고민이 되어 마음이 무거웠다. 다른 설교는 해서 안 되고 하나님께로부터 직접 메시지를 받아서 전해야겠다고 생각했다. 밤은 점점 깊어가는데 하나님의 메시지는 오지 않고 부담이 되었다. 방을 같이 쓰는 목사님은 내일 일찍 떠나야 하니 미리 자야 한다며 일찌감치 침대에 들어갔다. 자는 모습을 보며, 같은 목사인데 한 사람은 저렇게 편히 자고 한 사람은 이렇게 고민하고 있으니 세상 불공평하구나 하는 생각이 들었다.

하나님의 메시지가 빨리 오면 좋으련만 밤 12시가 지나고 1시경이 되어도 말씀이 오지 않았다. 새벽 2시쯤 되었다고 생각되는데, 갑자기 마음이 환해지면서 강한 빛이 온 마음에 임하는 것을 느꼈다. 그리고 그 빛 가운데서 주님의 음성이 들려왔다. 주님의 음성은 영어로 small 그러나 still였다. 작고 가늘면서도 아주 힘이 있는 말씀이었다. 주님의 첫마디는 "나는 네가 나를 만나기 위해 이곳에 온 것을 잘 안다" 하는 것이었다. 예루살렘에 가서 주님을 만난다는 것은 지금까지 내 마음속에 있는 생각이었을 뿐이지 그것을 어느 누구에게도 말한 적이 없는데, 주님은 내 마음속의 생각까지도 정확히 알고 계셨다. 주님은 그 다음에 "그러나 나는 이곳에 있지 않고 너희가 하나님을 섬기는 그곳, 너희가 목회하는 그곳에 있고, 내가 있는 그곳에 너희가 있다"라고 하셨다. 그 후 예루살렘에 갈 기회가 한 번도 없었지만 혹 앞으로 있다고 해도 이제는 2천 년 전 예수님께서 행하셨던 현장에 가 보는 것이지 예수님을 만나러 가지는 않을 것이다.

　주님의 가늘고 힘찬 음성은 계속 들려왔다. "온전한 십일조 생활을 하라." 이 말씀을 듣는 순간 즉각적인 반응은 '저 십일조 잘 드리고 있는데요. 성도들도 십일조 잘 드리는데 목사가 십일조를 안 할 리가 있습니까?' 였다. 그때 주님은 말씀하셨다. "물질의 십일조는 말할 필요도 없고 온전한 십일조 생활을 하라는 것은 시간의 십일조를 드리는 것이다." 그러면서 내 마음속에 깨달음이 오는데, 십일조 기도는 하루의 10분의 1을 기도하는 것이었다. 즉 하루 24시간의 10분의 1은 2시간 40분이다. 하루에 2시간 40분씩 기도하든지 또는 한 달의 10분의 1, 즉 3일씩 금식기도 하든지 둘 중 하나를 택하라는 계시가 왔다. 그래서 나는 후자를 택하고 그때 그 계시를 받은 예루살렘 한복판에서부터 시작하여 오늘에까지 이르고 있다. 앞으로도 계속할 것이다.

　온 교회를 기도하는 교회로 만드니 크고 놀라운 일들이 계속하여 일어났다. 이런 일도 있었다. 해외이고 보니 교회 간에 교인들의 이동이 매우 심했다. 한번은 가까운 이웃에 같은 순복음교회가 생겨서 교인들을 빼가는데, 소위 말하는 쓸 만한 젊은 층은 다 빼가는 것이었다. 그 교회에 새로운 사람이 한 명 왔는데 이민국의 이민장관과 각별한 사이라서 그 사람을 통해서 영주권을 받을 수 있다는 것이었다. 교인들 대부분이 영주권이 없어서 영주권 문제가 아주 큰 관심사인데 이를 받을 수 있는 길이 있다고 하니 누구나 관심을 갖는 것이었다. 또 그 교회로 와야 대신 수속을 해준다고 하니 하나 둘 옮기기 시작하는 것이었다. 그러나 나는 사람과 상대하지 않고 하나님께 기도만 했다. 하루는 어느 기도원에서 금요일 밤 금식 철야기도회를 했는데 기도원 주차장에 평소보다 훨씬 많은 차들이 주차되어 있었다. 나갔던 사람들이 돌아오기 시작한 것이었다. 그 후 교회를 떠났던 사람들이 돌아오는데, 자기만 돌아오는 것이 아니라 다른 사람들을 데리고 돌아왔다. 그때 유행어가 생겼다. 교회 떠나는 사람에게 유학 간다고 말하고는 "가서 유학 잘하고 돌아오십시오", "가능하면 유학을 빨리 마치고 돌아오십시오"라고 했다. "유학 가 보면 내 집이 제일 그리울 거요"라고들 말했다. 얼마 후에 소문이 들려오는데, 그 사람이 사기꾼이라는 것이었다. 그 사람 통해서 영주권을 받은 사람이 한 사람도 없고, 이민장관과 각별한 사이라는 것도 거짓말이라는 것이었다. 그 교회 교인들의 대부분이 우리 교회로 왔고, 그 교회 목사는 교회 문을 닫고 한국으로 귀국했다. 우리는 사람을 상대하지 않고 오직 기도했을 뿐이다.

나의 가족은 내가 시드니에 온 후 2년 6개월 만에 시드니에 합류하게 되었다. 그때 회사 방침이 가족은 6개월 후에 보내 주기로 되어 있었는데, 지사가 3개월 만에 문을 닫게 되니 가족 이민 수속이 안 되었다. 마침 호주 정부에서 사면령을 내려서 내가 영주권을 받은 후에 수속해서 오느라고 그렇게 늦은 것이다. 나는 매달 금식기도 하는 날은 달력에 빨간 동그라미로 표시하곤 했는데, 어떤 달은 빨간 동그라미 투성이었다.

한 번은 이런 일도 있었다. 시드니 교민사에 길이 남을 획기적인 사건이다. 바로 교회가 기도해서 교민들이 영주권을 받은 사건이기 때문이다. 이민국에서 영주권이 없는 불법 체류자들에 대해서 단속이 심할 때도 있고 좀 느슨할 때도 있었다. 그때는 이민국의 단속이 심해서 어지간한 사람은 다 잡혀가는 판국이었다. 교인들의 대부분이 영주권이 없기 때문에 영주권 문제는 심각한 것이었다. 교회가 비상대책회의를 했지만 무슨 대책이 있을 리가 없었다. 교회가 할 수 있는 것은 전능하신 하나님께 기도하는 길뿐이었다. 그래서 50일 작정 특별 철야기도회를 갖기로 하였다. 매일 밤 10시에 모여서 50일 동안 밤 12시까지 기도회를 하였다. 밤 12시부터 새벽기도회 시간까지는 교회에서 계속 철야를 하든지 집에 갔다가 다시 오든지 하라고 했다. 50일 특별 철야기도회 동안 온 교회가 모여서 뜨겁게 간절히 기도했다.

  50일 특별 철야기도회를 마치고 며칠이 안 되어 한 호주 목사님이 우리 교회 사무실에 찾아오셨다. 그때는 우리 교회는 건물도 없어서 예배 때마다 교회당을 옮겨 다녔다. 주일날은 이곳에, 수요일은 다른 곳에, 새벽기도회 장소 다르고 금요 철야기도회 장소 다르고 하는 식이었다. 그래서 주택가에 이층집을 한 채 얻어서 넓은 공간으로 되어 있는 2층은 교회 사무실로 쓰고, 아래층은 가족 없이 혼자 있는 분들의 숙소로 쓰고 있었다. 그 목사님이 왔다가 가시는데 마침 점심때였다. 나가서 배웅하는 길가에 take-away 가게가 있기에, 한국 사람들 먹는 밥은 못 드실 거고 그곳에서 무엇이라도 조금 드시겠느냐고 하니 쉽게 동의를 했다. 마침 그 가게 앞에 의자와 테이블도 있어서 음식을 먹으면서 이야기를 했는데 그분이 묻지도 않은 말을 했다. 자기가 이민 대행을 25년째 해오고 있는데 지금이라도 신청하면 받을 수 있다는 것이었다. 호주 목사님들은 목회를 하면서도 부업을 가진 분들이 있는데 그분이 그런 케이스였다. 그래서 같이 해보자고 했더니 신청할 사람이 7~8에서 10명이 되겠느냐고 물어왔다. 나는 그보다는 훨씬 더 많을 것이라고 했다. 그 목사님은 이민 대행료를 300달러만 받겠다고 했다. 변호사에게 맡기면 2~3천 달러는 주어야 하므로 파격적인 가격이었다.

주일날 예배 때 교회에 광고를 했다. 월요일이 되니 사람들이 교회 사무실로 몰려오기 시작했다. 우리 교인만 오는 것이 아니라 아는 사람들에게 다 연락해서 함께 왔다. 덜컥 겁이 났다. 이러다가 안 되면 어떻게 하나 겁이 났다. 교회 사무실은 연일 북새통이었다. 교회 사무실 전화는 이민 문의 받는 전화가 되었고, 복사기는 이민 대행 서류 복사하는 기계가 되었다. 며칠 동안 북새통을 이루었다. 그 목사님이 마지막 날 마지막 시간에 제출한다고 하여 박스에 한 사람씩 차곡차곡 여권과 신청 서류와 이민국에 제출하는 수수료까지 넣어서 일렬로 만들어 놓고 마지막 날 마지막 시간에 제출하였다. 여권까지 제출했는데 접수증조차 없었다.

하루는 한인회장이 찾아왔다. 나에게 "이민국 누구를 만나셨습니까? 장관을 만나셨나요, 차관을 만나셨나요? 우리가 알기로 지금은 신청이 안 되는 것으로 알고 있는데 목사님께서 이 일을 추진하신다니 장관이나 차관을 만나서 무슨 말을 들으신 것으로 생각이 됩니다"라고 말했다. 그러나 나는 장관도 차관도 만나지 않았다. 오직 기도한 것뿐이다. 한 번은 우리 교회 신앙 좋은 청년이 찾아왔다. "목사님, 어떤 계시를 받았습니까? 하나님이 분명 영주권 주신다는 계시를 하셨는지요?" 그러나 계시 받은 것도 없었다. 그러면서 풍문이 나돌기 시작했다. 이민국이 사무실을 옮겼는데 이사 통에 우리가 제출한 서류가 다 분실되었다는 것이었다. 서류를 제출한 성도들은 불안해하기 시작했다. 한 교민신문에서는 "영주권 신청 수수료의 많은 부분이 교회로 흘러 들어갔을 것이다"라고 보도하였다. 쉽게 말해서 목사하고 이민 대행하는 분하고 수수료 나누어 먹기를 했을 것이라는 보도였다.

그런 가운데 시간만 흘러갔다. 그런데 신청한 분들의 영주권이 나오기 시작하더니 신청한 사람은 다 영주권이 나왔다. 인터뷰도 없이 가능성도 없어 보이는데 목사가 하라고 하니 성의 없이 대충 그어서 낸 사람까지 다 나왔다. 이것은 시드니 교민사에서 영구히 잊지 못할 획기적인 사건이다. 교회가 기도해서 영주권을 받은 놀라운 사건이다.

기도는 불가능이 없으신 하나님의 손을 움직이게 한다. 시드니순복음교회는 기도하는 교회이다. 금식기도, 철야기도, 온갖 기도에 주력하는 교회이다. 내가 한 것은 아무것도 없다. 단지 기도했을 뿐이다. 기도했더니 성령님이 역사하셨다. 오직 성령님께서 일하셨을 뿐이다.

― 정우성(시드니순복음교회 담임목사)

성령이 붙들어 쓰시는 사람, 워싱턴큰무리교회
나광삼 목사

성령에 붙들려 주님을 좇아간 사명의 사람

만년 청년 나광삼 목사, 그는 올해 예순을 넘긴 나이임에도 불구하고 젊은 청년들보다 더 바쁘고 분주한 삶을 살아간다. 그의 하루, 한 달의 일과를 살펴보면 과연 어떻게 이렇게 살아가나 싶을 정도로 빈틈이 없다. 그에게 어떻게 이렇게 살 수 있느냐고 물어보면 웃음과 함께 어김없이 이렇게 대답한다. "이게 어디 내 힘으로 되는 일인가? 하나님이 함께하시고 성령이 도우시니 가능하지." 그 말씀이 정답이지만 인간적으로 생각해 보면 보통의 열정으로는 가당치 않아 보인다.

  나광삼 목사는 조용히 앉아 설교를 준비하거나 기도하는 시간을 제외하면 혼자 있는 시간이 거의 없다. 지금까지 1천 개가 넘는 교회에 말씀을 전하고, 한국 교회와 이민교회에 성령운동을 주도하고 있는데, 현재 그에게 주어진 일을 감당하기에는 1년 365일이 부족하다. 그러니 혼자 여가시간을 보낸다는 것은 사치에 지나지 않는다고 생각한다.

  나광삼 목사가 이렇게 사는 데는 이유가 있다. 근본적으로는 신앙의 멘토이기도 하고 기도의 후원자이셨던 선친 나병주 목사의 신앙의 유산을 물려받았기 때문이다. 그뿐 아니라 지금도 하루도 빼지 않고 새벽마다 아들 목사의 목회를 위해 기도하시는 어머니 정진옥 권사의 기도와 목회자가 가져야 할 덕목에 대한 교훈이 뒷받침되고 있다. 지금도 전화 통화를 할 때면 한 번도 빼놓지 않고 당부하는 어머니의 말씀은 "겸손해야 한다", "교인을 사랑해야 한다", "유종의 미를 거두는 목회자가 되어야 한다"는 당부이다.

  그는 청년 시절 강한 성령의 체험을 통해 빠져나올 수 없는 붙들림을 경험했다. 지금까지 '성령'이라는 단어만 들어도 젖 먹던 힘까지 다해 말씀을 전하는 이유가 여기에 있다. 나광삼 목사는 성령의 강한 임재하심 속에 주님의 손에 붙들려 있는 것이 확실하다.

뜨거운 성령의 역사와 변화

  그러나 인생에 어디 굴곡이 없겠는가? 신앙의 기반 좋은 가문에서 태어나 믿음으로 자라 지금까지 그냥 순탄한 삶만 살아온 것은 아니다. 그에게도 한때 방황하던 시절이 있었다. 그는 청소년 시절에 잠시 신앙을 떠나 세상 속에서 자신을 찾으려 했다. 그는 음악과 영화를 좋아했고, 그림을 좋아했다. 그런 이유에선지 예술적 소질도 다분히 보였다. 청년 시절에는 본격적으로 미술 공부를 해 보려 한 적도 있었다. 사병 시절 그림 그리는 일로 월남에 파병되어 2년 동안 월남 참전용사 전쟁기록화 120호를 세 점 그려 다른 사병들 그림과 함께 국립 현대미술관에서 국군의 날 기념 전시회를 한 후 국방부에 헌납하기도 했고, 또 군을 제대한 후 안준배 제작, 백도기 각색으로 연출하여 니코스 카잔차키스의 "최후의 유혹"이라는 작품을 연극인회관 소극장에서 10회 공연하기도 했다.

사실 신학교에 입학하여 다니면서도 크게 사명을 받았거나 마음에 큰 감동이 있었던 것은 아니었던 것 같다. 그러던 중 그가 말로만 듣던 성령을 체험하는 기회를 얻게 되었다. 그는 그때를 "지금까지의 생각과 사고가 달라지는 때였다"라고 술회한다. 당시에 이천석 목사님이 집회를 한다고 해서 한얼산기도원에 올라갔다. 집회 마지막 날인가, 설교를 듣고 산 언덕에 기도의 자리를 잡고 무릎을 꿇고 기도를 하는데, 그날따라 기도가 잘 되지를 않았다. 그래서 더욱 부르짖는데 부르짖다가 갑자기 몸이 뜨거워졌다. 얼마나 뜨거운지 참을 수가 없어 벌떡 일어나 주위에 있는 물로 뛰어들었다. 마치 몸이 불에 휩싸이듯 너무 뜨거웠다. 새벽녘에 누군가 물 밖으로 끌어내 담요를 덮어 주었다. 그렇게 잠이 들었고, 깨어 보니 온몸이 태양빛에 땀으로 젖어 있었다.

살아 있음을 느끼고 하나님께 감사하는데, 그때부터 회개가 나오기 시작했다. 과거에 신앙생활하면서 지었던 죄, 신학생이 된 후에도 잘못한 죄, 세상적으로 방탕하게 살았던 모든 죄들을 다 고백하게 되었다. 심지어 어릴 때 부모님께서 헌금으로 주신 돈을 헌금하지 않고 사탕 사 먹었던 죄까지 모두 회개하였다. 사실 그때 기도원에 올라가면서도 혹시나 해서 소주 두 병과 담배도 사서 가방에 넣고 올라갔었는데, 성령님을 체험하고 나니 그것이 다 꼴도 보기 싫어졌다. 그 자리에서 담배를 꺼내 뭉개고, 술병은 바위에 쳐 깨버렸다. 그때 이 모든 일을 인도하신 분이 성령님이구나 하고 확신한 것은 회개하면서 귓가에 들려오는 말씀 때문이었다. "내가 너를 용서한다. 십자가의 피로 네 죄를 용서한다." 그 자리에서 이틀 밤 이틀 낮을 회개에 사로잡혀 있었다. 그리고는 갑자기 몸속으로 바람이 들어오는 것같이 숨이 막힐 듯한 느낌을 경험했다. 순간 몸이 하늘로 뜰 것같이 마음이 상쾌하고 가벼웠다. 귓속에서 찬송이 들렸다. "주 예수 내 맘에 들어와 계신 후 변하여 새사람 되고……."

내 능력이 아닙니다

기도원에서 성령의 체험과 회개를 통해 나타나기 시작한 것은 사명의 회복뿐이 아니었다. 그에게 성령의 은사들도 나타나기 시작했다. 생각하지 못했던 신비한 일들이 자신의 주변에 일어나기 시작한 것이다. 이런 일들이 일어나는 곳에 으레 고개를 드는 것이 있다. 교만한 마음이다. 나 목사는 성령의 은사가 마치 자신의 능력인 양 은사를 경험하지 못한 사람들보다 자신이 우월하다는 생각을 갖고 살았다. 주변에서 인정받기 시작했고, 집회도 다니면서 이름이 알려지기 시작했다. 이것이 신학교 시절의 모습이었으니 가히 교만해질 만하다.

그러나 그런 생활도 오래가지 못했다. 어떻게 하면 자신의 이름이 빨리 유명해질 수 있을까 하는 잘못된 생각으로 기도원에 기도하러 올라갔다가 갑자기 몸에 이상이 생긴 것이다. 몸에 불덩이처럼 열이 나면서 온몸이 뒤틀렸다. 그러다 쓰러져 서울 저동에 있는 백병원으로 옮겨졌다. 쓸개에 이상이 생겨 당장 담낭염수술을 해야 한다는 것이었다. 결국 응급실로 들어가 바로 수술실로 옮겨졌다. 온몸은 마취가 되어 정신이 가물거렸다. 몸을 움직일 수가 없었다. 이곳으로 오기 전 기도원에서 얼마나 교만하여 날뛰었던가? 맘만 먹으면 뭐든 할 수 있을 것이라 생각했는데 눈을 떠 보니 병실에 환자복을 입고 누워 있는 자신이 약하고 초라해 보였다. 그때 창밖으로 영락교회 종탑 위의 십자가가 눈에 보였다. 나 목사는 병상에서 다시 한 번 자신의 교만함을 하나님 앞에 내려놓는 경험을 했다.

"하나님, 내가 할 수 있는 것이 아무것도 없는데, 하나님이 주신 능력으로 내가 잘나서 능력 있는 것처럼 살았습니다. 용서해 주세요. 쓸개가 하나 없어도 인생 남겨 두셨으니 이제 주님이 원하시는 삶을 살겠습니다. 어디를 가라 하시든, 무엇을 하라 하시든 주의 뜻대로 살겠습니다."

그가 다시 한 번 주의 손에 붙들리는 시간이었다.

"주님 나같이 잘못 산 사람들, 떨어진 이삭을 줍는 목회자로 살기를 소원합니다."

하나님께서는 나 목사를 여러 번 위기에서 건져 주셨다. 월남에서 전쟁기록화를 그리는 사병으로 뽑혀 갔을 때, 잠시 대기하면서 식당 벽화를 그리는 중이었다. 중대장실에 전화가 왔다는 연락을 받고 조금 높이 있는 중대장실로 올라갔다. 당시 군종감으로 있던 오성룡 목사님의 전화였다. 오 목사님의 전화를 받는 순간 천지를 흔드는 폭발음과 함께 급하게 비상이 걸렸고 전화는 끊겼다. 잠시 후 그의 눈에 들어온 아래쪽 식당 건물은 베트콩의 포격을 받아 반이나 날아가고 무너져 아수라장이었다. 절체절명의 위기 때 오 목사님을 통해 사지에서 불러내시고 살려 주신 것이 하나님의 은혜였음을, 기도원에서 은사 체험 후 깨닫고 한없이 감사하면서 눈물을 흘렸다.

이삭 줍는 사명, 한국에서의 개척

그는 신학교를 졸업하며 마음에 하나님이 주시는 소원대로 개척을 하기로 작정했다. 그리고 기도하면서 개척 장소를 찾아 나섰다. 어디서 시작을 해야 하나 고민이 되어 이삭 줍는 마음으로 나가 봐야겠다 생각하고 길을 나섰다. 경기도 시흥까지 갔다. 그리고 시흥에서부터 안양까지 걸었다. 지금이야 서울의 위성도시로 큰 도시가 되었지만 개척 당시에는 인구 6, 7만 정도의 작은 도시였다. 공장 굴뚝으로 가득 채워진 안양 땅에서 20평 2층 건물을 월세로 빌려 사모 한 사람을 놓고 개척을 시작하였다. 안양북부장로교회, 이것이 나광삼 목사가 첫 개척을 시작한 교회의 이름이다. 처음에는 얼마나 어려웠는지 교인이 없어 아내 한 사람으로 시작해서 두 주일이 지나기까지 한 명의 교인도 늘어나지 않았다. 기도하면서 눈이 빠지게 교인을 기다리고 있는데, 하나님이 버스 안내를 하는 자매를 한 사람 보내 주셔서 그 자매를 통해 힘을 얻게 하시고, 그 후로 교인들이 점점 많아지기 시작했다. 그 당시 서울 지역에 부흥회를 하고 나면 서울에서 개척하자고 집으로 찾아오는 교인들도 많았지만, 힘들고 어려운 지역에서 떨어진 이삭을 줍는 목회자로서의 보람과 기쁨이 있었기에 그들의 제안을 거절하였다.

교회를 개척하고 사역하며 잊을 수 없는 에피소드가 있다. 일의 시작은 나 목사의 고등학교 시절, 방황하던 때로 거슬러 올라간다. 고등학교 1학년 때 학교에서 퇴학을 당하고는 그 분풀이로 함께 퇴학당한 친구들과 강가에서 주먹만한 돌을 손수레에 하나 가득 싣고 자기들에게 수없이 기합을 준 체육선생님 집으로 찾아갔다. 그러고는 집을 향해 돌을 던져서 지붕, 현관, 장독대 등 모든 것이 깨지고 부서져 집이 폐허가 되었다. 그 사건으로 경찰서에 잡혀갔고, 세 학생의 집에서 공동으로 변상하여 선생님의 집을 새로 단장해 주는 것으로 일이 무마된 적이 있었다. 어느 날 인천에서 부흥회를 인도하는데 성령께서 갑자기 그 일이 생각나게 하셨다. 그 길로 밤새 차를 달려 고향 경주에 가서 수소문 끝에 선생님 댁에 찾아갔다. 20년 전 법적으로는 모든 것이 끝난 일이지만 그는 선생님을 만나뵙고는 "선생님께서 용서해 주신다고 한 말씀만 해주십시오. 그러면 저는 내일 모레 우리 교회에서 설교할 때 자신이 있을 것 같습니다"라고 용서를 구했다. 그러자 선생님은 나 목사의 두 손을 덥석 잡고는 "내 교편생활 수십 년 하는 동안 진짜 제자 한 사람 만났다" 하시며 "사실 그때 이후 오늘까지 하루도 그때 화난 감정을 버리지 못했어. 그때 그날 밤 일 때문에 집사람은 심장병까지 들었지. 그런데 자네가 날 찾아와 주니 섭섭했던 감정, 화났던 마음이 없어지고 말았어" 하고 눈물을 흘리면서, 나 목사의 전도를 받아 다음 주일부터 가족이 교회를 찾아 나갔다. 나 목사가 가까운 곳에서 부흥회를 할 때 사모님이 찾아와 나 목사의 안수기도를 받고 심장병을 고침 받기도 했다.

또 하나 감격스러운 일은 성전을 지어 봉헌할 때의 일이다. 안양에 개척 후 하나님의 은혜로 꾸준히 성장한 북부장로교회는 자체 성전을 준비해야 했다. 그곳 위치가 경제적으로 넉넉한 사람들이 사는 곳이 아니다 보니 고민이 이만저만이 아니었지만, 가난한 교인들은 자기의 전부를 드리기 시작했고, 청년들은 결혼비용을 드리고 자기의 몸과 눈을 드리겠다는 교인들도 있었다. 성전은 완공되었는데 건축 빚이 남아 있어 모든 헌금이 이자로 나갈 때 하나님께서 지혜를 주셨는데, 교인들이 성전 봉헌을 위해 엿을 팔기로 결의한 것이다. 온 교인이 마음을 같이하여 준 결과, 한 개에 10원짜리 엿을 팔아 당시 1,500만 원이라는 큰돈을 모아 빚을 갚고 성전을 봉헌할 수 있었다. 당시 25평 아파트 한 채가 350만~400만

원이었으니 10원짜리 엿을 팔아 1,500만 원을 모은 것은 하나님의 기적이었다. 그때는 너 나 할 것 없이 엿을 들고 수원, 인천, 시흥 등으로 매일 밤마다 나갔다. 무려 60일 동안이나 장사를 했는데, 12월이었으니 얼마나 추웠는지 나갈 때는 찬송하며 나갔다가 돌아올 때는 눈물 자국과 콧물 자국에 얼굴이 얼룩져 있었다.

자기 신장을 팔아서 하나님께 드리겠다는 사람도 있었다. 당시의 성도들은 나 목사와 하나 되어 하나님의 성전을 진심으로 섬겼다. 그때 일을 생각하면 지금도 코끝이 찡하고 감사할 뿐이라고 한다. 교회는 부흥하였고 당시 안양에서 몇 손가락 안에 드는 교회로 성장하였다. 이만하면 한국 목회에 만족하고 그곳에서 더 큰 일들을 할 수 있었음에도 불구하고 나 목사의 영혼을 향한 욕심은 그것으로 채워지지 않았다.

미국에서 보리떡 다섯으로

나광삼 목사는 한국에서의 사역과 열매들을 뒤로 하고 사역의 장을 미국으로 옮기기로 결심했다. 한국에서 처음 개척할 때 "하나님, 제가 이삭 줍는 마음으로 개척하겠습니다"라고 했는데, 미국에 와서도 그런 마음으로 개척을 시작했다. 지금이야 워싱턴 지역에 한인들이 18만이다 20만이다 하지만 그때 당시는 이민 문호가 열려 있지 않았고, 특히나 한국 사람들은 LA나 뉴욕 같은 곳에 모여 살고 워싱턴에는 특수한 사람들이나 오는 곳이었다. 한국 사람도 얼마 없는 데다 한인이 5, 6만 명에 한인교회는 60개 정도 된다는 말도 있었다. 1980년대 중반, 미국에서 목회를 해야겠다는 마음을 가지고 오긴 왔지만 무엇 하나 준비된 것은 없었다.

미국에 와서 첫 개척 예배를 드리는데 하나님께서 딱 다섯 명의 교인을 붙여 주셨다. 그래서 나 목사는 그때 일을 '보리떡 다섯 개의 위력'이라고 말한다. 당시에 함께한 집사님 중에 한 분이 감사하게도 집을 제공해 주셨다. 그래서 그 집사님 댁에서 첫 번째 개척 예배가 시작되었다. 그 집사님은 나 목사가 이민 오기 전 한국에서 미국에 집회를 왔을 때 알게 된 분이었는데, 집회에서 은혜를 많이 받으셔서 자기는 등록하고 다니는 교회가 없기 때문에 목사님이 미국에 오신다면 꼭 함께 개척을 하고 싶다고 하였던 분이었다.

한국 개척 당시 상심한 나 목사에게 버스 안내양 한 영혼 보내 주시고 위로하시고 사역을 시작하게 하시더니, 미국에서도 한 집사님의 마음을 움직이셔서 자신의 집을 예배처소로 사용할 수 있도록 하신 것이다. 이렇게 시작한 미국의 목회도 점점 성장하기 시작했다. 주일이면 개인 집에서 모였지만 모두가 한가족처럼 서로 위로하고 격려하며 사랑을 나누었다. 그런 소문이 주변에 점점 퍼졌고, 주일마다 새로운 성도들이 늘어나기 시작했다. 그러다 보니 더 이상 가정집에서 계속 예배하는 것은 무리가 있었다. 그리하여 워싱턴 북쪽에 있는 루터란 교회를 빌려 정식 예배당에서의 사역이 시작되었다. 그때가 1985년 5월 첫 주일이었다.

큰무리교회의 성장과 사역

이렇게 미국에서의 사역도 점차 성장과 안정을 갖춰 갔다. 큰무리교회가 어려운 이민사회 속에서 성장할 수 있었던 가장 중요한 요인이 있다면 물론 뜨겁게 영혼을 사랑하는 나 목사의 마음과 성령의 도우심일 것이다. 나 목사는 성령의 도우심을 지속적으로 누리고 체험하려면 새벽기도를 해야 한다고 강조한다. 이것이 큰무리교회 부흥의 동력이라는 것이다. 나 목사는 입으로만이 아니라 실제 1년 365일 절반 가량을 부흥회를 인도하고 외지를 다니면서도 주일이면 어김없이 본교회의 강단을 지키려 했다. 그뿐 아니라 외지로 나가 있는 시간을 제외하면 결코 새벽기도를 빼먹지 않았다. 후배 목사 중 한 사람이 나 목사님을 찾아와 "이민 목회가 너무 힘이 들고 어떻게 해나가야 할지 모르겠다"라고 조언을 구할 때 "새벽기도 해. 그리고 교인들도 특별 새벽기도 하자고 해. 교회가 행사를 하는 것도 중요하지만 기도하는 시간 만드는 것만큼 중요한 건 없어"라고 말하였다.

실제 큰무리교회는 워싱턴 지역에서 매일 새벽기도를 처음 시작한 교회이며, 새벽기도회를 강조하는 몇 안 되는 교회 중 하나이다. 이민교회라는 것이 미국 교회를 빌리거나 개인 가정을 제공받아 사용하다 보니 새벽기도회를 갖는다는 것이 쉽지 않다. 그런 상황에 나 목사는 개척 당시 미국 교회 목사를 만나 새벽기도를 해야겠으니 교회를 빌려 달라고 간청했다. 이것이 허락되었고 날마다 미국 교회를 빌려 쓰면서 새벽기도회를 인도했다. 첫날은 나 목사 부부와 할머니 한 분이 오셨는데, 새벽기도가 소문이 나면서 자기 교회에 새벽기도가 없는 교인들이 나오기 시작했다. 이윽고 주일 예배보다 새벽기도회에 나오는 사람이 더 많아졌다. 나 목사는 새벽기도를 통해서 가장 은혜를 많이 받은 사람은 바로 자신이라고 말한다. 이러니 성령께서 나 목사를 그냥 두시지를 않는다. 아니, 나 목사가 성령께서 쉬실 짬을 드리지 않는다.

또 다른 나 목사의 교회 성장의 동력은 '드림'에 대한 바른 가르침이다. 교회가 성장하면서 주일 설교만 가지고는 성도들을 건강하게 세울 수 없다고 생각한 나 목사는 말씀을 통한 교육과 훈련을 단계적으로 실천해 나갔다. 그중에 가장 분명하게 가르친 것은 '십일조'에 대한 정의였다. 보통 목회자들은 교인들이 부담을 느끼거나 교회를 옮길까 눈치 보며 헌금에 대한 내용을 다루길 꺼린다. 그러나 나 목사는 이것이 분명 하나님께서 사랑하는 자녀들에게 복 주시기로 약속하신 말씀이므로 현실적으로 어렵다고 피하면 안 된다고 말한다. 그래서 말라기 3장 8절 말씀으로 십일조에 대한 드림 설교를 반복적으로 했다. 그러자 어느 날 성도 한 분이 찾아오셔서 "목사님, 언제까지 십일조 설교 하실 거예요?"라고 묻더란다. 그래서 그는 "모든 교인이 십일조 드릴 때까지"라고 대답했다고 한다. 이런 바른 가르침이 미국에서 두 번째 성전 건축의 역사를 이루어냈다. 현재 큰무리교회가 자리한 메릴랜드 락빌은 교통이 좋은 곳이다. 이곳에 청소년을 위한 체육관까지 갖춘 교회를 하나님께 봉헌할 수 있게 된 것이다.

나 목사가 이렇게 가르치는 목회에 담대할 수 있었던 것은, 교인들에게 말씀을 지키게 하여 약속되고 준비된 주님의 축복을 받도록 하려는 목회자의 열정 때문이다. 예수님께서 사도들에게 "그러므로 너희는 가서 모든 족속으로 제자를 삼아 아버지와 아들과 성령의 이름으로 세례를 주고 내가 너희에게 분부한 모든 것을 가르쳐 지키게 하라"(마 28:19~20)고 하신 예수님의 말씀을 목회의 중심으로 삼았기 때문이다. 가르침으로만 끝나는 목회보다 지켜 행하도록 반복된 가르침의 결과가 살아 있는 목회가 중요함을 확신하고 있기 때문이다.

다음 세대를 세우는 요셉 운동

이만하면 남은 인생의 목회를 안정적으로 할 만도 한데 나 목사에게는 아직도 풀지 못한 숙제가 있다. 이것은 그가 만년 청년이라는 타이틀을 달고 사는 이유가 되기도 한다. 나 목사는 젊은 목회자들을 좋아한다. 편하게 만나고 찾아가며 아낌없이 자신의 경험과 사역들을 나눈다. 나 목사는 "앞으로의 사역과 모든 것이 다음 세대로 넘어가는 것 아니냐. 한 세대는 가고 한 세대는 오는 것이 이치다"라고 한다. 그래서 마음을 놓을 수 없는 사역이 다음 세대를 위한 사역이라고 강조한다. '나광삼 목사'라고 하면 으레 '큰무리교회'로 통하지만 여기 하나가 더 붙는다. 바로 '요셉 운동'이다. 올해로 11년차를 맞는 요셉 운동은 1998년 5월 시작된, 1.5세대를 위한 성령운동이다. 이민사회에 문제가 있다면 1세대가 다음 세대를 위해 이주해 정착은 했지만 먹고살기 위한 문제들로 바빠서 정작 돌봄을 받고 영적 성숙을 이루어야 할 1.5세대들이 방황한다는 것이다. 이 모습을 가슴 아파하면서 시작한 영적 신앙 운동이 요셉 운동이다. 나 목사는 이민 1.5세들이 장점을 많이 가지고 있는데 왜 여기에도 저기에도 속하지 못하는 주변인이 되어야 하는가를 고민하면서, 이들을 하나님의 말씀으로 사람들과 하나님 앞에 쓰임 받는 지도자들로 세워야겠다고 결심했다. 이 일은 말씀과 기도 안에서 꿈을 꾸고 비전을 가질 때만 가능하다. 마치 요셉이 17세에 꿈을 꾸며 성경에 등장하는 것처럼, 그리고 어떤 어려운 환경에서든지 말씀을 붙잡고 하나님을 의지하여 30세에 애굽이라는 가장 강력한 나라의 총리라는 꿈을 이루어 사람과 하나님 앞에 성공한 삶을 산 것처럼 말이다.

나광삼 목사는 '성령'이라는 단어 만큼이나 '요셉 운동'이라는 말을 들으면 얼굴에 화색이 돈다. 그 이유는 '요셉 운동'이 바로 청년 성령운동이기 때문이다. 앞으로 12년을 맞이하는 요셉 운동이 개인적인 영적 성숙뿐 아니라 다른 사람과 세계를 위한 요셉 선교운동으로 발전해 나가는 꿈을 꾸고 있다. 그래서 일대일 기도 후원자와 영적 멘토링 시스템을 도입하여 진행하고 있다. 미국에는 부모와 같이 사는 청소년뿐 아니라 한국에서 유학을 온 학생들도 많이 있다. 부모 품을 떠나 자칫 방심하면 돌이킬 수 없는 아픔을 경험할 수 있는 때이다. 그러므로 오늘날의 청소년들은 나의 자녀임엔 분명하지만 부모 세대와 가치관부터 삶의 모습이 다르기에 선교의 대상으로 삼아야 한다. 이때 '요셉 운동'은 한 인생뿐 아니라 앞으로의 미래와 가정, 교회와 국가를 살리는 가치 있는 신앙 훈련이 될 것이다.

얻었다 함도 아니요 이루었다 함도 아니라

나광삼 목사는 별난 목사임에 분명하다. 그가 별날 수밖에 없는 것은 자신의 신변을 사리는 것이 아니라 성령의 인도와 붙들림 속에 살기 때문이리라. 1994년 워싱턴기독교복음방송을 세웠고, 현재 세계 약 2만 명의 선교사들과 네트워크를 갖고 있는 세계한인선교협의회의 공동의장으로 섬긴다. 세계한인선교협의회는 4년마다 시카고 빌리 그레이엄 센터에서 세계 각국에서 사역하는 선교사들과 선교 지망생들, 선교하는 목회자, 교인들 약 5천 명이 모여 세계선교대회를 통해 선교 현장의 소식과 선교 비전을 나눈다. 한인세계선교올림픽이라는 말을 써도 부족함이 없는 대회로, 선교에 힘을 보태고 있다.

큰무리교회는 지금 매우 분주하다. 앞으로 또 한 번의 성전을 하나님께 드리는 위대한 계획을 앞두고 있기 때문이다. 지금보다 한인들이 더 많은 엘리컷시티로 이전하는 새 성전 건축을 진행하고 있다. 이런 때 나광삼 목사는 세계성령운동중앙협의회 국제대표회장의 직분을 받게 되었다. 개인적으로 "너무나 힘들고 어려운 길이다. 나광삼 개인으로는 못하지만 성령께서 도우시고 붙드시니 할 수 있다"라고 말씀하는 나 목사의 모습을 보면서, 바울 사도가 "내가 이미 얻었다 함도 아니요 온전히 이루었다 함도 아니라 오직 내가 그리스도 예수께 잡힌 바 된 그것을 잡으려고 좇아가노라"고 했던 말씀이 기억난다.

  예순을 넘긴 나이, 머리가 허옇게 세어 감에도 주의 나라를 위해 하는 일이라면 조금도 자신을 돌아보지 않고 푯대를 향해 나아가는 사람. 그는 진정 성령에 붙들리고, 아니 그것으로 만족하지 않고 부르신 주님의 삶을 좇아가는 사명의 사람임이 분명하다.

—나광삼(워싱턴큰무리교회 담임목사)

**성령의 기적이 충만한 삶,
뉴욕순복음안디옥교회
이만호 목사**

1. 절간 죽음 귀신으로부터 시작된 힘든 어린 시절

불교와 유교사상이 가득한 한국 문화 속에서 8남매 중 맏아들인 아버지는 금실이 좋은 상태에서 아들 삼형제를 낳으셨다. 큰형님과 작은형님 사이에 딸이 있었고 작은형님과 막내인 나 사이에도 딸이 있었는데 태어나서 바로 죽었다고 한다. 수원 팔달산 절간을 헐어다가 99칸짜리 큰 집을 짓게 되었는데, 집을 지을 때 인부가 많이 필요했다. 인부들이 먹을 음식을 장만하고 분주하게 지낼 때 어머니가 나를 출산하시면서 육신적으로 힘이 들어 신경쇠

약에 걸려 시름시름 아프기 시작하셨다. 출산 후에 몸조리를 제대로 하지 못하면서 헛소리를 하고 앓으셨다. 절간을 헐어 집을 지은 관계로 사탄의 역사가 임했던 것이다.

어느 날 안방에서 끙끙 앓고 누워 있던 어머니가 갑자기 뒤뜰 장독대에서 여러 번 재주를 넘더니 새가 앉아도 떨어진다는 썩은 고목나무 위를 무술영화에서나 볼 수 있는 것처럼 사뿐 올라섰다가 사뿐 내려와 다시 방으로 들어가 언제 그랬냐는 듯이 누워 있는 것이다. 그 모습을 보고 고모님과 옆집에 사는 송씨네 가족이 심장병이 걸렸다고 한다. 또한 갑자기 "나를 부른다" 하면서 집 앞에 있는 용수동우물(농사지을 때 쓰는 물) 속으로 뛰어 들어가 허우적거렸다. 마침 소리를 듣고 달려온 작은아버님이 건져내고 인공호흡을 하여 살려내기도 하였다. 결국은 예수 믿고 하늘나라에 올라가시긴 했으나 어머님께서 돌아가신 관 위에 8개월밖에 안 된 내가 오줌도 쌌다고 한다.

그렇게 어머니를 하늘나라에 보낸 뒤 엄마 없이 자란 어린 시절에 참으로 공허하고 쓸쓸한 생활을 했다. 소풍이나 운동회는 왜 생겼으며 왜 그런 날이 있을까 하면서 콩밭에 가서 사람이 안 보는 데서 엄마를 부르며 운 적이 한두 번이 아니다. 운동회나 소풍은 기쁜 날이 아니라 오히려 슬픈 날, 소외감을 느끼는 날이었으며 울적한 날들의 연속이었다. 그러한 나를 불쌍하다고 신앙이 좋은 사촌누님(현재 목사 사모)이 교회에 업고 데리고 다닌 것이 나에게는 하나님의 사랑을 느끼는 축복의 기회가 되었다. 예배 중에 자꾸만 강대상으로 기어 올라가니까 목사님께서 "이놈이 자꾸 강대상으로 올라오는 것을 보니 목사가 되려나 보다"했는데 정말 목사가 되었다.

2. 성령세례와 방언기도로 물리친 죽음의 절간 귀신들

나의 가정생활을 아셨던 담임목사님은 "성령 받고 방언기도 하면 네 엄마를 죽였던 네 집의 절간 귀신들을 쫓아 버릴 수 있고 네 가정을 구원할 수 있다"고 가르쳐 주셨다. 국민학교 2학년 때부터 어린 나이에 방언 받기를 그렇게도 사모했다. 다른 친구들은 다 방언을 하는데 가장 친한 친구와 나만 방언을 하지 못하고 3학년, 4학년이 되었는데도 여전히 방언을 못하였다. 드디어 5학년 첫째 국어시간, 둘째 산수시간이 되었다. 그런데 왜 그렇게 가슴이 울렁거리는지 알 수가 없었다. 그렇게도 기다리고 기다렸던 방언이 터진 것이다. 나도 모르게 이상한 소리가 내 입에서 나왔다. 칠판에 글을 쓰시던 선생님이 보시고 "만호 재 미쳤나?" 하고는 손가락을 펴 보이며 "이것이 몇 개냐?"고 질문을 하셨다. 방언을 멈추고 싶지 않고 계속 하고 싶어서 얼른 밖으로 뛰어나가 화장실로 들어가 힘차게 방언을 했다. 한 30분 정도가 지나서야 진정이 되었는데, 갑자기 재잘거리는 여학생들의 소리가 들리기에 깜짝 놀라 나가 보니 여자 화장실로 잘못 들어갔던 것이다. 교실로 돌아오니 담임 선생님이 교장선생님께 데리고 가서는 또 "이게 몇 개냐?" 하면서 똑같이 질문을 하였지만 얼마나 기쁜지 몰랐다. 그때부터 어머니가 안 계셔도 외롭지 않게 살 수 있었다. 성경 말씀을 잘 모를 때인데도 이사야 43장 1~2절 말씀 "야곱아 너를 창조하신 여호와께서 이제 말씀하시느니라 이스라엘아 너를 조성하신 자가 이제 말씀하시느니라 너는 두려워 말라 내가 너를 구속하였고 내가 너를 지명하여 불렀나니 너는 내 것이라 네가 물 가운데로 지날 때에 내가 함께할 것이라 강을 건널 때에 물이 너를 침몰치 못할 것이며 네가 불 가운데로 행할 때에 타지도 아니할 것이요 불꽃이 너를 사르지도 못하리니", 그리고 이사야 41장 10절 "두려워 말라 내가 너와 함께함이니라 놀라지 말라 나는 네 하나님이 됨이니라 내가 너를 굳세게 하리라 참으로 너를 도와주리라 참으로 나의 의로운 오른손으로 너를 붙들리라"는 말씀을 주시어 그 성경 말씀이 좌우명이 되어 지금까지 지켜 주심에 깊이 감사하고 있다.

방언까지 받고 성령 충만하여 그때부터 매일 새벽기도를 시작했다. 시계가 없는 때인지라 달이 창문가에 비치는 각도를 보고 시간을 짐작하여 교회에 갔는데, 깜짝 놀라 달려가 보면 12시밖에 안 된 때도 있었다. 그럴 때는 교회에서 기다렸다가 종을 치고 예배를 드리기도 했다. 할아버지의 핍박 때문에 소를 몰고 풀을 뜯기면서 한쪽에 묶어 놓고 새벽기도를 드리기도 했다. 피곤하여 새벽기도를 지각할 때는 그냥 지나갈 수가 없어서 빨리 달려가 교회 문고리를 잡고 "주님, 이만호 교회 왔다 갑니다. 도와주세요" 하고 학교에 가곤 하였다.

할아버지, 할머니는 어머니가 돌아가시고 집안이 편치 않음을 보시고는 1년에 여러 차례 무당을 불러다가 굿을 하는데, 한 번 굿을 하면 쌀 20가마씩을 지불했다. 굿을 할 때마다 온 동네 사람들이 구경 오고 대잔치가 벌어지는데, 무당들이 오기만 하면 예수 믿는 나 때문에 굿판이 안 된다 하며 굿이 깨지지 않도록 나를 잡으려 해서 도망 다니느라 참으로 혼이 많이 났었다. 한번은 도망가다가 잡히는 바람에 무당 신 내린다는 대를 잡았는데 대가 안 내린다고 야단이었다.

그 당시에 나는 감리교회에 다녔는데, 부흥회가 있을 때는 뜨겁게 찬양하며 성령세례 받고 방언도 많이 했다. 담임목사님이 목사님은 담 바깥에서 기도할 테니 나더러는 안에서 담대하게 마귀를 물리치는 기도를 하라고 하면서 용기를 주셨기에, 그날도 대를 잡으면서 기도를 했다. 작두(큰칼) 타기 순서가 되었다. 칼 위에서 춤을 추는 것이다. 서울에서 온 얼마나 용한 무당인지 실수가 한 번도 없었다고 한다. 그날도 자신 있게 높이 떠서 작두 위로 사뿐히 내려앉았다. 나는 방언으로 계속 기도를 했다. 그런데 두 번째 뛰어올랐던 남무당이 "악" 하는 소리와 함께 작두 칼날에 발꿈치를 베이고 말았다. 모든 사람이 붉은 피가 철철 흐르는 모습을 보고 소스라치게 놀라며, 떨어진 무당의 발꿈치 상처 조각을 쑥으로 봉하여 피를 멎게 하는 소동이 벌어졌다. 그들은 큰 망신을 당하면서 보따리를 싸가지고 도망치고 말았다. 목사님과 작은 나의 방언기도를 하나님께서 들으시고 역사가 일어나게 하신 것이다. 그 이후에 할아버지는 무당도 못 믿겠다며 교회에 나가겠다고 하여 교회에서 세례 받고 하늘나라에 가시게 되었다.

한번은 학교에서 경주 불국사로 수학여행을 갔다. 그런데 선생님과 주지스님 사이에 약속이 되어 있었는지 모든 학생들에게 불전 앞에서 목례를 시키는 것이었다. 그런데 목사님과 교회에서 "다른 신을 섬기지 말며 우상에게 절하지 말라"고 배운 친구와 나는 다니엘처럼 모든 학생들이 고개를 숙일 때도 백절불굴의 신앙으로 고개를 꼿꼿이 들고 서 있었다. 담임선생님은 우리에게 고개를 숙이라고 종용했지만 우리는 담대한 신앙으로 버티었다. 그 당시 반장이었는데 학교에 돌아온 후 담임선생님이 반장을 못하게 하였다. 그러나 어찌나 마음이 기쁘고 감사했는지 모른다. 물론 나중에는 담임선생님과 교장선생님을 전도하여 그분들도 예수님을 믿게 되었다.

절간을 헐고 지은 집이라서 그런지 귀신이 얼마나 역사했는지 모른다. 어머니가 일찍 돌아가신 뒤에 그렇게 착하던 아버지가 술을 드시기 시작하더니 알코올 중독이 될 정도로 인사불성이 되신 것이다. 할아버지와 아버지는 칼과 낫을 들고 싸우기까지 하셨는데, 사람으로서는 도저히 상상할 수 없는 일이 벌어진 것이다. 할아버지가 건넌방에서 칼을 휙 던지면 형님 팔을 스치고 지나가 안방 문에 꽂히고, 화가 난 아버지가 할아버지께 낫을 던져 문에 꽂히는 등, 어린 나이에 눈에 보이는 연장을 감추며 공포에 떤 적이 한두 번이 아니었다. 아버지는 알코올 중독으로 정신마저 혼미해져 아들인 나를 쇠스랑(쇠갈고리)으로 내리쳐서 죽이려고 하셨다. 간신히 피해 세 개 중 한 개만 머리를 스쳤으나 크게 다쳐, 지금도 머리에 7센티미터 가량의 흉이 있다. 할아버지가 상처에 쑥을 잘 발라 주어 죽지 않고 살아났다고 하지만 나는 하나님께서 나를 살리셨음을 믿는다. 이처럼 죽을 뻔한 적이 많았는데 모두 마귀의 장난이었다.

이렇게 집안에 마귀가 역사하자 내 기도는 더욱 간절해졌다. 중3 때의 일이다. 큰형님이 결혼을 할 때가 되어 중매가 들어왔다. 이 일은 우리 가정이 죽느냐 사느냐 하는 아주 중요한 결정이었기에 내가 간섭하지 않고는 안 된다는 사명감을 갖고 믿음이 좋은 형수를 택하기 위해 온 힘을 다했다. 한 사람은 서울 여성인데 얼굴은 예쁘고 좋으나 신앙이 없었고, 또 한 사람은 시골 여성인데 얼굴은 보통이지만 청년회장까지 한 믿음이 좋은 아가씨였다. 나는 학교도 안 가고 형이 선을 보는 자리에 같이 나가서 형에게 압력을 넣었다. 무조건 서울 아가씨는 안 되고 믿음 좋은 시골 아가씨와 하라고 막무가내로 우겼다. 형은 그 당시 신앙이 없었기에 "네가 장가갈 것도 아닌데 웬 참견이냐?" 하면서도 동생인 나의 말을 존중하여 믿음 좋은 아가씨와 결혼하였다. 얼마나 기쁘고 반가운지.

그때부터 형수와 힘을 합쳐 가정 복음화에 전력을 다하기 시작했다. 새벽기도 갈 때 할아버지 몰래 가느라 담장을 넘어 다녔는데 내 키가 작아서 형수가 디딤돌을 만들어 주어 넘어 다니게 해 주고, 문도 열어 주고 문에서 소리가 안 나도록 물과 기름으로 발라 주기도 했다. 할아버지께 들키지 않도록 담장 밑의 구멍으로 들어오도록 도와주기도 하는 등, 두 사람이 힘을 합치니 얼마나 신이 나는지 몰랐다. 엄마 없이 지낸 터라 형수가 준비해 주는 밥과 빨아서 챙겨 주는 옷들이 참으로 고마웠다.

형수와 믿음을 합쳐 가정을 구원하여 큰형, 작은형이 교회에 나가게 되고 작은아버지, 사촌동생들도 교회에 나가는 역사가 일어났다. 칼들이 날아다니던 집안이 이제는 명절 때가 되면 모여 찬송하고 예배 드리는 가정이 되었고, 우리 집안에 12명의 주의 종이 탄생하여 열심히 목회하고 있다.

그러한 큰형수에게 큰 아픔이 있었다. 아기를 못 가지는 것이었는데, 아무리 노력해도 안 되어 결국은 수술까지 하여 아예 포기하는 상태가 되었다. 그러자 그전에는 난폭하던 둘째 형이 예수 믿고 성령 받아 새 생활을 할 때이므로 자기가 만나는 아가씨에게 다른 것은 안 묻고 "결혼해서 첫 아이를 낳으면 무조건 큰형에게 줄 수 있느냐?"고 질문하여 그렇다고 한 사람과 결혼했다. 지금의 둘째 형수이다.

둘째 형수가 임신을 하여 병원에 가서 알아보니 쌍둥이라고 했다. 온 가족이 기도하여 출산일이 가까워 오는데, 임신 중독이라서 혈압이 떨어지질 않아서 산모를 살리든지 아이들을 살리든지 결정을 내려야 한다는 것이었다. 온 가족에게 금식을 선포하고 의사에게 산모와 아이를 다 살려야 한다고 했다. 그러나 몸이 퉁퉁 붓고 인간적인 방법으로는 어려운 상황이었다. 하나님께 간절히 기도하며 매달렸다. 그랬더니 이대 부속병원에서 기적이 일어났다. 출산 직전에 혈압이 정상으로 내려와 무사히 출산하게 되었다. 더구나 새해 첫 아기 출산이라고 방송국에서 축하해 주는 행운과 남양분유회사에서 주는 포상까지 받게 되었다. 낳자마자 첫 번째 나온 아이는 큰형님에게 곧장 드렸는데, 정들기 전에 드려야 한다며 핏덩어리를 안겨 드린 것이다. 하나님의 선물로 알고 한 아이는 서울에서, 한 아이는 수원에서 자라게 되었다. 쌍둥이인지라 모습이 어찌나 똑같은지, 누가 보아도 일란성 쌍둥이임을 금방 알 수가 있었지만 엄마와 큰엄마가 구분되어 자라게 되었다.

어머니께서 일찍 돌아가신 관계로 하나님께 기도하면서, 목사님의 적극적인 역할로 항상 웃음을 잃지 않는 아가씨를 소개받아 자연스럽게 하나님의 축복 속에 결혼하게 되었다. 그 당시 잠깐 직장생활을 하고 있었으나 부르심을 받아, 초등학교 때부터 목사가 된다고 서원을 하였기에 모든 것을 포기하고 신학교에 편입했다. 신학교에 다니면서 결혼을 한 것이다. 아내도 음악을 공부하였기에 피아노학원을 경영하면서 내가 목회의 길을 가는 데 큰 역할을 해주었다.

3. 의식과 형식이 아닌 성령과 말씀의 큰 스승 조용기 목사님과 최자실 목사님을 만나다

감리교의 신앙으로 자랐으나 영적 체험 신앙으로 다져진 나의 신앙은 모든 예배가 성령 충만의 예배로 성령 충만, 기도 충만, 전도 충만, 사랑 실천 충만으로 이어졌다. 1970년 서울에 와서 대학 생활을 할 때 서대문 네거리 적십자병원 옆 순복음중앙교회 조용기 목사님의 예배와 부흥회를 참석하여 기쁜 대학 생활을 할 수 있었다. 특히 화요일 성령대망회에서 조용기 목사님과 최자실 목사님의 말씀과 강한 성령의 은사 역사에, 매주 성령의 뜨거운 만지심으로 겉옷까지 땀에 적시곤 하였다.

그 결과 순복음신학교로 편입하여 신학생이 되어서도 나의 시간, 분초를 성령과 말씀에 충만한 시간으로 보냈다. 예수님은 은혜와 진리가 충만하신 분이며, 예배하는 자는 신령과 진정의 예배를 드리라고 하였으므로(요 4:24), 오늘 나의 목회 현장은 스승이신 조용기 목사님과 최자실 목사님의 제자가 되어 성령 충만과 말씀 충만이 균형 잡힌 목회를 할 수가 있었다. 그래서 오늘의 목회 현장에서는 다니엘 21일 특별기도, 모세 40일 기도, 여리고 7일 기도, 지금은 매월 1일은 금식기도, 매월 첫 주는 오병이어 특별 새벽기도를 드리고 있다.

4. 여의도순복음교회에서의 행복했던 시절

1979년 한세대학(구 순복음신학교)을 졸업하고 여의도순복음교회 방배교구를 맡아 한 교구에서 네 교구로 부흥하여 조용기 목사님으로부터 최우수 전도상패를 받기도 하였다.

1982년 목사 안수와 최연소 대교구장 역임, 그리고 1983년 5월 16일 여의도순복음교회에서 지금의 제2성전인데 논현동 제1호 지성전으로 갔다. 지성전에서 최초로 조용기 목사님의 영상 예배가 드려지고 성공적으로 제2성전이 부흥하자 인천, 부천, 성남, 그리고 각 지방에 지성전이 세워지게 되었다. 제2성전 담당목사의 공로로 30대 중반에 1987년 교무국장으로 임명되기도 하였다. 조용기 목사님의 강단과 그 그늘이 얼마나 큰 것인지를 체득하고 더욱 성령 충만과 말씀 충만, 그리고 기도 충만을 몸으로 배우게 되었다. 1988년 〈국민일보〉 창간, 1989년 나라와 민족을 위한 올림픽 주경기장의 여의도순복음교회의 단독 12만 명 채움의 기도의 함성, 1990년도의 동부성전 새벽기도 9천 명을 인도하게 되었는데, 이 모든 성령의 강력한 역사에 나는 여의도순복음교회 조용기 목사에 대한 성령의 기름 부으심의 심부름을 하였을 뿐이나 그 기쁨은 이루 말로 다할 수 없었다.

그 후 1991년 광명에 300명의 성도와 1억 5천만 원으로 시작하여 광명순복음교회 재적 성도 8천 명을 5년간 섬기는 중 조용기 목사님의 성전 완공 축복예배를 드렸고, 평촌 성전도 같이 섬기게 하셨다. 매우 힘든 일도 있었으나 나의 목회에서 그 기간은 여의도순복음교회와 조용기 목사님의 영향력으로 한없이 행복했던 순간이었다.

5. 미국 뉴욕에서 제2의 여의도순복음교회를 꿈꾸며 성령으로 기적을 맛보다

워싱턴에 큰형님을 비롯한 70여 명의 가족이 이민 와서 하나님의 축복 속에 세 자녀가 공부하게 되었다. 하나님께서는 노스 캐롤라이나(North Carolina)에서 5년간 사역하게 하시고, 뉴욕 퀸즈한인교회 한진관 목사님으로부터 초청을 받아 본 교단 북미총회 총재 조용기 목사님께 축복기도를 받고 2002년 8월 산상부흥성회를 두 번째로 인도하며 수석부목사로 3년간 섬겼다. 하나님의 인도 가운데 2005년 1월 1일 교회를 설립하고 성령님이 역사하심으로

6개월간 180명의 성도로 부흥하게 되었으며, 교회가 비좁아 고민하며 기도하던 중 2005년 8월 하나님의 인도로 김상의 목사와 합하여 오늘의 뉴욕순복음안디옥교회를 이루게 되었다.

1년 뒤 2006년에는 교회 뒤에 있는 선교관을 구입하게 하셨고, 그 다음 해에 하나님께서 지성전으로 롱아일랜드에 4만 5천 SQ(650만 달러 규모)를 선물을 주셨다. 세 개 TV 방송 설교와 두 개 라디오방송 설교를 하며 조용기 목사님의 라디오 방송도 지원하고 있다. 2007년 여의도순복음세계선교회 주최 선교대회 때 선교 특집 방영이 있었고, 〈신앙계〉 2007년 10월호에 뉴욕순복음안디옥교회가 소개되기도 했다.

현재 나는 순복음세계선교회 북미총회 부총회장으로 섬기며, 한세대학교 미주 총동문회장으로 활동하고 있다. 이제 3,000성도 300구역장, 30명 선교사 파송을 눈앞에 두고 선교지 31곳을 후원하고 있다. 그리고 부지런히 성령 충만과 말씀 충만, 그리고 기도 충만과 예수 사랑 실천으로 대 뉴욕을 복음화하고 성령화하며 성시화하여 범죄 없는 도성을 만들고 전 세계 선교에 비전을 가지고 조용기 목사님에게 임하셨던 성령의 역사, 여의도순복음교회와 함께하시는 성령의 충만하심이 뉴욕순복음안디옥교회에도 임재하여 제2의 여의도순복음교회가 되기를 꿈꾼다. 성령의 놀라운 역사가 뉴욕에서 재현되어 성령으로 기적을 맛보며 하나님께 영광이 되길 크게 기대한다.

— 이만호(뉴욕순복음안디옥교회 담임목사)

한국기독교성령백년인물사 II

세계 선교

이형자

한국 교회의 탁월한 여성 지도자
이형자 원장

햇불선교센터 이형자 원장이 한국의 기독교 여성 지도자로서 우뚝 서 국내외의 선교적 사역들을 지난 30년 동안 지속하게 된 것은 우연한 일이 아니다. 하나님의 섭리가 깊이 개입되어 있다. 어린 유치원 시절에 평생 잊을 수 없는 하나님의 신비스러운 영적 체험을 어린 형자에게 주셨다. 하나님께서 그에게 강력한 빛의 모습으로 나타나셔서 하나님의 실체를 지식으로가 아니고 개인적 경험을 통해 확실하게 체험하게 하셨다. 이 경험으로 인해 하나님은 보이지 않는 저 하늘의 미지의 세계에 멀리 계신 분이 아니고 친아버지 같은 실제적 존재로 어린 형자의 영혼에 각인되어 그녀의 영성에 변함없는 체질이 되었다.

중·고등학생 시절, 이화여대 법과대학 학장이신 아버님 때문에 이대 캠퍼스 가까이에서 살면서 당시 이대 총장 김활란 박사를 늘 만나면서 그분을 존경하고 따르게 되었고, 그분과 함께 성경공부도 하고 전도여행에도 동행하였다. 이러한 10대의 모델은 신앙적 헌신과 아름다운 인격과 열정적 섬김이 무엇인지를 직접 보고 느끼며 내적인 성장의 자원이 되었다. 김활란 총장을 흠모하며 날마다 눈앞에 그분을 바라보며 자라온 것도 일찍부터 신앙의 헌신이 자연스럽게 나타난 배경이 되었다. 김활란 총장으로부터 영적 사역에 필요한 경건한 인품과 헌신을 배울 수 있었다. 특히 학생 시절 일찍부터 미술에 관심과 재능을 보여 좋은 선생님들에게서 미술을 배우며 풍부한 감성의 개발과 창의력 훈련을 받았다. 모든 미술전시회를 찾아다니면서 미술의 은사를 계발해 갔다.

이형자 원장은 선교사들이 세운 이화여대 부속중·고등학교에 다녔는데, 당시로서는 가장 앞서가는 학교 가운데 하나로서 남녀공학이었다. 그 시대 남녀공학 제도 속에서 학생회 회장으로 섬겼다는 사실은 이 원장에게 하나님께서 주신 타고난 리더십을 보여준다. 훗날 많은 선교사역을 하면서 국내·국제적으로 다양한 기독교의 지도자들과 함께 일할 수 있는 훈련이 학생 시절에 이미 경험한 리더십에서 비롯된 것으로 보이기도 한다.

미술공부를 꿈꾸어 프랑스 유학을 준비해 오던 이형자는 대학교 2학년 어느 날 선교사의 부흥회에 참석하러 가던 도중 갑자기 버스가 그를 쳐서 몸이 공중에 떴다 떨어지면서 머리에 심한 부상을 입어 혼수상태로 죽음의 문턱에까지 갔다 왔다. 이 사고로 인해 유학을 포기해야 했다. 건강의 회복은 6개월이나 걸렸다. 긴 6개월은 하나님과의 깊은 교제의 시간이었다. 만일 이런 일이 없이 원하는 대로 유학을 갔더라면 이형자 권사는 오늘 한국 교회의 여성 지도자로서가 아니라 수많은 미술인 중 한 명으로 살고 있었을 것이다. 미술공부로 석사학위를 받는 많은 발전이 있었으나 하나님은 이형자 원장을 미술인으로서가 아니라 하나님의 선교사역자로 한국과 세계를 위해 쓰시려는 섭리가 있었다. 사경을 헤매는 사고를 통해서 하나님이 인생을 다스리심을 보여 주셨고, 무엇을 위해 누구를 위해 일생을 살아갈 것인지 강력한 영적 깨달음을 얻게 하셨다.

온화한 성품의 학자이신 아버지와 강력한 내면의 생활력을 가지고 자녀들을 길러 오신 어머니 슬하에 네 자녀 중 맏딸로서 자라나면서 형제들 간에 사랑의 리더십을 가정에서 경험하였다. 옆에서 늘 관찰된 이 원장의 자매들과 남동생의 돈독한 관계는 모범적이다. 장녀인 이 원장은 동생들의 절대적 신뢰와 존경을 받고 있고, 형제들 간에 보기 드문 우애는 정서적 안정이 바탕이 된 것을 넉넉히 엿볼 수 있다. 탁월한 형제우애는 상호간의 깊은 신뢰와 사랑으로 완전히 하나가 되어 있는 가정을 볼 수 있다. 가까이서 보는 사람들에게 그 형제들 관계는 상당한 감동을 일으키며, 누가 보아도 부러울 정도이다. 형제자매 중 첫째인 이 원장은 아래 동생들을 넓은 가슴으로 품어 주는 푸근한 사랑의 리더십을 보여 준다.

대학을 졸업하기도 전에 부모님들의 강력한 권유로 이형자는 32세의 기업가 최순영을 만나 결혼을 한다. 4년 후 갑자기 닥쳐온 암으로 인한 시어머니의 떠나심, 가까운 친구의 사망, 사랑하던 할머니의 죽음이 겹치면서 많은 정신적·영적 혼란을 경험하기도 했다. 그리고 기약 없는 인생을 일찍이 깨닫게 된다. 주부로서 남편과 세 자녀에 대한 철저한 헌신은 친부모와 친형제자매들과의 관계에서 잘 훈련되었던 연장선상에 있다. 가족에 대한 완전한 신뢰와 조건 없는 사랑이 무척 돋보인다. 아낌없이 주는 사랑의 습관이 이형자 원장에게서 어디서나 나타난다. 이는 맏딸로서 자라난 넉넉한 리더십에서 나온 것인 듯하다.

남편 최순영은 많은 부채로 휘청대던 기업을 부친의 별세로 물려받았다. 재정적 구덩이에서 스스로 일어나려는 남편의 노력은 엄청난 도전이요 부담이어서 너무 힘이 들었다. 하나님을 믿은 아내는 30세도 되기 전에 새벽 4시에 일어나 하나님 앞에서 무릎을 꿇고 기도하지 않을 수 없는 여건에 놓였다. 기도밖에는 다른 길이 없었다. 남편은 사업을 했고 아내는 기도를 했다. 사업상의 어려운 문제는 아내의 기도의 몫이었다. 남편의 사업상 문제는 아내를 기도의 여인으로 만들었다. 기도하는 가운데 하나님은 분명한 음성으로 응답과 확신을 주셨고, 회사의 어려운 문제는 하나씩 차근차근 풀려나갔다. 아내는 기도 안에서 하나님의 지시를 받았고, 남편은 아내가 받은 하나님의 지시에 착실하게 순종해 나갔다. 아내는 기도의 사람, 남편은 순종의 사람이 되었다. 그리고 기업은 날마다 발전했고, 기업의 수입에서 십일조를 선교를 위해 하나님께 드리기로 결정했다. 기업은 번창해 갔다. 그리고 최순영 장로는 약속을 지켜갔다. 아내 이형자 원장의 영성은 하나님과 날마다 가지는 교제를 통해 깊어져 갔고, 하나님의 위대하심을 계속 경험해 갔다. 이 원장은 기도의 사람이 되었을 뿐 아니라 치유은사도 받았다. 그녀의 기도는 한국 교회에서 일반적으로 보는 스타일의 기도가 아니고, 조용한 가운데 집중적인 기도 스타일이었다. 이 원장의 삶은 성령이 역사하는 삶이 되었다. 모든 것을 기도와 간구로 시행하며 살았다. 기도의 능력을 실제로 경험하고 있었다. 하나님과 가까운 관계를 유지하며 살게 되었다. 기도는 이 원장의 삶의 일부가 되었다. 이형자 원장에게 하나님은 기도에 대한 응답을 구체적으로 들려주시는 자상한 아버지와도 같았다.

1977년 30대 초, 하나님은 이형자 원장에게 매우 분명한 음성으로 또 말씀하셨다. 이번에는 남편의 개인적 사업문제가 아니고 복음사역을 위한 하나님의 음성이었다. "산봉우리 봉우리마다 마른 가지마다 횃불의 불을 붙여라." 횃불회 운동은 그녀의 기도실에서 시작되었다. 재단법인 횃불선교센터가 설립되었고, 여성들의 횃불회가 이 원장의 거실에서 나라와 민족을 위한 기도회로 모이기 시작했다. 30대 여성들이 모인 이 기도운동은 한국이 정치적으로 사회적으로 험난한 시대에 한국을 살리는 하나님의 은총을 구하는 부르짖음이었다. 이 기도회는 날이 갈수록 동참하는 여성들이 증가했고, 이 원장의 집 거실은 좁아 그 이상 더 수용할 수 없게 되었다. 그래서 집 아래 길가에 있는 남편의 소유 건물로 옮겨갔다. 기도하기 위해 모이는 여성들의 수는 계속 증가했고, 여자

햇불회 모임에 가면 한국의 대표적인 목사님들의 말씀을 매주 듣고 은혜를 받을 뿐 아니라 당시 혼란스러운 나라와 민족을 위해 마음껏 기도할 수 있었다. 이 모임을 이형자 원장은 늘 주도하고 있었고 이 모임은 초교파적으로 여성들이 모여들었다. 나라와 민족을 위한 한국 교회의 기도의 도가니가 되어 갔다. 이 기도운동은 다음 30년 한국 교회의 여성기도운동으로 지속되었다. 햇불회는 말씀과 기도가 있는 사역이었다.

모임에 참여하는 여성들 중에는 갈급한 목회자 사모들이 다수 포함되어 있었다. 그 수가 많아지자 이형자 원장은 사모햇불회를 따로 조직하여 목회자 사모들만 함께 말씀과 기도에 전념하게 하였다. 차가 없는 사모들이 많이 있어 목사님들이 사모님들을 모셔다 드리고 사모들 모임의 뒷자리에 앉아 참석하는 분들이 점차 증가했다. 그 수가 많아져서 목회자들은 자신들을 위한 목사햇불회를 역시 독립해서 조직하기를 원했다. 목사님들의 정기적 집회가 조직되어 월요일 오전 10시부터 12시까지 모이게 되었다. 목사님들을 돕기 위해 한국의 대표적인 목사님들을 강사로 모셨다. 지친 목회자들에게 힘이 되었고 유익한 시간이었다. 그 시간은 사모햇불회가 이미 모이는 같은 시간대여서 목회자들이 오시기에도 적합했다. 이렇게 초교파적인 말씀과 기도의 집회가 정기적으로 햇불회라는 이름으로 하나씩 조직이 되었다. 현직 교수들을 위한 교수햇불회, 퇴역한 장교 출신들을 위한 군햇불회, 미술인햇불회, 미용인햇불회, 사회사업햇불회 등 다양한 햇불회 사역은 점차 확대되면서 한국에 소용돌이가 치던 그 시대에 초교파적인 말씀과 기도를 위한 운동이 일어났다. 하나님께서는 기독교햇불선교회를 한국 땅에 일으켜 정치적, 경제적, 사회적으로 불안하고 힘들던 시대에 성령의 바람을 일으키는 시대적 사명을 감당하게 하셨다. 이 사역의 중심에 기도의 사람 이형자 원장이 있었다. 또 그 뒤에는 성공한 기업인 대한생명 회장으로 성장한 최순영 장로가 있었다.

한편 이형자 원장의 남편 최순영 회장은 한국에서 가장 높은 63빌딩을 여의도에 지었다. 전 세계인들을 초청하는 88올림픽을 준비하고 있는 대한민국에 필요한 대표적 건물이었다. 기도하는 두 손을 상징하는 금빛 나는 대한생명 건물을 63층으로 짓는 데도 이형자 원장의 기도가 큰 몫을 했다. 그렇게 높은 건물은 건축법상 허락되지 않았다. 63층이 되면 건물 꼭대기에서 청와대가 보여 위험하다는 어리석은 생각 때문에 박정희 정부는 허락을 하지 않았다.

이형자 원장은 새벽에 일어나 계속 기도했다. 몇 층으로 건물을 올릴 것인지 하나님께 여쭈어 보았다. 한층 한층 층수를 물어보는 가운데 하나님은 60층까지 올라갔을 때 중지시키셨다. 이 원장은 남편 최 장로에게 하나님께서 63층을 지으셨다고 말씀하셨다 말하고 63층을 지어야 한다고 주장했다. 최 장로는 화를 버럭 냈다. 건축법상 말도 안 되는 말을 아내가 기도의 응답이라고 하면서 강력하게 주장하는 것이었다. 당시만 해도 최 장로는 사업가요 기도하는 아내에게 기도를 늘 요청했고, 기도의 응답을 받으면 아내는 최 장로에게 전화로 알려주었고, 최 장로는 기도의 응답을 믿고 하나님의 지시대로 행동에 옮기면서 사업의 어려운 문제들을 하나씩 풀어 갔고, 기적적으로 아내의 구체적 기도 응답대로 모든 일이 되어 가는 것을 여러 차례 경험해 오던 터였다. 이형자 원장은 기도했고 최 장로는 그 기도응답을 믿고 그대로 행동했다. 이 둘의 협력은 절묘하게 사업을 해가는 데 적중해 오고 있었다.

그러나 63빌딩 건축허가는 다른 문제였다. 건축법이 허용하지 않는 것을 기도의 응답이라고 그대로 순종해야 한다는 것이었다. 박 대통령은 허락하지 않았다. 그러나 최 장로 내외는 하나님의 응답을 믿고 63층 건축에 맞게 땅을 파내려갔다. 그러던 어느 날 갑자기 박 대통령이 시해를 당하는 비극이 벌어졌다. 전두환 대통령이 후임자가 되었다. 건축법이 갑자기 바뀌었고 63빌딩 건축은 믿음대로 가능해졌다. 건물의 기초를 파고 있는 동안에 일어난 기적 같은 일이었다. 이형자 원장은 사사건건 구체적으로 기도하는 사람이었다. 기도 중 구체적으로 대답을 들었고, 듣는 대로 움직이는 분이었다. 기도의 응답을 받아 순종하기 때문에, 그리고 구체적 기도응답의 경우가 한두 가지가 아니었기 때문에 하나님의 평화와 확신에 차 있었고, 차분하고 자신감 있게 실천해 갔다. 그리고 기도응답대로 모든 것이 현실로 나타났다.

이형자 권사의 기도와 선교적 열정은 주위로 확산되어 갔다. 횃불회 사역은 점차 확장되어 갔고, 횃불대성회라는 초교파 대형집회가 영혼의 갈증을 느끼고 있던 어지러운 시대에 많은 기독교인들에게 생수가 되었다. 개인의 신앙생활과 개교회에서 마저도 만족할 수 없는 영적 기갈을 채워 주는 대형집회였다. 가장 영향력 있는 강사들이 섰다. 대한생명 건물 대강당 가득 회중이 모여 말씀과 기도로 영혼이 소생되는 집회였다. 점차 한남동 건물은 다양한 햇불회의 사역에 너무 부족한 것을 느끼면서 양재동에 새로운 건물을 계획했다. 전두환 정권 말기 현 양재동 햇불선교센터가 세워져 있는 땅은 최 장로의 땅인데 정부에서 전 대통령이 퇴임하면 사저를 지어 살겠다고 접수해 갔었다. 그러나 대단히 어지러웠던 전 대통령 통치 말기에 그 땅을 다 정비해 놓고 최 장로에게 갑자기 돌려주었다. 잃었던 땅을 건물을 지을 수 있도록 정비된 상태에서 되찾은 최 장로 내외는 이 땅을 하나님께 드려야 한다고 생각하고 그곳에 햇불선교회관을 지어 하나님께 드리기로 결정하고 시행에 옮겼다. 시기적으로 햇불회 사역의 확장과 필요에 잘 맞았다.

당시 최순영 회장은 승승장구하는 사업가였다. 대한생명은 삼성생명, 교보생명과 함께 한국의 3대 보험회사가 되었고, 사업의 십일조를 하나님께 드려 하나님의 사역을 한다는 헌신을 이미 시행하고 있었다. 최 회장은 대한축구협회 회장을 맡아 한국 최초의 프로 축구단인 할렐루야축구팀을 창설하여 프로축구를 한국에서 시작하였고, 이 축구단은 국내외 선교의 목적으로 뛰게 하였다. 한국 교회의 대형집회가 있을 때마다 최 장로는 경제적 뒷받침을 해주어 늘 한국 교회의 힘이 되었다. 극동방송 이사장으로 새 건물을 지어 바쳤다. 초교파 신학교인 아세아연합회신학대학교 이사장으로 재정적 안정을 만들어 주었다. 또한 오늘날 한국의 유수한 교회로 성장한 감리교회인 광림교회, 장로교 통합 측 온누리교회, 독립교회인 할렐루야교회들이 개척하기도 전에 건물을 먼저 지어 주어 개척하게 했다. 햇불선교센터는 국내선교, 해외선교, 특수선교 등 다양한 사역을 펼쳤고, 햇불전액장학금을 통해 한국 주요

교단 신학교의 교수 150명을 길러 신학계 발전에 큰 공헌을 하였다. 사회사업횃불회를 통해 수많은 고아원들을 도왔다. 이 모든 사역들 뒤에는 믿음의 여인, 기도의 여인, 비전이 큰 여인, 추진력이 강한 이형자 권사의 리더십과 이 모든 사역의 재정적 뒷받침을 해준 남편 최순영 장로가 있었다. 양재동의 기독교횃불선교원은 통칭 횃불선교센터로 알려지기 시작했다. 세계의 어떤 나라에서도 볼 수 없는 최고의 시설이다.

  1992년 AD2000 and Beyond Movement는 2000년 말까지 세계에 아직 남아 있는 1만 2,000개의 미전도 종족을 완전히 복음화하자는 목적을 갖고 세계복음화를 주도해 왔는데, 1995년 GCOWE '95 세계대회가 횃불선교센터에서 개최되었다. 182개국의 4,500명의 기독교 선교지도자들이 교회, 선교단체, 신학교를 대표하여 참석했고, 이 세계기독교 역사상 최대 영적 올림픽이라 불린 이 대회를 한국에서 개최하기 위해 세계 리더들이 횃불선교센터에 찾아와 세계선교대회를 횃불선교센터에서 개최하도록 요청을 했다. 방대한 예산, 엄청난 인적 자원, 조직과 프로그램을 감당해야 했으나 이 권사는 기도 중 믿음으로 세계대회를 하겠다고 쉽게 결정하고 추진했다. 이 원장의 결정은 대부분이 오랜 기도응답 경험을 통해 하나님의 음성을 듣는 순간 직감적이고 쉬운 결단과 강력한 추진력으로 진행되어 갔다. 결국 한국에서 아무도 해보지 않았던 세계선교대회를 성공적으로 종료했고, 전 세계교회의 참석자들은 오늘까지 횃불선교센터에서의 감격을 잊지 못하고 있다. 물론 이런 사역은 재정적인 뒷받침 없이는 불가능하다. 남편 최순영 장로의 재정적 지원이 변함없이 있었기 때문에 좀더 쉽게 결정할 수 있었다. 이 두 분은 손발과 같이 하나님께 쓰임을 받았다.

1997년 또 하나의 큰 선교적 도전이 왔다. 횃불트리니티신학대학원대학교의 설립이다. 한국 땅에 완전히 영어로 공부하는 유일한 석사와 박사 학위를 수여하는 대학원대학교가 횃불선교센터와 미국의 트리니티 복음주의신학대학원의 협력으로 출발을 했다. 세계선교에 이바지할 목회자와 선교지도자들과 기독교교육 및 기독교상담 전문가들을 양성하는 대학원이다. 횃불선교센터의 이형자 원장과 미국 트리니티 신학교 총장 사이에 서명하고 교육부의 인가를 받아 대학원을 세웠고, 지난 10년간 장족의 발전을 거듭하여 오늘에는 28개국에서 온 유학생들과 한국 학생 등 400명이 넘는 신학대학원생들이 함께 공부하는 영성이 깊은 훌륭한 신학대학원이 되었다. 역시 이형자 원장의 결단과 리더십의 열매이다.

지난 10년 동안 남편 최순영 장로는 대한생명을 정부에게 빼앗겨 많은 고난을 당했다. 회사를 다 잃었고 개인적인 고통은 말로 다 표현할 수 없었다. 그러나 그 엄청난 고난 속에서도 이형자 권사는 여전히 기도의 여인으로 난관을 극복해 왔다. 최순영 장로는 과거 언제보다도 더 하나님과 가까워졌고 욥과 같이 "주신 이도 하나님이시요 가져가신 이도 하나님이시니 하나님의 이름을 찬양할지어다"라는 신앙을 얻게 되었고, 용서가 무엇인지를 깨닫게 되었다. 이형자 원장과 최순영 장로 부부는 믿음과 기도를 통해 견딜 수 없는 풍풍 가운데서도 하나님의 평화를 유지하고 있다. 오랜 세월 동안 기도 속에서 하나님의 음성을 듣고 살아온 훈련이 아니었다면 그 모든 시련을 도저히 감당할 수 없었을 것이다. 그러나 이들은 믿기 어려울 정도로 성령께서 주시는 평화를 누리고 있다. 믿음의 힘이다.

남편 최순영 장로는 대한생명뿐 아니라 모든 22개의 기업들을 김대중 정부에게 다 빼앗겼고 횃불선교센터, 아세아연합신학대학교, 전주대학교, 한동대학교, 해외선교, 국내선교, 특수선교, 한국 교계의 다양한 사역들을 위해 하나님께 드린 평생의 헌금들이 횡령으로 간주되어 옥살이를 했으나 금년 들어서 특별사면을 받아 자유로운 몸이 되었다. 모든 것을 잃은 상태에서도 아내 이형자 권사가 보여 준 남편을 향한 헌신과 변함없는 사랑과 기도생활은 계속되고 있다. 과거에 비해 불가피하게 많이 축소되기는 했으나 지속된 여러 도시의 목사횃불회 사역은 어떤 상황에서도 이형자 원장이 하나님으로부터 받은 사명을 포기할 수 없다는 불타는 선교적 헌신을 보여 주고 있다.

최근에는 의사가 없는 상태에서도 캄보디아에 선교병원을 세우고, 2008년 80개국 여성 지도자 선교대회였던 WOGA대회를 한국에서 성공적으로 개최하였다. 필자가 본 어떤 선교대회보다도 그 열정과 프로그램과 결과에 있어서 비교할 수 없을 만큼, 철저하게 준비된 선교대회였다. WOGA대회를 통해 필자가 놀란 것은 이형자 원장의 선교적 열의는 말할 것도 없고, 한국 기독교 여성계의 인적, 재정적, 조직적, 재능적, 영적 자원을 총동원한 최고의 작품이라는 점이다. 나의 평생에 그토록 깊은 감동을 받은 적이 없었을 만큼 완벽한 대회였다. 많은 대회들은 또 하나의 행사를 하고 있다는 느낌을 주는 경우들이 있는데 WOGA의 경우 한 주일 동안 아프리카, 아시아, 중동, 남미 등 개발도상국가에서 온 여성지도자들에게 선교에 필요한 실질적 훈련을 통해 세계복음화의 파도를 일으켰다. 특히 하나님께서 이 땅에 주신 한국 기독교 여성들의 엄청난 능력에 대한 강한 인상과 깊은 감사를 필자의 가슴에 일으켜 주었다. 사실상 필자는 그 모든 과정을 가까이에서 지켜보면서 한국 교회의 여성들에 대한 새로운 감동과 존경을 갖게 되었다. 이 중심에 이형자 원장이 서 있었다. 이 원장은 한국 교회 여성계의 모든 자원을 총동원하여 지금까지 한국 교회의 어떤 선교대회보다 잘 진행되어 최고의 감동과 헌신을 이끌어 내는 하나님의 도구로 쓰임을 받았다.

그녀는 기도 가운데 하나님으로부터 받은 비전이면 좌우를 돌아보지 않는다. 아주 단순하게 그 비전을 향해 한눈을 팔지 않고 똑바로 전진하며 추구해 간다. 흔들림이 없다. 그는 주님의 사역을 복잡하게 하지 않는다. 일을 쉽게 한다. 그리고 하나님은 그를 통해 큰일을 이루신다. 무에서도 유가 창조된다. 위대하신 하나님을 경험한다. 남편 최순영 장로가 모든 것을 잃었기 때문에 옛날처럼 재정적 지원은 없다. 그러나 이형자 원장에게는 그것이 문제가 아니다. 하나님께서 하라고 말씀하셨다는 그것만이 문제이다. WOGA대회의 경우도 과거와 같은 남편의 재정적인 지원이 전혀 없었다. 그러나 하나님의 일은 하나님께서 이루게 하신다는 것을 볼 수 있었다. 하나님만을 신뢰하고 기도와 간구로 추진된 결과 풍성하신 하나님은 모든 필요한 것을 채워 주신다는 그 영원한 진리를 다시 한 번 경험하는 기회가 된 것이다. 놀라운 일이었다. 이형자 원장은 WOGA대회를 통해 위대하신 하나님을 증명했다.

작년 WOGA대회에서 비전을 받은 일본의 한 여인으로 인해 WOGA Japan이 시작되어 일본 교회의 여성운동이 활발하게 일어나고 있고, 이 WOGA Japan은 남성 목회자들에게까지 영향을 주기 시작했다.

금년에는 한국 아프리카 여성선교대회가 7월 한 달 동안 전 아프리카의 100개 도시에서 열린다. 식민지에서 해방되었으나 종족 간의 전쟁으로 헤아릴 수 없는 고통과 사망자를 내고 있는 아프리카, 전 아프리카를 이슬람화하기 위해 북쪽으로부터 강하게 불어오는 이슬람의 폭력적 바람이 몰아치고 있다. 아프리카 대륙에 5킬로미터마다 회교사원을 하나씩 짓는다는 목표하에 중동 이슬람 국가들이 오일로 번 돈을 쏟아 붓고 있다. 수많은 전쟁의 피해자들은 어린이들과 여자들과 노인들이다. 이슬람화되는 경우 여성의 인권은 사라지고 억압을 받을 수밖에 없다. 에이즈, 폐병, 말라리아도 어느 대륙보다 많은 희생자들을 내고 있는 아프리카를 향한 이형자 원장의 선교적 비전에 1천여 명의 한국성도들이 미국과 한국에서 참가해 한 달간 치러질 이번 대회에 이형자 원장은 대회장으로서 전과 같은 열정으로 열심히 추진하고 있다. 역시 하나님의 주신 비전이면 아무리 힘들어도 단순하게 추진하는 그의 모습은 이번에도 다르지 않다. 아프리카 기독교 여성들의 요청으로 준비되고 있는 아프리카 여성선교대회는 여성 지도자들을 세우고 훈련하여 아프리카를 복음화하고 이슬람 바람을 막아내기 위한 대회이다. 이와 같은 어려운 일을 재정의 유무에 상관없이 믿음으로 추진하고 있다. 과거에도 채워 주신 것처럼 주님의 일을 주님께서 공급해 주신다는 단순한 믿음이 이 원장의 핵심 신앙이다.

2010년에는 전 세계 한인 디아스포라 교회 지도자들이 한국에 함께 모이는 선교대회를 준비하고 있다. 그들에게 격려와 선교적 도전을 줌으로써 해외에 이주해 있는 한국인들이 그 나라와 그 지역의 선교 주체가 되도록 비전을 제시하기 위함이다.

하나님께서는 30년간 이 땅에서 이형자 권사를 세워 주시고 준비시켜 주셔서 한국 여성 지도자들 가운데서 예수 그리스도의 복음사역에 가장 강력하게 사용하고 계신다. 이 원장은 남편의 엄청난 고난과 피해에도 불구하고, 과거와 같은 재정적 능력이 전혀 없음에도 불구하고 꾸준한 기도와 어린아이와 같은 단순한 믿음으로 오늘도 내일도 하나님의 나라 확장에 쓰임을 받을 것이고, 그를 통하여 하나님의 영광이 만방에 계속 나타나게 될 것이다.

— 김상복(할렐루야교회 담임목사)

한국기독교성령백년인물사 Ⅱ

부흥사

최봉석 | 피종진 | 이태희 | 노희석 | 오범열 | 장기철

예수 천당,
최봉석 목사

사도 바울은 예수에 미친 사람이었습니다.

"우리가 만일 미쳤어도 하나님을 위한 것이요"(고후 5:13).

사도 바울의 몸은 예수로 충만했습니다. "살든지 죽든지 내 몸에서 그리스도가 존귀히 되게 하려 하나니"(빌 1:20). 이처럼 우리나라에도 예수에 미친 사람이 있었고, 예수로 충만한 사람이 있었습니다. 그는 평생 예수에 미쳐서 '예수 천당'을 외치면서 살았습니다. 그는 한국 교회가 신사에 무릎을 꿇을 때 마지막까지 일본

형사들 앞에서도 '예수 천당'을 외치며 회개하라고 호통을 치던 사람입니다. 그는 이기풍, 길선주 목사와 함께 한국 교회의 아버지와 같은 분이었습니다. 그는 바로 최권능(최봉석) 목사입니다.

이기풍 목사는 1865년에 평양에서 출생했고, 길선주 목사는 1869년에 평남 안주에서 출생했고, 최권능 목사는 같은 해인 1869년에 평양에서 출생했습니다. 세 분은 모두 평양에서 예수를 믿었고 평양에서 복음을 전하다가 나중에는 전국 방방곡곡에, 그리고 만주에 다니며 복음을 전했습니다. 주기철 목사, 김화식 목사, 그리고 저의 부친도 평양에서 순교의 피를 흘렸습니다. 그래서 평양을 '조선의 예루살렘'이라고 부릅니다. 평양은 조만간 '한국의 예루살렘'으로 다시 회복될 것입니다.

그러면 평생 '예수 천당'을 외치며 전도한 최권능 목사에 대한 이야기를 하겠습니다. 최권능 목사의 본명은 최봉석입니다. 이제 최봉석 목사가 어떤 분이었는지를 세 가지로 나누어 말씀드리겠습니다.

최봉석은 '예수 천당'을 외친 사람이었습니다

최봉석은 1869년 1월 7일 평양에서 출생했습니다. 그는 7세 때부터 서당에 들어가서 공부를 했는데 글씨를 잘 썼다고 합니다. 성격은 무척 괄괄하고 급했습니다. 최봉석은 16세 때 평양 감사 민병석의 비서가 되었고, 나중에는 평양 감사 아래 감찰의 직을 맡게 되었습니다. 그는 감찰의 자리를 이용해서 국고금 3만 냥을 횡령했다는 죄로 반년 동안 투옥되었다가 나중에는 평북 삭주로 유배되었습니다. 그는 울분 속에서 날마다 술에 취해 세월을 보내고 있었습니다.

그런데 삭주에는 1896년에 교회가 설립되어 복음이 전파되고 있었습니다. 삭주에 백유계란 유명한 한의사가 있었는데 예수를 믿게 되었습니다. 어느 날 그가 최봉석을 찾아와서 예수를 믿고 죄를 회개하고 새사람이 되어 참다운 생활을 해보라는 말을 했습니다. 그리고 복음서를 주고 갔습니다. 최봉석은 복음서를 읽고 마음에 감동을 받아서 예수를 믿고 삭주교회에 나가기 시작했습니다. 33세 때였습니다.

그 다음 해인 1903년 그가 34세 되었을 때 꿈을 꾸었습니다. 하늘에서 떨어진 벼락에 맞아 죽는 꿈이었습니다. 그때부터 불 같은 열심이 일어나고 전도하고 싶은 마음이 솟아나 그는 만나는 사람마다 붙잡고 전도하기 시작했습니다. 그의 전도는 간단하고 단순했습니다. "예수 천당"이라고 소리를 지른 다음 예수 믿고 천당 가라고 했습니다. 1905년에는 삭주교회의 집사가 되었고 후에는 영수가 되었습니다. 그가 삭주교회에서 전도와 목회 사역을 매우 열심히 해서 교회가 크게 부흥되었습니다. 그는 또한 압록강 지역과 만주 지역을 다니며 '예수 천당'의 복음을 전하며 많은 사람들을 예수 믿게 했고 여러 교회를 세웠습니다.

1907년에는 평양 장로회신학교에 입학하여 신학 공부를 하며 벽동교회에서 조사 일을 했습니다. 최봉석 조사는 신학교에 다니면서도 공부보다는 기도와 전도에 열중했습니다. 공부는 겨우 하고 시간이 있는 대로 평양 거리를 돌아다니면서 '예수 천당'을 외치며 전도를 했고, 밤에는 밤을 새워가며 기도를 했습니다. 아침에 시험을 볼 때면 백지를 내는 때가 한두 번이 아니었습니다. 시험을 잘 보게 해 달라고 성령님께 간절히 기도했지만 여전히 답을 쓸 수가 없었습니다. 그래서 그는 이렇게 중얼거렸습니다. "시험에는 성령님도 쩔쩔매는구먼!" 그러나 그는 다음 날 시험도 아랑곳하지 않고 또 평양 거리를 돌아다니며 '예수 천당'을 벽력 같은 소리로 외치며 전도를 했습니다. 그것이 그가 받은 달란트였습니다. 죄인들을 무너뜨리는 가장 성능이 좋은 총탄은 '신학탄'이 아니라 '예수탄'이라고 믿고 '예수탄'을 쏘아댔습니다.

그가 방앗간 앞을 지나다가 방앗간을 향해 "예수 천당" 하고 소리를 질렀습니다. 망아지가 놀라서 펄쩍 뛰자 방아가 엎어져 난리가 났습니다. 주인이 최봉석 조사에게 달려들어 야단을 했지만 그는 계속해서 "예수 천당" 하고 소리를 질렀습니다. 결국 방앗간 주인은 항복하고 예수를 믿게 되었습니다.

최봉석은 기도로 신학교를 졸업했습니다

최봉석은 1907년에 신학교에 입학했기 때문에 4년 후인 1911년에는 신학교를 졸업해야 했습니다. 그런데 졸업식이 지났는데도 최봉석 조사는 계속해서 학교를 다니고 있었습니다. 그래서 벽동교회 교인들이 물어보았습니다. "조사님, 졸업이 어떻게 되었습니까?" 최봉석 조사는 태연하게 대답했습니다. "1년 더 공부해야 합니다." 그런데 그런 일이 3년이나 반복되었습니다. 1913년에도 졸업생 명단에는 최봉석의 이름이 들어 있지 않았습니다. 3년 동안 계속해서 낙제를 했기 때문이었습니다.

최봉석 조사는 좀 난처한 생각이 들었습니다. 교인들을 볼 면목이 없게 되었습니다. 그래서 최봉석 조사는 교무실로 들어가 교수들을 만났습니다. 3년씩이나 낙제를 한 44세가 된 노 학생을 바라보는 교수들의 마음은 거북하고 곤란했습니다. 최봉석 조사가 입을 열었습니다. "교수님들에게 아뢸 말씀이 있어서 찾아왔습니다. 교수님들, 먼저 저와 함께 기도하십시다." 그리고 이렇게 기도를 했습니다. "하나님 아버지, 감사합니다. 저같이 부족한 죄인을 불러서 예수 믿게 하시고 또 신학교에 와서 공부하게 하시고 또 목사 되게 하시니 감사합니다. 공부만 잘해야 목사가 됩니까? 하나님의 종은 열심히 기도하고 열심히 전도해야 하는데 저는 기도하고 전도하다 보니 공부를 못했습니다. 그러나 교수님들이 나에게 졸업장을 주어 나도 목사 될 수 있도록 길을 열어 주옵소서. 주실 줄 믿고 감사하며 예수님의 이름으로 기도합니다. 아멘!" 간절하고 뜨겁게 기도를 했기 때문에 교수들은 모두 덩달아 아멘 했습니다.

기도를 마친 최봉석은 마펫 교장에게 졸업장을 달라고 청했습니다. 그러나 교장은 "안 됩니다. 1년을 더 공부해야 합니다"라고 말했습니다. 그때 최봉석 조사는 "교장님과 교수님들이 약속을 어기면 어떻게 합니까? 조금 전에 저의 기도에 모두 아멘 하지 않았습니까? 하나님과 약속한 것을 어기면 어떻게 합니까?" 교장과 교수들은 할 수 없이 졸업장을 주기로 했습니다. 전무후무한 낙제의 기록을 세운 최봉석 조사는 이렇게 해서 졸업장을 받게 되었습니다. 당당한 기도에 교수들도 쩔쩔매며 졸업장을 주고 만 것입니다. 얼마나 멋진 이야기입니까? 하나님의 자녀들은 이렇게 하나님을 의지하고 기도하면서 당당하게 살아갑니다. 최봉석 조사는 당당하게 기도하고, 당당하게 전도하고, 당당하게 공부하고, 당당하게 졸업했습니다.

최봉석 목사는 고난의 십자가를 짊어진 사람이었습니다

최봉석 조사는 1913년 신학교를 졸업하고 그해 8월 목사로 안수 받은 후 벽동교회에서 1년 동안 목회하다가 1914년부터 노회의 파송을 받아 만주 전도에 전념했습니다. 넓은 만주 벌판을 10리, 20리씩 걸어다니며 조선 동족들에게 복음을 전했습니다. 수많은 고난을 무릅쓰고 12년 동안 복음을 전한 결과 28개의 교회를 세웠습니다. 때로는 굶기도 하고, 때로는 몽둥이와 돌멩이로 맞아서 쓰러지기도 했습니다. 정신을 잃고 쓰러져 있다가 주님의 음성을 듣고 다시 일어나서 "예수님은 누구신가" 찬송을 부르면서 걸어가곤 했습니다. 너무 배가 고파서 때로는 올챙이를 잡아먹기도 했고, 소똥에 들어 있는 콩알을 꺼내어 먹기도 했습니다.

최봉석 목사는 12년 동안의 만주 전도를 마치고 1926년에 평양으로 돌아와서 평양에서 복음을 전하기 시작했습니다. 평양 거리는 이제 최봉석 목사의 '예수 천당' 소리로 날이 밝게 되었습니다. 새벽 4시마다 들려오는 '예수 천당'의 외침은 생명길을 알리는 새벽 첫 닭의 울음소리였고, 나라 잃은 평양 시민들의 멍든 가슴을 후련하게 하는 청량제였습니다.

이렇게 된 데에는 길선주 목사의 주선이 컸다고 합니다. 길선주 목사는 "최봉석 목사의 '예수 천당' 소리가 멈추는 날 조선의 예루살렘인 평양이 망한다"라고 말하며 최봉석 목사를 격려하며 돌보아 주었다고 합니다. 그는 불타는 심정으로 '예수 천당'을 외쳤는데, 그 소리에는 능력이 나타났습니다. 그 소리를 듣는 사람들은 모두 항복하고 예수를 믿게 되었습니다. 그래서 그를 가리켜 '최권능 목사'라고 불렀습니다. 하루는 머리 좋고 설교 잘하는 채필근 목사가 지나가는데 최봉석 목사가 큰 소리로 "예수 천당" 하고 소리를 질렀습니다. 깜짝 놀란 채필근 목사는 "나 채 목사요"라고 말했습니다. 그랬더니 최봉석 목사가 이렇게 대답했습니다. "목사는 목사지만 뻘지(벙어리) 목사요."

최봉석 목사는 일본의 신사참배를 앞장서서 반대하다가 1939년 평양경찰서에 끌려가서 극심한 고문을 당했습니다. 기절하면 물을 끼얹고 기절하면 또 물을 끼얹으며 고문을 했습니다. 그는 6년 동안 감옥에서 갖은 고문을 다 당했습니다. 고문을 심하게 하면 할수록 "예수 사랑하심은"을 큰 소리로 불러서 감옥 안에 있는 사람들이 그 찬송을 모르는 사람이 없었다고 합니다. 그는 감옥에서 기도하고 찬송하고 전도하는 일에 전념했습니다. 그래서 감방 안에 들어온 사람들은 그의 전도로 예수 믿고, 그의 기도로 힘을 얻고, 그의 찬송으로 기쁨을 누렸습니다. 그래서 감방이 교회처럼 되었다고 합니다.

형사들이 신사참배를 하지 않으면 죽이겠다고 고문할 때마다 최봉석 목사는 이렇게 대답을 했습니다. "내가 죽는 것은 영광이오. 나는 죽기 위해서 오늘까지 당신들의 신을 경배하지 않고 살아왔소. 내가 죽으면 천당에 가오. 주님이 나의 집을 예비하고 나오기를 기다리고 계시오." 하루는 형사가 몽둥이로 최 목사를 때리니까 최 목사는 매를 맞을 때마다 "예수 천당, 예수 천당"이라고 소리를 질렀습니다. 형사가 매를 멈추고 왜 이렇게 시끄러우냐고 물으니까 "내 몸에는 예수가 꽉 차 있어서 나를 때리면 내 몸에서 예수가 나옵니다"라고 대답을 했다고 합니다. 그는 예수로 충만한 사람이었습니다.

최봉석 목사는 때때로 감방에서 금식기도를 했는데, 1944년 3월 1일부터 40일간 금식기도를 하기로 작정했습니다. 그런데 3월 1일에 사모님과 아들과 딸이 음식을 준비해 가지고 면회를 온 것입니다. 그는 가족을 반갑게 맞았습니다. 보통 때는 사모님에게 "항상 기뻐하라"고 말하면 사모님이 "쉬지 말고 기도하라"고 말하므로 간단히 면회를 마치곤 했는데 그날은 면회가 길어졌습니다. "내가 금식기도 작정한 것을 알고 마귀가 맛있는 음식으로 시험하는군"이라고 말하며 웃었습니다. "얘들아, 집에 가서 날 위해 기도해야 한다. 금식기도 끝나는 4월 10일까지 누구도 면회 오지 말고 기도해다오. 미안하다. 땅 위에서 육신을 가진 사람들인데 내가 주님께 충성하다 보니 지나치게 가정과 너희를 등한히 하였구나. 하하, 이것도 육신의 생각이지" 하더니 딸과 부인의 손을 붙잡고 눈물을 흘렸습니다. "하나님이 너희들을 지켜 주시고 축복하실 것이다. 내가 하나님 품에 안기게 되고 너희들도 나와 같이 저 낙원에 가서 즐거이 살게 될 때, 그때 땅에서 못 받던 위로를 하늘나라에서 받자." 그날의 면회는 정이 넘치는 면회였습니다. 그날 가족이 가지고 온 음식은 모두 죄수들에게 나누어 주었습니다.

최봉석 목사는 40일 금식기도를 마쳤습니다. 그러나 그는 몸이 극도로 쇠약해져서 몸을 가눌 수 없게 되었습니다. 결국 4월 11일 병 보석으로 평양 기홀병원으로 옮겨졌습니다. 그 소식을 들은 산정현교회, 장대현교회, 서문밖교회 성도들이 기홀병원으로 몰려들어 "목사님!" 하고 부르며 울기 시작했습니다. 그러나 최봉석 목사는 오히려 성도들의 손을 붙잡고 그들을 위로했습니다. "박 집사, 오 집사, 왜 이러는가? 그동안 나 위해서 기도 많이 했지. 또 주기철 목사 위해서, 박관준 장로 위해서, 이기선 목사 위해서, 한상동 목사 위해서, 손양원 목사 위해서 기도 많이 했지. 모두 고마워." 그의 주치의인 장기려 박사가 안정해야 한다고 하며 면회를 사절시키려고 했지만 "장 박사, 그러지 마시오. 나를 위해 오는 형제들을 내가 기쁘게 맞이해야 하지 않겠소"라고 말하며 성도들을 일일이 맞았습니다.

이렇게 병원에서 15일 동안 의사와 간호사와 가족의 따뜻한 간호를 받으며 찾아오는 교우들을 다 만나 보다가 1944년 4월 25일 오후 1시에 부인과 아들과 딸과 며느리와 손자와 산정현교회 성도들이 지켜보는 가운데 "하늘에서 전보가 왔구나. 나를 오라고 하신다" 하면서 찬송가 "고생과 수고 다 지나간 후"를 부른 다음 세상을 떠나 하나님의 품으로 옮겨갔습니다. 그의 나이 75세였고,

주기철 목사가 순교하신 지 4일 후였습니다. 주기철 목사는 4월 21일, 최권능 목사는 4월 25일 순교하셨습니다. 평양의 어두운 밤하늘을 밝게 비추던 두 개의 큰 별이 4일 간격으로 하늘로 올라갔습니다.

- 김명혁(강변교회 원로목사)

나 이제 사나 죽으나
주 뜻만 좇아가리라,
남서울중앙교회
피종진 목사

1. 노종의 축복기도

고요한 가을 아침 당시 일제시대 소방대원과 농업에 종사하신 부친 피봉수, 모친 권금순(후에 권사님이 되심)의 4남 1녀 중 2남으로 산수인심(山水人心) 풍토 좋은 경북 상주에서 태어나 인생의 첫눈을 뜨게 되었다.

당시만 해도 나의 가정은 예수님을 영접한 일이 없었고, 전도조차도 받아 본 적이 없었던 불신 가정이었는데, 웬 은혜인지 어린 아기의 이름도 지어 주고 축복기도도 해주기 위하여 하나님의 종한 분이 나의 가정에 찾아오셨다. 그는 신앙이 매우 독실한 교회의 중직을 맡은 자요, 마을의 동회장이며, 한학자로 당시에 덕망이 높은 분이었다. 이상하게도 그분이 자청하여 갓난아기인 나를 위해 축복기도를 해주시며 이름을 '종진'이라고 지어 주었는데, 그 이름은 쇠북 종(鍾), 떨칠 진(振), 즉 '울려 퍼지는 종소리'란 뜻이다. 그분은 이 갓난아기가 전 세계를 향해 외치는 복음의 종소리가 되라고 이름을 지어 주었고, 간절히 축복기도를 해주신 것이다. 하나님께서는 그 기도를 응답해 주셔서 내가 유년 시절 초기부터 교회를 다니기 시작하게 되었다.

2. 격동 속의 유랑천리

당시 일본 치하에서 아버지는 일본 땅 북해도로 징용되어 가셨다. 우리 가정에 남아 있던 밥그릇, 숟가락, 난로 등 쇳덩어리는 모조리 전쟁의 기구로 사용한다고 하여 강제로 다 빼앗아 갔을 뿐 아니라 양식조차도 모두 빼앗아 갔다. 약소민족의 설움과 울분 속에서 흐느끼시던 어머니가 지금도 잊혀지지가 않는다.

철없던 어린 나이에 어머니가 즐기시던 감 연시를 드리겠다는 마음에 새벽에 일어나 홀로 남의 감나무 밑을 찾아다니면서 땅에 떨어진 연시를 주워 드렸을 때, 어머니가 나를 껴안고 한없이 우시면서 안 잡수시고 도리어 나에게 먹여 주시던 일도 잊을 수가 없다. 잔인했던 일본인들의 억압, 굶주림과 고통의 세월이 얼마나 참혹한가를 실감하던 시절이었다.

그러던 어느 날, 그러니까 내가 초등학교에 입학하던 해, 꿈에도 그리던 광복의 날이 찾아오고야 말았다. 전능하신 우리 하나님께서 약소민족의 설움과 이 민족의 울부짖음을 들어주셨던 것이다.

거리마다 태극기로 물결을 이루었고 "대한독립 만세!"라는 목메인 함성은 36년 동안에 쌓였던 착하고 순진하기만 했던 백의민족의 울분이 한꺼번에 터진 것이었다. 지금도 생각해 보면 그 감격스러워했던 모습들과 물결을 이루었던 함성들이 나의 귓전에 들려오는 듯하다. 광복으로 인하여 어린 나에게 더할 나위 없이 기뻤던 것은, 강제 징용으로 북해도까지 끌려가셨던 아버지께서 대한독립 만세를 부르면서 가족 품으로 돌아오신 것이다. 오랜 세월 만에 우리 온 가족이 한자리에 모여 감격의 기쁨을 나누게 된 것이었다.

돌이켜 생각해 보면 지난날은 너무나 세차게, 그리고 모질게 스쳐 갔던 격동의 세월들이었다. 어린 가슴이 공포와 슬픔으로 사로잡히게 하였던 일제치하의 악몽들이었다. 그 시기가 지나고 해방이 되어 학교에서는 처음으로 한글을 배우기 시작하였고, 애국가 등 민족의 역사도 공부하게 되었다.

그러나 평화와 행복이 정착되기도 전에 이것이 또 웬말인가? 나라 안은 정부 수립의 과도기를 틈타 남북의 크나큰 이념 갈등으로 국토는 분단되었고, 난동과 살상 테러와 혼란 속에 6·25 한국전쟁이 터지고 만 것이다. 나는 어린 나이에 지축을 뒤흔드는 포성을 들으며 부모님의 피난길을 따라 또다시 수난의 길을 걸어 나서야만 했다.

3. 가출 소년의 면학의 꿈이 이루어지다

무척이나 어려웠던 시절, 누구보다 배우고 싶었지만 당시의 시대적인 환경과 여건은 너무나 힘들었다. 이 모든 일들이 나의 마음의 크기에 맞지 않음을 인식하고 보다 넓은 세계로 뛰어나가고 싶었다. 어린 시절의 신앙이었지만 유년주일학교에서 늘 암송하던 시편 23편의 말씀을 기억하며 가출을 하게 되었다. 상주, 김천, 대구, 부산, 서울, 의정부, 일동면, 이동면, 최전방까지……. 화물트럭이나 석탄을 실은 기차 위에 몰래 타고 다닌 무임 승차였다.

내가 이렇게 가출하여 헤매었던 것은, 어딘가에서든 어떤 방법으로든 공부하고 싶은 욕망 때문이었다. 한번은 아주 추운 겨울밤 서울 미아리 고개를 헤매다가 일선으로 들어가는 미군부대 트럭 위에 뛰어 올라탔다. 그 당시 나는 영어를 무척이나 배우고 싶어서 애태우다 미군부대에 들어가는 트럭을 타고 들어가면 해결이 될 줄로 생각을 한 것이다. 트럭이 PX 보급 박스를 가득 싣고 장시간을 달려서 도착한 곳은 당시 최전선이었던 일동면 미군 주둔 부대였다. 미군 헌병(MP)이 마지막 검문을 하다가 보급 박스 속에 끼어 떨고 있는 나를 발견하고 너무나 놀라 긴급비상을 내리고는 조사를 했다. 어린 중학생인 데다 가진 것이라곤 학생복 주머니 속에 휴대용 성경책 하나만 있는 것을 발견하고는 막사에서 먹을 것을 주고 재워 주었다. 나는 그때 생후 처음 양식을 먹어 보았고 미국 사람을 대하기 시작했다.

그 후 나는 다시 서울 시내를 헤매며 친척집을 찾았다. 당시 서울에는 사업에 성공한 피씨 집안 어른이 한 분 있었다. 그는 자식이 없는 대신 전국에 있는 피씨 집안 아이들을 모아 먹여 주고 공부를 시켜 주었는데, 나는 예수 믿는다는 이유로 받아주지 않았다. 아주 추운 겨울 서울역 대합실 안에서 어린 몸으로 3일을 굶주림 속에서 울며 지냈던 일 등, 수많은 슬픔과 역경을 겪었다.

이렇게 사람들은 나를 도와주지 않고 버렸으나 하나님은 영원히 나와 함께 계셔서 중학교와 고등학교, 그리고 대학교(사학 전공)와 신학대학원을 공부하게 하여 주셨다. 꿈에도 그리던 미국 유학의 길도 열어 주셔서 필라델피아 페이스(Philadelphia Faith) 대학원에서 목회학박사 학위와 헨더슨 대학교(Henderson University)에서 신학박사 학위까지 받을 수 있도록 축복하여 주셨다.

내가 미국에서 공부하는 동안 잊을 수 없는 일이 있다. 무척 추운 필라델피아의 겨울날, 각국 학생들이 방학을 맞이하여 다 귀가 하였지만 나는 기숙사 건물에 남아 있었다. 100퍼센트 영어로만 강의하는 학업이 너무 힘들고 모든 과목이 85학점 이상 되어야 학위 논문을 쓰고 졸업을 할 수 있었기 때문이다. 방학이라 기름 보일러도 틀지 않는 방에서 추위와 외로움을 이겨가며 시험 공부를 하고 있을 때, 평소 나를 아끼고 기도해 주시던 로스앤젤레스의 이선주 권사님이 미군 야전용 오리털 침낭을 구하여 보내 주셨다. 나는 정말 감사하여 눈물 흘려 기도했는데, 그 일을 평생 잊을 수가 없다.

4. 너는 나의 택한 그릇이다

고등학교 졸업반 때였다. 대학 진학을 앞에 놓고 학과 선택과 장래 문제의 결정을 위해 하나님께 응답을 받기 위해 철야기도와 새벽기도를 드리던 중이었다. 어느 주일 밤, 예배를 드리고 하숙집 방에 와서 침대에 꿇어 앉아 기도를 하고 있었는데 비몽사몽간에 흰옷 입은 천사가 문득 나타나서 나를 데리고 어디론가 가고 있었다. 그때 나의 마음은 한없이 평화로웠고 기쁨과 큰 감격에 사로잡혀 있었다.

얼마 후 그 천사는 무엇이라 표현할 길이 없는 광명한 천국 세계를 보여 주었다. 그러고 나서 또다시 나를 데리고 지상의 인간 세계를 보여 주기 시작하였다. 그 인간들의 모습은 너무나 처참하였고, 가련하기 짝이 없는 에스겔 마른 해골 떼 같은 느낌이 들었다. 그 순간 내 앞에 찬란하게 광채 나는 주님께서 나타나 주셨다. 그리고 피 흐르는 양손을 들고 나에게 점점 가까이 다가오시더니, 그 손을 한데 모아 나의 뱃속으로 넣어 주셨다. 그 순간 주님의 보혈이 아래위로 서서히 채워지는데, 나의 마음이 그렇게 평안할 수가 없었다. 그 피가 머리끝과 발끝까지 채워지는 것을 느낄 수가 있었다. 주님은 그 손을 다시 들고 나에게 "너는 내가 택한 그릇이니 이 복음을 만민에게 전하라"고 분명히 말씀하신 후 갑자기 형체도 없이 사라지셨다.

큰 소리로 "주여!" 하면서 주님을 찾고 부르는 순간, 내가 지른 큰 소리에 놀라 잠에서 깨어 일어나 보니 각 교회당에서 새벽기도 종소리가 울려 퍼지기 시작하고 있었다. 이게 무슨 꿈일까? 꿈에 있었던 일들이 아주 생생하고 감격스러워 눈에서는 하염없는 눈물이 쏟아져 나왔다. 곧 교회에 나가 무릎을 꿇고 제단 앞에 엎드려 새벽기도를 드리고 있는 순간 온몸에 전류가 흐르듯 새 힘이 부어지는 것을 느끼게 되었다. 그 이후에도 끝없는 들판 가운데 내가 서 있는데 흰옷 입은 주님께서 나에게 나타나셔서 큰 성경책을 안겨 주시며 손을 높이 드시고 나를 축복하시며 "너는 만민에게 이 말씀을 전하라"고 말씀하시는 똑같은 꿈을 세 차례나 꾸게 된 후, 나는 주의 종이 되기로 결심을 하게 되었다.

5. 도망친 요나 행각

하나님께서는 그토록 이 모순투성이 인간, 부족하기 짝이 없는 나를 선택하여 귀한 사명을 주셨는데도 불구하고 전도사로 담임목회 5년 만에, 나는 사업가로 재벌 자본가가 되어 주의 일을 하겠다고 임의로 결정하고 목회의 길을 가지 않겠다는 생각을 하게 되었다. 그리고 목사 안수를 받고 나면 이 길을 피할 수 없을 것이라 생각하고는 불안과 두려운 마음이 교차된 가운데 시무 사표를 교회에 제출하고 말았다. 그러나 교회에서는 사표 수리를 안 해준다는 원칙을 굳히며 함께 있어 달라는 간청과 함께 사표를 반려해 주었다. 나는 계속 빠져나갈 길을 궁리하다 못해 아침 6시에 친구가 불러온 짐차에 간단한 짐을 싣고, 당시 삼각지에 거주하시던 부모님 집으로 도망치다시피 몰래 떠나버렸다. 목회 생활을 접어

둠으로 요나 선지와 같이 주님의 뜻을 거역하기 시작한 것이다.

나는 그 당시 아버지 품을 떠난 탕자같이, 목자를 떠난 양 떼같이, 위험한 세상길을 이정표도 없이 헤매고 있었다. 니느웨로 보내심을 받은 요나가 주님을 거역하고 다시스로 향한 행각을 재연한 것이다. 양 떼를 떠나서 길 잃은 나였고, 목자의 소리가 싫어서 순종치 아니하였고, 방탕한 이 몸 불효막심하기 짝이 없었으며, 부친의 음성이 싫어서 먼 길로 나가 버렸던 것이다.

6. 목회의 길 저버리다 죽음의 문턱에서

주님의 무서운 채찍은 드디어 나를 내리치기 시작하였다. 주님은 나를 질병의 채찍으로 사정없이 치셨다. 나뭇잎 떨어진 겨울 가지처럼 뼈만 남은 나의 모습은 처참하기 짝이 없었다. 원효로보건소로, 용산보건소로 옮기며 안간힘을 다해 인간의 노력을 다 기울여 보았지만, 아무 효험이 없었다. 하늘이 무너지는 것같이 앞이 캄캄하였고 한 가닥 몸의 기력마저 사라지고 말았다. 죽음에 대한 공포가 나를 송두리째 사로잡았으며, 시스티나 성당 벽을 장식한 미켈란젤로의 최후의 심판이 연상되기도 하였다.

7. 영육을 살려 주신 성령의 불세례

이것으로 내 인생도 끝나는구나 생각하니, 인생의 허무함과 허탈함과 서러움이 나의 몸 전체를 사로잡았다. 죽음의 목전에 선

나에게 교만도 자랑도 세상의 욕망도 사라지기 시작하였고, 오직 참회의 눈물만이 베개 위에 흘러내리기 시작하였다. 마치 존 칼빈(John Calvin)이 "나는 내가 지금까지 얼마나 오류의 돼지우리 속에 뒹굴고 있었는가를, 그리고 부정하고 불순종한 요나처럼 얼마나 부족했던가를 밝히 보았습니다. 나는 회개와 눈물로 나의 과거를 뉘우치면서 용서를 구했습니다"라고 회개하고 참 신앙인으로 새 출발한 것같이, 나는 하염없이 흐르는 눈물로 주님 앞에 계속 참회하기 시작하였다.

"주님이시여, 저의 모든 오류와 허물을 십자가에 흘리신 구속의 피로 사하여 주옵시고 삶의 기회를 한 번만 더 주시옵소서. 그리하시면 다시는 십자가를 저버리지 아니하고 이 생명 다할 때까지 오대양 육대주, 땅 끝까지라도 주님이 보내시는 곳이라면 어디든지 찾아가 복음을 전하겠나이다. 성령의 불로 저를 태워 주시옵소서. 저를 살려 주시옵소서. 저를 고쳐서 사용하여 주시옵소서."

나는 울부짖고 또 부르짖었다. 얼마나 부르짖었는지 하나님의 놀라운 기적과 성령의 불세례가 쏟아지기 시작하였다. 용광로 같은 불길이 머리부터 발끝까지 나의 전신을 태우기 시작하였다. 나의 입에서는 방언이 터져 나오기 시작하였다. 뿐만 아니라 나의 질병도 사라졌다. 그 후 나는 40년 이상을 질병 때문에 병원에 출입한 적이 없었다. 2005년 필리핀 성회 시에 마닐라와 인근 도시 세 곳이나 왕복 네 시간 거리를 달리며 성회를 인도하느라 지나친 과로로 잠시 치료를 받았을 뿐이다. 그 이후는 전보다 더 건강한 몸으로 복음을 전하게 되었다. 할렐루야, 하나님께 감사드린다.

진실로 사랑의 우리 주님께서는 요나같이 사명을 저버리고 멀리 떠나 죄인이 되었던 나를, 십자가를 지지 않으려고 도망쳤던 이 종을 질병과 죽음의 구렁텅이에 던져 버리지 아니하시고 성령의 강한 불길로 살려 주시어 항상 강건한 몸으로 복음을 전하게 해주셨다. 주님께 무한한 감사를 드리며 내게 주신 은총을 늘 찬송할 뿐이다.

8. 광야의 소리

성령의 불을 체험한 날부터 나의 가슴속에는 꺼지지 않는 불이 타고 있다. 그것은 바로 성령의 불, 기도의 불, 전도의 불이다. 틈만 있으면 서울 시내 버스를 올라타고 "주 예수를 믿으세요. 예수 그리스도는 여러분을 사랑하십니다. 여러분의 모든 죄를 담당해 주셨습니다. 예수 그리스도는 여러분의 구주이시며 생명이십니다"라고 외치고 다녔다. 남대문시장, 동대문시장, 중부시장, 중앙시장, 평화시장 등으로, 그리고 경부선 열차 안에서도 전도했으며 피켓을 들고 찬양을 부르며 복음의 함성을 거리에서도 울려 퍼지게 하였다. 주님께서는 "듣지도 못한 이를 어찌 믿으리요, 전파하는 자가 없이 어찌 들으리요"라고 하셨기 때문이다.

그리고 방송이라는 매개체를 통하여 복음을 전파할 수 있도록 기도하였다. 하나님은 그 기도를 응답하시사 CTS 기독TV, CBS 기독교TV, C3 기독교TV, 미주 LA JSTV, 하와이 방송, LA 방송, 워싱턴 방송, 시애틀 방송, 뉴욕 방송, 그리고 인터넷 방송 일곱 곳 등

복음의 소리를 외치는 모든 채널을 이용하여 메마른 광야 위에 구원의 복음을 전파하는 광야의 소리가 되게 하셨다. 모두 하나님께 영광을 돌리는 바이다.

9. 서울 강남 어장 안에 남서울중앙교회를 창립하며

1968년 10월 20일 '선교, 화평, 축복'의 지표 아래 남서울중앙교회를 창립하였다. 이성자 사모와 함께 5명의 성도들이 첫 예배를 드렸다. 인적 자원이나 물적 자원은 지극히 빈약하였으나, 개척을 위해 먼저 우리 가정에서부터 결혼반지와 목걸이, 2남 1녀(세광, 세미, 세원) 아이들의 백일반지와 돌반지, 황금열쇠 모두를 다 모아 기초를 닦는 데 보탰다. 몇 명의 성도들의 눈물과 땀도 함께 모였다. 특히 하나님의 능력과 축복이 함께하심으로 개척의 수많은 고난이 있었어도 늘 승리하게 해주셨다.

나의 목회 사역, 부흥 사역에서 받은 모든 것을 40년 동안 남서울중앙교회를 위해 다 바치며 살아왔다. 나 개인을 위해서는 땅 한 평도 사서 소유해 본 적이 없다.

남서울중앙교회를 개척, 처음 예배를 드린 곳은 서울 중구 신당동이었다. 교회 간판이 붙고 십자가가 세워지는 순간부터 사탄은 이웃 사람들을 통해 강하게 역사하기 시작하였다. 옆집은 통장이었고 뒷집은 반장이었다. 교회가 들어서는 순간에 이들은 통반을 다니면서 교회가 정착하지 못하도록 서명 날인을 받는 등 갖은 수단 방법을 다 동원하였다. 예배 시간에 돌을 던지는 것은 보통이었으며, 유행가를 틀어 스피커를 교회 창문 곁에 얹어 놓고 예배를 방해할 뿐만 아니라 큰 개를 구입하여 예배 시간만 되면 그 개가 짖어댔는데 예배가 마치면 다음 시간 방해를 위하여 휴식을 취하는 것 같았다. 그리고 저들은 파출소, 경찰서, 보건소, 소방서, 구청과 서울시청에까지 거짓 진정서를 서명, 날인, 작성하여 제출하는 등 갖은 방법을 다 동원하여 교회 설립을 방해하였다.

접수된 민원 때문에 구청에서 철거반이 두 번이나 출동하여 교회 일부를 부수기도 하였다. 그러나 하나님은 개척의 수많은 고난 속에서도 언제나 나와 함께하여 주셨고 승리하게 해주셨다. 어느 날 그들이 매우 크게 도전해 왔을 때 하나님은 그들을 막아 주셨다. 통장과 반장이 쓰러져 반신불수가 되고 사망하기까지 이르렀고 개도 스스로 죽었다. 그들의 자녀가 결혼식 도중에 쓰러졌고, 밤에 도둑이 들어와 그들의 귀중품을 털어가기도 하였다. 그 후 우리 온 성도들은 하나님의 살아 역사하심을 체험하며 더욱더 충성하며 헌신하는 자들이 수없이 일어나게 되었다.

나는 남서울중앙교회를 설립하기 위해 기도하는 중 3대(三大) 지표를 응답 받게 되었다. 첫째 선교하는 교회, 둘째 화평한 교회, 셋째 축복받는 교회였다. 나는 이 지표 아래에서 성도들을 양육해 왔다. 첫째 지표인 선교하는 교회가 되기 위하여 선교기관을 많이 세워 훈련하여 왔고, 국내외로 지원하면서 25개 교회를 해외에 건축 또는 설립하게 되었다. 그러나 이것은 극히 미약한 기초이고 앞으로 더 많은 선교를 위하여 겸손한 마음으로 기도하며 노력하고 있다. 또한 평신도 사역을 통해 교회를 성장시켜 왔으며, 24명의 장로 모두가 교회 안의 성경대학 3년 이상 프로그램을 철저하게 훈련받은 자들로서, 교역자 못지않게 충성을 다하여 선교하는 교회로서 성장하게 되었다.

그리고 화평한 교회, 축복받는 교회가 되기 위하여 성경에 없는 회의를 지양하고, 성경에서 내 집은 만만의 기도하는 집이라고 말씀하신 대로 기도 체제로 일관하여 왔다. 모임 이름부터 당회원기도회, 제직기도회, 여전도회기도회, 남전도회기도회, 권사회기도회 등 모든 교회 모임을 기도회로 호칭하여 기도의 불이 더욱 강하게 붙게 되었으며, 사탄의 역사는 사전에 차단되고 하나님의 크신 역사가 이어짐으로 좋은 일만 많아지게 되었다. 영혼이 잘되고 범사가 잘되고 강건하게 하시는 하나님의 축복이 날마다 함께하여 주셨다.

남서울중앙교회가 강남의 중심에 우뚝 서게 되도록 5천여 평의 대지와 6층의 큰 성전을 허락해 주셨다. 강남 개포동 전철역까지 세워져서 5번 출구와 교회 현관이 이어지게 되니 이 또한 감사를 드리고 있다.

10. 여의도광장의 주강사의 사역

하나님은 부족한 이 종에게 부흥강사로서의 엄청난 축복을 안겨주셨다. '77민족복음화대성회와 '80세계복음화대성회의 강사로, 특히 여의도광장에 150만 성도가 운집하여 최고의 절정을 이룬 '84한국기독교100주년선교대성회의 주강사로, '88세계복음화대성회의 강사단장 및 주강사로, '92세계성령화대성회의 주강사로서 여의도광장의 대성회를 인도하게 하신 하나님께 감사를 드린다.

그리고 2007한국기독교성령100주년대성회의 대회 총책을 맡은 총재 및 주강사로 사역하게 하신 하나님께 엎드려 감사를 드리며 유럽복음화대성회, 남아공복음화대성회, LA복음화대성회, 필리핀복음화대성회, 호주시드니복음화대성회, 일본동경복음화대성회, 미주한기총캘리포니아복음화대성회, 하와이복음화대성회, 독일유럽금식대성회, 캐나다연합성회, 러시아복음화대성회, 영국런던연합성회 등, 큰 규모의 성회에 주강사로 세워 외치게 하신 하나님께 감사와 영광을 돌려 드리는 바이다.

11. '평화의 동산'의 역사

나의 목회 초반에는 남서울중앙교회 설립과 목회를 위해 최선을 다해 충성과 기도로 전진해 왔고, 후반에는 오산리 최자실금식기도원과 같은 훌륭한 기도원을 세우게 해달라고 하나님께 매달려 기도하여 왔다. 하나님은 아주 속히 응답해 주셔서 서울에서 1시간 30분, 공주, 대전, 전주, 논산, 천안, 조치원, 청주, 충주, 부여 등 중부 부근에서는 20분 내지 60분 거리 안에 이르는 정말 아름답고 좋은 동산을 주셨다. 사계절의 꽃과 수목, 단풍과 각종 열매, 그리고 좋은 생수가 솟아오르고 공기도 맑고 깨끗해서 가나안 땅같이 평화롭고 좋은 땅을 기도의 처소로 응답하여 주셨다.

소성전과 중성전인 실로암 성전을 현대식 3층 건물로 건축하게 되어 전국 각처에서 모여드는 성도들이 제단을 쌓고 있다. 또 넓고 큰 잔디 축구장을 비롯하여 농구장, 산책로 등의 시설이 이미 건설되어 있다. 현재 주차장과 성전 사이에 아름다운 공원도 조성하고 있으며, 펜션과 많은 기도처소도 설계하고 있다.

이 '평화의 동산'은 나 개인의 소유도, 또한 어느 사람의 소유나 교회의 소유도 아닌, 만민이 기도하는 집이요 모든 주의 백성들이 은혜 받고 축복 받는 처소이다. 평화의 동산은 말씀의 은혜, 기도의 응답, 성령의 역사가 있는 곳이다. 어느 교회 누구나 찾아와 함께 은혜 받고 응답 받고 성령 충만 받아서 섬기는 교회에 돌아가 충성되이 헌신하게 하시는 거룩한 축복의 동산인 것이다.

12. 지구를 43바퀴나 돌게 하신 하나님

나는 은혜를 받은 날부터 지구를 돌며 복음을 전하게 해달라고 기도하였다. 그래서 지구본을 사다 놓고 가슴에 껴안고 계속 기도하였고, 나의 테이블 밑에도 세계지도를 그리고, 나의 벽 뒤와 사무실 입구에도 세계지도를 붙여 놓았다. 나는 가방 안에 항상 세계지도를 넣고 다니는 것이 습관이 되어 있어 언제나 세계지도를 가까이 접하게 된다. 내 옷 가운데에도 세계지도가 그려진 것이 있다. 세계지도가 그려진 넥타이도 여러 종류 있다. 또한 내가 쓰는 모자에도 세계지도가 그려져 있다.

이것은 하나님께 대한 나의 기도 제목이며, 나의 복음 사역의 터전이기 때문이다. 주님께서 "너희는 온 천하에 다니며 만민에게 복음을 전하라"고 하셨고, 또한 주께서 주신 나의 사명이기 때문이다.

하나님은 이미 복음을 전하는 나에게 지경을 넓게 하여 주셨다. 동서남북을 바라보는 대로, 그리고 발로 밟는 땅을 복음의 사역지로 역사해 주시는 하나님이시다. 하나님은 나의 복음 사역을 축복하시사 지구를 43바퀴를 돌며 복음을 전하는 동안 머리털 하나도 상치 않게 지켜 주셨고 앞으로도 지켜 주실 것을 믿는다.

"두려워 말라 내가 너와 함께함이니라. 놀라지 말라 나는 네 하나님이 됨이니라. 내가 너를 굳세게 하리라. 참으로 너를 도와주리라. 참으로 나의 의로운 오른손으로 너를 붙들리라." 아멘.

13. 나 이제 사나 죽으나 주 뜻만 좇아가리라

"나 같은 죄인 살리신 그 은혜 놀라워 잃었던 생명 찾았고 광명을 얻었네." 나는 이미 죽었던 몸, 나의 나 된 것은 오직 주님의 은혜일 뿐 자랑도 교만할 조건도 아무것도 없는 몸, 나 이제 사나 죽으나 주 뜻만 좇아가리라.

바울이 말한 대로 나의 나 된 것은 오직 하나님의 은혜일 뿐이다. 나는 아무것도 아니며, 스피커는 전달만 하는 것처럼, 나는 주님의 스피커일 뿐이다. 주님이 하게 하시는 일을 행할 뿐이다. 아무것도 아닌 나에게 목회자로, 부흥사로, 교수로 사역하게 하심을 나는 항상 감사할 뿐이다.

나의 부흥 사역에 4,700여 교회(해외 700, 국내 4,000교회)의 부흥회를 인도하기까지, 그리고 목회 사역과 교수 사역에 모든 일들을 감당하도록 역사해 주시는 하나님께 먼저 감사를 드린다. 그리고 나를 위해 눈물의 기도 제물로 오직 신앙으로만 살아오시다가 주님 품에 안기신 나의 그리운 어머니 권금순 권사님과 무일푼이었던 나에게 시집와서 서울 장충, 무학 등지의 학교에 근무하면서 경제적인 문제를 다 맡아 준 나의 아내 이성자(D.Min) 사모와 나와 함께 **뼈**를 묻는 마음으로 충성해 주시고 물질과 기도로 함께하여 주시는 남서울중앙교회 장로님들과 온 성도님들, 특별히 함께 사역하며 수고하시는 목회자 여러분과 평소 나를 아끼고 기도해 주시는 모든 분들께 뜨겁게 감사한다.

　"피의 복음 예수 그리스도의 말씀으로 종횡무진 오대양 육대주로 진력을 다하여 외치는 피종진 목사"라고 어느 분이 나를 소개한 적이 있었다. 내게 주어진 모든 시간은 예수님을 증거하는 시간으로 대체되기를 원한다.

― 피종진(남서울중앙교회 담임목사)

주님을 위해 타오르는 불꽃
이태희 목사

방황의 시간

과거에 방탕한 생활을 하고 다닐 때, 많이 들어가면 집에 한 달에 한 번 혹은 두 번 정도 들어갔다. 그것도 술이 잔뜩 취해서. 어쩌면 죽지 않았다는 것을 보여 주려고 들어갔을 수도 있다.

잠에서 깰 때면 어머니가 방탕한 자식을 위해서 깊이 잠든 내 다리를 붙잡고 기도를 하고 계셨다. 어머니는 기도가 깊어지면 자기도 모르게 막 울면서 내 다리를 막 쳐가면서 기도하셨다. "어떻게 이런 자식이 태어나서 하나님의 영광을 가립니까? 이 자식은 사람이 될 수 없습니까? 사람 되게 해주시오." 애절하게 울면서 기도하는 그 기도 소리에 번번이 눈을 뜨게 되었다.

그처럼 난처할 때가 없었다. 같이 기도할 수도 없고, 그렇다고 멀뚱멀뚱 눈뜨고 가만히 있을 수도 없으니, 그렇게 멋적고 난감할 수가 없었다. 그래서 잠꼬대하는 척하고 옆으로 돌아누워 소리를 죽여 흐느껴 울었다. '한 분밖에 안 계신 우리 어머니 속을 내가 이렇게 썩여 드려야 하나? 난 정말 사람도 될 수 없는 놈인가? 나도 사람 좀 되어 보자.' 이렇게 결심하고 다짐하지만 그 다음 날 시내에 나가면 내가 언제 기도하고 울었나 싶게 새카맣게 잊어버리고 또 옛날로 돌아갔다. 마귀가 사로잡은 역사인데 쉽게 되겠는가? 마음은 점점 강퍅해지고 방탕한 생활도 갈수록 더 심해졌다.

정신을 차리고 사업에 몰두했지만 수차례 실패를 거듭하고 삶에 소망을 잃어, 결국 자살을 기도했지만 그 또한 실패로 돌아갔다. 생각다 못해 어머니의 권유로 또한 나 자신을 변화시키기 위해 기도원으로 들어갔다.

기도원에서 도로 공사를 지켜보며 깨달음을 얻었다. 기도원 진입 도로를 넓히기 위한 공사였는데 큰 바위가 버티고 있었다. 인부들이 바위를 내리쳤다. 바위가 어찌나 강하고 큰지, 영영 깨질 것 같지 않았다. 바위가 깨질까 하는 호기심에 가방을 놓고 거기 앉아서 한 번, 두 번, 세 번 바위를 내리치는 것을 보고 있었다. 바위를 칠 때마다 잔돌이 깨져서 일하는 사람과 구경하는 사람들에게 튀었다. 한 번 치고, 두 번 치고, 다섯 번 치고, 나중에 58번을 치니까 깨질 것 같지 않던 그 바위가 둘로 갈라졌다. 그 광경을 보고 눈물로 회개했다. 아버지가 세상 떠나셨을 때도 뜨거운 눈물 한 방울 안 흘렸던 내가 은혜 받고 주님 앞으로 돌아선 뒤로 장장 3년 동안을 울었다. 구원받지 못한 영혼들을 바라보면 그 영혼들이 불쌍해서 눈물이 나오고, 천 번 만 번 고쳐 죽어 마땅할 나 같은 죄인을 구속해 주신 그 하나님의 사랑과 은혜가 고마워서 나도 모르게 눈물을 쏟았는데, 꼬박 3년을 쏟았다.

목사가 되기 전 하나님을 만나다

목사 안수 받기 직전에 40일을 하나님 앞에 금식하며 기도했다. 36일째까지는 멀쩡했다. 37일째 되는 날 예배를 참석했다가 일어서는데 순간 팽 돌더니 구역질이 나고 자꾸 피가 넘어왔다. 두려움이 엄습했고 내가 할 수 있는 일이라곤 하나님 앞에 기도하는 것뿐이었다. "하나님, 하루를 줄여 39일만 금식기도하고 40일은 죽어도 안 하겠습니다."

39일째 되는 날 보따리 싸들고 기도원에서 내려오는데, 배가 고파서 허리띠를 졸라매고 물을 두 바가지를 마셨다. 부축을 받아 겨우 지프를 타고 내려오는데, 차가 덜컹하면 토하고, 덜컹하면 토하면서 서울 집까지 내려오는데 열 번을 토했다. 건강한 사람도 두세 번 토하면 창자가 끊어질 듯이 아픈데 39일을 금식한 사람이 열댓 번 토했으니 어떻게 되겠는가? 집에 와 보니 어머니가 미음을 끓여 놓으시고 물김치도 담가 놓으셨는데, 물이든 뭐든 한 모금 들어가면 두 모금이 나왔다. 너무 고통스러워서 죽을 수도 없고 살 수도 없는 상태에서 차라리 죽느니만 못한 삶을 한 시간 한 시간 넘기고 있었다. 삶과 죽음의 갈림길에서 내 자아가 깨어지는 것을 느꼈다.

고통 가운데 죽음보다 더 괴로운 삶을 1분 1분 견디고 있는데 밤 9시가 되었다. 그때 집이 흔들리고 우레와 같은 큰 음성이 들려오는데, "너, 시간 채워라, 시간 채워라" 하는 것이었다. 눈을 부릅뜨고 보니 여동생과 어머니가 곱게 자고 있었다. 그 음성만 들으면 요한계시록에 나오는 그대로 죽었던 자도 무덤을 터치고 깨어 나올 것 같은데 어머니와 여동생은 고요하게 자고 있었다. 문득 깨달음이 왔다. 엘리 제사장은 하나님의 음성을 듣지 못하고 어린 사무엘만 하나님의 음성을 들었듯이, 그 음성은 내게만 들리는 영음임을 알았다.

구원받은 하나님의 자녀들이 영안이 뜨이고 영혼의 귀가 열려야 한다는 말이 무슨 뜻인지 그때까지도 몰랐던 것이다. 그 음성을 듣기 직전까지 나같이 깨끗한 사람, 나같이 능력 많은 사람, 하나님 앞에 들려 쓰임 받는 사람은 나밖에 없다고 자부했는데, 그런 내 모습이 더럽고 추하고 철저한 이중인격자로 느껴졌다.

그때 하나님께 무릎을 꿇었다. "하나님, 나 살려 주시면 범죄하지 않고 주님 뜻대로 살 테니 나 한 번 살려 주세요" 울면서 그 한마디 기도했는데, 그 한마디 하고 눈을 떠보니까 꼭 12시간이 흘러가서 그 다음 날 아침 9시가 되어 있었다. 그 한마디 하고 나는 고꾸라져 깊은 잠에 빠졌던 것 같았다.

그 다음 날 눈을 떠 보니 그렇게 1분도 쉼없이 고통을 느꼈던 나의 몸이 날아갈 듯 가볍고, 태양의 햇살이 얼마나 맑고 따스한지 나만을 비춰 주는 것 같았다. 그때 내 인생은 완전히 거듭나서 나와 세상은 간 곳 없고 오직 구속한 주만 남게 되었다. 하나님을 대면한 체험을 한 후에 나는 생각이 달라졌고, 주를 위해 열정적으로 생명 바쳐 뛰게 되었다.

열정적으로 생명 바쳐 일하는 주의 종

나는 하나님 앞에 기도 제목이 있다. 바울 사도는 마지막 하나님 앞에 서기 전에 "내가 선한 싸움 싸우고 나의 달려갈 길을 마치고 믿음을 지켰으니, 이제 나를 위하여 면류관이 예비되었으므로"라고 고백했다. 이 바울의 고백이 마지막 내 고백이 되게 해달라고 하나님 앞에 진실한 마음으로 눈물 뿌려 기도하였다.

처음 교회를 개척할 때에는 건물을 얻을 돈도 없었다. 그래서 서교동에 있는 한양원이라는 고아원 강당을 빌려 사용하였다. 부자들이 많다는 동네, 자신의 아이들이 고아들에게 물이 든다며 부모들이 아이들을 고아원 근처에 얼씬도 못하게 하는 그곳에서, 나도 고아 같은 취급을 당하면서 교회를 개척해 나갔다. 건물을 임대할 돈이 없어서 고아원 강당을 빌려 교회를 개척하는 교역자의 심정은 참으로 기막힌 것이었다.

겨울철 방에 불을 피우지 못해서 아내와 나는 아이들을 배 위에 올려놓고 잠을 잤다. 그런 어려운 때도 있었고 곤고함도 있었다. 그때 아내와 내가 의지할 것은 오직 하나님의 능력밖에 없었다. "주여! 우리의 믿음으로 하나님의 일에 생명을 바치려고 합니다. 주님 함께해 주옵소서." 기도하며 앞만 바라보고 뛰었다. 하나님께서는 나는 답십리로 인도하셨다. 1979년 답십리 상가를 빌려 성복교회를 개척하였고, 창립예배를 드린 바로 다음 날부터 부흥회를 열었다. 교회는 날로 부흥되어 갔고, 모든 성도들은 뜻을 모아 교회를 건축하는 데 동참하였다.

죽음의 문턱에서

1982년 3월, 답십리에서는 교회를 짓고 있었고 전주에서는 집회를 인도하고 있었다. 믿음과 능력과 꿈이 넘쳐 대한민국이 좁다고 돌아다닐 때였다. 그런데 나는 전주예수병원에 누워 있게 되었다. 간경화 말기, 앞으로 두 달밖에 살 수 없다는 시한부 인생을 선고받았다. 순간 눈앞이 캄캄했다. 아이들은 아직 어렸고 집도 돈도 없었다. 내가 죽으면 가족은 굶을 수밖에 없었다. 눈물이 볼을 타고 흘러 겉옷까지 적셨다. 나는 침대에서 내려와 바닥에 무릎을 꿇고 기도했다.

"하나님이 나와 함께 계시어 나를 이 병에서 건져 주시고 일하게 해주시면, 많은 사람에게 하나님의 살아 계심과 능력을 전파하고 주의 전을 세워 하나님의 영광을 드러내겠습니다. 그리고 내게 주신 모든 것을 다 하나님의 교회에 바치겠습니다."

나는 기도를 마치고 훗날 하나님께 부르심을 받을 때까지 움직이며 말씀을 전하기로 다짐하고 자리에서 일어났다.

병원에서는 절대 안정과 휴식이 필요하다고 했으나 나는 가만히 앉아 있을 수가 없었다. 병원의 의사, 간호사, 환자를 모아놓고 설교를 했다. 이래도 죽고 저래도 죽을 텐데 주의 일이나 열심히 하다가 하늘나라 가겠다는 각오로, 병원의 만류에도 불구하고 퇴원을 하고 부흥회를 인도하며 성도들을 돌보는 일에 게을리 하지 않았다.
　그렇게 바쁜 가운데 2개월이 지났고, 병은 더 이상 악화되지 않았다. 또한 하나님의 은혜로 성전이 완공되어 입당예배를 드리게 되었고, 교회는 계속 부흥이 되어 예배도 2부로 드리게 되었다.

장한평에서의 하나님의 역사

　교회는 놀랍게 부흥되어 갔다. 하나님께서는 나에게 새로운 꿈을 주셨다. 장안동에 새로운 교회를 짓는 꿈이었다. 거의 모든 사람들이 반대했다. 그러나 지금이 하나님의 때라는 확신이 들었다. 꿈을 하나님께서 주셨기에 땅과 건물 또한 하나님께서 주실 것을 믿고 기도했다. "믿는 자에게는 능치 못하심이 없느니라." 하나님의 말씀이기에 그대로 믿었다. 계약금도 없는 가운데 우여곡절 끝에 1987년 장한평에 교회 건축을 위한 대지를 마련하게 되었다.
　믿음은 현실로 나타나지 아니한 것을 나타난 것같이, 마음속에 실상을 그리며 생각하고 행동하며 나아가는 것이다. 하나님께서는 나에게 믿음의 꿈을 꾸게 하셨고, 나는 그것이 하나님으로부터 온 것을 믿었다. 그러나 현실은 그렇게 녹록지 않았다. 생과 사의 갈림길에서 답십리의 교회를 건축한 경험이 있었기에 장안동에서는 교회 건축이 조금은 수월하리라 예상했다. 그러나 예상은 완전히 빗나갔다. 하나님께서는 나 자신이 더욱 엎드리기를 원하셨고 오직 하나님만 바라보기를 원하셨다. 너무도 힘들어 강가에서 흘러가는 강물을 바라보며 하염없이 눈물을 흘릴 때도 있었다. 그러다 다시 기도하기를 여러 번 하였다.

결국 하나님께서는 종의 기도를 들어주셨고 1982년 3월 장안동 새 성전으로 입당하게 되었다. 새 성전으로 입당한 후 교회에는 더욱 부흥의 불길이 타올랐다. 교회의 조직과 기관은 날로 확대되어 갔고 또한 국내외 부흥집회 요구는 몸이 감당할 수 없을 정도로 많아졌다. 그러나 하나님께서 하나님의 일을 위해 생명을 살려주셨음을 한 시도 잊을 수가 없었다. 몸이 감당할 수 없을 때에도 하나님을 의지하고 말씀을 들고 뛰어다녔다. 바쁘면 바쁠수록, 힘이 들면 들수록 내 안에서는 새로운 소망과 꿈이 열정으로 타올랐다.

하나님께서 주시는 열정과 소망의 꿈은 성도들이 원하는 것이 무엇인지 알게 하였다. 곤고한 영혼들은 영적인 쉼과 재충전을 필요로 하고 있으며, 그것을 해결하기 위해 여기저기 헤매며 다니고 있다는 것을 알게 되었다. 그때부터 내 마음속에 지치고 힘든 영혼들이 마음껏 하나님께 부르짖고 심령 가운데 영원한 생명수가 터져 나오는 영혼의 물 댄 동산을 그리게 되었다.

영혼의 물 댄 동산 수동기도원, 수동시니어타운, 수동세브란스 요양병원

곤고한 영혼들이 쉼을 얻고 하나님의 위로를 받고 문제 해결의 응답을 받는 기도원에 대한 꿈을 주신 하나님. 그러나 이번에도 내가 가진 것은 아무것도 없었다. 오직 꿈만 있을 뿐이었다. 꿈을 하나님께서 주셨고, 그 꿈을 통하여 회복될 영혼들을 생각하니 저절로 힘이 솟았다. 모든 일들이 하나님의 손에 있음을 고백하고 또한 믿으며 기도하기 시작했고 하나님께서는 그 기도에 응답하셨다.

1993년 남양주시 수동면에 수동금식기도원을 개원했다. 몰려오는 사람들을 감당하기 위하여 대성전이 필요했고 하나님께서는 필요에 대한 기도를 응답해 주셨다. 연일 계속되는 기도원 집회에서 많은 사람들이 변화되고 치유되는 모습을 보며, 살아 계신 하나님께 감사하며 하나님께서 부르시는 마지막 그날까지 생명 바쳐 하나님 일 하겠노라 다짐하고 또 다짐하였다.

한 사람의 목회자로 하나님 앞에 바로 서고자 하는 소망이 항상 내 마음 깊은 곳에 자리 잡고 있었다. 그러한 소망 때문인지 매년 하나님 앞에 장기 금식으로 나아갔다. 그럴 때면 내 심령 안에서 기뻐하시는 하나님의 마음을 느낄 수가 있었고, 그 기쁨은 종종 새로운 비전으로 바뀌었다. 목회의 큰 전환점은 대부분 금식기도 후 하나님께서 새로운 비전을 주실 때 일어났다.

하나님께서는 수동기도원의 넓은 대지 위에 영혼의 안식과 고단한 육신의 안식을 위한 공간에 대한 비전을 주셨다. 하나님께서 주신 비전은 하나님께서 책임져 주신다. 반대의 몸짓들도 많았지만 하나님께서 주신 비전이기에 오직 믿음을 가지고 다시 시작했다. 수동시니어타운과 노인복지회관 그리고 선교센터를 동시에 짓기 시작했다.

여인이 해산의 고통만을 생각하면 어떻게 아이를 또 낳을 수 있겠는가? 고통 뒤에 안기는 생명의 기쁨이 그 무엇보다 큰 것이기에 또다시 큰 고통을 감수하는 것이 아니겠는가? 하나님의 비전을 이루어 가는 과정은 힘들고 고통스러울 때도 있지만 그 가운데 함께하시며 위로하시고 또 새롭게 힘을 더해 주시는 하나님의 손길을 느끼는 기쁨 때문에 하나님의 비전에 나는 언제나 "예"로 대답한다. 이제 수동기도원 안에는 수동시니어타운과 수동세브란스 요양병원까지 설립되어 있어 영혼과 육신을 함께 치료할 수 있는 기도원이 되었다. 이 모든 것이 하나님의 은혜요 축복이었다.

주님과 교회를 위해서 쉼없이 달려온 세월이 어느덧 35년이다. 앞으로 내게 허락된 시간이 얼마나 될지는 모르겠으나 가슴이 뛴다. 민족 복음화와 세계 복음화를 위해 마지막 타오르는 불꽃이 되고 싶다.

—이태희(성복교회 담임목사)

순교자 유복자에게 임한 넘치는 은혜, 명일성결교회
노희석 목사

1. 나의 출생

나의 선친 노형래 집사는 6 · 25 한국전쟁 때 피란 권고를 마다하고 교회를 지키다가 할아버지, 작은아버지와 함께 공산당에게 붙잡혀 심한 고문을 당하였다. 배교를 강요당하였으나 끝까지 신앙을 지키다가 대전형무소에 수감되어 공산당들이 후퇴할 때 순교당하셨다. 지금은 이미 하늘나라에 가 계신 어머니께서 내가 유복자로 태어나기 바로 전의 상황을 아내에게 들려주셨다고 한다.
 공산당이 퇴각하자 미처 그들을 따라가지 못했던 마을의 공산당원들이 그들에게 가장 고통을 많이 당했던 우리 집 마당으로 붙잡혀 왔다. 성난 마을 사람들이 둘러서서 죽창을 들고 그들을 죽이려고 할아버지의 명령만 기다리고 있었고, 그들은 마치 한겨울인 양 두려움과 공포에 떨고 있었다. 할아버지는 나를 수태하여 만삭인 어머니에게 끌려온 원수들에게 무국을 끓여서 갖다 주라고 하셨단다. 어머니는 그들과 눈도 마주치기 싫었고 치가 떨리고 용서할 수는 더더욱 없었지만 시아버지의 명령인지라 순종해서 그들에게 따뜻한 국물을 가져다주었다. 할아버지는 그들에게 예수를 믿으면 살려 주겠다고 하셨고, 그들은 모두 믿겠다고 했단다.

주일이 되자 할아버지는 만삭인 나의 어머니에게 그 원수들을 교회에 데리고 오라고 하셨다. 어머니는 그들을 대할 자신이 없었지만 시아버지의 명령이기에 순종하였다. 그 용서 사건이 계기가 되어 온 마을 사람들이 예수님의 용서와 사랑을 깨닫고 마을이 복음화되었다고 한다.

나는 아버지의 얼굴조차 뵙지 못한 유복자이지만 원수를 사랑하라는 예수님의 명령을 실천하신 훌륭한 할아버지 노승우 장로님과 순종으로 사랑을 실천하신 어머니 이기화 권사님 슬하에서 신앙교육을 받으며 자랐다. 27세에 홀로 되신 우리 어머니는 아버지가 순교하신 후 어려움 속에서도 형님(노태철 목사)과 누님(허성활 목사 사모 노평란), 그리고 유복자로 태어난 나까지 삼남매를 훌륭하게 키워 주셨고, 교회를 개척하는 자녀들을 위해 모든 재산을 헌납하시고 손자 손녀 증손자 증손녀까지 돌보아 주셨다. 우리 어머니의 희생이 없었다면 오늘날 우리 삼남매는 바르게 자라날 수 없

없을 것이다. 어머니는 한국 교회 순교자기념사업회로부터 장한 어머니상을 받았지만 하늘의 상급은 더욱 크리라 확신한다. 어머니는 평소 생전에, 죽을 때에 목회하는 자식들에게 짐이 되지 않게 해달라고 기도를 해오셨는데, 병원에 3일 동안 입원해 계시다가 하나님께 부름을 받았다. 어머니는 하나님의 부르심을 받을 때에 마지막 숨을 몰아쉬며 고통 가운데서도 회개하기를 멈추지 않았다. 마침내 영안이 열리면서 천사들이 가득 마중 왔다고 하시며 함께 손뼉을 치며 찬양하고 멋지고 평안하게 숨을 거두었다.

"어머니, 나의 어머니! 감사합니다!"

1998년 9월 어머니 장례식에 시인 고훈 목사의 헌시를 소개한다.

하늘로 날개를 펴고

고 이기화 권사님 영전에

시방 서천 뜰 가을이 바람 앞에 익어가고 있을 때 당신은 하늘로 날개를 폈습니다.

많이 거둔 때는 남긴 것 없이 적게 거둔 때는 모자람 없이 생명의 잔 모두 비우셨으니 당신의 생애는 모두 주님 사랑으로 다 태워드린 번제였습니다.

1950년 저 무지한 공산당 총칼 아래 남편이 순교 제단에 바쳐질 때 핏덩어리 아이들 끌어안고 한껏 울어 보지 못하시며

순교의 자식들 그 피 부끄럽지 않게 삼남매 모두들 종들로 키워 오신

50년 십자가의 길 아, 아픈 인고의 길.

남편을 바치셨으니 자식도 다 바치고 재산도 다 바치고

당신까지 다 바치신 거룩한 제단이여 지금도 흐르는 순교의 피 강물이여.

겸손하셨지만 지엄하시고 지엄하셨지만 사랑이셨던

아는 것은 성서 한 권, 업적은 교회 섬김, 재산은 기도의 무릎

그래도 당신만큼 부요하게 산 사람은 아무도 없습니다.

다 바치고 살았기에 가난했고 가난했기에 주님으로 부요했던 당신은

성결교회의 어머니 모든 종들의 어머니

어쩌면 내가 마지막 본지도 모르는 한국 교회의 어머니

시방 서천 뜰 가을이 바람 앞에 익고 있을 때 당신은 하늘로 날개를 폈습니다.

2. 처음 성령을 체험했던 어린 시절의 기억

아버지 얼굴 한 번 뵙지 못한 어린 시절, 나는 아버지가 계시지 않은 것이 얼마나 슬펐는지 모른다. 지금도 추도예배 때 형님이 어린 시절을 회상하면서, 아버지가 형을 등에 업고 "태산을 넘어 험곡에 가도 빛 가운데로 걸어가면……" 찬송을 불러 주었다던 아버지와의 추억을 말할 때면 그렇게 부러울 수가 없다. 한 번도 뵌 적 없고 불러 본 적도 없는 나의 아버지! 어렸을 때는 순교하신 아버지가 자랑스럽기보다는 무책임하게 자식을 버린 분으로 생각되었다. 나는 절대 어린 자식을 두고 세상을 떠나는, 아버지같이

무책임한 사람이 되지는 않을 거라는 마음을 갖기도 하였다. 아버지의 사진은 공산당에게 발각될까봐 모두 불태웠기에 단 한 장 남았던 중학교 2학년 때 사진을 가지고 순교할 즈음의 연세로 그려서 찍은 사진만 남아 있다. 친척 어르신들의 말을 빌리면 아버지와 나는 많이 닮았다고 한다. 그런 이야기를 들어서인지 비록 그려서 찍은 사진 속의 모습이지만 나와 많이 닮은 것 같다.

그러나 주의 길을 걸으면서 나이가 들어갈수록 나는 아버지의 영광스런 순교가 얼마나 자랑스럽고 감사한지 모른다. 아버지의 외모만 닮은 자식이 아니라 아버지의 그 당당하고 고결한 순교 정신을 닮고 싶다.

아버지를 대신해 할아버지 노승우 장로님은 어린 우리 삼남매를 엄격한 신앙으로 교육시키셨다. 그리고 유복자인 나를 특별히 사랑하셨다. 그러나 할아버지마저 초등학교 때 하늘나라로 떠나셨다. 나는 육신의 아버지는 부를 수 없었지만 하나님이 나의 아버지가 되신다는 사실을 깨닫게 되었고, 그 후에 아버지가 그리울 때면 하나님 아버지를 더욱 불렀다. 그런 영향에서인지, 내가 중학교 들어가기 전 겨울방학에 내 고향 한성성결교회에서는 밤마다 은혜를 사모하는 성도들이 모여서 기도회를 가졌는데, 기도회에 열심히 참석하여 하나님의 은혜를 사모하다가 어린 나이에 방언의 은사를 받았다.

그 이후 나는 더욱 하나님의 은혜를 사모하게 되어서 이웃 교회에서 부흥회가 있다고 하면 거리를 상관하지 않고 어디든지 다니며 은혜를 사모하게 되었다. 은혜 받고 감사해서 하나님을 위해 무언가 일하고 싶은데 어린 나이에 무엇으로 봉사할 수 있을까 생각하다가 교회 예배 시간에 종 치는 일을 도맡아 했다. 당시 종을 치는 일을 해서인지 팔 힘이 세어 친구들과 팔씨름을 하면 언제나 이기곤 했던 기억이 난다. 어린 시절에 연례행사처럼 해마다 귀앓이를 했는데, 당시 여전도사님의 기도를 받고 씻은 듯이 나아 하나님께서 치료해 주시는 신유의 기적도 체험했다. 이런 일들은 주님께서 나를 목회자와 부흥사로 쓰시기 위한 밑 작업이셨던 것 같다.

3. 주님이 인도하시는 사역의 길

아내와 나는 대학 시절 형님이 시무하던 제일교회를 섬기며 만났다. 나는 능력도 없고 재능도 많지 않았다. 아내와 교제할 때 아내는 나의 정직함과 성실함에 마음을 주었다고 했다.

1970년대 당시 제일교회에 난방시설이라고는 조개탄을 사용하는 난로가 전부였다. 예배드리기 두 시간 전에 먼저 나와 번개탄으로 난로에 불을 붙이고 그 연기가 다 빠질 때까지 환기를 시켜야 성도들이 따뜻하게 예배를 드릴 수 있었다. 나는 매 예배 시간마다 난로에 불을 붙였지만 그런 일이 조금도 힘들지 않았다. 신학교 다닐 때는 형님도 개척한 지 얼마 되지 않았을 때여서 학비는 대주었지만 그 외에 책값이나 용돈과 일체의 비용은 아르바이트로 충당해야 했다. 기아산업 공장에서, 영등포구청 수도사업과에서, 세운상가에서 나는 닥치는 대로 막노동을 했다. 어느 해 성탄절 성극 연습을 하는데, 그날도 일을 하고 밤늦게 교회에 들어섰다. 입은 꽁꽁 얼어 있었지만 아내가 지도하는 어린이 성극에서 내가 맡은 아버지 역할을 하기 위해 들어섰을 때, 피곤했지만 웃으며 연습에 최선을 다하던 그 모습에서 성실한 미래의 모습을 보았다고 아내는 말한다.

성실성 하나가 지금까지 나의 무기인 셈이다. 대학원까지 나오고 뒤늦게 군에 입대해 군목이 없는 최전방에서 군종사병으로 섬기던 시절이었다. 누가 하라고 지시한 것도 아닌데 커피를 끓여서 껌과 함께 한밤중에 보초를 서는 사병들을 찾아 철책선을 밤을 지새며 돌았다. 칠흑같이 어두운 밤에 극도의 긴장과 두려움으로 철책선에서 보초를 서는 어린 사병들 가운데는 나를 보면 눈물을 흘리는 병사도 있었다. 그들을 위해 커피를 따라 주고 간절히 기도해 주면 예수를 믿든 믿지 않든 눈물을 흘리며 기도를 받았다. 그들의 긴장을 풀어 주는 껌을 주고 차마 발걸음이 떨어지지 않았던 기억이 새롭다. 대인관계에서나 기관의 어떤 일을 맡게 될 때, 정직과 성실은 나의 생명이 다하는 날까지 지켜 가야 할 나의 캐릭터이다.

1978년 12월 28일, 나는 당시 CBS 아나운서였던 장미영과 결혼하였다. 교회가 가장 바쁜 연말에 결혼식을 올렸기에 미안한 마음이 앞섰다. 신혼여행도 2박 3일 수안보온천에 다녀오는 것으로 마무리하고는 서둘러 올라와 교회 일을 해야 했다. 당시 교회에서 주는 사례비는 5만 원에 불과했지만 주님을 위해 일하는 것에 만족했던 나를 신혼의 아내는 조금의 불평하지 않고 따라 주었다.

4. 나의 사랑 명일교회

신학을 공부하면서 형님이 시무하던 제일교회에서 교육전도사로, 졸업 후에는 시무 전도사로 섬기다가 목사 안수를 받고 부목사로 섬겼다. 그 후 하나님의 뜻에 따라 1980년 11월 2일에 개척한 곳이 명일교회이다.

개척을 시작하던 1980년의 겨울은 30년 만에 몰려온 한파로 혹독하리만치 추웠다. 나와 아내는 부목사로 섬기던 제일교회를 떠나 성령의 인도하심을 받아 아무런 연고도 없던 명일동으로 가서 상가 3층의 35평을 임대하여 개척을 했다. 제일교회에서 후원한 개척 보조금 300만 원과 부부가 살던 전세금, 당시 CBS 아나운서였던 아내가 신구약성경을 녹음해서 받았던 녹음 사례비 등 모든 재산을 들여, 보증금 800만 원에 월세 20만 원을 내는 상가를 얻었다. 상가의 한쪽을 막아 침대 하나를 놓고 한쪽에는 주방, 한쪽에는 서재를 꾸몄다. 주방이라고 꾸며 놓은 곳은 상하수도 시설조차 없어 건물 층마다 하나씩 있었던 화장실에서 물을 길어다 먹고 설거지를 한 허드렛물은 다시 화장실에 갖다 버려야 하는 기막힌 생활을 했다. 그러면서도 마냥 주를 위해 일한다는 사실이 즐거웠다.

그 당시 돌이 채 안 된 딸아이는 시흥동 형님댁에 기거하시던 어머니께 맡기고 아무 연고도 없는 곳에서 개척 교회를 시작하여 1980년 11월 2일 주일 11시에 나와 아내 단둘이서 개척 첫 예배를 드리게 되었다.

나와 아내는 차가운 시멘트 바닥에서 "주여! 우리를 통해 하나님의 나라가 확장되게 하시고, 아버지의 순교신앙을 본받아 주님이 부르시는 그날까지 최선을 다해 영혼 구원에 힘쓰게 하시고, 이 작은 예배당이 세계 선교의 전초 기지가 되게 하소서!" 하고 기도하며 눈물로 감격의 첫 예배를 드렸다. 예배를 드리고 난 후 밖을 내다보는 순간 아연해지지 않을 수 없었다. 바로 옆의 교회에서 헤아릴 수 없이 많은 성도들이 쏟아져 나오고 있었다. 아파트마다 들이댄 교회 대형 버스는 연방 성도들을 실어 나르고 있었다. 그러나 실망하지 않았다. 주님이 주시는 비전과 꿈이 있었기 때문이다.

"주님, 이 작은 교회도 저렇게 부흥할 날이 오겠지요?"

교회가 입주한 상가의 준공검사가 차일피일 미루어지면서 석 달 동안이나 준공 검사가 나지 않았다. 교회 종탑을 세울 수도 없었고 교회 간판을 붙일 수도 없었다. 예배 시간이 되면 간혹 사람들이 찾아와 기웃거리며 "여기도 교회인가요? 예배드려요?" 하고 물었다. "예, 그럼요, 예배드리고 말고요. 이제 바로 개척을 한 교회입니다. 성도님, 들어오세요." 그러면 교회당 안을 들여다보고는 "그런데 사람이 하나도 없네요" 하고 머뭇거리다가 "다음에 올게요"라고 하고는 가버리고 말았다.

참으로 어려운 때였다. 그때까지 아내는 직장을 다녔다. 낮에는 나 혼자서 전도를 나가야 하기에 전도가 제대로 되지 않았다. 문을 두드리면 열어 주지도 않을 뿐 아니라, 혹시 문을 조금 열더라도 경계의 눈초리를 늦추지 않았다. 그래서 낮에는 혼자 전도지를 만들었다. 저녁이 되어 아내가 직장에서 돌아오면 가까운 동네와 아파트를 돌아다니며 전도지를 전하며 교회가 개척되었음을 알렸다. 아파트 전도는 예상대로 어려웠다. 잡상인이 들어오지 못하게 하라고 관리인에게 호통 치는 바람에 여러 번 강제로 내쫓겼지만 그래도 전도는 멈출 수가 없었다. 여리고를 도는 여호수아 군대처럼 나와 아내는 기도하며 돌아다녔다.

전도가 되지 않아 준공 검사와 함께 예배당 반쪽을 막아 어린이 선교원을 시작해서 원아를 모집했다. 원아가 모였고 드디어 교회 안에 사람의 소리가 들리기 시작했다. 정말 기쁘고, 어린아이 하나하나가 참으로 소중했다. 주일이 되자 선교원에 다니는 어린 원생들 가운데 여러 어린이들이 교회 유치부에도 왔다. 그래서 강단 뒤에 있는 서재에서 따로 15~20명의 아이들과 함께 유치부 예배를 드리게 되었다.

아내는 기독교방송국에서 어린이 시간을 맡고 있었다. 하나님이 주시는 지혜로 우리 교회보다 조금 먼저 문을 연 명일초등학교에 가서 교장 선생님을 찾아 어린이 노래 선교단원을 모집해도 되겠느냐고 해서 허락을 받았다. 초등학교 어린이들 중에서 25명을 모집하여 명일 어린이 노래 선교단을 창설하였다. 일주일에 한 번씩 CBS의 어린이 시간에 전속으로 출연하는 어린이 합창단으로 활동함으로 주일학교가 부흥되었고, 교회 창립 1주년 때는 드디어 어린이들을 합쳐서 100명의 성도와 예배를 드리게 될 정도로 부흥했다. 당시 아내의 월급으로 교회 임대료와 생활을 하고 있었는데, 아내는 하나님의 강력한 감동에 의해 방송국을 그만두고 전적으로 기도하며 매달렸다. 밤마다 뜨겁게 온전한 철야기도를 하며 부르짖었다. 얼마나 열심이었는지 교회에 불이 난 것으로 착각해 누군가가 신고해서 소방서에서 달려오는 해프닝도 있었다. 그렇게 개척한 지 3년 만에 교회를 확장하여 이전할 계획을 세웠다. 하나님은 우리의 기도에 응답하셔서 새로운 장소로 이전하여 성전 건축을 시작하게 되었다.

나와 아내는 교회에서 마련해 준 사택 전세금 600만 원과 결혼 패물을 모두 팔아 헌금했다. 이제 사택도 없기 때문에 빈집이나 성도들의 문간방 등을 전전하면서 교회가 건축될 때까지 어려움을 이겨내고 있었다. 나는 무기한으로 사례비의 동결을 선포하며 성도들과 고통을 분담했다. 성도들도 헌신에 헌신을 다했다. 결혼 예물을 바치는 것은 당연한 일이었고, 전세를 줄이고 월세로 옮기며 헌신한 성도들도 있었다. 돈을 가지고 건축을 시작한 일이 아니었기에 너무나 많은 고통과 어려움이 따랐다. 아직 건물이 완공되지는 않았지만 교회 1층에 임시 사택 자리를 마련하고 창문도 달지 않은 상황에서 스티로폼을 깔고 비닐로 창을 막아 생활을 했다. 그래도 성도들의 집을 전전하던 일을 그치고 한 장소에 살게 된 것만으로도 감사했다. 비바람이 몰아치던 어느 날에는 깔고 자던 스티로폼이 물에 둥둥 떠서 잠이 깬 적도 있었다.

어쨌든 다시 안정되게 성도들을 섬길 수 있게 되었다. 드디어 하나님의 은혜로 지하 80평 지상 1, 2층 각 40평씩 연건평 160평의 건물을 완공하고 교회 창립 4주년 기념 예배 때 완공 예배를 드리게 되었다. 그러나 땅값도 빚으로 치른 상태요 공사비도 지불하지 못한 상태였기에, 이자에 이자로 빚은 눈덩이처럼 불어났지만 적은 수의 성도들이 합심하여 주님 앞에 생명 바쳐 헌신하였다. 끝도 없는 고난의 터널을 통과하는가 싶더니 두 분의 집사님이 자신의 집을 팔아 주님께 바침으로 마침내 1989년 12월 19일 주일에 모든 건축 빚을 갚고 눈물로 헌당예배를 드리게 되었다. 교회를 짓느라 얻은 빚에 시달리다가 심한 위궤양으로 고생하던 나는 성전 헌당과 함께 모든 병도 씻은 듯이 낫게 되었다.

하나님께서는 그 이후로 사역의 지경을 넓혀 주기 시작하셨다. 세계 선교지를 방문하여 선교하게 하셨고, 오대양 육대주를 다니며 부흥회를 인도하는 길을 열어 주셨다. 우리 명일교회는 교세도 크지 않고 물질적으로도 부유하지 않으나 많은 목회자와 사모, 그리고 선교사를 배출하였다. 각계 각 분야에 하나님께서 멋지게 쓰시는 시대적 일꾼들을 많이 배출하게 되었다.

"세계는 나의 교구"라고 말했던 존 웨슬리처럼 세계 곳곳에 우리 교회 출신들이 능력 있게 자리하고 있어 참으로 자랑스럽다. 어려서 주일학교를 다니고 중·고등부를 거쳐 청년·대학부에서 교육받았던 명일교회의 자녀들이 믿음의 거목들로 자라나 미국 대학의 교수로, 그 어렵다는 미군의 군목으로, 국제적인 회사에서, 세계 곳곳에서 선교사로 일하게 되었다. 그리고 개인 사업을 하면서 활기차게 평신도 선교사의 사역을 감당하면서 믿음의 부모로 깍듯이 섬겨 주는 자랑스런 명일교회 가족이 있기에 나의 목회는 헛되지 않았음을 감사한다.

무엇보다 명일교회는 오늘의 나를 있게 한 나의 사랑이요, 나의 뼈를 묻을 주님의 교회이다. 내가 은퇴하는 그날까지 최선을 다해 성도들을 사랑하며 섬기기를 기도한다.

5. 목회자에서 부흥사로

아내는 부흥회를 인도하는 부흥사를 무척이나 부러워했다. 나중에 들은 이야기지만 아내는 처음에는 성도들이 "우리 목사님 오대양 육대주를 다니며 복음을 전하는 하나님의 사자가 되게 해주소서"라고 기도하는 소리를 듣고 '우리 남편이 전 세계는커녕 이웃 교회에라도 가서 헌신예배 인도하는 모습이라도 보았으면 소원이 없겠다'는 생각을 가졌었단다. 그러나 성도들의 기도를 들은 후에는 "하나님! 성도들의 기도가 응답되어 세계를 교구로 하나님께 멋지게 쓰임 받는, 하나님 마음에 합당한 종이 되게 하소서!"라고 기도를 바꾸었다고 했다. 기도에 응답하셔서 하나님께서는 이 부족한 종에게 사역의 지경을 넓히는 계기를 허락하셨다. 아내와 내가 1989년 기독교 방송 "새롭게 하소서"에 방송 전파를 탔는데, 그 후에 나와 아내는 부흥회에 초청을 받기 시작했다. 최선을 다해 인도하고 나니 반응이 좋아서 그 교회 목사님이 다른 교회에 소개를 해주셨다. 언변이 좋은 사람도 아니고 전문적인 부흥사도 아니고 전형적인 목회자인 내가 부흥회를 인도하게 된 것이다.

그 후 1990년 세계성신클럽 세계성령화부흥사 연수원 1기로 연수 교육을 받고 본격적인 부흥운동에 쓰임을 받게 되었다. 또한 우리 교회에 초청해서 부흥회를 인도하셨던 목사님이 우리 교회가 은혜가 넘치고 분위기가 좋다고 하면서 미국 뉴욕에 있는 교회에서 나를 부흥회로 초청해 주었다. 처음으로 미국에서 집회를 인도했는데 그때부터 미주 성회의 물꼬가 트여 해마다 부흥회를 인도하기에 이르렀다. 하나님이 사역의 지경을 넓혀 주셔서 국내외적으로도 수많은 부흥회를 인도하면서 새 천년인 2000년에 새 성전(연건평 450평)을 건축하였고, 250평의 성결문화관을 건축하게 되었다.

한때 소박한 교사의 꿈을 갖기도 했지만, 항상 순교자 아버지에 대한 이야기를 들으며 신앙교육을 받고 자랐기에, 나도 자연히 주님을 위해 복음 전하고 교회를 섬기는 목회의 길을 걸어가겠다는 생각을 갖게 되었다. 이런 나의 길을 성령께서 순적히 인도하셨다. 특별히 형님은 나의 신앙의 좋은 선배였고 모델이었다. 그래서인지 나도 형님이 걸어가신 길을 걷는 것에 놀라게 된다. 형님이 훌륭한 목회자로서 부흥사의 길로 가셨고 나도 언제부터인지 목회자이면서 부흥회를 인도하는 목사가 되어 있었다.

나는 언변이 뛰어나지 못하였다. 대중 앞에 서면 수줍음을 타는 소극적이고 내성적인 성격의 소유자였다. 그리고 사람들에게 감동을 주는 부흥회를 인도할 만큼 능력 있는 사람도 아니었다. 그런데 주님은 나를 변화시키어 이렇게 목회자로, 그리고 부흥사로 써주셨다.

2009년 1월 14일에 중심교회에서 부흥회할 때 참석하셨던 박종명 원로목사님께서 '부흥사 노희석 목사 6행 축복기도시'를 보내 주셨다.

부/ 부귀영화 다 버리고 가시밭길 택하며

흥/ 흥부심덕 모토(motto)로 부흥 사역 큰 기쁨

사/ 사망 권세 승리하신 부활 복음 전하며

노/ 노아 신앙 모토(motto)로 종말 시대 준비해

희/ 희생 순교 선조님들 뒤를 계승 대사도

석/ 석은(섞은) 것이 없는 복음 부흥사 중 귀감이라

이같이 귀한 글을 축시로 보내 주셨는데 이 말씀대로 살아야겠다고 생각한다.

2007년 한국기독교성령백년사 1백인 각계 인물 선정식에서 순교하신 아버님은 '순교자 부문'에, 형님인 노태철 목사는 '목회자 부문'에, 그리고 부족한 나는 뜻하지 않게 '부흥사 부문'에 '성결과 축복의 부흥사'로 삼부자 모두 선정되는 영광을 안게 되었다. 아버님과 형님이 선정되신 것이 당연하다고 생각되는데 너무도 부족한 내가 선정되었음에 부끄럽고, 한편으로는 하나님이 하시는 일에 놀라울 따름이다.

범교단적인 일도 형님이 하신 일을 뒤이어 나도 하게 되는 것을 보고 놀라게 된다. 사단법인 세계성신클럽 2대 회장, 한국기독교복음단체총연합 대표회장, 세계한민족복음화협의회 초대 대표회장을 지내신 형님의 뒤를 이어 나는 세계성신클럽 11대 회장과 한국기독교복음단체총연합 18대 회장, 세계한민족복음화협의회 6대 회장이 되었고, 교단에서도 형님은 2000년도 예수교 대한성결교회의 총회장을 지냈고 나는 2010년 총회장을 승계하는 부총회장에 당선되었다. 형님과는 나이가 9년 차이가 나는데 형님이 쓰임 받은 아름다운 일들에 뒤이어 쓰임 받고 있다.

참으로 이 모든 것이 순교하신 아버지와 어머니의 헌신적인 신앙의 열매를 거두게 하시는 하나님의 은혜이다.

— 노희석(명일성결교회 담임목사)

어머니 눈물의 기도, 오범열 목사

주님과의 만남, 그리고 소명

잠결에 내 얼굴에 따뜻한 무언가가 떨어지는 것을 느끼며 눈을 떴다. 오늘도 어김없이 나를 위해서 기도하며 흘리시는 어머니의 눈물이었다. 매일 새벽이면 어린 나와 형을 위해서 눈물로 기도하시는 어머니의 기도 소리에 잠에서 깨곤 했다.

하루는 이미 잠에서 깨어 있으면서도 자는 척하며 무엇을 위해서 이렇게 매일 기도하시는 걸까 궁금해서 어머니의 기도 소리를 들어 보았다. 이 나라와 민족을 위해서, 세계를 위해서, 그리고 하나님의 영광을 나타낼 수 있는 영적인 지도자들이 되라고 눈물을 흘리며 드리는 기도였다. 비록 어렸지만 나는 마음이 뭉클함을 느끼며 마음속으로 '장차 하나님의 영광을 위해서 나의 모든 삶을 드려야겠다' 라는 결심을 하곤 했다. 어머니의 이런 기도는 어머니께서 이 땅을 떠나시는 그날까지 계속되었다.

나는 3대째 신앙을 가진 가정에서 태어났다. 그 은혜로 나는 어릴 때부터 어머니의 기도 속에서 자랐다. 나의 친구들은 나를 무척이나 부러워했다. 우리 가정은 아무리 바빠도 주일이면 모든 일을 접고 쉬며 교회에서 하나님께 예배드리는 것을 최우선으로 생각하여 주일 하루를 기쁨으로 보내곤 했다. 다른 아이들은 주일날 모두 논밭에 나가서 일했지만 우리는 아무리 바쁜 농번기라도 일하는 법이 없었다. 온 가족이 말씀으로 살려고 노력했던 그 아름다운 모습이 아직도 가슴속 깊이 새겨져 있다. 늘 말씀을 많이 읽으라고 말씀하셨던 아버지, 그리고 매일 새벽마다 교회에 다녀와서 눈물로 자식의 앞날을 위해서 기도해 주셨던 어머니의 그 아름다운 목소리가 아직도 귀에 쟁쟁하다.

내가 중학교에 다닐 때 처음으로 인격적인 주님과 만나게 되었다. 당시 어머니는 영적으로 매우 깊이 주님과 사귐이 있었다. 새벽기도를 마치고 오셔서 하나님께서 오늘 이 말씀을 주셨다고 하시면서 말씀을 읽고 말씀대로 살 것을 주문하곤 하셨다. 때로는 환상을 보았다고 하시면서, 어떠한 어려움도 걱정하지 말고 하나님만 굳건히 믿으면 된다는 말씀으로 어려운 환경의 우리를 위로하고 힘을 북돋아 주셨다. 그때 나는 참 궁금했었다. 어떻게 하나님으로부터 말씀을 받으실까, 어떻게 하나님과 교제를 하실까? 하나님과 교제하며 하나님으로부터 말씀을 받고 싶은 열망이 무척이나 강하게 나를 사로잡았다.

방학을 맞이해서 나는 작정을 하고 하나님께 기도하기 시작했다. 처음 2~3일은 전혀 아무런 반응이 없었다. 그러나 인내하며 정말 내 인생에서 주님을 만나고 싶다는 강한 열정으로 기도했다. 5일째 되는 새벽에 나는 교회 바닥에 쓰러지고 말았다. 그리고 계속해서 외쳤다. "주님, 제가 죄인입니다. 제 죄를 용서해 주세요." 난 그때 처음으로 내가 죄인이라는 사실을 뼈저리게 느꼈다. 3대째 크리스천 가정에서 태어났고, 신실하게 교회에 다니며 욕 한마디 할 줄 모르고 자란 내가 죄인이라는 사실이 믿어지지 않았다. 그러나 내 입에서는 "내가 죄인입니다. 내가 죄인입니다. 나를 용서해 주세요"라는 고백이 계속되었다.

그때 비몽사몽간에 주님께서 말씀하시는 소리를 들을 수 있었다. "내가 네 죄를 다 용서하였다. 내가 너를 불렀나니 너는 내 것이라." 참으로 생생하게 들렸다. 그 소리를 들음과 동시에 가슴속에 밀려오는 기쁨을 어찌할 수가 없었다. 입에서는 찬송이 터져 나오기 시작했다. "속죄함 속죄함 주 예수 내 죄를 속했네 할렐루야 소리를 합하여 함께 찬송하세 그 피로 속죄함 얻었네." 하루 종일 이 찬송만 불렀다. 눈물이 하염없이 흐르고 콧물이 흐르며 내 인생에서 가장 감격적인 날을 맞이했다. 내 마음에는 성령이 충만해졌고, 마음속에 풍성한 기쁨이 넘쳐나는 것을 느낄 수 있었다.

이것이 주님을 만나는 감격인가? 이것이 성령 충만함을 받은 것인가? 교회를 나설 때 세상이 달라 보였다. 정말 아름다운 세상, 정말 멋진 세상이었다. 사람들도 그렇게 사랑스러울 수가 없었다. 노을이 지는 서쪽 하늘은 지금까지 보았던 하늘이 아니었다. 정말 아름다워 말로 표현할 수가 없었다. 사람이 달라 보이고 들판이 달라 보이며 모든 것이 새로웠다. 난 성경 말씀을 수없이 읽고 수없이 들었지만 이렇게 세상이 달라지는 것을 느끼지 못했다. 그러나 주님을 만나고 주님의 음성을 듣고 난 후 나는 처음 세상을 보는 것처럼 아름다운 세상을 느꼈다.

그때 비로소 깨달았다. '아, 내가 다시 태어났구나. 내가 새로운 피조물이 되었구나.' 그때 눈에서 다시 뜨거운 기쁨의 눈물이 흘렀다.

하나님과 동행했던 삶의 여정

그 후부터 나는 하나님과 깊은 교제를 하며 내 인생에 새로운 여정을 시작하였다. 어릴 때 부모님의 신앙교육에 따라서 성경을 많이 읽어서인지 기도하면 주님께서 말씀을 통해서 늘 응답하셨고, 그 말씀을 잘 깨닫도록 도와주셨으며, 늘 함께하심을 보여 주시곤 했다.

나는 해병대에서 군복무를 했는데, 처음 입대를 해서 기본 훈련을 마치고 자대 배치를 받게 되었다. 그때 하나님께 기도했었다. "하나님, 제가 어디를 가도 저는 상관이 없습니다. 그러나 나를 통해서 하나님의 영광을 나타낼 수 있는 곳으로 인도하여 주시길 원합니다." 이후에 청룡부대에 배치를 받아 그곳에서 3년을 근무하면서 부대 근처에 있는 교회에 출석하며 많은 해병 전우들을 교회로 이끌 수 있었고, 교회가 든든히 서가는 모습을 보면서 군복무를 마쳤다.

하나님께서는 이렇게 늘 말씀과 성령이 충만한 상태에서 주님의 뜻대로 살도록 이끌어 주셨다. 나는 신학교 1학년 때부터 전도사 생활을 시작했다. 유년주일학교를 담당해서 학생들을 가르치는데 아이들이 그렇게 순수하고 예쁠 수가 없었다. 나는 그 어린아이들을 붙들고 기도하며 옛날 어머니의 기도를 생각하곤 했다. 이 어린아이들이 자라서 이 땅의 기둥들이 되고 영적 지도자들이 되도록 기도하며, 어린 생명들이 성령의 역사하심을 따라 영적으로 자라는 모습을 눈으로 볼 수 있을 정도로 성장하는 모습을 보았다. 나는 매일 하나님께 기도하며 어린이 부흥에 정열을 쏟아부었다. 그 결과 2년 만에 주일학교가 5배로 부흥하는 역사를 경험했다.

이러한 성장이 소문이 나면서 그때 어린이 부흥사로 여러 교회에 가서 집회를 인도하게 되었고, 어린이 부흥회를 하는 교회마다 성령의 역사가 일어나 부흥하는 놀라운 경험을 하게 되었다. 하나님께서 성령으로 역사하시는 모습들을 내 눈으로 확인하는 여러 사건들을 보면서, 그때 하나님의 역사하심이 얼마나 위대한가를 다시금 깨달았다.

교회 개척과 부흥

신학교 졸업반이 되면서 교회 개척을 위해서 기도하기 시작했다. 하나님께서 나를 부르시고 하나님의 사역에 나를 사용하시기로 했다면 하나님의 뜻에 따라 아름다운 교회를 개척해 보고 싶은 열망이 간절했다.

아직 전도사가 교회를 개척한들 성도들이 모이겠느냐고 말리는 사람들이 많았다. 나는 그때마다 성도가 모이는 교회가 아니라 예수 믿지 않는 사람이 모이는 교회를 개척하고 싶고, 하나님께서는 그 일을 나에게 허락하실 것이라고 강하게 이야기했다. 사실 교회를 개척하는 일이 어디 쉬운 일인가!

그렇게 하나님께서 나에게 주신 비전을 마음속에 늘 생각하면서 기도하던 어느 날 새벽, 비몽사몽간에 어느 지역을 보여 주셨는데 생소한 지역이어서 알 수가 없었다. 그러나 그 지역의 모습을 아주 또렷하게 보여 주셔서 머릿속에서 지워지지 않았다. 그 지역이 어디인지 찾아보고 싶은 강한 열망으로 서울과 변두리 지역을 다 돌아보았지만 찾을 수가 없었다. 그래서 서울 외곽을 돌아보던 중 서울 과천에서 막 안양으로 넘어가면서 비산동에 들어섰는데 마음에 이상한 희열이 느껴졌다. 흥분된 마음으로 그 지역을 돌아보았는데, 신기하게도 내가 기도할 때 보여 주셨던 그 지역과 똑같았다. 나는 외마디 탄성을 지르며 다시 눈을 크게 뜨고는 확인해 보았다. 분명했다. 하나님께서 환상으로 보여 주셨던 그곳, 바로 그곳이었다.

나는 하루도 지체할 수 없었다. 집에 돌아와 하나님께 깊이 감사의 기도를 드리고 교회 개척을 위한 준비를 시작했다. 많은 사람들이 반대를 했다. 아직 전도사요 목사 안수도 받지 않았고, 신학교 졸업도 하지 않았으니 어느 것 하나 긍정적인 상황이 아닌데 왜 그렇게 빨리 교회를 개척하려고 하느냐며 반대했다. 그러나 하나님께서 나에게 보여 주신 비전과 나를 강하게 이끄시는 성령님의 강권하심은 나도 거역할 수가 없을 정도로 강하게 나의 마음을 이끄셨다.

하나님께서 나를 이끌고 성령이 함께하신다면 분명 하나님의 뜻을 이룰 수 있을 것이라는 확신이 섰다. 기도할 때마다 하나님께서는 말씀하셨다. "내가 너를 불렀나니 너는 내 것이라." 나는 내가 아니었다. 이미 하나님의 손에 있었다. 나는 하나님의 것이다. 하나님께서 원하신다면 나는 어떠한 고생과 어려움이 있어도 해야 된다고 생각했다.

나는 집에서 아내와 함께 기도하면서 하나님의 역사하심과 성령의 이끄심을 여러 번 체험했다. 확신이 생겼다. 그래서 모든 것을 정리하고 일단 개척을 하기로 결심하고 비산동에 건물을 물색했다. 당시 무슨 돈이 있겠는가! 살던 전셋집을 해약하고 월세로 건물 2층을 얻어서 예배실을 만들고, 한쪽 모퉁이에 네 식구가 겨우 거할 수 있는 작은 방을 만들어서 그곳에서 생활하면서 개척 교회가 시작되었다.

건물에 이사를 와서 처음 가족이 예배를 드리던 날, 그날을 잊을 수가 없다. 얼마나 감격스러웠던지 아내와 나는 기쁨의 눈물을 하염없이 흘렀다. 하나님께서 마련하신 주님의 몸 된 교회, 이 교회가 이 지역 죽은 영혼들을 살리는 영적 방주가 되어서 많은 영혼들이 쉼을 얻고 영적 축복을 얻을 수 있게 되었다는 그 놀라운 사실 앞에 우리는 감격하지 않을 수 없었다.

그러나 기쁨과 감격도 잠시였다. 현실은 현실이었다. 신학교 졸업도 하지 않은 전도사가 개척한 교회에 누가 선뜻 등록을 하며, 2층 교회(38평을 막아 8평은 사택, 30평은 교회)에 뭐가 있다고 달려와서 등록을 하겠는가? 서서히 열정도 식어가고 지쳐가고 있을 때 주님께서는 나를 찾아오셨고 말씀하셨다. 어느 날 새벽 예배를 마치고 답답한 심정으로 기도하고 있는데 주님께서 나를 찾아오셔서 말씀하셨다.

"너희는 마음에 근심하지 말라. 하나님을 믿으니 또 나를 믿으라."

이 말씀은 어릴 때부터 어머니께 수도 없이 들었던 말씀이라서, 그냥 어머니께서 나에게 해주신 그 말씀이 생각난 거겠지 하고 일어서려고 했다. 그런데 갑자기 주위가 환해지면서 아주 큰 음성이 들려왔다.

"아들아, 너는 마음에 근심하지 말라. 하나님을 믿으니 또 나를 믿으라."

아주 큰 소리로 들려와 나는 그 자리에 쓰러지고 말았다. 그리고 다시 감격의 눈물을 흘리며 주님의 사랑과 성령님의 역사하심을 체험하였다.

나는 그날부터 동네 모든 가정들을 방문하기 시작했다. 예수님을 믿지 않는 수많은 사람들을 찾아다니면서 내 마음속에 있는 기쁨과 주님이 주신 놀라운 영적 축복을 전하기 시작했다. 하루 12시간 이상 가정들을 찾아다녔다. 교회 성도는 몇 명 안 되었지만 가야 할 집은 너무나 많았다. 이러기를 2년, 성도들이 서서히 교회에 몰려오기 시작했다. 아니, 예수의 '예' 자도 잘 모르던 사람들이 찾아와서 상담을 하고 예수 믿기로 작정을 하는 그 아름다운 모습을 보면서 하루하루 쌓였던 피로는 눈처럼 녹아 없어져 버렸다.

가정을 방문하다 보면 문전박대를 당할 때도 있었지만 나를 위해 고난을 당하신 주님을 생각하면서 참고 견디었다. 나는 주님을 알지 못하는 수많은 사람들을 보면서 매일 매일 눈물을 흘리지 않을 수 없었다. '저 사람들이 다 지옥에 가게 될 텐데! 아, 저 영혼들을 어떻게 해야 할까?' 안타까운 심정으로 그들의 집을 방문하고 눈물로 호소하며 여러 가지 방법으로 그들에게 예수가 우리의 주님이요 메시아시라는 것을 전했다. 저녁이 되면 온몸이 녹초가 되었지만 마음만은 참으로 행복하고 기뻤다. 그러나 불쌍한 영혼들을 생각하면 또 잠이 오질 않았다. 다시 밤에 거리로 나가서 지나가는 사람들을 붙잡고 예수님에 대해서 이야기하고 쉴 새 없이 주님을 전했다.

결국 비산동에서 나를 모르는 사람이 없을 정도로 알려졌다. 그러면서 사람들 입을 통해서 좋은 교회, 좋은 목회자라는 소문이 났고, 지역 복덕방의 주인들이 나를 좋게 보았는지 사람들이 이사오면 교회를 추천하기 시작했다. 처음 교회에 나가려는 사람들에게 우리 교회를 소개하는 일들도 생기기 시작했다. 교회가 사람들로 넘쳐났다. 더 이상 좁은 공간에 머물 수가 없어서 100평 정도 되는 2층으로 이사를 했는데, 몇 년이 못 되어 다시 이사를 해야만 할 정도로 많은 사람들이 몰려왔다. 어디서 그 많은 사람들이 몰려오는지 감당할 수가 없을 정도였다.

하나님의 은혜로 그 지역에 아파트가 들어서면서 종교 부지를 받게 되어서 교회를 건축하지 않으면 안 될 상황이 되어 버렸다. 결국 교회를 건축하고 그해 안양시에서 가장 아름다운 건축물 시상식에서 우수상을 받아, 교회 건축물로서 아름다움과 영적으로서는 능력 있는 교회로 우뚝 서게 되었다. 이런 사실이 여러 목회자들에게 알려지면서 많은 목회자들이 어떻게 해서 그렇게 빨리 부흥을 하게 되었느냐고 질문하며 집회를 인도해 달라는 부탁을 하여 집회를 인도하게 되었다. 그렇게 벌써 20년이라는 세월이 흘러 지금까지 1천 번이 넘게 국내외 부흥성회를 인도하고, 지금도 한국 교회의 부흥을 위해서 몸이 부서져라 뛰고 있다.

많은 성도들을 섬긴다는 것은 쉬운 일이 아니다. 그러나 성령님께서 늘 나를 이끄시고 부족한 종을 위해서 기도하는 수많은 성도들의 기도의 능력으로 오늘도 교회를 섬기고 국내외 부흥성회를 인도하며 내일을 향해 달리고 있다.

하나님께서 부족한 종에게 하나님 나라 확장을 위해서 한국 교회와 세계에 흩어져 있는 한인들, 그리고 세계 선교에 일생을 헌신한 선교사님들을 섬길 수 있는 귀한 은혜를 주셔서, 매년 한 주간도 쉴 시간이 없이 말씀을 전파하고 있다. 이 모든 것은 어릴 때부터 말씀과 기도로 양육하신 귀한 부모님의 은혜이기도 하며, 또한 성도들의 땀과 눈물의 기도의 능력이다. 또 늘 부족한 종을 통해서 자신의 영광을 나타내시길 원하시는 하나님의 크신 사랑과 은혜임을 고백한다.

— 오범열(성산교회 담임목사)

열방을 치유하는 열방교회
장기철 목사

충남 부여군 홍산면 남촌리 306번지 나의 고향. 우리 집은 대대로 내려오는 불교와 미신에 젖어 있는 집안이었다. 2남 3녀 중 막내로 태어난 나는 어머니께서 마흔두 살에 얻은 늦둥이였다. 어머니는 아침마다 지극정성으로 가족을 위해, 특히 막내아들인 나를 위해 불공을 드리는 분이었다. 그런 어머니께서 둘째누님이 교회 주일학교에 나가는 것을 눈감아 주신 것은 하나님의 은혜와 기적이 아닐 수 없다. 그런데 그 한 알의 밀알이 온 가족을 변화시키는 능력이 되었다.

주일학교부터 교회를 다니던 누님은 결혼 후 이런저런 고난을 겪으면서도 기도로 모든 것을 극복하는 믿음의 소유자가 되었고, 불신자 남편까지 구원하여 안수집사의 반열에 들게 하는 저력 있는 기도꾼이었다. 누님의 기도는 불교에 젖어 있는 어머니, 형님, 작은누님 등 가족을 한 사람 한 사람씩 하나님 품으로 돌아오게 하는 원동력이었다. 그러나 끝까지 버티고 있던 한 사람이 있었는데, 그 사람이 바로 막내인 나였다.

네 살 때 고향을 떠나 서울로 온 우리 가족에게 가난은 절친한 친구요 벗어날 수 없는 굴레였다. 고향의 땅을 모두 팔아 사업을 하다 실패한 형님, 결혼하여 뿔뿔이 흩어진 누님들, 고향을 떠나 집을 나가신 후 내가 열 살 된 해에 중병을 얻어 들어오셔서 한 달 만에 돌아가신 아버지. 기억 속에 남아 있는 내 유년 시절은 어둡고 우울한 날들이었다. 나의 목표는 빨리 이 가난에서 벗어나는 것이었고, 출세하여 불쌍한 어머니를 행복하게 해드리는 것이었다. 그런 나에게 하나님 아버지를 믿으라는 권면은 전혀 설득력이 없었다. 게다가 아버지라니……. 내게 아버지는 무능함의 상징이요, 분노의 대상이자 내 열등감의 근원이었다. 그런데 하나님 아버지를 믿으라고? 하나님 어머니라면 모를까, 절대 그럴 일은 없다고 생각했다. 그러나 돈, 성공에 대한 욕망, 비뚤어진 자존심으로 똘똘 뭉쳐 있던 나를 하나님은 그냥 두고 보실 수 없었다.

예수님을 만나다

어느 날 둘째 매형이 오산리기도원이라는 곳에 가야 하는데 자신은 운전을 못하니 나에게 도와 달라고 요청을 하였다. 운전면허증을 받은 지 얼마 안 되어 운전을 하고 싶어 안달이 난 나는 이 제안을 아주 흔쾌히 받아들였다. 새 차에 매형을 싣고 달리는 그 길이 내 인생을 송두리째 바꾸어 놓은 길이 되었다. 매형을 내려주고 그냥 기다리기 지루해서 따라 들어간 오산리기도원의 대성전은 그야말로 아수라장이었다. 울며 통곡하는 사람, 데굴데굴 구르는 사람, 소리를 지르는 사람들로 가득했다. 잘못 들어왔구나 생각하고 나가려 했으나 이미 때는 늦었다. 내 뒤로 사람들이 꽉 차서 옴짝달싹할 수가 없었다.

흰 양복을 잘 차려입은 분이 단상에 올라와 열심히 연설을 하시는데 무슨 말인지 하나도 알아들을 수 없었다. 지루한 시간이 끝나고 다 같이 노래를 부르는데, 처음으로 내가 아는 곡조가 흘러나왔다. 찬송가 338장 "천부여 의지 없어서" 이 곡은 올드 랭 사인으로 익숙한 곡 아닌가. 그때 눈치 빠른 매형이 찬송가를 내 앞으로 디밀었다. 나는 그저 흥얼흥얼 따라 부르기 시작했는데 이상한 일이 벌어졌다. 이유 없이 코끝이 찡하며 가슴이 저려오고 눈물이 쏟아지는 것이었다. '아니, 이러면 안 되는데……'

그러나 나를 만지시기 시작한 성령님의 손길은 알 수 없는 힘으로 나를 고꾸라뜨리시고 속으로부터 구토와 통곡, 오열을 쏟아내게 하셨다. 누군가 속에서 창자를 뜯어내는 것 같았다. 그동안 주님을 거절하고 부인하였던 죄, 청년의 교만과 욕심으로 살아온 인생, 내 속에 숨어 있던 원망과 분노, 미움들이 토해져 나왔다.

두 시간 넘게 회개와 자복의 시간이 흘렀을까? 그때까지 한 번도 경험해 보지 못한 말할 수 없는 평화, 내 힘으로 기를 쓰고 달려오면서는 얻지 못한 자유와 기쁨이 물밀듯 밀려왔다.

아! 이분이셨구나. 이분이 바로 그 하나님 아버지셨구나. 이분이 나를 사랑하셨구나. 내 마음과 입술에서 저절로 찬양과 기도가 흘러나왔다. 그리고 알지도 못하는 서원을 하였다. "하나님, 저도 하나님을 전하는 사람이 되겠습니다. 저 앞에 서신 저 목사님처럼요. 그리고 여기 모인 이 많은 병든 자, 지친 자, 낙심한 자들을 위로하고 치유하는 그런 일을 하겠습니다. 저에게 주신 이 은혜가 그들에게도 나타나게 하옵소서."

3일간의 금식, 회개와 결단의 기도, 예배와 찬양을 드리고 기도원에서 내려온 내게 세상은 완전히 달라 보였다. 비로소 하나님이 창조하신 아름다운 세상을 보게 되었다. 그리고 그분이 사랑하신 이 사람들에 대한 사랑이 내 맘 안에 가득 차 있었다. 세상에 속한 모든 욕심과 목표들은 사라졌다.

"이전 것은 지나갔으니 보라 새 것이 되었도다"(고후 5:17).

누님과 매형을 따라 교회에 나갔다. 그리고 그날부터 기쁨 충만한 신앙생활이 시작되었다. 모든 예배, 성경공부, 주일학교 보조교사, 성가대, 청년부 활동, 차량 봉사 등 하나님이 좋아하시는 일이라면 'No'는 없었다. 오직 'Yes!'만 있을 뿐.

결혼, 그리고 선지동산으로

이곳에서 남편 덕에 사모가 되었다고 철없이 좋아하는 아내를 만났다. 아내는 모태신앙인으로 외조모로부터 어머니에 이어 3대에 이르는 신앙의 가정에서 자라 왔고, 훌륭한 목사님들 밑에서 신앙교육을 잘 받은 사람이다. 유치원을 운영하며 교회에서 충성스런 일꾼으로 칭찬받는 예쁜 자매인 그녀가 교회 나간 지 얼마 안 된 내게 "새벽기도회에 나오시면 참 좋아요. 새벽기도회에 나오세요"라고 권면을 해왔다. 새벽에도 예배를 드린다면 당연히 나가야 한다고 생각하고 그 다음 날 당장 새벽기도회에 나갔다. 나를 본 자매는 눈이 휘둥그래졌다. 나중 이야기지만, 아내는 그때 그냥 새벽기도회에 와서 기도하면 좋다고 가르쳐 주었을 뿐이지 정말 오리라고는 생각을 못했단다. 아무튼 그렇게 해서 시작된 새벽기도가 목사가 되어 평생 쌓는 기도의 제단이 되었다. 물불을 안 가리고 달려가는 신앙생활에 때론 어려움도 환난도 있었지만 나를 사랑하신 하나님의 사랑, 그리고 그분을 향한 나의 사랑을 막을 수는 없었다.

결혼한 그 이듬해, 드디어 주의 종이 되기 위한 첫발을 내딛었다. 신학교에 입학한 것이다. 변화된 나를 바라보며 어머니는 감격의 눈물로 기도하셨다. 늦게 시작한 주의 종의 길에 묵묵히 기도와 지혜로 내조해 준 든든한 동역자인 아내와, 나를 보며 살아 계신 하나님을 새삼 깨닫는 모든 가족의 중보는 뒤에서 밀어 주는 보이지 않는 힘이었다.

내 안에는 '신학교만 졸업하면 개척할 것이다'라는 끓어오르는 열정이 있었다. 야간 신학교를 다니면서 낮에는 교육전도사로 사역을 배우고, 틈이 나면 신학교 동기들과 산기도를 다니며 성경 공부들과 각종 세미나에 참석하여 훈련을 받았다. 선지동산에서의 시간들은 정말 은혜와 축복의 순간순간이었다.

교회를 개척하다

"너희 말이 내 귀에 들린 대로 내가 너희에게 행하리니"(민 14:28).

마음을 품고 선포한 것마다 두려우리 만큼 그대로 이루시는 하나님! 신학교 입학 때 마음에 품은 소원대로 신학교를 졸업한 해에 부천의 허름한 상가 지하에서 개척 교회를 시작하였다. 햇빛도 들어오지 않는 초라한 건물이었지만 그곳은 모세의 호렙 산이며, 엘리야의 갈멜 산이었다. 뜨거운 마음으로 밤을 새우며 설교를 준비하여 주일강단에 서면 언제나 전 교인이 출석하였다. 교인은 나와 아내, 어머니, 그리고 돌 지난 아들과 갓 태어난 딸이었다. 그러나 100명, 1,000명의 성도들에게 설교하는 것처럼 온 힘을 다해 말씀을 전했다. 한 달, 두 달, 열 달이 되어도 성도는 개척 당시의 전 교인과 한 명의 청년 자매뿐이었다.

어느 날 그 동네 한 학원 원장의 아들이 뇌종양으로 사경을 헤맨다며 기도 부탁을 받았다. 매일 서울까지 도둑 전철을 타고 서울대병원 중환자실에 출근을 하였다. 그 아이를 위해 기도해 주니 그 옆의 아이도 부러운 눈으로 쳐다보는 것이었다. 그래서 기도를 해 주면서 소아 중환자실의 담임전도사가 되어 뜨거운 마음으로 손을 얹었다. 아픈 아이와 어머니들에게 예수님을 영접시키고, 기도하면 반드시 응답받는다고 자신 있게 권면하였다.

그러던 어느 날 누워 있던 아이가 보이지 않았다. 그리고 사람들의 눈빛이 싸늘했다. "그 아인 내려갔어요." "내려가다니 도대체 어디로요?" 영안실이었다. 죽은 자도 살리신 예수님의 능력을 믿고 당당하게 기도했는데……. "주님! 이러실 수 없습니다. 그 어린아이를 왜 안 살려 주세요?" 집으로 돌아오는 전철 안에서 주체할 수 없이 눈물이 흘렀다. 서운하고 창피하고 억울했다. 풀이 죽어 돌아온 나를 보며 눈치를 살피던 아내는 "그 아이는 비록 죽었지만 당신을 통해서 예수님을 영접하고 하늘나라에 갔잖아요. 하나님 품에서 행복할 거예요" 하고 나를 위로했다. 아내의 말이 마음에 위로가 되었다.

성령의 기름 부으심, 그리고 능력 사역

안타까운 마음으로 마석 수동기도원에 올랐다. 기도굴에서 부르짖고 기도하는데 하나님께서 나와 아내에게 똑같은 말씀으로 응답을 주셨다.

"너는 마음을 다하고 성품을 다하고 힘을 다하여 네 하나님 여호와를 사랑하라……네가 채우지 아니한 아름다운 물건이 가득한 집을 얻게 하시며 네가 파지 아니한 우물을 얻게 하시며 네가 심지 아니한 포도원과 감람나무를 얻게 하사 너로 배불리 먹게 하실 때에"(신 6:5~11).

마침 부흥성회가 진행되고 있었다. 깊은 찬양 가운데 그때까지 체험하지 못한 성령님의 새로운 기름 부으심, 임재 가운데 들어가게 되었다. 성령님께서 내 안에 구체적으로 운행하심을 느끼니 천하를 얻은 것 같았다. 새로운 지역으로 교회를 옮기고 낮에는 성도들과 일대일 제자훈련, 소그룹 모임들을 갖고, 밤에는 산기도에 매달렸다. 삼각산, 청계산을 찾아다니며 "하나님, 능력 주세요"라고 기도했다. 그런데 능력은 오지 않고 무릎 관절염만 찾아왔다. 이제 산기도는 그만하고 평범하게 교회에서 기도하고 양육하고 전도 열심히 하고 밤에는 자야겠다고 맘을 먹었지만, 습관처럼 또 산으로 올라가 내 자리에 앉아 기도를 시작했다. 가난한 마음으로, 내 열심으로 애써 기도했던 모든 힘이 빠져 조용히 기도하는데, 하늘이 환해지며 똑똑히 글씨가 보였다.

'성령과 능력 - 사도행전 10장 38절.'

그리고 내 가슴을 울리는 감동이 있었다. 성령님 그분이 능력의 근원이시다! '그렇구나. 지금까지 나는 하나님께 능력을 구하고 의지했지만 능력을 받아 내가 애쓰고 힘써서 하나님의 일을 감당하려 했구나' 하는 깨달음이 왔다. 성령님을 의지하면 할수록 그분 안에 모든 것이 있으며, 나를 통해 성령님이 나타나시도록 나를 비워드리는 은혜가 임했다. 그리고 그 은혜를 나눌 때 치유의 많은 역사, 회복의 놀라운 일들이 나타났다. 오직 하나님만 영광을 받으시고 우리 안에 기쁨과 감사가 충만했다. 여기저기서 이 은혜를 함께 누리려는 사모하는 사람들이 모여들었다.

다양한 성경공부와 잘 짜여진 제자훈련 프로그램으로 훈련받았지만 가슴이 냉랭하여 갈급한 성도들이 많았다. 그들이 소유한 말씀 위에 성령의 기름 부으심이 임하니 가슴이 뜨거워지고 성령의 은사들을 체험하게 되었다. 자신의 의지와 노력으로는 제한적일 수밖에 없었던 삶의 변화들이 성령의 능력으로 나타나며, 마음의 상처들이 치유되고 회복되는 심령의 부흥 현장이었다. 성령의 역사가 초대 교회에서 끝이 난 것처럼 침체되어 있던 주의 종들의 가슴엔 성령님에 대한 목마름이 숨어 있었다. 매월 3박 4일의 성령 치유와 영성 계발 세미나를 열었다. 전국에서 때론 해외에서도 많은 주의 종들이 모여 목회자 세미나를 따로 열기도 하였다. 그들의 부르짖음, 간절한 사모함, 무엇보다 우리 자신을 비워 주님께 내어 드릴 수 있도록 성령님이 깊이 기름 부으심으로 모일 때마다 귀한 역사들이 일어났다. 소멸된 줄 알았던 성령의 은사들이 모인 주의 종들에게 나타나며 회복되었다. 그리고 새로운 모습으로 사역의 비전들을 나누었다.

저녁에는 신유집회를 진행하였다. 각색 중병 환자들, 몸과 마음이 지치고 상하여 무너진 자들이 모여들었다. 오순절 마가 다락방에 임하셨던 성령님이 우리의 집회 가운데도 나타나셨다. 마귀에 눌린 자에게 예수께서 착한 일을 행하시고 하나님의 아들 예수께서 그리하셨듯이, 우리도 성령을 의지하여 예수 이름으로 손을 얹으니 병든 자들에게 치유가, 눌리고 억압된 자들에게 자유가 임하였다.

귀머거리의 귀가 뚫리고 암환자, 중풍병자, 디스크 환자, 각색 병들이 치유되었다. 오직 성령의 능력으로, 오직 예수 그리스도의 이름으로 집회 때마다 하나님의 살아 계심을 눈으로 보게 하셨다.

여기저기 교회와 기도원에서 집회 요청이 들어왔다. "성령님! 이 무익한 종은 십자가 뒤에 감추시고 오직 성령님의 나타나심과 능력만이 넘치게 하옵소서"라고 기도하였다. 사역은 해외의 한인 교회들, 또 현지 목회자들을 위한 세미나로 이어졌다. 미국, 캐나다, 일본, 아르헨티나 등 가는 곳마다 사모하는 심령들로 가득 찼다. 그리고 그곳도 오순절 마가의 다락방처럼 성령님의 임재와 능력이 나타나는 현장이 되었다.

성전 건축의 명령

"성령이 너희에게 임하시면 너희가 권능을 받고……"(행 1:8).

성령님이 부어 주시는 권능으로 한 주도 쉴 틈 없이 부흥 성회를 인도하고, 성령의 치유와 기름 부으심 사역을 감당하고 있을 때, 하나님은 또 새로운 명령을 주셨다. 성전 건축! 말만 들어도 가슴 벅차오르는 영광이지만 아무것도 없는 우리 교회에 성전 건축은 불가능한 일이었다. 성도들의 사정을 잘 아는 터라 말을 꺼내기도 미안했다.

그러나 하나님의 강권하심이기에 그 뜻을 따라 성전 건축을 선포하니 아멘 하는 성도는 몇 명 되지 않았다. 성전 부지를 찾는 가운데 용인시 동백동 367-6에 입주를 앞둔 동백신도시 호숫가 옆 그림 같은 땅을 보며, 한편으로 가슴이 설레면서 한편으로 두려운 마음이 교차했다. 교회의 중보기도자들과 비바람, 눈보라 속에서도 땅을 밟으며 전심으로 기도할 때 "가서 취하라"는 확신을 주시며 도전하게 하셨다. 성도들의 눈물의 헌금, 순종하는 자들에게 주시는 하나님의 놀라운 기적, 하나님의 전을 세우기 위해 하나님께서는 무너져 있던 성도들의 기업을 일으키기 시작하셨다.

지금은 우리 교회의 장로님이 되신 한 집사님 가정의 간증은 성전 건축을 향한 하나님의 소원을 깨닫게 하는 귀한 열방교회의 역사이다. 성도들은 매일 밤마다 교회에 모여 기도를 하고, 기도회가 마쳐도 돌아가지 않고 대화를 나누곤 하였다. 왜냐하면 다음 날 출근할 사람이 별로 없었기 때문이다. 성도들 대부분이 사업을 하다 어려움을 당한 분들이었다. 이 집사님 가정 역시 사업이 무너져 좋은 집에서 나와 비닐하우스 집에서 살면서 외국인 학교에 다니던 두 아들은 학교를 중단하고 하루하루가 막막한 상황에서 매일 기도로 견디고 계시는 분이었다. 집사님이 꿈을 꾸셨는데, 본인이 멋진 카페트를 짜서 청와대에 들어가 대통령을 만났는데, 그분이 그 카펫을 마음에 들어하며 거기에 깔라고 하셨다는 것이다. "집사님! 하나님께서 청와대와 관련된 일을 주시려나 봅니다. 소망을 갖고 기도합시다." 이 집사님 부부는 성전 건축을 선포하셨을 때 제일 먼저 아멘 하며 성전 부지를 찾는 일, 기도하는 일에 앞장서 왔던 분들이었다. 물질로 교회를 섬길 수 없으니 목사님 말씀에 순종하여 그 마음이라도 시원케 해드려야겠다는 것이 그들의 믿음이었다.

　그 꿈은 현실로 나타났다. 노무현 대통령이 청와대 뒷산 숙정문을 일반시민에게 개방한다는 발표가 있었다. 그리고 그 숙정문 공사의 보안공사를 이 집사님의 회사가 맡게 된 것이다. 정말 살아계신 하나님이시다! 급히 시행하라는 대통령의 지시에 따라 한겨울에도 공사는 급히 진행되었다.

　열방교회의 성전 건축을 위하여 이 집사님 가정은 두 아들의 신발 한 켤레도 못 사주고 공사 대금을 성전 부지 매입의 중도금을 위한 헌금으로 드렸다. 이 간증은 우리 모두에게 용기가 되었다. 그리고 그 가정을 필두로 물질의 어려움을 당하던 성도들의 가정이 하나씩 풀려나가기 시작하였다. 뿐만 아니라 10년을 넘게 성령의 역사를 증거하며 외치던 그 은혜의 자리에 있던 분들(때론 이름도 모르는)이 귀한 헌금을 보내왔다. 하나님은 하나님의 일을 위하여 나라를 움직이시고 사람의 마음과 생각, 세상의 물질을 움직이시는, 살아서 역사하시는 분이었다.

　성전 건축 공사가 시작되고 공사 현장에 컨테이너를 놓고 예배를 드렸다. 길도 없는 허허벌판에 하나님의 전의 기초가 세워지고 한 층 한 층 올라갈 때의 그 감격이란 말로 다 표현할 수 없다. 살아 계신 하나님! 홀로 영광 받으소서. 성전은 1년 만에 완공되었다. 그 이듬해에는 교육관과 선교관이 지어졌고, 하나님께서 교회에 부흥의 물결을 허락하셨다. 성령의 역사가 아니고는 이루어질 수 없는 놀라운 기적이다. 그리고 그 뒤에 기도하며 함께 울고 웃으면서 힘에 지나도록 헌신한 사랑하는 성도들이 아니고서는 나타날 수 없는 큰 영광이다.

지금도 열방교회는 달려가고 있다. 선교에는 120명의 선교사를 파송하며 120개의 교회를 국내외에 개척하겠다는 비전, 교육에는 다니엘 캠퍼스라는 이름으로 하나님의 구별된 자녀를 양육하는 교육기관들을 설립, 매일 교회 안에서 수백 명의 어린이들을 하나님의 사랑과 지혜로 교육하겠다는 비전, 치유로는 성도 한 사람 한 사람의 영·혼·육이 건강하여 가정과 이웃, 직장과 사회가 건강해지는 회복의 사역 3대 비전을 품고 주님 오실 때까지!

—장기철(열방교회 담임목사)

한국기독교성령백년인물사 Ⅱ

교육자

이승훈 | 김치선 | 김문환 | 고세진 | 이강평

서민정신의 민족 개화 독립운동가
남강 이승훈

1. 시작하는 말

여운학의 《지혜로 여는 아침》 중에 다음과 같은 글이 있다.

로키 산맥 해발 3천 미터 높이에 수목 한계선인 지대가 있습니다. 이 지대의 나무들은 매서운 바람으로 인해 곧게 자라지 못하고 무릎을 꿇고 있는 모습을 한 채 있어야 합니다. 이 나무들은 열악한 조건이지만 생존을 위해 무서운 인내를 발휘하며 지냅니다. 그런데 세계적으로 가장 공명이 잘되는 명품 바이올린은 바로 이 '무릎을 꿇고 있는 나무'로 만든다고 합니다. 아름다운 영혼을 갖고 인생의 절묘한 선율을 내는 사람은 아무런 고난 없이 좋은 조건에서 살아온 사람이 아니라 온갖 역경과 아픔을 겪어온 사람입니다.

남강의 제자인 김기석은 《南岡 李昇薰》을 통해서 남강은 명군현주도 아니고 고위관직을 가진 일도 없고 유명한 학설을 남긴 학자도 아니고 무공을 세운 군 지휘관도 아니었다고 하면서, 가난한 가정에 태어나 온갖 역경을 맛보면서 한때는 사업으로 성공도 했으나, '그의 일생을 지배한 것은 겸허하고 맑은 서민 정신이었다'고 하였다. 이 정신이 그로 하여금 백성을 사랑하게 했고, 이 사랑이 그를 개화와 독립운동에 헌신하게 하여 불멸의 상(像)을 역사에 남기게 했다는 것이다.

그는 거침 없는 성격의 소유자였으나 그의 인격과 지조와 열정과 천재적 직관은 많은 사람들에게 큰 감동을 주었다. 그는 "백성한 사람 한 사람이 덕스럽고 밝고 힘 있는 백성이 되어야 나라가 흥한다"고 강조했다.

오늘 가치관이 혼란스럽고 몰역사적인 시대에 우리는 그의 기독교 신앙에 근거한 나라 사랑의 길을 다시 구현시켜야 할 것이다. 이것이 오늘의 또 하나의 성령운동이기 때문이다.

2. 남강이 교육사업으로 생을 전환하기까지(1864~1907년)

2-1. 자기 성실에 뿌리박은 삶

이승훈은 1864년 평북 정주(定州)에서 출생했다. 본명은 인환(寅煥), 아명은 승일(昇日), 남강은 그의 호이다. 매우 가난한 집안에 태어난 그는 태어난 지 8개월 만에 모친을 잃었기 때문에 할머니의 손에서 자랐다. 어린 남강은 유서 깊은 가문의 출신이고 천성이 영민하여, 세상 물정을 많이 알고 계셨던 할머니와 함께 먹고 자고 그의 등에 업혀 다니면서 많은 것을 듣고 보게 되었다. 《콩쥐팥쥐》, 《장화홍련》, 《사씨남정기》, 《홍경래 난》 같은 이야기를 그는 할머니에게서 들었다. 할머니는 난을 일으키는 것은 백성 된 도리가 아니지만, 그러나 통치자가 백성을 못살게 굴고 백성을 돌보지 않는 것은 더 나쁜 일이라고 어린 손자에게 가르쳤다. 남강이 배워야 한다는 것, 큰 사람이 되어야 한다는 것, 몸가짐과 말과 행동은 항상 정도를 따라야 한다는 것을 강조하고 스스로 그렇게 산 것은 모두 할머니의 영향이었다.

그가 6세 되었을 때, 아버지 이석주(李碩柱)는 두 아들 승모(昇模)와 승일을 데리고 정주에서 유기 제조업의 중심지인 납청정(納淸亭)으로 이거하여, 돈을 벌면서 아들들에게 공부를 할 수 있게 했다. 승일은 서당에서 한학을 공부하면서 과거에 급제하여 훌륭한 집안을 만들겠다는 꿈을 꾸고 열심히 공부를 했으나, 10세 때 아버지가 세상을 떠나자 공부를 포기할 수밖에 없었다.

1874년 승일은 동네 유기상의 사환으로 들어가 신임을 얻어 수금원이 되었다. 15세 때 결혼을 하였고, 자립 생활을 모색하다가 황해도 일대를 무대로 유기 행상을 시작하였다. 이때 그는 소위 임오군란과 갑신정변 등의 이야기를 들으면서 세상이 급변해 간다는 것을 짐작하게 되었다. 1887년 24세 때 유기 행상을 중단하고 납청정으로 돌아와 개인 점포를 개설하여 본격적인 상업 활동을 시작하였으며, 1901년에는 무역 사업에도 진출하여 큰돈을 벌었다. 한때는 장사를 하려면 남강의 손을 거쳐야 한다는 소문까지 퍼질 정도였다.

그러나 1904년 러일전쟁이 일어났을 때 전쟁을 통하여 큰돈을 벌려고 계획했던 것이 실패하여 모은 돈을 다 잃고 1906년 사업에서 은퇴하고 용동(龍洞)에 돌아와서 다시 경서와 역사에 관한 글을 읽으면서 시국의 변이를 지켜보기로 하였다. 그가 율곡의 사상을 접한 것도 이때였다.

2-2. 오산학교 설립과 기독교 입교

남강은 67세(1930년)에 세상을 떠났지만, 그의 일생은 한국 근대사에 있어서 외침에 의한 민족의 비운, 비극, 고난과 고통의 파도 높은 격동기와 병행했다. 이 시기에 살던 뜻 있는 사람은 민족의 미래를 염려하지 않을 수가 없었다. 남강도 예외가 아니었다. 그러나 그것을 행동으로 옮기기 위해서는 결정적인 어떤 계기가 있어야 한다.

1907년은 남강의 생애에 있어서 민족 역사에 남강의 산맥을 이루는 대전환의 해가 되었다. 1907년은 한국 교회사에 있어서는 성령의 대각성운동이 일어났던 해였고, 민족 역사에 있어서는 1905년 을사조약이 체결된 후 1907년에는 정미7조약이 체결되면서 국운은 풍전등화와 같던 때였고, 헤이그 밀사 사건, 고종의 양위가 있었다.

　남강은 〈대한매일신보〉를 통해 용동에서 기울어 가는 국운의 소식을 전해 듣고 그대로 있을 수가 없어서 평양으로 나왔다. 여기서 그는 독립협회에 가담한 청년으로서 미국에서 돌아온 도산 안창호의 연설을 듣게 되었다. 도산은 세계 정세를 소개하면서, 일본의 침략을 막고 조국을 지키기 위해서는 구습을 벗어버리고 새로운 정신으로 힘을 길러야 하며, 온 국민이 한마음으로 뭉치고 새사람이 되어야 한다고 역설하였다. 안창호의 연설에 감동된 이승훈은 그의 성격대로 곧 머리를 깎고 술과 담배를 끊기로 결심하면서 안창호와 함께 행동할 것을 결심하였다.

　그 첫째 운동이 교육을 통한 민족 개화운동을 하는 것이었다. 고향에 돌아온 이승훈은 그해 7월에 서숙을 중축하여 강명의숙(講明義塾)이라는 소학교를 세웠고, 8월에는 다시 재단을 만들어 정주에 오산학교(五山學校)를 건립하는 한편, 신민회(新民會)에도 가입하였고 평양에 자기회사(磁器會社)도 설립하여 숙련공 양성에도 힘썼다. 이것이 1907~1911년 그의 민족 개화운동의 방향이었다.

　그는 첫째로 독립협회의 정신에서 연합된 새로운 지도 세력을 형성하려고 했고, 둘째로 교육기관을 세워야 하며, 셋째로 언론기관을 통하여 민중을 깨우쳐야 하고, 넷째로 재산을 가진 사람들은 공장과 회사를 세워 외국인으로부터 상권을 지켜야 하며, 다섯째로 민족 진영과 사회주의자들이 공동 전선을 펴서 침략자를 막아야 하고, 마지막으로 교육, 언론, 그리고 상업은 하나가 되어 민족의 광복을 위해 투쟁해야 한다고 하였다.

남강이 오산학교를 세운 가장 우선적인 목적은, 신민회 정신으로 민족운동의 인재를 양성하려는 것이었다. 남강은 1년 뒤에 설립된 도산의 대성학교(大成學校)와 함께 백성들로 하여금 깨어 일어나게 하는 데 뜻을 같이하였다. 많은 지도자들이 해외로 망명을 했지만 남강은 끝까지 조국에 남아 오산학교의 설립 목적을 이루는 데 최선을 다하였다. 오산학교는 한국전쟁 당시 부산에서 1953년에 오산고등학교로 재건되었고, 1956년에 서울 용산구 보광동으로 이전하였다.

　이승훈이 예수를 믿게 된 것은 1910년 한석진 목사의 평양 산정현교회 특별집회에 참석한 것이 계기가 되었다. "십자가의 고난"이라는 제목하에 애굽에서의 이스라엘 백성의 고난, 모세의 인도에 의한 출애굽 사건, 예수의 탄생과 그의 가르침, 그리고 우리를 죄에서 구원하기 위해서 십자가에서 죽었다는 것이 설교의 요지였다. 이승훈은 집회에 참석한 사람들이 부르는 찬송가와 그들이 드리는 기도에서 마음이 한없이 밝아지는 것을 느꼈다. 집회 참석자들이 돌아가면서 성경을 읽었을 때, 이승훈의 차례가 되어 읽은 성경 구절은 "수고하고 무거운 짐 진 자들아 다 내게로 오라 내가 너희를 쉬게 하리라"(마 11:28)였다.

　안창호는 이승훈에게 교육과 산업의 필요성은 강조했으나, 예수를 믿으라는 말은 하지 않았던 것 같다. 그리하여 이승훈이 오산학교를 시작했을 때도 서민 정신의 민족 개화와 독립을 위한 교육철학이 있었을 뿐 확고한 신앙이 그 바탕이 되지는 않았었다. 그러나 평양 집회에 참석하고 돌아온 이승훈은 오산학교를 신앙이 중심이 되는 학교로 개혁하였다. 학교의 분위기는 교회처럼 바뀌어 갔다. 불타오르는 신앙심과 경건한 학교 생활은 기독교 정신의 교육 지침의 구현이었다. 남강은 선교사 나부열(羅富悅)을 교장으로 추천하였다.

다석 유영모, 씨알 함석헌 등이 성경을 가르쳤으며, 단재 신채호, 벽초 홍명희, 다석 유영모, 고당 조만식, 춘원 이광수 등이 교사로 봉사했다. 주기철 목사, 한경직 목사, 화가 이중섭, 교육가 김기홍, 주기용, 시인 김소월, 김억, 의사 백인제 등이 모두 오산학교 출신들이다. 오산학교는 교육의 불길과 신앙의 불길이 함께 타오르게 되었다. 학생들이 즐겨 부르던 찬송가는 "이 몸의 소망 무엔가"(539장)와 "하나님의 진리 등대"(276장)이었다.

3. 독립운동과 신앙적 헌신의 삶(1907~1930년)

3-1. 첫 체포와 제주도 유배

1910년 강압에 의해서 한일합병이 되자 도산을 비롯하여 많은 민족 지도자들이 해외로 망명하였으나, 총독부는 국내에서 기독교와 신민회 운동의 근거지가 되고 있는 관서지방의 민족주의 운동을 말살시키려고 계획하였다. 이 계획이 실현되어 일어난 것이 안악(安岳) 사건과 105인 사건이다.

이승훈이 처음 체포된 것은 안악 사건의 중심 인물인 안명근과 관련되어 있다. 천주교 신자인 안명근은 안중근의 종제(從弟)로, 한일합병 후 서간도에 무관학교를 설립할 계획으로 황해도 부호들에게서 자금을 염출하다가 1910년에 체포되었다. 석방된 후에는 선천역에서 데라우치 총독 암살을 계획하고 거사하려다 다시 체포되어 무기징역을 선고받고 복역 중 10년 만에 출옥한 사람이다. 그는 이승훈, 김구 등과 교감을 나누고 있었다.

이승훈은 1911년 서울로 오던 중 일경의 검문을 받게 되었는데, 그의 수첩에서 안명근의 명함이 발견되었다. 이 일로 인해서 이승훈은 서울 경무총감부 유치장에 수감되었다. 여기에는 이미 김구를 비롯하여 많은 사람들이 구금되어 있었다. 이들은 소위 '학춤'과 '북성내'라는 고문을 받았다. 남강은 유치장에서도 단정한 몸가짐과 미래 조국에 대한 계획으로 나날을 보냈다. 이와 같은 그의 삶 밑바닥에는 믿음이 있었다. 같은 방에 구금되어 있던 김용제(金庸濟)에 의하면 남강은 깊은 밤에 혼자 일어나 기도하는 경우가 많았다고 한다. 1910년 예수를 믿게 된 그는 옥고를 통하여 믿음이 깊어지게 된 것이다.

남강은 1911년에 제주도로 유배되었다. 제주교회 김 장로의 알선으로 교회 옆 작은 숙사에 유숙하게 된 남강은 낮에는 가난한 사람들을 돕는 일, 밤에는 성경 읽기와 기도하는 일로 소일하였다. 제주도에서 그가 즐겨 부른 찬송가는 "환난과 핍박 중에도"(383장)였다. 남강이 제주도에 유배되어 있다는 소식이 전해지면서 특히 교육사업과 개화운동에 뜻을 둔 사람들이 그를 찾아왔다. 남강은 조국이 처해 있는 비극적인 현실을 전해 주면서, 민족이 다시 독립할 수 있는 길은 백성들이 깨어나 교육과 산업으로 민족의 힘을 모으는 길밖에 없다고 강조하였다.

3-2. 105인 사건과 남강

　남강이 제주도에 유배된 같은 해 9월에 본토에서 소위 105인 사건이 일어났다. 제주도 경찰서는 서울 경무총감부의 지시에 따라서 남강을 이 사건의 주모자로 체포하여 서울로 압송하였다. 서울 총감부 구치소에 수감된 남강은 방 청소를 도맡아 하면서 "걸레 치는 마음으로 잊지 말고 겨레를 위해서 일하겠다"고 다짐했다. 남강은 심한 고문으로 몸에 성한 곳이 없었지만 같은 방에 수감된 동지들을 위로 격려하는 일, 기도하고 성경 읽는 일을 쉬지 않고 계속하였다. 1912년 경성지방법원의 공판에서 이승훈은 윤치호, 양기탁, 안태국, 임치정, 유동열 등과 함께 10년 형을 선고받았다.

　이 판결이 부당하다고 상소를 했으나 결국 대구복심법원이 경성지방법원의 판결이 정당했다고 판결하여 남강을 비롯하여 유죄 선고를 받은 이들은 대구 감옥에서 복역하다가 그 이듬해 경성 감옥으로 이송되었다. 남강은 감옥에서도 모든 규칙을 철저히 지키는 모범수로 유명하였다. 1912년부터 가출옥한 1915년까지는 남강에게 더없는 신앙의 수련기였다. 남강이 도산을 통하여 민족운동에 대한 신념이 굳어졌다면, 감옥은 그에게 새로운 혼을 탄생시킨 곳이었다. 그는 하나님이 그리스도의 은혜를 확신시키기 위해서 자기를 감옥에 가두어 두셨다고 술회하였다.

　그는 1915년 2월에 출옥했는데, 이것과 관련된 꿈 이야기가 전해지고 있다. 1914년 말에 그는 동쪽 하늘에서 한가운데에 한 일(一) 자가 뚜렷하게 보이는 둥근 달이 올라오는 꿈을 꾸었다. 그는

1월 1일에 석방될 징조라고 생각했으나 새해 첫날에 아무 일도 일어나지 않았다. 그러나 음력 정월 초하루가 되자 105인 사건으로 투옥된 여섯 명이 출옥하게 되었다. 그의 꿈이 현실이 된 것이다.

5년 만에 감옥에서 풀려나온 남강은 곧바로 학교로 돌아왔다. 감옥에서 연단된 신앙과 민족에 대한 사랑은 그를 더욱 불태웠고, 민족을 위한 헌신의 길이 곧 자기가 갈 길임을 굳게 믿게 되었다. "사나 죽으나 주의 것"(롬 14:8), "지금 사는 것은 내가 아니요 그리스도가 내 안에서 산다"(갈 2:20)고 바울이 말했다면, 남강 속에는 신앙에 의한 민족 사랑과 헌신이 살고 있었다고 할 것이다. 그는 동상 제막식의 인사에서 "나는 하나님을 믿는 것을 가장 큰 영광으로 생각한다. 내가 후진이나 동포를 위해서 한 일이 있다면 그것은 내가 한 것이 아니고 하나님이 나를 그렇게 시키신 것이다"라고 했다.

1915년 2월에 남강은 정기정 목사로부터 세례를 받고 감격하여 '보은신복헌신외'(報恩新僕獻身外)라는 구절로 자신의 믿음을 맹세하고 52세의 나이에 평양신학교에 입학하였다. 그러나 오산학교 일로 신학교 공부를 마치지 못하고 그 이듬해 학교로 돌아와서 장로가 되었다. 이때 그는 함태영을 만나게 되었다.

3-3. 3·1운동과 교육가 남강

1915년 출옥한 후 1919년 3·1운동이 일어나기까지 이 기간 남강은 주로 학교에 있으면서 비교적 무사한 날들을 보내고 있었으나, 민족을 위해 목숨 바치며 헌신할 일이 없음을 한탄하고 있었다.

이러한 그에게 기미년 독립만세 운동의 소식은 바로 복음이었다.

1918년 12월에 오산학교 출신으로 동경에 유학하다가 비밀리 귀국한 서춘을 통하여 세계 정세를 들은 남강은, 새 시대가 동터 올 것을 직감하고 그날 밤에 용동 자기 집에 조만식을 비롯한 동지들을 모아 서춘의 이야기를 전하였다. 이 일로 시작된 남강의 독립운동 계획은 무르익어 1919년 2월, 그의 일생에서 가장 바쁜 달이 되었다. 1919년 2월 10일 서천 남예배당에서 모인 노회에 참석한 남강은 서울의 최남선으로부터 연락을 받고 그날 밤으로 서천을 떠나 서울에서 송진우를 만나 뜻을 같이하기로 하고, 다시 서천으로 돌아와 양전백 목사를 비롯하여 노회에 참석한 여러 사람들을 만났다. 남강은 다시 13일에 평양으로 가서 길선주 목사 등을 만났다. 그들이 종교인이라는 이유로 독립운동에 참여하는 것을 주저하자, 남강은 "나라 없는 놈이 어떻게 천당에 가? 이 백성이 모두 지옥에 있는데 당신들만 천당에서 내려다보면서 거기 앉아 있을 수 있어?" 하고 불같이 성을 내자 그들이 동참할 것을 약속하였다. 16일 남강은 다시 서울로 와서 전부터 교제가 있던 함태영과 이갑성을 만나 뜻을 같이하기로 하였다. 이 기간 남강은 서천, 서울, 평양 등을 다니면서 동지들을 규합했고 3·1독립운동 준비에 여념이 없었다.

2월 27일 기독교 측의 최종 모임에서 최남선이 작성한 독립선언서를 검토한 후 모두 동의를 하였다. 그런데 이 선언서에 서명할 순서를 놓고 다툼이 벌어졌다. 이때 남강이 "이거 무슨 짓들이냐? 죽을 줄 알고 한 게 아니냐. 목숨을 따로 두고 독립운동을 하기로 한 것이냐? 이 순서가 무슨 순서야? 이거 죽는 순서야, 죽는 순서. 누굴 먼저 쓰면 어때. 손병희를 먼저 써"라고 하여 다툼을 종식시켰다.

이렇게 하여 조선민족대표 33인의 이름으로 1919년 3월 1일에 '독립선언서'가 발표되게 된 것이다. 이것은 이승훈의 불 같은 열정, 냉철한 판단력, 죽음을 각오한 용기, 그의 포용력이 없었다면 불가능했을지도 모를 일이었다.

3·1운동은 남강이 짊어져야 할 또 하나의 십자가였을 것이다. 출옥한 지 5년 7개월 만에 남강은 다시 옥중생활을 해야 했다. 그러나 옥중생활은 그에게 기도를 드리고 성경을 읽게 하는 경건한 일과를 가르쳤다. 그의 기도는 자기와 가족을 위한 기도가 아니라 민족을 위한 기도였으며, 구약성경에서는 이스라엘 백성의 출애굽 사건의 내용과 예언서들을 주로 읽었으며, 신약성경에서는 예수 그리스도의 선교적 삶과 고난, 그리고 십자가에서의 죽음의 내용을 반복하여 읽었다. 이 영적 양식으로 남강은 9년이 넘는 옥고 속에서도 좌절하거나 절망하지 않고 '그날'에 대한 희망을 가지고 살 수가 있었을 것이다.

1922년 7월에 출옥한 이승훈은 곧바로 오산학교로 돌아와 일본 경찰에 의해서 불타 버린 학교 재건에 몰두하였다. 그리고 같은 해 12월에 일본 시찰을 다녀왔고, 1924년에는 동아일보 사장에 추대되었다. 그러나 그는 교육가였다. 자나깨나 오산학교의 발전과 민족교육의 이상을 잠시도 버리지 않았다. 그는 오산을 중심으로 대이상향을 꿈꾸고 있었다. 그리하여 유치원에서 대학에 이르는 체계적인 교육기관과 주변에 농장과 공장을 세워 산학협동의 이상 도시를 건설하려고 했다. 그가 1923년에 월남 이상재(月南 李商在)와 함께 조선교육협회를 이끌면서 민립대학(民立大學) 기성회를 추진한 것은 그의 교육 이상을 구현하려는 것이었다.

4. 맺는 말(그의 죽음이 남긴 교훈)

1928년부터 오산학교 동문들이 은사의 정신을 기념하기 위해 추진한 남강의 동상 제막식이 1930년 5월 3일 오산학교 교정에서 있었다. 안재홍, 최두선 등 많은 민족 지도자들이 서울에서 참석했으며, 제막식 마지막에 축가 대신에 동문회가가 불렸다. "세상을 밝힐 샘물 한 줄기, 다섯 뫼 동산에 흘러나네. 이 물을 마시러 모인 우리, 사랑의 참바로 얽혔도다." 이 동상은 남강이 철저한 조선 사람이라는 것, 민족 고난의 십자가를 한 몸에 졌다는 것, 그리고 믿음과 헌신의 정신으로 살았다는 것을 나타내고 있었다.

그러나 1942년 일경은 태평양 전쟁의 전쟁 물자로 쓴다고 이 동상을 헐어 가져갔고, 그의 비문까지 지워 버렸다. 남강 이승훈이 남긴 민족정신을 근절시키려 한 것이었다. 해방이 되던 해, 사람들은 일경이 땅 속에 묻어 버린 비석을 다시 파내어 제자리에 세웠으며, 해방을 알리는 예배를 드렸다. 글자 없는 묘비 옆에는 감옥에서 나온 안창호가 심은 소나무가 이 사실을 증언하고 있다.

1930년 5월 3일 동상 제막식이 끝난 다음 며칠 후인 5월 9일에 남강은 67세를 일기로 세상을 떠났다. 월남 이상재가 세상을 떠난

지 3년 만에 또 한 사람의 민족 지도자를 잃게 된 많은 사람들은 장의를 사회장으로 하기로 결정하였다. 며칠 전 남강 동상 제막식에 참여했던 민족 지도자들이 오늘은 그의 장례식에 참석하게 된 것이다. 이 장례식에서 조만식은 조사를 통해 "남강은 그 죽은 뼈다귀까지 민족에 바쳤다"고 하였다. 이것은 남강 이승훈이 임종할 때 자기 뼈를 학교에 바친다는 유언을 상기시킨 말이었다. 그의 유해는 유언대로 생리학 연구용 표본으로 만들려고 했으나 일경의 제지로 뜻을 이루지 못하였다.

  1974년 10월 3일, 서울 어린이 대공원에 그의 동상이 세워졌다. 이 동상은 후손들에게 민족 근대화의 선구자, 민족 자주의식의 구현자, 인격과 지식을 겸비한 교육자의 상(像)을 보여 주고 있다.

  우리는 남강의 삶에서 돈을 벌되 어떻게 써야 하는지를 알게 되며, 신앙은 민족의 역사 속에서 살아 있어야 한다는 교훈을 배우게 된다. 남강에게 성령은 그렇게 역사하셨다.

―주재용(한신대 전 총장)

한국의 예레미야
김치선 목사

고등학교 시절과 대학교 시절, 나에게 깊은 신앙의 감화를 준 신앙의 선배는 김치선 목사님이었습니다. 나는 고등학교 시절과 대학교 시절에 김치선 목사님이 시무하시던 서울 창동교회(후에 대창교회와 한양교회로 개명)에 다니며 김 목사님으로부터 많은 신앙의 감화를 받았습니다. 김 목사님은 설교할 때마다 회개를 촉구하며 우셨고, 2만 8천여 동네마다 우물을 파게 해달라고 간절히 기도하시곤 했습니다. 새벽기도회 때마다 "성령이여 강림하사 나를 감화하시고 애통하고 회개할 맘 충만하게 합소서"를 거듭거듭 부르시면서 회개와 성령 충만의 은혜를 간절히 사모하시곤 했습니다. 사실

한국 교회의 아버지라고 할 수 있는 길선주 목사님도 집회 때마다 "성령이여 강림하사……" 찬송을 부르시곤 했다고 합니다. 나는 김치선 목사님이 인도하시는 부흥회와 산상기도회도 쫓아 다니며 은혜를 사모하곤 했는데 삼각산, 관악산, 대구의 주암산까지 간 적이 있었습니다. 회개와 성령 충만의 은혜를 사모하시던 김 목사님의 간절한 마음은 나에게 한평생 깊고 오랜 영향을 미쳤다고 말할 수 있습니다. 나는 지금도 김치선 목사님을 사랑하고 존경합니다.

이제 김치선 목사의 삶과 사역을 기술해 봅니다. 실은 안양대의 이은선 교수가 2006년 10월 한국복음주의협의회 월례 모임에서 발표한 "김치선 목사의 회개론"을 중심으로, 아니 그 발표문을 거의 그대로 요약하면서 김치선 목사의 삶과 사역을 기술해 보려고 합니다. 김치선 목사는 한국의 예레미야라고 불릴 정도로 한국 교회와 민족의 죄에 대하여 뜨겁게 회개하며 민족의 부흥을 위하여 일생을 바쳤던 인물입니다. 1950년대 한국 교회의 부흥을 위하여 다양한 활동을 하면서 총신대학교의 전신인 장로회신학대학에서 구약학 교수로 구약을 가르쳤고, 대한신학교(현재 안양대학교)를 설립하여 신학생들을 육성하여 전국 2만 8천여 동네에 가서 우물을 파라고 외쳤던 교육자이자 부흥사였습니다.

김치선은 1899년 함경도 흥남읍 서호리에서 태어났습니다

그가 태어날 당시 그의 집안이 유복하여 어릴 때 서당에 다니며 한문을 배웠으며, 서당의 훈장이자 기독교 신앙을 받아들여 영수가 되었던 김응보의 영향으로 기독교 신앙에 입문하였습니다. 그러나 얼마 못 가서 집안이 몰락하여 화전민으로 생계를 유지하게 되었을 때 김응보 영수가 부친을 설득하여, 김치선을 함흥에 파송된 캐나다 선교사인 영재영(Lither Lisger Young) 선교사에게 소개해 그의 양아들로 삼게 하였습니다.

김치선은 영재영 선교사가 설립한 영생중 · 고등학교를 다녔는데, 3 · 1운동이 일어났을 때 학교의 대표로 참여하였다가 체포되어 서대문형무소에서 1년간 옥살이를 하였습니다. 그가 형무소에서 보낸 1년은 하나님의 소명을 깨닫고 목회자로서 자신의 생을 불태우기로 결심한 가장 소중한 시기였습니다. 옥고를 치른 후에 영생중 · 고등학교에 재학하던 중에 영재영 선교사가 시무하던 신창리교회에 화재가 발생하였는데, 새벽에 홀로 기도하고 있던 김치선은 타오르는 불길 속으로 들어가 실신한 양아버지인 영재영 선교사를 구출하였습니다. 이 사건으로 인해 영재영 선교사는 김치선을 자신의 친자식같이 사랑하며 공부할 수 있는 길을 열어 주는 후원자가 되었습니다.

김치선은 1922년 영생중 · 고등학교를 졸업한 후에 연희전문학교 문과에 들어가 1927년 3월에 졸업하고 평양신학교에 입학하였습니다. 그런데 보수적인 신앙을 가진 영재영 선교사가 1928년 일본으로 가게 되자 김치선도 평양신학교를 중퇴하고 그를 따라 일본으로 건너가 신호중앙신학교(현 개혁파 신학교)에 입학하였습니다. 김치선은 30세에 신학교를 졸업하고 목사 안수를 받으면서 영재영 선교사의 도움을 받아, 한국인들에게 복음을 전하여 와가야

마에 조그만 개척 교회를 시작하였습니다. 그 후 영재영 선교사는 그를 미국으로 유학을 보내어 주었고 김치선은 1933년 웨스트민스터 신학교에서 석사 과정을 마치고, 1935년 댈러스 신학교에서 모세오경의 영감론을 연구함으로 신학박사 학위를 받았습니다.

그는 조선으로 귀국하였으나 사역지를 찾지 못하고 있을 때, 영재영 선교사의 초청으로 다시 일본으로 건너가 신호중앙교회를 설립하여 목회를 하였고, 1939년에는 동경 신숙중앙교회에서 사역하였습니다. 그는 여기서 한국어로 설교하지 말라는 일본 정부의 명령을 어기고 한국어로 설교하다가 체포되어 여러 달 옥고를 치렀습니다. 출옥 후에 시골의 작은 메구로교회에서 목회를 하다가 1944년 귀국하여 남대문교회를 담임하게 되었습니다. 일본이 미국의 공격을 받아 패색이 짙어지던 상황에서 김치선 목사는 이제부터는 살든지 죽든지 조국에 돌아가 복음을 전해야 한다는 생각과 조국에서 민족의 해방을 맞아야 한다는 간절한 소망으로 귀국하였던 것입니다. 그는 일제의 심한 감시하에서도 새벽기도를 계속하면서 민족을 위하여 한없이 울었습니다.

김치선 목사는 300만 구령운동을 일으켰습니다

김치선 목사는 해방 후 한국을 진정한 제사장 나라로 건설하려면 이 백성이 예수를 믿어서 변화되어야 한다고 생각하였습니다. 그래서 먼저 3천만 민족의 10분의 1인 300만 명이 하나님을 믿게 해달라고 기도하면서, 믿는 우리가 먼저 남한의 2만 8천여 동네에 가서 우물을 파야만 이 민족의 살길이 있다고 부르짖었고, 우물을 파기 위해서는 300명의 기드온 기도 특공대가 필요하다고 하였습니다. 이것이 '300만 구령운동'의 시발이며, 그는 이 운동을 조직적으로 전개하기 위하여 '300만 부흥전도회'를 결성하였습니다. 그는 1946년에는 회장에 취임하여 70인의 전도 목사들을 전국에 파송하는 중요한 사역을 시작하였는데, 그 당시 유명한 부흥강사였던 이성봉 목사, 박재봉 목사, 손양원 목사 등도 전도팀에 가담했습니다. 한편 그는 300만 부흥운동을 극대화하기 위하여 기관지로 〈부흥〉지를 창간하여 민족각성운동과 구령운동에 필요한 자료와 논문을 게재하였습니다. 그는 미국의 1857~1859년의 정오기도회와 평양 대부흥운동 시의 선교사들의 정오기도회를 이어받아 한국 교회의 부흥을 위하여 정오기도회를 조직하였습니다. 그는 한국 교회의 부흥은 오직 성령을 받아야 하고 참된 부흥이 수반될 때 가능하다고 보았습니다.

김치선 목사는 기드온 300용사를 선발하여 민족 복음화를 이루면서 해방된 조국을 민주국가로 건설하기 위해서는 기독교 인재를 양성하기 위한 신학교가 필요하다고 역설하였고, 그러한 소원이 결실을 맺어 1948년 8월에 남대문교회에서 야간 신학교를 개설하였습니다. 이 학교의 설립 목적은 북에서 내려와 주경야독해야 할 사람들을 민족 복음화의 중심에 세우기 위한 것이었습니다. 1949년 1월에 교사를 서소문으로 이전하면서 교장직을 맡았고, 1950년 1월에 '대한신학교'로 개명하였으며, 1951년에는 장로회총회신학교 구약학 교수로 임명되었습니다. 그는 남대문교회에서 시무하다

6 · 25 한국전쟁 이후에 사임하였는데, 1954년에 남창동에 창동교회를 세우고 목회를 하면서 관악산에 벧엘기도원을 세웠습니다. 1956년에 창동교회를 한양교회로 개명하고, 대한신학교와 함께 남산 중턱으로 옮겼으나 화재가 발생하여 모두 불타게 되었습니다. 그 후 장로교 총회가 대한신학교를 인정해 주지 않자, 1961년 6월에 ICCC의 칼 맥킨타이어 박사와 손을 잡고 '성경장로회'를 창립하였으며, ICCC의 기증으로 용산구 서계동에 교사를 마련하여 대한신학교를 재건하였습니다. 김치선 목사는 대한신학교 발전을 위해 노력하다가 1968년 2월에 하나님의 부름을 받았습니다.

김치선 목사는 한국의 예레미야로 회개운동을 일으켰습니다

김치선 목사가 한국의 예레미야라고 불리는 것은, 예레미야가 우상숭배의 죄를 지어 망해 가던 유다 왕조를 위해 눈물로 하나님의 말씀을 전하며 자신의 민족을 위해 기도했던 것과 같이 한국 민족을 위해 눈물로 기도하며 복음을 전파하려고 노력한 데에 연유한 것으로 보입니다. 김치선 목사는 강의 시간에도 늘 눈물로 강의하였고, 한국 교회의 부흥을 위하여 그의 일생을 바쳤다고 해도 과언이 아닙니다. 김치선 목사의 회개론은 그의 구약개론을 비롯한 그의 강의와 유고 형태로 남아 있는 140여 편의 설교들에 잘 나타나 있습니다. 김치선 목사는 해방된 조국에서 우리 민족의 고난의 원인을 하나님 앞에서의 우상숭배라고 생각하여 회개운동을 전개하였습니다. 김치선 목사는 이스라엘 민족의 상태를 소개하면서, 미가의 가정이 이스라엘 전 민족의 가정을 대표하는 것으로 보았습니다. 미가와 그의 어머니의 우상숭배 행위를 통해서 그 당시의 종교적 형편을 알 수 있는데, 이스라엘 백성이 거의 다 하나님을 버리고 저들의 소견대로 행동하였다는 것이었습니다. 이런 현상은 급기야 이스라엘 백성과 베냐민 지파 사이의 골육상쟁을 가져왔다고 지적했습니다. 김치선 목사는 이스라엘 백성 간의 골육상쟁을 우상숭배의 죄악에 대한 하나님의 무서운 심판으로 결론을 지으면서, 한국의 6·25 민족상잔도 같은 맥락에서 보고자 했습니다. 김치선 목사는 '예레미야 강해'에서 예레미야를 '유명한 선지자로, 민족을 위하여 눈물로써 호소한 거룩한 하나님의 종'으로 묘사했습니다. 그는 선지자의 소명에 대하여 하나님의 권세를 잡은 대리자라고 설명하며, 그는 뽑을 수도 있고 파괴할 수도 있다고 했습니다. 6·25 후를 보면 자연과 시가지뿐만 아니라 인생까지 멸망케 한 것을 볼 수 있다고 하며, 이것이 죄악의 값인 것을 우리는 반드시 알아야 한다고 경고했습니다.

김치선 목사는 한 설교 가운데서 회개에 대하여 다음과 같이 정의했습니다.

"하나님은 우리를 향하사 돌아오라는 요구뿐인 것을 알아야 한다. '너희가 나에게 돌아오지 아니하였느니라.' 우리는 회개하는 것이 하나님께 돌아가는 것인 것을 알아야 한다. 과거 우리의 모든 죄악을 하나님께 회개하는 것이 있을 뿐인데, 이것은 다만 우리의 믿음인 것을 알아야 한다. 우리는 과거의 우리의 모든 부족한 것을 주님께 내어 놓고 주님만 의지하면 이것이 하나님께 돌아가는 것이다. 성도여 우리는 이제 우리의 모든 부족한 것을 주님께 직고하자. 이것만이 우리의 할 일이다. 회개는 우리의 잘못된 것을 내려놓고 주님께로 돌아가서 모든 죄를 용서받는 것이다"("하나님의 자비" 암 9:11~15, 1962. 6).

김치선 목사는 설교 시간에 자신의 죄를 공개적으로 지적하고 용서를 구하기도 했습니다. 김치선 목사는 설교할 때 자신의 신사참배의 경력을 인정하며 그 죄에 대한 용서를 구했습니다. 1952년에 대구중앙교회에서 했던 "전쟁 중의 부흥"이란 제목의 설교에서 이방 신들과 우상들을 제하여 버리지 않으면 부흥할 수 없다는 것을 지적하면서 자신의 우상숭배의 죄를 회개했습니다.

"오늘 여러분, 나부터 더러운 일본 우상에게 절하던 자입니다. 그러니 어찌 이 나라가 부흥할 수 있겠습니까. 우리는 먼저 이 더러운 것부터 다 제하여 버려야 하겠나이다."

그는 또한 1961년에 했던 한 설교에서도 자신의 신사참배의 죄를 다음과 같이 고백했습니다.

"이것을 생각하면 우리 하나님 아버지께서 내가 아버지를 생각지 않고 미소기바라이에게 참배할 때 그 마음이 얼마나 아프셨겠나이까? 생각할 때 참 마음이 괴롭습니다. 나는 부모에게 불효막대한 죄인인데, 하나님 아버지께 대한 불효의 죄는 태산보다 더하리라. 여러분, 나는 아버지 하나님을 이렇게 아프게 하고 나를 위하여 십자가에서 말로 할 수 없는 고난받으신 주님의 마음을 아프게 한, 다시 죽어도 마땅한 이 죄인을 사랑하시니 그 감사는 말로 다할 수 없습니다."

그는 다시 "고멜을 보라"는 설교에서 다음과 같이 신사참배의 죄를 고백했습니다.

"크리스천지에서 미소기바라이에게 신사참배한 자가 교회를 설립한다고 욕한 기사가 쓰였는데, 그 기사를 보고 퍽이나 고민하다가 문득 깨달은 것은, 나는 고멜이구나 하는 생각이었습니다. 나도 고멜과 같이 내 남편 주님을 버리고 일본 신사에 가서 그것들과 음행을 범하였습니다. 해방 후 회개운동이 내가 돕던 남대문교회에 일어나 회개 금식기도회를 할 때, 내가 깨달은 것은 나의 남편 주님을 버리고 일본 귀신 아마테라스 오미가미를 섬겼으니 이는 고멜과 같이 음녀라는 것입니다."

김치선 목사는 자신이 주일을 거룩하게 지키지 못한 죄를 회개했고, 자신이 사사로서 가정을 다스리는 파수꾼의 사명을 다하지 못한 죄를 회개했으며, 자신이 부모에게 효도하지 못한 것도 회개했습니다. 이와 같이 김치선 목사는 다른 사람들에게 회개하기 전에 자신이 잘못된 것이라고 생각되는 것을 설교 시간에 공개적으로 말하면서 자신의 죄부터 철저하게 회개하는 모습을 보여 주었습니다.

김치선 목사는 교회와 민족의 죄도 회개했습니다. 그는 해방 후의 교회들이 민족의 양심이 되고 민족의 상처를 싸매 주는 선한 사마리아인이 되어야 하는데 그렇지 못한 문제점들을, 그 죄를 회개했습니다. 서로 감투를 쓰겠다는 생각과 대립에서 발생하는 시기의 질투의 죄를 회개했습니다. 그리고 회개를 촉구했습니다.

"오늘 북한이나 남한에 요구하는 것은 회개인 줄로 생각하나이다. 국가적으로 회개하여야 하겠나이다. 하나님이 오늘 이런 시련 중에 우리에게 요구하시는 것은 회개인 줄로 생각하나이다. 그러므로 우리는 개인으로 회개할 것이 없다고 한데도 국가적 의미에서 회개하는 태도는 따라야 하겠습니다."

한국의 예레미야라고 불리던 김치선 목사는 자신의 죄에 대하여 가장 철저하게 회개했고, 한국 교회와 사회의 죄를 철저하게 회개하며 회개를 촉구하던 분이었습니다. 특히 6·25 이후의 민족의 위기를 바라보며 민족의 파수꾼이 되어 민족과 교회의 죄를 회개할 것을 촉구하였습니다. 특히 그는 이스라엘 역사와 예레미야서 분석을 통하여 이스라엘이 우상숭배 때문에 망한 것이라는 것을 제시하면서, 이러한 죄를 회개하며 민족을 위해 기도할 때에 하나님께서 우리들을 불쌍히 여겨 부흥을 주실 것이라 기대했습니다. 그러므로 그는 자신이 민족을 위하여 늘 눈물로 기도하며 민족의 죄를 회개할 뿐만 아니라 하나님께서 부흥을 주실 것을 기대하며 기도하였고, 실질적으로 부흥과 민족의 복음화를 위하여 일생을 바쳤습니다.

― 김명혁(강변교회 원로목사)

문화선교를 위한 씨알이고자, 김문환 교수

1. 유전 신앙의 품속

모태신앙이라는 말이 있다. 본인의 결단에 의해 신앙생활을 시작한 것이 아니라 부모님이 기독교인이어서 기독교인으로 태어나서 그렇게 성장한 경우를 일컫는 말인 줄 안다. 그렇게 보면 내게는 유전 신앙이나 세습 신앙 같은 신조어가 필요할지 모른다. 왜냐하면 단지 1세대가 아니라 무려 3세대를 거슬러 올라가야 나의 기독교인으로서의 뿌리가 밝혀질 수 있겠기 때문이다.

연동교회 역사에서 게일 선교사의 이름이 상당한 비중을 차지하는데, 나의 외증조부(盧春實 장로)는 그와 함께 전도 사역을 하셨다. 그 어른이 왕십리장로교회를 설립하는 주역이 되신 것도 연동교회와의 인연 속에 이루어진 역사이다. 그 어른은 교회 청년들 중 하나를 택해 당신의 따님(노은신 권사, 후에 노은상으로 개명)과 혼례를 올리게 하셨는데, 이 어른이 왕십리를 떠나 종로구 효제동에 정착하시면서 우리 집안은 다시 연동교회와 인연을 맺게 되었다.

내 어린 시절 기억 속에는 연동교회 계단에서 놀던 장면이 어렴풋이 남아 있다. 그러나 자세한 사정은 모르겠으나 우리 가족은 동대문감리교회로 옮겨 아버지(김동욱)는 성가대장을 맡으셨고, 노래를 좋아하는 어머니(송옥균 권사)를 닮았는지 큰형(김인환 장로)과 큰누나(김옥환 권사)는 고등학생 시절에 이미 성가대원으로 참여했다. 아버지는 해공 신익희 선생을 도와 국민대학을 설립하는 일에 참여하여 초대이사 겸 교무과장을 맡아 보기도 하셨지만, 성동중학에서도 교편을 잡으셨다. 그래서 내게는 아직 취학 전이던 어린 나이에 대학생들 품에 안겨 찍은 야외모임 사진과 함께 아버지의 출근용 지프로 성동중학에 놀러 갔던 기억이 남아 있다.

한국전쟁이 터지면서 아버지가 납치당하게 되자 외아들을 잃은 할아버지는 시름 끝에 피난지인 대전에서 돌아가셨지만, 할아버지와 돌림자가 같은 김만제 목사께서 섬기시는 교회에서 우리 가족은 피난생활 중에도 교회 출석을 게을리 하지 않았다.

수복이 되어 서울에 올라와서 다시 동대문감리교회에 출석하였으나, 당시 감리교단은 이른바 성화파와 호헌파의 갈등에 휩싸였고 그 중심에 동대문교회가 있었던 관계로, 교회는 양분되어 심지어 강대상에 선 반대편 목사에게 오물을 뒤집어씌우는 추태까지 벌어졌다. 집안의 어른이신 할머니가 조화철 목사 편에 서서 충신교회를 세우는 데 합심하도록 독려하는 바람에 우리 가족은 동대문교회를 떠나게 되었다.

이성봉 목사를 모신 부흥집회와 새 건물을 짓기 위해 전 교인이 늘어서서 벽돌을 이어 나르던 기억도 남아 있다. 이 목사의 용모와 풍채가 돌아가신 할아버지와 흡사한데다 가끔 노래가 섞인 부드러운 설교 말씀이 은혜로워, 나는 어린 나이에도 새벽부터 밤까지 이어지는 집회에 열성으로 참여하던 중 성경 본문을 제일 먼저 찾아 읽어 칭찬을 받기도 했다. 성탄을 맞아 성극을 하면서 마리아를 맡은 여학생의 모습에 마음이 설레기도 했던 사춘기를 보내면서, 나는 차츰 동대문교회로 되돌아갈 생각을 키우다가 고등학교 입학을 계기로 이미 그곳으로 돌아간 작은형의 뒤를 따라갔다. 그는 감신대에 입학하여 배재 교목으로 은퇴할 때까지 성직에 충실했다.

서울고등학교를 다니던 시절에 학교에서는 합창반, 웅변반을 거쳐 밴드에 가담했던 관계로 방과 후에도 남아서 전체 연습에 이은 개인 연습에 충실했어야 했는데, 그보다는 교회에 가서 합창과 중창 연습, 그리고 학생회지 발간에 더 열을 올렸다. 그러면서 교회 밖으로 일종의 연합운동에 관심을 보이면서 충신교회와 복음교회 학생들과 문학의 밤을 꾸미면서 사중창으로 제법 인기를 모으기도 했다.

대학 입학 후 곧 해군에 자원 입대하여 군복무 중에도 신병 훈련소 시절부터 통제부교회에 출석하여 고등학생 성가대를 지휘하는가 하면, 사중창단을 꾸려 인근 도서지역 위문에 나서기도 했다. 그때 알게 된 여학생들 중 하나가 후일 아내(서미다수)와 숙대 응용미술학과 동기가 되어 인연이라는 말뜻을 새기게도 한다.

제대 후 복학하면서 다시 동대문교회에서 교회생활을 했는데, 한때는 성가대 지휘를 맡기도 했다. 당시 동대문교회는 송정률, 마경일 두 분 목사를 거쳐 예산교회에서 오래 시무하신 오경린 목사가 담임목사였는데 감신대의 홍현설 학장, 박봉배 교수가 출석하여 강단에 서기도 했다. 김형석 교수, 유동식 교수의 강연을 들은 곳도 그곳이었고, 도건일 목사와의 만남도 그곳에서 이루어졌다. 후일 경동교회 부목사로 부임한 박영배 목사도 감신 실습교사로 그곳에서 맺은 인연이 오늘날까지 이어지고 있다. 불트만의 비신화론 신학에 접하고 깊은 인상을 받았으면서도 파이프를 문 그의 사진에 충격을 느낄 정도로 나는 아직 순진했다.

비교적 지적이면서도 친밀하게 느껴지는 분위기 속에서 수요예배 찬송 반주를 맡는 한편, 감리교청년회(MYF) 연합합창단의 총무 일을 맡기까지 열심을 부리며, 서울대 인문대 미학과 학생으로서 교내의 연극과 음악을 비롯한 여러 문화 활동에 참여하여 비교적 주동적으로 역할했다. 그러나 신사훈 교수의 권위주의적 지도력도 그렇거니와 기독자 대학생의 역할은 대학 안에서 하나의 섹트로 만족하기보다는 대학 자체를 대학답게 만드는 데 기여해야 한다는 생각으로, 기독학생회보다는 종교 간의 대화 활동과 유네스코 학생 활동에 더 열성적이었다.

청량리감리교회로부터 성가대 지휘자로 부름 받아 어느 정도 정을 붙여 가던 중 부흥강사로 활약하는 담임목사가 부임하면서 나는 차츰 그 교회로부터 거리감을 느끼게 되었다. 강 모 강사를 초빙하여 부흥집회를 개최하는 중 그가 반말조로 원로장로를 비롯한 교인 점검으로 한 시간을 보내는 행태를 참아내지 못해 그길로 청량리교회를 떠나고 말았다. 대학 시절부터 주도적인 역할을 해온 유네스코한국위원회의 청년 담당 간사 역할에도 회의를 느낄 정도로 본격적인 사회 구원에 좀더 관심을 기울이게 된 그간의 변화와도 무관하지 않았다고 이 생뚱맞은 행각을 스스로에게 설득해 왔다.

마음을 정하지 못하던 중 강원용 목사의 부름을 받아 크리스천 아카데미로 직장을 옮기면서 교회도 기독교장로회 경동교회로 옮겨갔다. 이로부터 나는 30년 넘게 경동교회를 거점으로 문화선교에 열성적으로 관여했다. 말하자면 신앙생활의 제2기를 맞은 셈이다. 1971년, 내 나이 25세 때 일이다.

2. 사회 구원과 문화선교

크리스천 아카데미는 당시 한국 지성의 바로미터라는 별명이 통할 만큼 한국 사회의 제반 문제에 대한 여론 환기에 주력하는 한편, 중간 매개 집단 육성 강화라는 교육 프로그램을 통해 한국 사회의 건전한 발전에 기여코자 힘을 썼다. 나는 주로 수유리 아카데미하우스에서 개최된 대화 모임의 실무 책임을 맡았고, 수원의 사회 교육원에서 실시되던 교육 지원에도 관여했다. 특히 탈춤과 노래 개발을 통해 사회 구원을 위한 공동체적 의식 고취에 힘썼던 바, '내일을 위한 집'이라는 교육원의 이름을 따서 〈내일을 위한 노래〉라는 노래집을 엮어내기도 했다. 이미 유네스코한국위원회에서도 세계의 청년들이 즐겨 부르는 노래들을 골라 한글 가사를 만들었던 경험이 있었는데, 이는 대한감리회 교육국에서 발행했던 〈좋은 노래〉와 〈즐거운 노래〉라는 노래집으로부터 자극을 받은 결과이기도 했다. 마경일, 안신영, 조돈환 목사 등이 이 일에 열성적이었는데, 조돈환 목사는 동대문교회와 MYF합창단을 지휘함으로써 나의 대학 시절과 깊은 인연을 맺고 있었기에 더욱 친밀한 인간관계를 이어갔다.

크리스천 아카데미에서는 주로 세계교회협의회와 아시아교회협의회 등에서 나온 노래집들 중에서 곡을 골라 역시 내 손으로 한글 가사를 만들었으며, 이외에 국내 저명 시인, 작곡가, 노래 보급 활동가들을 모아 '시곡동인회'를 조직하여 새로운 노래들을 만들기도 했다. 유경환, 한용의, 이영조, 이건용, 이경열 등등의 이름이 떠오른다.

이와 같은 활동과 함께 경동교회의 축제예배들을 빼놓을 수 없다. 토착화 신학에도 깊은 관심을 갖고 있던 강원용 목사는 유동식 교수의 사고와 연결되면서 추석을 추수감사절로 지키는 변화를 위해 이에 걸맞은 축제예배를 정착시키는 작업을 시도했는데, 이를 뒷바라지하는 일은 당연히 내 몫이었다. 대학 시절 김지하 시인 등과 연극 활동을 펼치면서 창작 탈춤에 출연하는 한편, 이후 연극평론가로 데뷔하게 된 사정도 작용하여 교회 안의 이강백, 나영수, 황철익, 이정희 등의 인력뿐만 아니라 허규, 윤호진 등 외부 인력까지 참여하여 추수감사절과 함께 고난절과 수난절, 성탄절과 교회창립주일(12월 첫 주일)의 절기 축제예배까지 1년 내내 그 준비와 실행에 부산했다. 문화선교라는 조어도 내 손을 거친 것이지만, 이런 유형의 작업에 많은 사람들이 호응했다. 청년 시절의 안준배 목사도 그들 중 하나였다.

크리스천 아카데미와 경동교회 외에도 이화여대가 또 하나의 문화선교 무대였으니, 이 일에는 당시 교목실 위원 중 하나였던 이경열 선생이 연결고리 역할을 했다. 김활란, 김옥길 두 분 총장의 지원으로 이대 강당에서 펼쳐진 "횡재"와 "복음의 축제"는 그렇게 해서 이루어졌다. 나는 극본과 가사를 만드는 외에 기획을 비롯한 총괄 업무를 맡아 동분서주했는데, 특히 후자는 마태복음을 대본으로 한 뮤지컬 "가스펠"의 한글 제목으로서, 이는 유신치하라는 정치 상황에서 가능했던 저항문화운동의 일환으로 받아들여져 나 자신이 여러 가지 우여곡절을 겪어야 했다.

긴박해진 상황과 갓 서른을 넘긴 자신의 미래 설계를 위해 고민하던 끝에 나는 강 목사의 배려로 독일개신교회가 만든 교회일치장학재단의 장학생으로 독일로 건너가 7년간 유학생활을 보내게 되었다. 프랑크푸르트 대학을 택해 비판이론을 연구하는 한편, 때마침 한인교회를 담당하게 된 손규태 목사와 함께 교회생활을 이어갔다. 그와는 한국신학연구소 간사 시절부터 내외간에 친숙하게 알고 지낸 사이였다. 그전에 6개월간 머물렀던 보쿰에서는 장성환 목사를 도와 넓은 교구 때문에 주일예배를 인도하거나 성탄 축제를 규모 있게 꾸미기도 했지만, 독일 유학 생활은 프랑크푸르트 한인교회와 불가분하게 연결되어 있다. 거기에서도 축제 예배에 대한 기본 관심은 이어져서 국내에서 탄압받은 《미친 닭》이라는 단편소설을 각색하여 "새는 난다"라는 제목으로 공연하기도 했다. 이 작품은 후에 경동교회와 연세대 채플을 위해 다시 꾸며지기도 했다.

'예술과 윤리의식'을 주제로 박사 학위를 취득한 후 7년간의 유학생활을 마치고 귀국하여 서울대학교 인문대학 미학과 교수로 일하면서 경동교회에서 문화선교를 위한 작업을 계속하는 한편, 강 목사가 기독교 100주년 기념축제 책임을 맡게 되면서 "빛과 하나 되어"(1985년)를 기획하게 되었다. 이반, 이강백, 표재순, 이건용, 문일지, 윤정섭 등의 공연 전문가들과 기독자 연예인들과 각 교회 성가대들의 연합성가대가 100분간 올림픽경기장에서 펼친 이 총체예술 축제는, 그 형식과 함께 한국 교회사와 성경이 밝혀주는 구원사를 엮은 내용으로 인해 이후에 이어지는 유사한 축제 공연들의 전범이 되기도 했다.

이와 같은 작업은 드디어 서울올림픽 개폐회식으로도 연결되었다고 할 수 있겠는데, 나 자신이 기획 담당 상임위원으로 참여하게 되면서 인류 역사를 펼쳐 보이는 내용을 엮는 한편, 앞에 말한 공연 전문가들 대부분이 다시 힘을 합칠 계기를 마련했기 때문이다. 그러나 1987년의 6월항쟁이 상징하듯 민주화가 본격화되면서 교회의 문화선교도 새로운 방향을 모색하지 않을 수 없게 되었으니, 이른바 축제신학은 정치신학을 바탕으로 해서야 올바른 의의를 발휘할 수 있기 때문이다. 아울러 사회가 점점 더 전문화되면서 교회 내 인력들도 전과 같이 교회 활동에 올인할 수 없게 되었는데, 경동교회의 경우 강 목사의 은퇴까지 겹치면서 축제예배의 열기는 이래저래 식어 갔다.

강 목사가 은퇴한 후 김호식, 이동준 목사가 부임했고 협동목회라는 취지 아래 김경재 목사가 협력하기도 했으나, 거목 밑의 그늘이 컸던 탓인지 경동교회는 담임목사 없이 2000년을 맞이할 위기에 직면했다. 나로서는 당시 세계교회협의회 총무감이라고 소문난 박종화 목사가 여러 가지 면에서 적임이라 생각하여 청빙에 적극 나섰고, 많은 교인이 호응하여 1999년 첫 주일에 박 목사의 취임예배가 이루어져 오늘에 이르렀다. 그날은 경동교회 창립기념일이기도 하여 더욱 뜻 깊었다.

그러나 '새 술은 새 부대에' 라는 말이 있듯이, 60년을 바라보는 경동교회의 진로 역시 새로운 전환이 필요하리라는 판단과 때마침 딸이 대한성공회 서울 교구 최초의 여성 사제로 서품 받는 것을 계기로 나의 교적을 대한성공회 서울주교좌성당으로 옮기었다. 경동교회와 주교좌성당은 1년에 한 차례씩 교환 예배를 할 정도로 어떤 면에서는 서로 익숙한 편인데다, 이미 60세를 넘긴 나로서도 좀더 성찰적인 예전이 신앙생활에 오히려 도움이 된다는 판단이 섰기 때문이다. 성공회 내부에서도 사회선교 못지않게 문화선교에 대한 관심이 일고 있는 편이지만 많은 개신교회들, 특히 보수 교회들이 자칫 열광적인 분위기에 휩싸이는 현상이 눈에 띠는 오늘의 시점에서, 성공회의 예전은 깊이 숙고해야 할 만한 시사점이 적지 않다고 생각한다. 한국기독교교회협의회에 문화영성위원회가 새로 발족한 것과 연관해서도 의미 있다고 생각하는데, 뒤늦게 성공회대학교 신학전문대학원에 입학하여 신학박사 학위를 받게 된 것이 이와 같은 작업에 어떤 방식으로든 기여할 수 있게 된다면 더없는 은혜가 될 것이다.

지금은 두 친손녀까지도 성공회에 출석하지만, 이들이 장차 어떤 교단에 속하게 되든지 6대째 이어지는 기독교 가정의 전통이 그들과 그 이웃의 삶을 좀더 풍성하게 만드는 데 도움이 될 수 있는 하늘의 은혜가 풍성하기만 기도할 뿐이다.

― 김문환(서울대학교 교수)

사랑에는 국경이 없고 혈연, 지연도 없다, 고세진 목사

들어가는 말

자, 이제 편한 의자에 앉으세요. 그리고 따끈한 차라도 한 잔 앞에 놓으세요. 그리고 제가 들려드리는 저의 이야기를 편안한 자세로 들으세요. 경천동지(驚天動地)할 이야기는 아니에요. 하지만 누구의 이야기라도 그렇듯이 저의 이야기도 들어 보실 만은 할 거예요. 저는 예수님의 사랑을 많이 받았어요. 지금도 받고 있고요. 예수님의 사랑은 국경을 넘나들어요. 그리고 혈연이나 지연의 벽도 다 허물어요. 예수님이 베풀어 주신 사랑 때문에 저는 이 정도라도 하고 있어요. 자, 준비되셨지요?

원칙주의자셨던 아버지

아버지는 원칙주의자셨다. 그래서 그런지 내가 보기에도 융통성은 없어 보였다. 아버지는 군인이셨고 제주도에서 휴전선까지 옮겨 다니면서 근무를 하셨다. 내가 국민학교(초등학교)에 다닐 때에는 휴전선 근처의 강원도 산골에 있는 부대에서 근무를 하셨다. 마을이 여기저기 있었고 농사를 짓는 가족들과 군인 가족들이 섞여서 살았다. 그때는 초가집에 온돌방이었다. 아궁이에 장작이나 싸리나무를 때어 밥을 짓고 그러는 동안에 방이 따뜻해지게 하는 난방방식이었다.

우리는 부대에서 쌀을 가져다가 식량으로 사용하였다. 당시에 부대에서 장교들에게 어느 정도의 쌀 배급을 해준 것 같기는 한데, 장교들은 배급해 주는 것보다 더 많은 양의 쌀을 집으로 가져왔다. 농사꾼인 민간인들은 보리밥이나 감자와 옥수수를 주로 먹었기 때문에 군인 가족들이 쌀밥을 먹는 것을 늘 부러워하였다. 또 겨울이 다가오면 부대의 장교들은 휴일에 사병들을 데려다가 산에 가서 싸리나무나 장작을 해오게 해서 쌓아 놓고 겨우내 땔감으로 사용하였다.

그런데 우리 아버지는 쌀을 가져오지 않았고, 사병들을 데려다가 싸리나무를 해오지도 않았다. 어머니가 쌀이 떨어졌다고 하시면 쌀 가게에서 외상으로 가져다가 먹으라고 하고는 태평하셨다.

남들은 쌀을 잘도 갖다 먹는다고 어머니가 한탄을 하시면, 아버지는 무표정하게 말씀하셨다. "군량미를 착복하는 놈은 사형이오."

어머니는 몸뻬를 입고 동네 민간인들과 같이 산에 나무를 하러 다니셨다. 하루는 어머니가 싸리나무를 하러 산비탈로 다니는 것이 얼마나 힘든지, 여자가 지게를 지고 나무를 하러 다니는 것을 보는 남편이 마음이 편한지 아버지에게 물으셨다. 아버지는 아무 말도 안 하셨다. 그것이 우리 아버지의 특기였다. 아버지는 별로 말이 없는 분이었다. 어머니가 다른 장교들은 부하들을 시켜서 싸리나무를 해와서 땐다고 하니 아버지는 이렇게 말씀하셨다. "사병(士兵)은 사병(私兵)이 아니오. 그런 말은 다시 하지 말아요." 어머니가 아버지 말대로 입을 다물고 사셨는지 어땠는지는 모르겠으나, 강원도에 사는 내내 어머니는 지게를 지고 싸리나무를 하러 다니셨다.

아버지는 국가유공자셨다. 6·25전쟁에서 충무무공훈장과 화랑무공훈장 등 훈장들을 받으셨고 월남전에도 참전하셨다. 전공(戰功)으로 국가유공자가 되신 것이었다. 그런데 우리 집은 국가유공자 자녀나 가족이 받을 수 있는 등록금이나 할인 혜택이나 분양 혜택 등 기타 어떤 이득도 본 적이 없다. 아버지는 "나 죽어 국립묘지에 묻히는 것만도 고맙지. 무슨 혜택 받으려고 전장(戰場)을 누빈 것이 아니지"라고 말씀하셨다. 얼마 전에 아버지는 국립묘지에 가셔서 돌아오지 않으신다. 거기 누워 계신 것이 좋으신가 보다.

아버지와 나는 낚시 동업자였다

아버지는 한문 공부를 많이 하라고 하셨지만, 명령을 내린 것으로 만족하시는 듯했다. 가끔 나의 한문 실력이 어느 정도인지 검사를 하셨지만 아이에게 심리적으로 인간적으로 무엇이 필요한지 알고 계신 것 같지는 않았다.

그래도 물고기를 잡으러 강에 나가서는 아버지와 나는 사이 좋은 동업자였다. 아버지와 나는 여름 한철 비가 올 때나 청명할 때에, 아버지는 휴일이면 군복을 벗고 민간인 차림으로 강에 물고기를 잡으러 다녔다. 장마가 져서 강이 범람할 때면 우리는 긴 대나무를 다듬어서 낚싯대를 만들었다. 그러고는 흙탕물이 빠르게 흐르는 강의 일부를 막고 있는 바위가 있는 곳에 자리를 잡고 낚시를 하곤 하였다. 바위가 물을 막고 있으니 그 바위 다음부터는 물이 잔잔하게 흐르거나 천천히 소용돌이쳤다. 아버지는 그런 곳에 물고기가 많이 모인다고 말씀하셨다. 우리는 동네 두엄더미에서 불그스름한 지렁이들을 캐서 깡통에 담고 물고기를 담을 그릇을 가지고 강가에 앉아서 낚시를 하였다. 아버지는 떠들면 물고기가 도망간다고 말을 안 하셨다. 그러잖아도 말씀이 별로 없으신 분이…….

날이 맑은 휴일이면 아버지와 나는 낚싯대를 들고 강을 따라 자갈을 밟으면서 올라가거나 내려가면서 좋은 목을 찾아다니며 낚시를 하였다. 강 양쪽으로 절벽이 높고 강물이 시퍼렇게 깊이 소용돌이 치는 곳에 다다르면 작년에 익사한 친구나 장마에 떠내려간 동네 아저씨가 '으악' 소리를 지르며 나올까봐 겁이 나서 아버지 옆에 꼭 붙어서 걸었다. 우린 강에서만은 동업자였다.

가끔 군부대에서 폭약을 가져다가 강에 터뜨려서 산더미 같은 물이 솟아오르게 하고 죽은 물고기들이 허옇게 뜨면 대량으로 잡아 들이는 사람들이 있었다. 또 강의 위쪽에서 독약을 풀어서 물고기들을 떼로 죽이는 사람들도 있었다. 아버지는 그런 사람들을 보면서 "얼마 안 가서 이 나라의 물고기는 씨가 마를 거다. 욕심이 많은 사람들이 너무 많다"고 한탄을 하셨다. 나도 그렇게 생각하였다. 아버지 말이 맞다고……. 우린 사상도 같은 동업자였다.

이 나라의 부정부패는 배운 자들이 저지른다

아버지는 나에게 대학에 가지 말라고 하셨다. 학교 성적은 늘 좋았고 공부를 잘하는 아들을 늘 자랑스러워하셨는데도 대학을 못 가게 하시는 것이 이상하였다. 그 이유를 물었을 때에 아버지는 간단히 말씀하셨다. "이 나라의 부정부패는 모두 배운 놈들이 해먹는다. 너까지 그 대열에 낄 필요가 어디 있겠니?"

청개구리를 닮았는지, 난 아버지 말대로 하지 않고 한국에서 대학원까지 나오고, 미국과 이스라엘에서 11년간 유학하였으며, 석사 학위 세 개와 박사 학위를 취득하였다. 이제 철이 들어서 보니 아버지 말씀이 옳았음을 느낀다.

그러나 나는 또한 공부를 어설프게 한 놈들이나 부정부패를 하지 제대로 한 사람은 절대 그렇지 않다는 것을 아버지에게 증명해

주고 싶기도 하다. 나는 아들에게 말한다. 할아버지가 오죽했으면 그랬겠느냐고. 얼마나 부정부패가 심했으면 그랬겠느냐고. 너는 공부해서 세상을 깨끗하게 하는 사람이 되어 달라고…….

어머니는 이야기꾼

아버지는 과묵한 분이었지만 어머니는 명랑하고 기발하고 재치 있으며 포복절도하게 하는 이야기꾼이셨다. 어머니는 동네 민간인들 사이에서 인기가 높았다. 봄, 여름에는 산나물, 도라지, 더덕을 캐러, 가을에는 지게 지고 나무를 하러 동네 사람들과 같이 어울리는 어머니를 동네 사람들은 좋아했다. 농민들은 군인 가족들과 금을 긋고 살았다. 그러나 어머니만은 예외였다. 어머니의 이야기 때문이었다. 길을 가거나 나물을 다듬거나 언제나 재미있는 이야기가 샘솟듯 하였다. 겨울 밤에는 우리 집에는 사람들이 빼곡하게 모여들었다. 어머니의 이야기 때문이었다. 밤이 깊으면 뒤란에 묻어 놓은 항아리에서 동치미를 가져다 무우를 서걱서걱 먹으면서 어머니의 이야기를 들었다.

1960년대 그 산골에는 텔레비전, 신문, 라디오도 없었다. 온 동네에서 조그마한 트랜지스터 라디오가 한 대 있는 집은 겨우 우리 집뿐이었다. 추수가 끝난 논밭에 가설극장이 서는 날이 아니면 구경거리라곤 없는 산골이었다. 어머니는 그곳에서 매일 최고의 인기를 누리셨다.

얼마 전에 나는 그곳이 어떻게 변했는지 궁금해서 가보기로 했다. 열세 살쯤에 그곳을 떠났으니 40년 만에 가본 것이었다. 그곳에 가보니 여전히 집들이 많지 않았다. 길에서 서성이는데 80세가 가까이 되어 보이는 할머니가 반기셨다. "야, 너 세진이 아니냐?" 나는 정말 크게 놀랐다. 어떻게 나를 알아보시는가? "너 하나도 안 변했구나." 할머니는 다시 물으셨다. "너의 어머니, 얘기꾼이었지. 얼마나 재미있었다고. 너의 집 이사간 후로 다시는 그런 재미있는 사람이 없었어, 여지꺼정……."

내가 어렸을 때에 동네 사람들은 말하곤 했다. "너는 겉은 아버지 닮고 속은 어머니 닮았어."

예수님은 나를 사랑하셨다

원칙주의자 아버지와 이야기꾼 어머니와 우리 세 남매는 그럭저럭 평범한 생활을 하고 있었는데, 나는 어려서부터 교회에 다녔다. 군부대 안에 있는 군인교회였고 선생님들은 한두 분 빼고는 모두 군인들이었다. 절기 때는 장교들을 초청하여 연극이나 음악회를 하였고, 나에게 잘한다고 칭찬하는 사람들 때문에 아버지는 흐뭇해하셨다.

학교에 가려면 한 시간씩 걸어가야 하는 벽촌의 부대 안이긴 하였지만 교회는 집 가까이에 있었다. 나는 국민학교 다닐 때부터 교회에서 사는 것이 습관이 되었다. 중학교부터는 서울에서 다녔지만, 교회를 가까이하는 습관은 내 생활의 가장 중요한 범위와 비중을 차지하고 있었다. 집-학교-교회-집, 삼각형으로 도는 것이 내 생활의 공식이었다.

　나는 평일에도 교회에 가서 청소를 하거나 목사님의 심부름을 해드렸다. 교회에서는 나이 열네 살 중학생인 나를 주일학교 반사로 임명을 해서 아이들을 가르치게 하였고, 여름성경학교를 준비하는 일이나 진행하는 일에 투입되어 방학에 더 바빴다. 중학교 3학년쯤 되니 목사님께서 나에게 주보 만드는 일을 시키셨다. 그때는 원지(原紙)를 철판(鐵板)인 가리방 위에 놓고 철필(鐵筆)로 글을 써서 등사기(謄寫器)에 원지를 걸고 롤러에 잉크를 묻혀서 인쇄를 하는 원시적인 인쇄 방법을 사용하였다. 겨울에 잉크가 굳어서 원지가 찢어지기도 하고 여름에는 잉크가 너무 묽어서 주보에 하늘의 별처럼 작은 점들이 수도 없이 많이 찍히기도 하였다. 교회에 행사가 있을 때에는 강단 위에 글을 써 붙이는 일도 나에게 맡겨졌고, 부활절이나 성탄절 같은 절기에는 전선에 수백 개의 전구들을 납땜질로 붙여서 교회 지붕과 십자가 탑의 선을 따라서 둘러서 장식하는 일도 중·고등학교 때에 내가 하던 중요한 교회 봉사였다. 그때 같이 교회 장식을 하던 친구들은 지금 모두 자기들의 교회에서 성실하게 봉사하는 일꾼들이 되어 있다. 그 어린 나에게 교회의 어른들은 자주 "세진아, 너는 목사가 될 사람이다"라고 말씀하셨다.

　지금 생각해 보면 그때 하나님은 나에게 은혜를 많이 베풀고 계셨다. 하나님께서 예수 그리스도의 사랑을 나에게 한량없이 부어 주신 것이었다. 그때에 내가 교회 생활에 몰두하지 않았더라면 많은 내 친구들처럼 방황하고 천리만리 비뚤어진 방향으로 갔을 가능성이 높지 않았을까 생각해 본다. 시험 때에도 교회 일을 등한히 해본 적이 별로 없다. 교회에서 많은 일을 하다 보니 새벽기도회 참석은 물론이고 부흥회도 빠지지 않았기 때문에 하나님의 은혜를 많이 받았으며, 고등학교 때에 그리스도께서 나를 위하여 십자가에서 피 흘려 죽으셨다는 확신을 하게 되었다. 교회 중직들의 자녀들 중에는 주일에도 시험 공부 한다며 예배를 등한히 하는 아이들도 있었는데, 지금 그들은 어디에서 무엇을 하고 있는가? 실로 그리스도를 따르려면 이것이냐 저것이냐 양자택일해서 전적으로 따르는 것이 옳다는 것을 나는 배우고 있었던 것이다. 그리고 하나님께서는 내가 교회에 바친 시간을 백배 천배로 보상하여 주고 계신다.

영어를 자유롭게 말하게 되다

내가 대학을 간 데에는 긴 사연이 있다. 아버지가 대학을 가지 말라고 하셔서 수도공업고등학교 전기과를 졸업한 후 1년 동안 혼자 재수를 해서 예비고사를 통과하여 진학을 했는데, 그때도 아버지는 반대하셨다.

대학엔 들어갔는데, 첫 학기부터 영어로 된 읽을 거리들 때문에 힘이 들었다. 그럭저럭 2학년이 되던 1974년, 내 나이 21세 때였다. 한 번은 대학 채플 시간에 예배를 마치고 통성기도를 하고 있는데 갑자기 "영어를 하지 못하면 앞으로 내가 너를 들어서 크게 쓸 수가 없다"는 음성이 들렸다. 모두 소리 내어 기도하는 시끄러운 곳에서 그 말은 내 귀엔지 마음엔지 모르겠지만 정확하고 분명하게 들렸다. 나는 그날 헌책방에 가서 중학교 2학년 영어 교과서를 사서 1과부터 외우기 시작하였다. 손안에 들어가는 카드에 그 책 전체를 다 베껴서 카드 수백 장을 가방에 넣고 다니면서, 버스를 타거나 기차를 타거나 길을 걷거나 노는 시간이나 운동회 시간이나 잠자려고 누웠을 때 등 하여간 조금이라도 시간이 나면 외웠다. 방을 같이 쓰던 동생이 형의 중얼거림 때문에 잠을 못 자겠다는 불평을 하였고, 밥을 먹으면서 뭘 들여다보느냐고 아버지가 걱정을 하셨고, 〈타임〉이나 〈뉴스위크〉를 들고 다니던 고상한 친구들은 대학 2학년생이 중학 2학년 교과서에 매달려 있다고 핀잔을 주기도 하였다.

그러나 나는 초지일관 그 영어책을 외우는 일에 매달렸다. 참으로 끊임없는 인내가 필요한 일이었다. 내가 할 수 있는 한, 그 책의 모든 단어를 정확하게 발음하고 문장의 인토네이션을 미국인처럼 한다고 생각하면서 읽고, 쓰고, 소리 내어 연습을 하면서 1년을 보냈더니 대학 3학년이 되면서 드디어 그 책의 내용이 내 것이 되었다.

그리고 총장비서에게서 영어회화 테이프 세트를 빌려 가지고 교본은 보지 않고 소리만 듣고서 이해하고 외우는 데 총력을 집중하였다. 그건 참으로 어려운 일이었다. 어떤 문장은 수십 번을 반복해도 무슨 말인지 알 수가 없었다. 한 백 번쯤 들어 봐도 알 수가 없을 때에는 교본에서 딱 그 부분만 읽어 보았다. 그런 식으로 듣기 위주로 해서 그 테이프들을 다 이해하고 외울 정도가 되니 또 1년이 지나갔다. 그래서 4학년이 되니 영어가 들리고 말을 좀 할 수 있게 되고 영어 통역도 좀 할 수 있게 되었다.

얼마 전에 조용기 목사님을 만났을 때에 왜 그리고 어떻게 영어 공부를 하셨느냐고 질문을 하였더니, 그 어른이 21세 되시던 때에 세계 선교를 하려면 영어를 해야겠다는 영감을 얻고는 영어가 적혀 있는 종이는 다 읽고 이해하고 외우기 시작하여 영어에 능통하게 되셨다는 말씀을 하셨다.

그때 그 기도시간에 엎드렸을 때에 하나님께서 나에게 영감을 주신 것이라고 나는 확신한다. 그것을 이루는 데는 많은 인내와 수고가 따랐지만 많은 열매가 있었다. 내가 그때 독학으로 몸부림을 치면서 영어를 터득했기에 미국의 시카고 대학교에서 석사 학위와 박사 학위 과정 7년을 견뎌내어 학위들을 취득하고, 이스라엘 예루살렘 대학(Jerusalem University College)에서 교무처장과 총장을 하며 여러 국제대회에서 사회를 보거나 강연을 하고, 수많은 외국인 친구들과 소통하고, 어려운 국제 문서도 이해하거나 작성할 수 있는 든든한 기초를 놓게 된 것이다.

다른 나라의 언어를 배우는 것은 매일 밥을 먹는 것과 같다. 내가 숟가락으로 밥을 떠먹지 않고 어떤 나라 원주민이 와서 밥을 떠먹여 주기를 기다린다면 내가 생존할 수 있겠는가? 언어도 마찬가지다. 그냥 한 단어 한 단어, 한 문장 한 문장 떠먹다 보면 그 언어에 능통하게 되는 것이다.

사랑에는 국경이 없다더니 내가 국경을 넘을 줄이야

나는 서울신대 대학원에 다닐 때에 영어를 가르치던 미국인 새러 레쉬(Sarah Reish) 교수에게 프러포즈를 해서 당시에는 드물던 국제결혼을 했다. 뭐, 그때에 응원하던 친구들과 나의 형제들이나, 반대하던 아버지나, 열받아서 호통치던 교수님들이나, 백인이 열등한 황인종과 결혼할 수 없다면서 신부감을 설득하던 선교사나, 재미있어 하던 교회 식구들이나, 잘해 보라고 격려해 주신 김장환 목사님(수원침례교회)의 이야기나, 우리 둘이서 겪던 심리적 갈등이나, 예배당이 미어터지게 '구경' 왔던 하객들 등, 그런 것들을 다 쓰자면 한이 없겠지만, 일단 우리는 사랑에는 국경이 없다는 것을 실천했고 지금까지 무탈하게 잘 지내고 있다.

한국인과 결혼하고 싶다는 딸의 전화를 받고 바로 다음 날 장인 어른은 비행기를 타고 한국에 날아왔다. 장인이 오시는 날 둘이 김포공항으로 마중 나갔다. 장인은 나를 만나자 선물이라며 테니스 라켓을 내밀었다. 당시는 테니스가 한국에서 유행하기 시작할 때였고, 나도 테니스를 배울 때였다. 딸이 귀띔을 했었는지 그분이 라켓을 선물로 가지고 오신 것이었다. 그때는 Wilson이나 Head의 라켓을 좋은 것으로 쳐줄 때였는데 장인이 주신 것은 Head 라켓이었다. 나는 그것을 받아 들고는 "Body는 두고 오셨느냐"고 물었다. 그분은 "흠, 재미있는 친군데······." 하면서 나의 어깨에 손을 얹고 딸과 웃으면서 공항을 빠져나왔다.

서울에 들어와서 저녁 식사를 한 후 장인은 질문을 하나 해도 되겠냐고 묻더니, 나보고 성경 전체를 하나님의 말씀으로 믿고 있느냐고 물었다. 나는 즉시 "난 그렇게 믿지는 않습니다"라고 대답을 하였다. 그때 장인의 얼굴이 좀 경직되는 것이 보였다. 그러나 침착하고 또 심각하게 "왜 그렇게 믿지 않는지 설명해 줄 수 있느냐?"고 물었다. 난 장인이 이 주제를 얼마나 중요하게 생각하고 있는지 깊이 느낄 수 있었다. 이 주제 하나로 사위감을 판단하는 시금석으로 삼고 있는 것이 분명하였다.

나는 가방에서 성경책을 꺼내서 앞에 놓았다. 그리고는 겉장, 뒷장, 제목 페이지, 출판 사항 페이지, 신구약 사이의 간지 같은 것들을 들추면서, "이런 것들은 성경책에 포함되어 있지만 '하나님의 말씀'으로 믿을 수는 없는 것이라고 생각합니다. 이런 것들을 빼고는 다 하나님의 말씀이라고 확실히 믿습니다"라고 말하였다(물론 영어로). 장인은 웃으면서, "그런 식으로 생각해 본 적은 없는데, 듣고 보니 맞는 말이군. 아주 탁월한 유머야. 한국 사람들이 다 이렇게 재미있는가?" 하면서 즐거워하셨다. 그렇게 우리는 순식간에 가까워졌고, 이틀이 지나자 그분은 딸에게 "괜찮은 녀석을 고른 것 같은데" 하면서 내 앞에서 농담도 하셨다(이건 다 이미 말한 대로 내가 영어를 말할 수 있는 실력을 키워 놓았기에 소통이 그럭저럭 된 것이었다).

3일 만에 괜찮은 청년이니 결혼하라고 허락해 주고 미국으로 떠났던 장인은 언제나 나에게 든든한 후견인이 되어 주고, 끝없는 나의 질문에 인내심 있게 자문하여 주고 계신다. 나중에 안 일이지만, 장인은 신실한 그리스도인이고 당시에 GM 자동차의 고위

직에 계셨다.

그리고 나는 해병대에 입대하였다. 휴가를 내어 결혼식을 하려고 날을 잡았다. 신부는 외국인을 택한 주제에 정신은 애국자라고 한글날을 결혼식날로 잡았다. 1980년 10월 9일로. 그런데 결혼식을 앞두고 일이 꼬이기 시작했다. 전두환 정권 시절이라서 전군에 휴가 및 외박 외출 금지령이 내렸다. 이미 신부댁 식구들이 다 한국으로 오게 되어 있었다. 나는 미련하게도 연기를 하지 않고 어떻게 되려니, 하나님께서 그냥 계시지 않고 길을 열어 주시겠지 하면서 차일피일 지냈다. 시간은 바득바득 다가왔다. 결혼식이 5일 앞으로 다가왔는데 졸병이 휴가를 갈 방도가 없었다. 탈영은 하면 안 되는 것이니……. 그런데 갑자기 부대 게시판에 게시물이 붙었다. "서울 상도동 지리를 잘 아는 해병은 연대 본부로 출두하라." 연대장이 서울로 발령을 받아 도와줄 인원이 필요했던 것이다. 당시에 신부감은 상도동에 있는 숭전대학교에서 영어 교수를 하고 있었다. 나랑 결혼을 한다고 하니 서울신대에서 밀어냈는데 숭전대학교에서 바로 영입해 간 것이었다. 내가 상도동 지리를 알리 없었지만, 그런 것을 따질 때가 아니었다.

부대를 떠나기 전에 연대 인사과에서 공무증을 받았다. 날짜는 10월 5일부터 10일로 되어 있었다. 주임상사는 "참 운이 억세게 좋은 놈이다. 전군에 금지령이 내렸는데 놀러 가는 놈도 있으니……" 하고 혼자 중얼거렸다. "저, 실은 제가 10월 9일에 결혼하는데요……" 하고 말문을 여니 그는 기가 막혔는지 답답해했다. 부대에서는 내가 미국인 교수하고 결혼할 거라는 것은 알고 있는 터였기에 의심은 하지 않았다. 인사장교(소령)와 주임상사는 한숨을 푹푹 쉬면서 "사람 하나 살려야지 어쩌노?"하더니, 공무증을 만들던 검정색 모나미 볼펜을 주면서 "서울 가거든, 이 볼펜으로 5자 앞에 작대기 하나 그어 15로 만들고 1자를 2로 고치고 20일날 귀대해라. 부대 안의 조치는 취해 놓으마." 사랑은 국경을 넘고 공무증은 날짜를 넘는다? 그래서 나는 10월 5일 아침에 서울로 전근 가는 연대장 박구일 대령의 짐을 실은 군용 트럭을 타고 상도동까지 와서 오밤중까지 그 짐을 다 내려주고 결혼식 준비를 할 수 있었다. 얼마나 짐이 많았던지 온몸이 아파서 며칠을 고생하였다.

신부가 상도동 숭전대학교에 가서 관사에서 살고 있던 것, 하필이면 그때 연대장이 서울로 발령을 받은 것, 이해심 많은 상관들이 있었던 것, 이 모두가 우연이 아니었다. 하나님은 다 아시고 미리 그렇게 사람들과 사건들을 배치하셔서 나의 길을 열 준비를 해놓으셨던 것이다. 그래서 나는 10월 9일에 무사히 결혼식을 올렸다. 그것이 내가 해병대에서 유일하게 타 먹은 휴가이다. 나머지 휴가들은 지금도 그대로 해병대 사령부에 남아 있다. 좌우간 신부 가족은 무슨 일이 있었는지도 모르고 평안하게 결혼식에 참석하였다.

무작정 좋아서 앞뒤 안 가리고 결혼을 했는데(원래 결혼은 그렇게 해야지 나이 들어서 계산하면서 하면 잘 안 된다), 아내가 참으로 훌륭한 사람인 것을 시간이 지나면서 더욱 느끼게 된다. 늘 검소하며, 할 일은 언제나 정확하게 마무리 짓고, 아무리 어려운 상황에서도 불평이 없고, 남에 대해서는 일언반구 말하는 법이 없으며, 아이들

잘 기르고, 주일성수 철저히 하는 신앙인이고, 피아노 잘 치고, 노래도 잘 부르고, 인내심은 엄청나게 많고, 남에 대한 배려를 우선적으로 하고……. 하여간 어떻게 이런 여자가 나에게 시집을 왔는지 생각할수록 신기하다. 국경을 넘어서 그런가?

사랑에 국경이 없다면 혈연도 지연도 없다

우리가 결혼식을 마치고 얼마 안 되어서 우리 아버지 집에 어떤 사람이 갓난아이를 데리고 왔다. 기를 형편이 못 되니 맡아 달라고. 미국 사람들은 남의 아이들도 잘 기른다니 좀 맡아서 길러 달라는 부탁이었다. 혈연을 중시하는 우리 아버지는 거절하셨단다. 그런데 이것이 우리 부부에게는 늘 마음의 짐이 되었다. 한 생명이 피난처를 찾는데 우리가 거절했다는 것이 사랑의 예수님께 얼마나 죄스러운지, 말로 할 수 없는 짐이었다.

나중에 내가 미국 시카고 대학교에서 유학을 하고 있을 때에 한국에 있는 홀트 재단을 통해서 10개월 된 아들 제이슨을 입양하였다. 제이슨은 불치병인 신장병을 안고 태어났다. 그 병을 고치기 위해서 우리는 미국과 이스라엘과 한국을 돌면서 무진 애를 썼으나 아무런 효과도 없이 고통스럽고 돈이 많이 드는 십수 년이 흘러갔다. 그때의 일들을 적자면 책이 반 권 정도는 소요될 것이다. 그러나 기도는 쉬지 않았다. 수없이 많은 가족과 친구들이 제이슨을 위하여 기도하였다. 하나님께서 전혀 반응을 하지 않으신다고 생각되는 십수 년 동안 하나님께서 응답하신다는 믿음으로 기도

하였더니 드디어 하나님께서 기적을 베푸셨다. 제이슨이 열네 살이 되면서 그 병이 감쪽같이 사라졌다. 의사들이 더욱 놀라는 것은, 스테로이드를 장기간 복용하였기 때문에 발생할 수 있는 모든 부작용들이 제이슨에게는 단 한 가지도 나타나지 않는다는 것이다. 스테로이드를 장복하면 머리가 빠지거나 지능이 나빠지거나 눈이 멀거나 키가 안 자라거나 하는 부작용이 있다. 그러나 제이슨은 머리숱이 많고, 지능도 정상인과 다름없고, 눈은 십리 밖의 개미도 보일 지경이고, 키는 180센티가 되니, 이 어찌 하나님의 신유의 은사라 하지 않을 수가 있겠는가! 제이슨은 이제 늠름한 청년이 되었다. 남들은 안 가려고 하는 군대, 자기는 가지 않아도 될 군대를 가겠다고 하니 나는 정말 고맙다.

  우리는 내가 이스라엘에서 고고학 교수로 재직할 때에 한국에 와서 6개월 된 수지를 입양하여 다시 한 번 사랑에는 혈연 지연이 없음을 체험하였다. 수지는 세 살 반 때에 바이올린을 시켰더니 10년이 지난 지금 세계적인 바이올리니스트가 되었다. 수지는 집중력결핍증(Attention Deficit Disorder, ADD)라는 병을 타고났다. 그 치료에 신경을 좀 써야 하였다. 나는 음악에 문외한인데, 나중에 알고 보니 바이올린이 비싼 악기이고 바이올린 솔로 연주자로 뜨기는 쉽지 않으며 또 수련하는 데 돈도 많이 든다는 것이다. 내가 그런 것을 몰랐으니 무식해서 딸에게 바이올린을 준 것이다. 돈이 많이 든다고 해서 "당대에 망하려면 바이올린을 시켜라"는 속담도 있다는데 난 그것도 모르고 있었던 것이다.

수지는 수지맞았다

　수지는 7세 때에 예루살렘 심포니 오케스트라와 협연하여 바이올린 솔로로 데뷔하였다. 그 후로 이스라엘과 미국의 바이올린 콩쿠르를 휩쓸고 있고, 지난주에도 세계에서 가장 크다는 피시호프(Fischoff) 실내악 콩쿠르에서 수지의 현악사중주 팀이 14개국에서 온 팀들과 겨루어서 1등을 하여 어린아이들이 돌풍을 일으키고 있다고 미국 신문과 음악 저널에서 써주었다.

　2008년 9월 18일 목요일에 한국-이스라엘 건국 60주년 기념음악회에서 13세 수지는 유럽 지휘자 아리엘 주커만의 지휘로 KBS 교향악단과 쇼스타코비치 콘체르도 1번 A 마이너 op. 77/99를 연주하여 음악계를 감동시켰다. 그날 연주 전에 나는 수지를 안고 이렇게 말하였다. "수지, 너는 오늘이 생일이야." "아빠, 내가 0살이야?" "그래 넌 오늘 0살로 시작하는 거야. 13년 전 네가 태어나던 날 태양은 빛났지만, 너는 어두움의 강보에 싸여 있었어. 너의 미래는 어두웠고 아무도 너를 원하지 않았지. 아무도 너를 알아보지 못하였고 너의 앞길에는 위험과 위협과 죽음과 불행이 진치고 있었어. 그러나 오늘은 달라. 오늘 저녁 태양은 빛을 죽였어도 너는 광채에 싸여 있어. 모두가 너를 바라보고 너를 원하고 있지. 너의 미래는 태양처럼 밝아. 13년 전에 너는 버려졌지만, 오늘은 국무총리와 장관들과 이스라엘 대사와 유명한 인사들과 대단한 목사들과 교수들과 가족과 친구들이 모두 너에게 박수를 보낼 거야. 그래, 오늘이 너의 생일이야. 수지 탄생을 축하해!" "아빠, 우리 그만 울자, 내 드레스 젖는다."

2009년 5월 23일 저녁에 수지는 KBS 교향악단과 네 번째 협연을 했다. 그날은 대통령 내외분도 참석한다고 해서 신원조회를 마쳤다. KBS에서 연락이 왔다. "따님과 고 총장님은 대통령 내외분과 같은 통로로 움직이실 것입니다." 딸 덕분이다. 수지는 수지맞았다. 수지는 이스라엘, 유럽, 미국 등 어디를 가든 대환영을 받는 바이올리니스트가 된 것이다. 내가 이름을 잘 지어 주었던 것 같다(후기: 연주 날 아침에 노무현 전 대통령이 별세하였기 때문에 대통령이 음악회에 참석하지 못하였으나 연주는 성황리에 열려 전국에 방영되었다).

아버지에게 드리는 편지

수십 년을 지내 놓고 보니, 나는 아버지가 가라는 방향의 반대 방향으로만 갔다. 대학 가지 말라는데 대학에 가고, 신학교 가지 말라는데 신학교 가고, 목사 되지 말라는데 목사 되고, 국제결혼하지 말라는데 하고, 입양하지 말라는데 하고, 빨리 귀국하라는데 20년이 넘게 외국으로 돌고, 뭐든지 아버지와 나는 충돌하였다. 6·25 전장을 누빈 역전의 용사와 한반도 역사상 가장 긴 평화시대를 누리는 아들 사이에는 사고방식에서 아주 큰 차이가 났다.

내 입장에서 보면 내가 삐딱하게 나간 것이 아니라 성경에 있는 좋은 원리대로 나간 것이기에 나쁜 일이 아니라 좋은 일이었다. 아버지 입장에서 보면 아무리 위협하고 방지하려고 해도 아들이 가는 길을 막지 못했고, 결국에는 아버지가 협조를 해주셨다. 대학 첫 등록금을 내준 분이 아버지셨고, 결혼식장에서 든든히 자리를 지켜 준 분도 아버지셨고, 유학 갈 때에 큰돈은 아니지만 내 손에 돈을 쥐어 준 분도 아버지셨고, 홀트 재단에서 어린 제이슨을 받아서 김포공항 비행기 안으로 보내 준 분도 아버지셨다. 내가 시카고 대학교에서 아시아인 최초로 근동고고학 박사 학위를 받았을 때에, 내 친구가 아버지를 찾아가서 그것이 얼마나 영광스러운 일인지 축하를 했더니, 아버지는 딱 한마디를 하셨다고 한다. "세진이에게 빨리 귀국하라고 해라." 난 그 후로도 이스라엘에서 교수 한답시고 10년을 더 '낭비' 한 후에 아버지에게로 귀국하였다. "불효자는 웁니다. 아버지, 미안하고 고맙습니다."

마치는 말

그리스도의 부르심을 받은 사람은 그 길로 가야 합니다. 이제껏 제가 살아온 이야기를 단편적이긴 하나 들려드렸습니다. 제가 살아온 길에 잘한 것이 있다면 하나님의 긍휼 때문입니다. 아버지가 계셔서 울타리가 되어 주시고, 어머니가 계셔서 우울한 날을 삭제하여 주시고, 좋은 아내가 있어서 언제나 위로와 격려를 해 주고, 좋은 친구들이 있어서 나를 신나게 해주고, 좋은 아이들이 내 품에 안겨서 재롱을 떨어 주고, 좋은 딸이 남의 소리 같던 클래식 음악을 프로페셔널하게 연주해서 내 귀에 넣어 주고, 힘들고 어려울 때 가서 퍼져서 울 수 있는 아름다운 교회가 있고, 언제나 어디서나 나의 설교를 듣고 싶다고 초청해 주는 목회자들이 계시고, 내

강의를 듣고 박수를 쳐주는 학생들이 다 하나님의 선물이고 은혜입니다.

  내가 지금 목사라고 교수라고 대학총장이라고 하지만, 그리스도 없이는 그 어느 것도 의미가 없습니다. 그리스도께서 계신다면 저는 어떤 것을 해도 좋습니다. 저에게 어려운 일들도 있었고 또 지금도 있지만, 저는 하나님께서 그리스도를 통해서 저에게 언제나 바른길로 가게 하시고 필요한 인간적, 영적 힘을 주심을 믿습니다. 저는 그리스도에게 큰 빚을 지고 사는 빚쟁이입니다.

― 고세진(아세아연합신학대학교 총장)

 체육과 목회의 두 길 위에서,
이강평 목사

신앙과 용기로 극복한 성장기

나는 유교 가정에서 2남 1녀의 차남으로 태어나 유교적 분위기에서 성장했다. 나와 기독교와의 인연은 6 · 25 한국전쟁 중 피란처로 택한 대구에서의 생활에서 시작되었다. 나의 가족이 잠시 머문 집의 앞마당에서 빤히 내려다보이는 곳에 교회가 있었다. 나는 교회라는 곳이 무엇 하는 곳인지 궁금하여 가끔 어머니께 물어보았다. "어머니, 저 교회는 뭐 하는 곳이지요?" 그때마다 어머니는 "거기는 마귀당이야! 서양 귀신이 있는 곳!"이라 말씀하셨다.

어느 날, 궁금증을 참지 못한 나는 몰래 집을 빠져나와 교회를 찾아갔다. 교회 건물로 가까이 다가갔을 때 교회 안으로부터 지금도 잊을 수 없는 찬양 "오라 오라 내게 오라 쉬게 하리라"가 들려왔다. 그때는 전쟁 중이라 모두가 너무 힘든 시기로 서로 만나는 것조차 귀찮아할 때인데 그곳은 달랐다. 아주 아름다워 보였고, 자주 오라고 하고, 사랑한다고 했다. 그때 나는 '아, 이곳에서 살았으면 좋겠다' 라고 생각하였다.

교회에 자주 가는 모습을 유일하게 본 아버지는 교회에 가지 말라고 여러 번 경고하였다. "호적에서 파낸다!"며 호통하시는 아버지의 말씀을 거역하고 나는 매일 교회에 나가 살다시피 하였다. 이때부터 나는 독실한 기독교인이 되었다. 여덟 살이 되던 어느 날 밤, 교회의 예배가 끝난 후 집에 갔더니 문이 잠겨 있었다. 그날 밤 나는 어린 나이에도 불구하고 혈혈단신 기차를 타고 서울로 상경하였다.

나의 청소년기는 우울했다. 형편이 어려워 중학교 1학년을 중퇴하고 중국집에서 배달하는 일을 했다. 어느 날 나는 대신중학교 배구선수들이 연습 경기 하는 것을 구경했다. 우연히 운동장 주변에서 공을 만지작거리던 나는 감독의 눈에 띄어 연습 경기의 세터로 기용되었다. 나의 기량이 주전 세터보다 더 출중해 보였던지 감독은 나에게 물었다. "어느 중학교에 다니지?" 나는 머리만 긁적였다. 그리고 모기 울음소리처럼 작은 목소리로 대답했다. "저는 학생이 아니에요. 중국집 배달원입니다." "그럼 당장 대신중학교에 들어와라. 배구에 소질이 많구나." 나는 그날부터 다시 교복을 입었다. 바로 이분이 내게 처음 배구를 가르쳐 준 이경식 감독이었다. 이후 나는 배구에 입문하여 수년 동안 훈련을 받아 배구선수가 되었고, '컴퓨터 세터'란 칭찬을 들으며 한양대학교 체육학과에 진학했다.

미국에서의 유학 생활

졸업을 앞두고 미래를 설계하던 나는 독실한 교인으로 두 가지 원대한 목표를 세웠다. 그것은 미국으로 유학 가서 한국 최초의 '체육학 박사'와 '목사'가 되는 것이었다.

대학을 졸업하고 미국 유학 시험에 응시했다. 영어의 ABC도 잘 몰랐던 나는 낙방에 낙방을 거듭하여 무려 여섯 번이나 낙방했다. 그러나 낙방할 때마다 내 마음속 깊은 곳에서 강하게 일어나는 유학의 열정이 있었다. "열 번 찍어 안 넘어가는 나무 없다"는 말처럼 결국 나는 일곱 번째 시험에 합격하여 꿈에 그리던 미국 유학길에 올랐다.

1969년 미국 로스앤젤레스 공항에 비행기가 도착한 시각은 새벽 3시였다. 승객들은 마중 나온 친지들의 환영을 받으며 썰물처럼 공항을 빠져나갔다. 정적이 감도는 공항에서 나는 주머니에 든 지폐를 만지작거렸다. 성경책과 7달러, 당시 내가 가진 전 재산이었다. 공항 경비원이 눈을 부라리며 나를 내쫓았다.

이튿날 아침, 나는 1달러 10센트를 주고 햄버거를 사먹었다. 그리고 거리를 배회하다가 유대인이 운영하는 뷰티 살롱에 붙은 '원

티드'(wanted, 구인)라는 글씨를 보고 눈이 번쩍 뜨였다. 하루에 전단지 2천 장을 뿌리면 20달러의 급여를 받을 수 있었다. 닷새 동안 일해 번 돈이 100달러, 무엇인가 해볼 수 있겠다는 자신감이 생겼다. 그리고 용기를 내어 찾아간 곳이 UCLA였다. 먼저 체육관에 들어섰다. 그리고 장신의 미국선수들 앞에서 환상적인 A퀵과 B퀵을 선보였다.

엘스케이츠 감독은 즉석에서 나를 코치로 기용했다. UCLA는 이듬해 대학선수권대회에서 우승하는 기염을 토했다. 운동을 마치고 나면 나는 어김없이 성경을 읽었다. 빌립보서 4장 13절은 나의 영혼을 지탱해 주는 영적인 자양분이었다.

"내게 능력 주시는 자 안에서 내가 모든 것을 할 수 있느니라."

그 후 나는 밴더빌트 대학교에 입학했다. 미국인 친구들은 하루에 20시간씩 공부하는 나를 '지독한 공부벌레'라고 불렀다. 낮에는 체육학을 공부하고 밤에는 테네시 콘퍼런스에서 신학을 공부했다. 그리고 목사 안수를 받았다. 그때 마침 올림픽 국가대표 여자 배구팀의 감독을 찾는다는 소식을 듣고 지원서를 제출했다. 세계 각지에서 온 지원자들을 물리치고 나는 한국인으로서는 전무후무한 '미국 대표팀 감독'에 발탁되었다. 나의 지도를 받은 미국 여자 배구팀은 세계 선수권대회에서 5위의 성적을 올렸다.

1978년 나는 톨레도 대학에서 꿈에도 그리던 체육학 박사 학위를 받았다. '목사'와 '박사'라는 두 가지 선물을 안고 다시 조국으로 돌아왔다.

귀국 후의 삶, 체육과 목회

귀국 후에 나는 모교인 한양대학교 교수로 새로운 삶을 시작하였다. 그러나 목회를 포기하는 것이 일종의 직무유기로 느껴져 괴로워하던 중 개척 교회를 시작하기로 결단했다. 이듬해 3월 셋째 주일, 나의 집 아파트에서 일곱 가정이 모여 첫 예배를 드렸다. 이것이 바로 영동그리스도의교회(현 예수사랑교회의 전신)의 탄생이었다.

이때부터 지금까지 나는 30년 동안 이 교회의 강단을 지키며, 심령이 가난한 자라면 누구에게라도 꿀과 생수를 제공하는 '열린 목회', 그리고 찬양, 무용, 뮤지컬이 어우러진 '문화 목회'를 지향해 왔다. 현재 삼전동 사거리에 있는 예수사랑교회는 매주 500명이 출석하는 중형 교회로, 신자들 중에 체육인, 연예인, 교수들이 많아 다양한 예배 모델을 시도하고 있다.

한양대학교 체육학과 교수로 재직하는 동안 연구와 강의 외에 체육대학장 등 중요 보직을 맡았다. 체육 관련 저서 9권과 25편에 달하는 논문을 발표하였다. 또 '86아시안게임 경기본부장, '88서울올림픽대회 조직위원회(SLOOC) 정책연구실장으로 동 대회를 성공적으로 조직 운영하는 데 일익을 담당하였다. 1994년부터 4년 동안 아시아올림픽평의회(OCA) 선수분과위원장 겸 집행위원으로 활약하였다. 또 국내 체육회 활동으로 1991년 한국체육회 회장에 이어 1993년 대한올림픽위원회 사무총장으로 봉사하였다. 해외 활동으로 1983년 캐나다 하계 유니버시아드대회 한국팀 총감독과 1985년 이탈리아 동계 유니버시아드대회 한국팀 단장 및 1993년 동계 유니버시아드대회 사무총장을 역임하였다. 세계적 규모의 유니버시아드대회에서 한국팀을 진두 지휘하여 한국팀이 국위를 선양하는 데 중요한 역할을 하였다.

한양대 교직 생활을 시작한 지 20년이 되던 1999년, 나는 대한기독교대학교(서울기독대학교의 전신) 총장 청빙을 수락하였다. 총장으로 취임 당시 대한기독교대학교는 역사가 꽤 오랜 대학이지만 시대의 요구에 부응하지 못해 침체일로에 있었다. 나는 부임하자마자 바로 학교명을 '서울기독대학교'로 변경하고 학과를 증설하였다. 대학원 과정 개설 등 일련의 구조 개혁을 단행하여 최근 10년 동안 경쟁력 있는 중위권 기독교 종합대학으로 발전시켜 놓았다. 나의 소망은 동 대학을 현재보다 더 경쟁력 있는 기독교 종합대학으로 발전시키는 것이다.

내가 속한 교회는 그리스도의교회협의회로, 현재 나는 교단의 총회장으로 섬기고 있다. 그리스도의교회는 우리나라에서 교세가 약해서 잘 알려지지 않았다. 그러나 나는 어느 큰 교회보다 이 교회를 더 사랑한다. 그리스도의교회야말로 성경에 가장 가까운 교회이며, 성경의 말씀대로 일치를 추구하는 교회이기 때문이다. 나는 개인적으로 한국 교회에 가장 필요한 것은 교회 일치라고 생각한다. 이를 위해서 몇 년 전부터 개신교 산하 보수진영 200여 개의 교단이 연합한 한국기독교총연합회에 참여하고 있으며, 현재 2009년 공동회장의 한 사람으로 섬기고 있다.

나는 최근 한국 그리스도의교회를 세계 그리스도의교회와 연결시키는 다리를 놓고 있다. 한국 그리스도의교회는 70년이 넘는 역사를 가지고 있지만 한국 밖의 그리스도의교회와 연결이 없어 미국을 비롯하여 다른 대륙에 있는 그리스도의교회와의 교제가 전무하다. 2007년 서울에서 개최한 한국 그리스도의교회 75주년 기념행사는 한국 그리스도의교회의 세계화를 알리는 첫 단추였다. 세계화의 열기를 지속하기 위해 이듬해 국제 환원 심포지엄을 가졌다. 2009년 8월에는 미국 사우스이스트 크리스천 교회(Southeast Christian Church) 담임목사인 밥 러셀 목사를 초대하여 한국 그리스도의교회 전국대회를 개최하였다.

2008년 내슈빌에서 열린 세계 그리스도의교회협의회 월드 컨벤션은 한국 그리스도의교회의 세계화에 주목하는 계기가 되었다. 이것을 그리스도의교회의 위상을 높인 공로로 인정하여 나를 협의회 이사회의 이사로 선임하고, 이어 동 이사회는 수석부회장으로 임명했다. 별 이변이 없는 한 동 이사회는 2012년 나를 총회장으로 추대하여 2016년 세계 그리스도의교회협의회 월드 컨벤션을 서울에서 치를 것이다.

내가 아직 청년이었을 때, 나는 내가 세운 내 생의 목표가 훗날 이렇게 이런 방법으로 펼쳐지리라고는 한 번도 생각해 본 적이 없다. 이 모든 것이 나를 향한 하나님의 사랑이요 은혜일 뿐이다. 내가 세운 목표는 아직 다 펼쳐지지 않았고 지금도 계속 펼쳐지고 있다. 나는 2천 년 전 사도 바울이 고백한 것처럼 '뒤에 있는 것은 잊어버리고 앞에 있는 것을 잡으려고 푯대를 향하여' 내 앞에 놓인 나의 길을 계속 달려갈 것이다.

─ 이강평(예수사랑교회 담임목사)

한 국 기 독 교 성 령 백 년 인 물 사 Ⅱ

순교자

노형래

빛 가운데로 걸어간 순교자
노형래 집사

1. 출생과 성장

노형래 집사의 아버지 노승우 장로는 노씨 가문의 아브라함과 같은 믿음의 조상이었다. 그는 노씨 가문에서 신앙생활을 가장 먼저 하였다. 노형래 집사는 아버지의 신앙을 물려받은 이삭과 같은 믿음과 순종의 사람이었다.

노형래 집사는 1923년 무더운 여름, 음력으로 7월 27일 충남 서천군 마서면 한성리에서 태어났다. 1933년 노형래가 11세 되던 해에 예산군 고덕면 구만리로 이사를 하여 그곳에서 보통학교를 다니게 되었다. 이미 한학을 공부하여 글에 눈이 뜨인 노형래는 공부하고 싶은 열망에 보통학교 생활을 열심히 하였다. 그러나 당시의 일본은 기독교를 탄압하고 학교를 통해서 '내선일체', 즉 한국 민족 말살과 일본의 신민화를 도모하였다. 신사참배를 강요하는 학교 정책을 따를 수 없었던 노형래는 학교에서 퇴학 처분을 당했다.

그는 어린 시절부터 아버지 노승우 장로를 따라 교회를 다니고 믿음 안에서 자랐기 때문에, 비록 나이는 어렸지만 신사참배는 신앙에 맞지 않는다고 거부하여 담임선생님으로부터 호된 꾸지람을 받았다. 담임선생은 아버지 노승우 장로를 찾아가 공부도 잘하고 재능이 뛰어나고 장래가 촉망되는 형래가 신사참배를 하지 않으면 더 이상 학교 공부를 할 수 없으니, 형래를 잘 달래서 신사에 절하도록 타이르라고 하였다.

그러나 노승우 장로는 더 단호하였다. 그 자리에서 노승우 장로는 신사에 참배하는 것은 성경에서 금하는 우상숭배이기 때문에 아들에게 권할 수 없다고 거절하였다. 마침내 노형래는 보통학교를 퇴학당하여 학교에 갈 수가 없었다. 그러나 노승우 장로는 퇴학당하고 돌아온 아들을 덥석 안고 기도하기를 "주여! 이 어린 아들이 믿음으로 승리할 수 있도록 힘 주신 것을 감사합니다. 앞으로 이 아들의 앞길을 인도하여 주옵소서!"라고 아들을 하나님께 맡기며 격려하였다. 아버지의 기도에 힘을 얻은 노형래는 마음에 낙심하지 아니하고 오히려 "주여! 믿음으로 승리할 수 있게 능력을 주신 것을 감사합니다" 하고 주님께 기도드리고 눈물을 흘리며 기뻐하고 하나님의 은혜를 찬송하였다.

그러나 공부해야 하는 나이에 공부하지 못하는 형래의 마음은 답답하기만 하였다. 형래는 하나님께 기도하는 수밖에 달리 할 도리가 없었다. 이때부터 즐겨 부르던 찬송이 있었으니, 이 찬송은 평생을 즐겨 부르는 노형래의 찬송이 되었다. "태산을 넘어 험곡에 가도 빛 가운데로 걸어가면 주께서 항상 지키시기로 약속한 말씀 변치 않네. 하늘의 영광 하늘의 영광 나의 맘 속에 차고도 넘쳐 할렐루야를 힘차게 불러 영원히 주를 찬양하리." 마침 미국 선교사들이 설립한 배양학교에 입학하여 노형래는 학업을 계속할 수 있었다. 배양학교에서 일반적인 공부도 열심히 하고 성경공부도 열심히 한 노형래는 배양학교를 우수한 성적으로 졸업하였다. 고향인 서천군 마서면 한성리 마동으로 돌아온 노형래는 교회와 민족을 위하여 열심히 봉사하였다. 고향에 내려와서 성경 말씀을 읽고 기도하면서 옥산교회를 열심히 섬겼고, 나라를 위하는 마음으로 지역사회 봉사에 앞장섰다.

2. 결혼과 한성교회 개척

그런 와중에 노형래 청년은 전주 이씨 집안 이순희 씨의 장녀 기화 양과 1940년 11월 20일 결혼하였다. 그 이듬해에는 음력으로 1941년 11월 28일에 하나님의 선물인 태철 군이 태어났다. 그 후에 길고도 어두웠던 암흑의 세월이 흘러가고 1945년 8월 15일에 해방을 맞이하였다.

일제 식민지 36년을 보내고 자유의 종소리가 울린 것이 감사하여, 마을에 큰 집을 매입하여 가족을 중심으로 예배를 드리다가 1948년 3월 10일 자기 집을 개방하여 한성성결교회를 개척, 설립하였다. 한성성결교회는 노승우 장로의 헌신적인 봉사와 노력으로 크게 부흥하였다. 그러면서 인근에 있는 시골 교회에 목회자가 없어서 문을 닫아야 할 지경에 이르렀다는 이야기를 듣고, 노형래 집사는 주께서 피를 흘려 사신 교회를 문 닫을 수 없다고 하며 자전거를 타고 매 주일 비인, 태성, 길산교회 등을 순회하며 예배를 인도하였다.

손주덕 장로(규암교회, 예성증경 부총회장)의 말에 의하면, 당시에 어머니와 함께 노형래 집사가 살던 옆 동리인 옥산리 방죽 안에 살며 신앙생활을 했는데, 어머니께서는 늘 노형래 집사의 신앙과 섬김을 부러워하며 찬사를 아끼지 아니하였으며, 아들에게도 늘 본받으라고 자주 말씀하셨다고 한다. 그래서 손주덕 장로는 어린 시절에 노형래 집사님을 잘 따랐고, 노형래 집사도 손주덕 장로에게 가까이하여 "주덕아, 주덕아" 이름을 부르며 무척 사랑해 주어 귀여움을 받았다고 한다.

그러나 해방된 조국은 생각처럼 희망적이지 못하였고 하루도 조용한 날이 없었다. 남북의 분단, 미군정, 민족의 좌우 사상의 대결, 팽팽히 당겨졌다가 놓여 버린 용수철처럼 무정부 상태의 무질서와 혼란은 국민들을 불안하게 하였다. 노형래 집사는 그동안 어떻게 지켜 온 나라인데 강 건너 불구경하는 식으로 그냥 보고만 있을 수 없었다. 노형래 집사는 하나님께 기도하였다. "주여! 해방을 주신 이 나라를 무질서와 혼란 속에서 구하여 주시옵소서!" 노형래 집사의 이 기도는 노형래 집사를 건국준비위원으로 뛰어들게 하여서 그는 대한청년단 서천군 군당 위원장으로 활동하였다. 노형래 집사가 이렇게 교회 일과 청년단 일에 분주할 무렵 하늘이 무너져 내리는 일이 발발하였다. 1950년 6월 25일, 동족상잔의 비극인 한국전쟁이 일어난 것이다.

3. 6·25 한국전쟁과 순교

노승우 장로는 아들인 노형래 집사에게 피란 갈 것을 권유했다. 그러나 노형래 집사는 청년단의 일은 뒤로 미룰 수 있지만 교회를 두고 떠났다가 교인들과 교회가 잘못될지도 모른다는 생각에 신앙의 양심에서 도저히 용납이 되지 않았다. 형제같이 지냈던 최동규 목사(당시 길산교회 전도사)의 증언에 의하면, 농사꾼 차림으로 삽을 들고 새벽에 논을 돌아보는 것처럼 가장하여 20리 들판 길을 걸어왔노라고 하면서 "최 전도사님! 미친 듯이 날뛰는 공산당들을 볼 때 나에게 닥칠 큰 고난이 예상됩니다. 그러나 저는 피할 이유가 없어 죽기로 각오했으니 기도로 도와주십시오"라고 기도를 간절히 요청하여, 함께 손을 잡고 죽음을 준비하는 비장한 기도를 하고 헤어진 것이 노형래 집사의 마지막 모습이라고 한다.

얼마 있지 않아서는 노 집사가 예견한 대로 공산군들이 서천에 밀어닥쳤다. 노형래 집사는 교회에 엎드려 기도하다가 아버지인 노승우 장로와 동생인 학래와 함께 삼부자가 공산군에게 체포되었다. 공산군들이 사용하던 내무서에 끌려간 삼부자에게 공산군들은 장작을 목에 올려놓고 양쪽을 발로 밟고, 거꾸로 매달아 놓고 고춧가루 물을 코에 붓는 등의 갖은 고문을 했다. 북한의 공산군들은 이들 삼부자를 회유했지만 믿음으로 무장하고 주님을 위하여 순교하기로 한 그들의 마음을 돌려놓지 못했다.

노형래 집사는 견딜 수 없는 고문을 당하는 부친과 아우를 더 이상 볼 수 없어서 그들을 구해야 한다는 생각으로 혼자서 모든 책임을 지기로 하였다. 노형래 집사의 큰아들인 노태철 목사(현 제일성결교회)의 증언에 의하면, 할아버지께서는 아버지의 추도예배 때마다 가족과 성도들에게 그 당시의 옥중 생활을 말씀해 주셨다고 한다. 삼부자가 각방에 분리되어 심문을 받았는데, 포승줄로 묶인 채로 통로를 지나다가 서로 스쳐 지나갈 때면 그의 아버지는 조부와 숙부에게 귓속말로 "다 죽을 수는 없지 않은가. 교회를 위해서라도 내가 책임을 전부 맡아서 죽을 테니 그리 알라" 했다고 말씀하시며, 누구나 죽음 앞에서는 약해지거나 피하려고 하는데 너의 아버지는 작은 예수같이 홀로 죽음의 길을 갔다고 한다. 이와 같이 주님을 향한 신앙과 부모를 위한 효심이 지극한 아들을 생각하시며 노승우 장로는 눈물을 흘리셨다고 한다.

노형래 집사는 공산당원들에게 해방 후의 각종 재건 사업과 복음 전도는 혼자서 주도적으로 한 일이며, 이 문제에 대한 책임이 있다면 전적으로 자기에게 있는 것이지 아버지와 동생은 전혀 무관한 일이라고 주장한 결과 아버지와 동생 학래는 석방이 되었다. 몸서리쳐지는 각종 고문과 취조를 당할 때, 인류의 죄를 대신 하여 십자가를 지고 죽으신 예수님처럼, 노형래 집사는 아버지와 동생이 석방되도록 모든 것을 자신이 뒤집어쓰고 성도들의 몫까지 홀로 짊어지며 고난을 자처했다.

또한 혹독하게 심문하는 내무서원에게 "누구나 예수를 믿어야 구원을 얻는다"고 끝까지 복음을 전하였다. 예수를 부인하고 기독교를 배교하라는 강요 앞에서 노형래 집사는 더욱더 강한 어조로 "회개하고 예수 믿으시오!"라고 전도하였다. 그러면 화가 난 공산당원들은 청년단원들의 명단을 내놓으라며 노형래 집사에게 갖은 욕을 다 퍼부었으며 온갖 고문을 자행했다고 한다. 그 당시 노 집사의 근황은, 노 집사의 큰처남댁 쪽의 먼 친인척 중에 공산 정권에 협력하여 높은 지위에 있던 분에게서 전해 들었다.

노형래 집사는 자신의 갈 길을 알고 있는 것처럼 기쁨으로 죽음의 길을 택하였으니 그때의 나이가 28세였다. 노 집사의 아들 노태철 목사는 그때의 기억을 더듬으며, 찌는 듯한 무더운 여름 어느 날 할머니께서 아버지가 구금되어 있는 서천내무서에 면회차 다녀오시더니 "대전으로 넘겼으니 대전으로 가보라"는 말을 들었다고 하시면서 힘이 다 빠진 모습으로 집안으로 들어서시던 모습이 눈에 선하다고 말한다. 그 후 노형래 집사는 대전형무소로 이송되어 수감되었다.

북한 공산군들은 급히 퇴주하면서 각처에 수감된 애국지사들을 모두 처형했다. 잘 알려진 대로 불을 지르거나 우물에 넣거나 구덩이를 파고 모두 밀어넣은 후 총살하여 시체를 버리고 북으로 도주하였다. 노형래 집사는 길지 않은 28세 성상의 삶을 주님께 드리고 하늘나라로 돌아갔다.

노형래 집사의 시신은 찾을 수 없기에 서천 군청에서 주선하여 군민장으로 장례를 치렀는데, 평소에 노형래 집사가 사용하던 밥그릇을 빈 관에 넣어 교회 앞산 가족묘지에 안장했다. 노형래 집사의 장례식에서 약사를 낭독한 황봉의 장로는 "노형래 집사는 주를 향한 위대한 순교자였으며, 대한민국을 위한 충렬의 순국자였다. 짧은 28년의 일생으로서 만인의 사표가 된 고인의 충의는 한국 청사에 뚜렷하며 천국 보좌에 나타나 영광의 면류관을 받았으리라"고 애도하였다.

현재 노형래 집사의 시신은 대전시 보문산 사정공원에 위치한 애국지사총에 안장되어 있다. 노태철 목사는 고향의 가족묘지에 있는 아버지 노형래 집사의 빈 무덤을 생각할 때마다 아버지의 시신을 찾지 못한 자식으로서 늘 안타까웠는데, 1998년 6월에 MBC 6·25 특집 TV 프로에서 우연히 대전에 계신 유족께서 순국자 명단을 소개하는 대목에서 아버지의 이름이 화면에 스치듯 지나가는 것을 보았다. 곧바로 대전에 계신 숙부에게 연락을 취하고 방송국에 출연한 분과 연락을 하여, 그 결과 대전시에서 대전에 소재한 보문산 사정공원에 애국지사총을 만들고 그곳에 대전형무소에서 6·25 때 순국한 애국지사들을 한꺼번에 모신 것을 알게 되었다. 노태철 목사는 즉시 애국지사총을 찾아갔다. 미리 연락해 놓은 숙부에게 그 당시 정황과 아버지의 인적 사항을 확인하였다. 그리고 비문 명단에 아버지의 이름이 선명하게 각인된 것도 확인하였다. 노형래 집사는 나라를 사랑하고 교회를 사랑한 충성된 성도로 순교하여, 이렇게 그때 죽음을 당한 모든 분들과 함께 대전

보문산 애국지사총에 매장되어 있었던 것이다.

4. 성결교회 5대를 이어가는 순교자의 후손들

노형래 집사가 아버지인 노승우 장로님과 함께 설립하고 섬기다 피 흘려 순교한 한성교회는 이름 없는 작은 시골의 교회이지만 흘린 피가 밑거름이 되어 많은 목사님들을 배출하였다.

그중에 노붕래, 노태철, 이정복 등 세 명의 총회장이 배출되었고 조관행, 노희석 등 훌륭한 목회자들이 배출되었다. 그리고 인근 장구리 구역과 죽산 구역을 독립시켜 장구교회와 죽산교회로 지교회를 세웠다. 노태철 목사는 아버지에 대한 기억을 되살리면서, 아버지 등에 업혀 "태산을 넘어 험곡에 가도 빛 가운데로 걸어가면 주께서 항상 지키시기로 약속한 말씀 변치않네 하늘의 영광 하늘의 영광 나의 맘 속에 차고도 넘쳐 할렐루야를 힘차게 불러 영원히 주를 찬양하리"(찬송가 502장)를 들었던 기억이 생생하다고 한다. 노형래 집사는 큰아들인 노태철을 등에 업고 혹은 품에 안고 "너는 커서 목사가 되어 주의 일을 해야 한다"고 말씀했다고 한다. 그리고 추운 겨울밤 교역자가 없는 이웃 교회들을 순회하며 예배를 인도하고 늦게 돌아와서 큰아들을 안고 머리를 쓰다듬어 주시며 기뻐하시던, 사랑스럽고 인자하신 아버지의 모습이 생각난다고 아버지에 대한 그리움을 회상하였다.

남편을 순교의 제물로 앞세운 이기화 권사(성결교회인물전 5집)는 3남매를 눈물어린 기도로 키워 내었다. 노형래 집사의 장남인 노태철 목사는 아버지의 유지를 따라서 목사가 되어 서울에서 제일성결교회를 개척하여 40년이 넘도록 아버지의 순교정신을 본받아 오직 목양 일념으로 헌신하여 대교회로 성장시켰다. 노태철 목사는 탁월한 지도력을 지닌 성실한 목회자로서 예수교대한성결교단의 총회장을 지냈으며, 한국 교회의 존경받는 목회자로서 한국기독교총연합회 공동회장으로 한국 교회를 섬기고 있다. 또 세계 선교를 위해 세계한민족복음화협의회를 설립하여 총재로 세계 선교에 앞장을 서고 있으며, 특별히 아버지의 순교 정신을 전승하는 일에 앞장서, 현재 한국 교회순교자기념사업회 이사장을 맡고 있다.

차남인 노희석 목사는 명일성결교회를 개척하여 대교회로 부흥시켜 성공적인 목회자로 섬기고 있으며, 세계성신클럽 회장 및 교단의 부흥사회 대표회장을 역임하고, 성결교신학대학원 이사장으로 총회 임원으로 활발히 사역 중이다.

그리고 외동딸인 노평란 사모는 허성활 목사와 함께 화목교회를 개척하여 아버지 노형래 집사의 순교정신을 이어가고 있다.

노형래 집사의 손자와 손녀들도 한결같이 할어버지의 순교신앙을 본받아서 훌륭한 목회자들이 되었다. 순교자의 후예로 가문의 신앙을 이어받은 장손 노윤식은 주의 종의 길을 가기 위하여 한국외국어대학을 졸업하고 성결대학교를 졸업하였으며, 서울신학대학원을 졸업한 후에 독일 본 대학에서 어학 연수를 마치고 본격적인 신학 연구를 위하여 미국 알라이언스 신학대학을 졸업하고 에즈베리 신학대학원에서 선교학 박사 학위를 받은 후 성결대학교 교수로 재직하고 있다. 손주사위 유경열 목사(손녀 노윤숙)는 미국 홀담 대학원을 졸업하고 미국에서 서광교회를 개척하여 목회를 하고 있다. 둘째 손주 노윤성은 미국 뉴욕대학원에서 경영학을 전공하고 유능한 기업인으로 활동하고 있으며, 셋째 손주 노윤철은 미국 치대의 명문 텁스 치대와 하버드 치대를 졸업하고 미국에서 치과병원 원장으로 그리고 서광교회 개척 멤버로, 증조할아버지께서 우리 집안의 아브라함이 되신 것처럼 미국에서 아브라함이 되겠다며 주의 일에 충실하고 있다.

손녀 유림은 서울여대를 졸업하고 캐나다 유학을 마치고 귀국하여 주님을 잘 섬기고 있으며, 외손자 허상범 목사는 미국 비올라 대학원에서 신학 박사 과정에 있고, 허종범 집사(컴퓨터 전공 박사)와 허대범 집사도 신앙생활을 잘하고 있다. 순교자의 후손으로 성결교회 5대가 되는 증손녀 수현은 미국 보스턴 대학교 경제학부에 재학 중이고, 증손 종윤도 미국 아나폴리스 크리스천 하이스쿨에서 훌륭한 목사가 될 꿈을 가지고 주의 종의 길을 가려고 유학 중에 있다.

노형래 집사와 어린 시절부터 함께 자라고 내 사촌형제인 옥산교회 나순하 장로(나세웅 목사 부친)는 "노승우 장로와 그의 아들 노형래 집사는, 사가를 개방하여 교회를 개척하고 자기 가산을 다 기울여 교회를 이룩하는 등 주님 나라 건설을 위하여 충성하다가 마지막 자기의 생명까지 민족 제단에 바쳐 순교의 제물이 되셨지요. 그 거룩한 순교의 피는 헛되지 않아 후손들이 영육간에 복을 받고 하나님의 사역에 크게 쓰임 받는 것을 보게 됩니다"라고 말한다. 이처럼 노형래 집사의 순교의 희생은 후세에 하나님의 선한 결실로 아름답고 풍성하게 영글어가고 있다.

— 지왕근(성결교회 인물전 집필위원)

한국기독교성령백년인물사 II

사회봉사

장기려 | 이윤구 | 김영진 | 김평일

작은 예수로 산
장기려 박사

    1911년 평안북도 용천군에서 태어나서 주님 사랑과 이웃 사랑으로 한평생을 제물로 바친 장기려 박사는, 1995년 12월 25일 성탄절 날 새벽 1시 45분경 85세를 일기로 하나님의 품으로 돌아가셨습니다. 그때 한국의 언론은 그분을 가리켜 '한국의 슈바이처' 또는 '살아 있는 작은 예수'라고 불렀습니다.

    저는 장기려 박사님이 세상을 떠나신 다음 달 1996년 1월 20일 〈군복음화〉 신문에 "빛을 남긴 사람"이란 제목의 글을 실어 장기려 박사를 추모한 일이 있습니다. 당시 저는 그분의 삶을 세 가지로 기려 보았습니다. 일평생 무소유로 가난하게 사신 분, 일평생 사람들에게 사랑을 베풀며 따뜻하게 사신 분, 일평생 예수님을 섬기며 충성스럽게 사신 분, 그분이 바로 장기려 박사님이십니다.

오늘 우리 시대는 말보다는 삶이 필요한 시대입니다. 감동적인 설교보다는 실천적인 삶이 필요한 시대입니다. 지금 우리는 정치가들의 말도 믿지 못하고 목사님들의 설교도 신뢰하지 못하는, 어둡고 불행한 시대에 살고 있습니다. 그런데 장 박사님은 어두운 밤과 같은 우리 시대에 밝은 빛을 비추며 순수하고 따뜻하게 사셨습니다. 말이나 설교보다는 삶을 실천하셨습니다. 가난하게 살라고 설교하기 전에 먼저 자신이 가난하게 사셨습니다. 이웃을 사랑하라고 큰 소리로 설교하기 전에 먼저 자신이 가난하고 병든 자들을 사랑하셨습니다. 부부의 사랑이 육체와 돈으로 추해져 가는 이 세상에서 진정한 사랑은 영혼과 영원으로 아름답게 승화될 수 있음을 친히 보여 주셨습니다. 예수를 섬기라고 말은 하면서도 실제로는 세상과 돈을 섬기며 사는 오늘의 시대에 주님만을 충성스럽게 섬기셨습니다.

어떻게 그런 고귀한 삶을 사셨는지 모르겠습니다. 아마 그분의 가슴에 맺혀 있던 이산의 슬픔과 분단의 아픔이 그분의 삶을 그렇게도 순수하고 따뜻하고 고귀하게 만들었는지도 모르겠습니다. 이제 '작은 예수로 산' 장기려 박사의 삶의 모습을 세 가지로 나누어 살펴보겠습니다.

장기려 박사는 무소유로 가난하게 사셨습니다

그런데 그것이 우리 주님의 삶의 모습이었습니다. 예수님은 주님을 좇겠다고 나선 어떤 사람을 향해서 "여우도 굴이 있고 공중의 새도 집이 있으되 인자는 머리 둘 곳이 없도다"라고 말씀하셨습니다. 장기려 박사도 평생 집이나 재산을 소유하지 않고 검소하고 가난하게 살았습니다.

그의 삶의 목적은 소유가 아니었습니다. 나눔과 베풂이었습니다. 그는 자기를 주인이나 소유주가 아닌 종이나 청지기로 간주하며 평생을 무소유로 가난하게 살았습니다. 수많은 환자들을 무료로 진료했습니다. 1975년 정년 퇴임 후 집 한 채 없이 고신의료원이 병원 옥상에 마련해 준 24평 남짓한 남루한 사택에서 그의 여생을 보냈습니다.

예수님은 우리를 위해서 우리를 부요케 하시려고 가난해지셨습니다. 이것이 상호교환의 원리입니다. 장기려 박사도 스스로 가난해짐으로 수많은 사람들의 삶을 부요케 만들어 주었습니다. 그는 개인은 물론 교회가 물질적 부요를 탐하는 것을 죄라고 보았습니다. 그는 교회가 건물을 크게 짓거나 외형적 확장에 우선적인 관심을 쓰는 것은 신앙의 본질일 수가 없다고 보았고, 이런 경향을 자본주의적 맘모니즘으로, 물신주의로 이해했습니다. 한국 사회가 잘살아 보자고 외치고 한국 교회가 외적 성장에 골몰하고 있던 때인 1975년에 그는 다음과 같은 글을 쓴 일이 있습니다.

"밀턴의 《실락원》을 읽어 보면, 맘몬은 고층 건물을 잘 짓고 물질 세계의 발전을 잘 일으키는 재능이 있는 마귀로 묘사되었다. 이것을 읽은 뒤부터는 고층 건물을 보면 맘몬의 힘을 연상하게 된다. 하늘을 찌를 듯한 고딕 건물 예배당도 나에게는 하나님의 영광이 느껴지지 아니하며 사람의 예술품이 될 수는 있을지언정 맘몬의 재주인 듯한 느낌이 든다. 또 우리는 세상에서 권세와 지위와 명예, 그리고 사업의 번영들에 대하여 하나님의 축복이라고 생각하고 축하한다. 그러나 그것들이 과연 하나님의 영광을 사모하여 살던 사람들에게 내려 주시는 선물이었던가? 자기도 모르는 사이에 맘몬과 타협해서 산 결과로 된 것이 아니었던가?"

자본주의와 물질의 노예가 된 우리들에게 얼마나 큰 도전이 되는 말과 삶인지 모릅니다. 그는 가난하고 검소하게 살았습니다. 그는 물질만능주의와 사회적 부정부패를 개혁하는 최선의 방법은 스스로 검소한 삶을 사는 것이라고 확신하며 스스로 검소하고 가난한 삶을 살았습니다. 그는 가난하고 병든 자들을 부요케 하기 위해서, 그리고 자본주의로 부패한 우리의 사회를 보다 의롭게 만들기 위해서 자신 스스로 무소유로 가난하게 살았습니다.

장기려 박사는 사람들을 사랑하며 따뜻하게 사셨습니다

그런데 그것이 우리 주님의 삶의 모습이었습니다. 우리 주님은 가난하고 병든 자들과 죄인들을 조건 없이 사랑하셨습니다. 그는 경성의학전문학교를 지망하면서부터 이런 소원을 가슴에 품었습니다. "하나님, 의과대학에 들어가게만 해주신다면 의사를 한 번도 못 보고 죽어가는 사람들을 위해서 한평생을 바치겠습니다."

장기려 박사는 1932년 경성의학전문학교를 졸업하고 의사가 된 후 경성의전부속병원에서 일하며 가난하고 병든 사람들을 돌보기 시작했습니다. 그는 1940년 일본 나고야 대학에 제출한 논문으로 의학박사 학위를 받은 후 평양 연합기독병원의 외과과장으로 일하면서 수많은 사람들에게 치료와 사랑의 손길을 폈습니다. 1947년부터는 김일성대학의 외과학 교수 겸 외과과장으로 성실하게 일하다가 1950년 12월 둘째 아들과 함께 월남했습니다. 월남 후인 1951년 5월부터 부산에서 창고를 빌려 간이 병원을 설립하고 피란민들과 전상자들을 무료로 돕기 시작했는데, 그것이 복음병원의 시작이었고 나중에는 오늘의 고신의료원이 되었습니다.

그는 1950년 12월 4일 앰뷸런스를 타고 피란민들로 북적대던 평양의 종로 거리를 달렸는데, 그때 피란민 대열에 끼어 있던 아내와 다른 자녀들을 발견했습니다. 그러나 그는 차마 차를 세워 달라는 말을 하지 못하고 둘째 아들과 함께 남하했으며, 그때 아내와 자녀들을 데리고 남하하지 못한 것을 평생의 한으로 간직하며 살게 되었습니다. 그는 평생 지울 수 없는 그 아픔과 한에 보답이라도 하려는 듯이, 자기의 죗값을 갚으려는 듯이 불쌍한 사람들에게 한없는 끝없는 사랑을 쏟아 부으면서 한평생을 살았습니다.

그는 1969년부터 8천여 명의 간질 환자들을 무료로 진료했다고 합니다. 그는 치료비가 없어 고민하는 환자들에게는 밤에 몰래 병원 뒷문을 열어 주면서 집으로 돌려보내기 일쑤여서 항상 병원 행정 직원들의 볼멘소리를 들었다고 합니다.

그는 1976년까지 25년간 복음병원의 원장으로 일하면서 환자를 돌보는 일과 의학 연구에 몰두하면서 살았습니다. 그는 복음병원에서 근무하면서 동시에 서울대 의과대학 교수로, 부산대 의과대학 교수로, 서울 가톨릭대 의과대학 교수로 봉사하기도 했습니다. 수많은 의학 논문을 발표했고, 간암에 대한 연구로 1961년에는 대한의학회 학술상을 수상하기도 했습니다. 이렇게 그는 환자들에게는 한없는 사랑을, 한국 의학계에는 커다란 공헌을 했습니다. 그는 1975년에는 막사이사이 사회봉사상을 수상함으로 그의 사람 사랑과 사회 봉사의 업적이 아시아적으로 인정받기도 했습니다.

장기려 박사의 삶의 목적은 명예도 행복도 부귀도 아니었고, 가난하고 병든 자들에게 사랑의 손길을 펴는 것이었습니다. 주님의 사랑을 받은 죄인인 한 여인이 주님의 사랑에 감격하여 옥합을 가지고 와서 울며 눈물로 주님의 발을 적시고 자기 머리털로 주님의 발을 씻고 그 발에 입을 맞추었듯이, 장기려 박사의 사랑을 받은 수많은 사람들도 그 사랑에 감격하여 사랑과 봉사의 삶을 새롭게 살게 되었습니다. 이건오 박사는 이렇게 말했습니다.

"장 박사를 만나고 나서 나는 그의 복사판이 되고자 노력했다. 그의 삶이 진정 헌신적이고 투명해서 도저히 따를 수 없는 수준이었지만."

장기려 박사의 삶의 철학은 사랑 실천이었습니다. 그는 이렇게 말했습니다.

"사랑은 지고선이다. 사랑은 도덕의 도덕이요 생명의 생명이다. 사랑의 철학은 생명철학의 일대 혁명이다. 사랑은 아름다운 것, 사랑은 영원한 것, 사랑은 생명 자체이다."

그는 신학이론이나 교리나 교회의 제도나 전통을 무시하지는 않았습니다. 그러나 그런 것들이 자칫 잘못하면 냉랭한 이성의 동의는 얻을 수 있으나 가슴을 움직이는 감동은 주기 힘들다고 생각하며, 사랑 실천의 삶만이 가장 가치 있는 그리스도인의 삶이라고 강조했고 그렇게 살았습니다. 그래서 그의 사랑과 봉사의 삶은 강력한 영향력을 미쳤습니다. 고신대의 이상규 교수는 장기려 박사의 삶을 이렇게 평가했습니다.

"이런 점에서 그의 생애와 삶은 한국 교회 현장에 떨어진 거룩한 폭탄이었다."

장기려 박사의 사모님에 대한 극진한 사랑은 육체나 환경을 초월한 영혼과 영원의 사랑이었다고 하겠습니다. 춘원 이광수가 척추결핵으로 경성의전부속병원에서 6개월 동안 치료를 받은 일이 있었는데, 그때 주치의가 27세의 젊은 의사 장기려 박사였습니다. 춘원은 그때 장기려 박사에게 이런 말을 했다고 합니다. "당신은 성인이 아니면 바보요." 돈이나 출세에는 아무런 관심이 없었기 때문이었습니다.

진정한 사랑이 사라져 가는 이 시대에, 우리들의 사랑이 점점 이기적이고 물질적이고 육체적으로 되어 가는 이 시대에, 장기려 박사는 순수하고 영원한 사랑이 어떤 것임을 우리들에게 분명하고 구체적으로 보여 주었습니다. 미움과 적대와 대결로 치닫고 있는 우리 사회와 한반도 안에서 우리가 힘써 실천해야 할 일은, 바로 우리의 가족을 순수하게 사랑하고 가난하고 병든 이웃을 순수하게 사랑하는 일임을 우리들에게 말없이 보여 주었습니다. 병든 우리 사회를 치료하고 살리는 길도, 깨어져 가는 우리의 가정을 치료하고 살리는 길도, 분단된 이 땅에 평화와 통일을 가져오는 길도 바로 이와 같은 조건 없는 사랑을 실천하는 길이라고 생각합니다. 그의 생애와 삶은 참으로 '한국 교회 현장에 떨어진 거룩한 폭탄' 이었습니다.

장기려 박사는 주님만을 섬기며 충성스럽게 사셨습니다

그런데 그것이 우리 주님의 삶의 모습이었습니다. 우리 주님의 삶은 하나님과 동행하는 삶이었고, 하나님의 뜻과 일을 이루는 삶이었으며, 하나님을 섬기며 하나님의 영광을 드러내는 삶이었습니다. 장기려 박사도 사람들을 섬기면서도 사실은 예수님만을 바라보고 사모하면서 주님만을 섬기는 삶을 살았습니다.

장기려 박사는 1947년 김일성대학 의과대학 교수 겸 부속병원 외과과장으로 부임할 때도 주일에는 일할 수 없다는 조건으로 부임했고, 그 학교와 병원에서 일할 때 주일을 지키면서 주님을 섬겼습니다. 환자를 수술할 때는 항상 기도를 하고 시작했습니다. 의사로서의 성실함과 신실함이 인정되어 1948년에는 북한 과학원으로부터 의학박사 학위를 수여받기도 했습니다. 그는 1948년 8월 주기철 목사님이 시무하시던 평양 산정현교회에서 장로로 장립받은 후 평생 주님과 교회를 충성스럽게 섬겼습니다. 월남 후에는 부산에 산정현교회를 설립하고 초대 장로로 주님과 교회를 충성스럽게 섬겼습니다.

그분의 삶의 모토는 "예수를 본받고 섬기자"였습니다. 그는 자신을 드러내기를 싫어했습니다. 박사라고 불리는 것도 싫어했습니다. 자신이 칭송을 받거나 섬김을 받기를 싫어했고, 오직 주님을 높이고 주님을 섬기기를 좋아했습니다. 그래서 그분은 자기 무덤에 '오직 주를 섬기고 간 사람'이란 비문을 써 달라고 부탁을 했습니다. 그분은 실로 '주님만을 섬기고 간 사람'이었습니다. 하나님 섬김과 순종의 삶이 퇴색되어 가는 이 시대에 그는 하나님만을 섬기며 사는 삶이 어떤 삶인지를 실제로 보여 주고 갔습니다.

우리는 어둡고 차가운 세상을 살아가면서 순수하고 따뜻한 사랑의 빛을 비추면서 사신 한 분을 만나 보았습니다. 얼마나 반가운 일인지 모릅니다. 순수하고 가난하게 사신 분, 사랑하며 따뜻하게 사신 분, 충성스럽게 섬기며 사신 분을 만나 보았습니다. 얼마나 훈훈한 일인지 모릅니다. 그분은 작은 예수로 살았습니다. 그분은 다니엘 12장 3절에 기록한 대로 "궁창의 빛과 같이 빛나는" 삶을 살았습니다. 그분은 우리가 어두운 세상을 어떻게 살아야 할지를 몸소 실천해 보여 주었습니다. 빛을 비추면서, 순수하고 가난하게, 사랑하며 따뜻하게, 충성스럽게 섬기면서 살아가야 할 것을 본으로 보여 주었습니다.

분단 민족의 슬픔과 아픔의 십자가를 대신 지고 가신 분입니다.

고귀한 분을 우리에게 보내 주신 우리 하나님께 부끄러운 감사를 드립니다. 우리에게도 그분과 같은 삶을 조금이라도 살 수 있게 해주시기를 기도 드립니다. 주님께서 우리들에게 하시는 말씀입니다.

"이같이 너희 빛을 사람 앞에 비취게 하여 저희로 너희 착한 행실을 보고 하늘에 계신 너희 아버지께 영광을 돌리게 하라"(마 5:16).

― 김명혁(강변교회 원로목사)

성령의 법에 묶인 죄인의 기쁨, 이윤구 박사

"그러므로 이제 그리스도 예수 안에 있는 자에게는 결코 정죄함이 없나니 이는 그리스도 예수 안에 있는 생명의 성령의 법이 죄와 사망의 법에서 너를 해방하였음이라"(롬 8:1~2).

1. 거듭나는 혼의 체험

죄 많은 사망의 땅에 잠시 갔다가 일장춘몽같이 쏜살처럼 지나간 한 삶을 돌아보며, 믿음의 후예들에게 남기고 싶은 말이 있습니다. 부끄러우며 머리를 들고 하나님 아버지 앞에 설 수 없는 죄인의 괴수이지만 한 가지만은 진솔하게 유언처럼 말할 수가 있습니다. 그것은 6·25라는 전쟁의 피바다 속에서, 사망의 법에서 해방되고 십자가를 지신 갈보리 예수의 '성령의 법' 세상으로 뛰어든 신비스러운 혼의 체험이 있었다는 고백입니다.

1952년 12월, 6·25가 마지막 엄동을 맞고 눈과 얼음으로 뒤덮인 동부전선이었습니다. 좁은 도로를 넓히고 눈을 치워서 크고 작은 군용차들이 고갯길을 오르내리게 하는 건설공병단에 몸을 담고 있던 저는 죽음 한 치 앞까지 가는 교통사고를 만났습니다. 미군 하사관을 태우고 지프를 운전하여 부대를 나섰습니다. 뺨을 깎는 추위 속에 눈길을 쓸고 닦는 한국인 노무부대를 살피는 밤중이었습니다. 험준한 고갯길을 오르다가 마주 보고 내달려 오는 덤프트럭을 피하려고 본능적으로 핸들을 꺾었습니다. 그러고는 자동차가 백 척도 넘는 낭떠러지 아래 계곡으로 떨어졌습니다. 그런데 험한 계곡에 방석처럼 무성한 칡넝쿨이 제가 탔던 차를 가볍게 받아 주어 다친 데도 거의 없이 미군 하사와 함께 기어서 신작로로 올라왔습니다.

길에 주저앉아 평생 처음으로 기도다운 기도를 드렸습니다.

"이 사망의 골짝에서 왜 저를 다시 살리셨습니까?"

주변에 있던 사람들은 우리 두 사람이 귀신이라도 되는 듯 두려워하는 눈치였습니다. 그때 홀연히 인자한 음성이 제게 들렸습니다.

"윤구야, 윤구야, 윤구야! 너는 죽고 이제부터는 내가 네 속에 들어가 산다!"

반세기가 훨씬 넘은 지금까지 영혼의 녹음기가 있다면 누구에게나 들려주고 싶은 성령의 말씀이었습니다. 신비스럽고 놀라웠습니다.

영혼의 체험은 지극히 내면적인 것이어서 말로 표현하기가 쉽지 않습니다. 남에게 쉽게 이야기하고 전하는 일도 삼가야 한다고 저는 믿습니다. 그러나 꿈 같은 인생의 석양길에 서서 유언하듯이 삶의 극적인 전환점을 조심스레 간증하는 무례함을 저지르기로 했습니다.

2. 중생 이전의 학습 기간

모태신앙이란 말이 있습니다. 저도 찬송과 기도로 사시다가 6·25의 비극 속에서 하늘로 가신 어머니에게서 태어났습니다. 더러 자랑도 하곤 합니다. 그런데 그 어머님의 믿음으로 제 영혼이 자동적으로 풍요로워지는 것이 아님을, 저는 청년이 되어 죽는 경험을 하기까지 몰랐습니다. 부모님의 믿음이 큰 도움이 되는 것은 의심할 여지가 없지만 영혼의 거듭남은 유산처럼 물려받을 수 없는 것입니다. 믿음의 자녀들이더라도 철두철미한 새 체험을 해야 합니다.

주일학교(오늘의 교회학교)에서 열심히 성경공부를 하고 밤낮 찬송을 부르면서 소년 시절을 기쁘게 보냈습니다. 까마득한 옛날 같은 그때를 회상하면 그런대로 바른 신앙의 가정에서 복받은 어린 시절이었다고 생각합니다. 그런데 냉철하게 혼의 자리에서 그 시절의 삶을 반성해 보면, 세상에서 출세하고 입신양명하여 남보다 앞서고 위에 올라 섬김을 받는 것이 성공하는 인간의 길이라고 생각했던 것이 분명합니다. 부끄럽기 짝이 없습니다.

조금은 철이 들고 중·고등학교에서 부푼 꿈으로 가득 차 있던 시절에도 십자가를 지고 피를 흘리며 골고다 언덕을 오르는 갈릴리 사람 예수보다는 면류관을 쓰시고 하나님 우편에 앉은 높고 위대한 성자를 더 바라보았습니다. 그리고 생각도 없이 나도 그 보좌의 한 자리에 앉을 자격을 얻었다고 착각했습니다. 험한 십자가의 고난 없이 빛난 면류관이 어디에 있습니까? 그러나 나는 너무도 쉽게 하늘나라 백성이 된 것처럼 생각했습니다.

감동적인 설교, 은혜로운 찬양, 열정적인 기도를 주일마다 듣고 드리기는 했던 것 같은데, 다 학습이었고 성령세례를 받기 전의 준비 기간이었습니다. 영혼이 거듭나는 결정적인 때는 아직 아니었습니다. 그것을 몰랐습니다.

글을 많이 읽고 쓰며, 학교의 잡지도 만들어 보고, 합창단에서 노래 부르기도 해보고, 웅변대회에 나가서 열변도 토해 보았습니다. 그런데 그 모든 활동들의 밑바닥에는 남들을 제치고 눌러 내가 앞서고 위에 오르려는 욕심이 깔려 있었습니다. 우등생 대열에 못 끼고 각종 대회에서 입상하지 못하면 무슨 큰 죄를 짓는 줄 알았습니다.

그런 청소년기에 제게는 하나님께서 보내 주신 인생과 신앙의 큰 스승이 계셨습니다. 감리교 선교사 에스더 레어드(羅愛施德) 선생은 가냘픈 체구에 조금은 까다로운 성품을 지닌 여인이었습니다. 일반적인 선교사들과는 달리 사회관을 경영하면서 부녀들의 아기 기르기, 청소년 도서실, 진료소를 운영하며 영어성경 공부반을 만들어서 우리를 가르쳐 주었습니다.

나(羅) 선생께서는 결핵으로 신음하는 중·고등학생들을 위해 격리 수용 시설을 만들어 많은 청소년을 병마와 사망에서 구해 주었습니다. 춥고 눈이 오는 밤이나 새벽에도 외딴 산 고갯길을 걸어 다니며 환자들을 돌보는 사랑을 보였습니다. 큰 감동을 받으면서도 저는 선생님이 참 좋은 사업을 하시는구나 하는 생각밖에는 안 했습니다. 성령이 그에게 임하시고 안수하시고 그를 우리 땅으로 보내셨으며, 그로 인해 가난하고 무지하고 병든 사람들을 향해 복된 하나님의 사랑을 전하고 있던 것을 미처 몰랐습니다. 그때 바로 알았다면 제 삶이 얼마나 성숙한 자리에 오를 수 있었을까 하는 생각에 한없이 고개를 떨구게 되고, 가슴이 미어지듯 아픕니다.

전쟁의 포탄과 죽음의 계곡에서 제 영혼이 새로 태어나는 체험을 하고 나서야 에스더 레어드 선생님이 성령의 사람으로 복된 소식을 제게 전하여 주는 귀한 사역을 했다는 새로운 인식을 갖게 되어서, 많은 눈물로 감사하고 또 감사했습니다.

3. 중생 이후의 기쁜 삶의 준비

저는 모든 믿는 사람에게 두 번의 생일이 있다고 생각합니다. 몸이 태어나는 날이 있고 영혼이 거듭나는 중생의 날이 있습니다. 육신의 나이가 80세를 넘겼습니다만 제 영혼은 6·25전쟁 때 새롭게 거듭나서 아직 회갑 전의 장년이라 믿고, 청년으로 살아가고 있습니다.

이 거듭남은 그리스도께서 아버지 하나님의 긍휼과 섭리하심으로 골고다의 죽음을 통하여 부활하신 사실에서 시작되었습니다. 그 신비롭고 위대한 영혼의 중생이 우리 크리스천의 특권입니다. 아니, 반드시 있어야 할 체험입니다(벧전 1:3).

새로 태어나는 혼의 체험을 하는 순간, 온 세상이 제 눈앞에 새롭게 전개되었습니다. 참으로 놀라웠습니다. 이제까지 세상은 온통 제가 딛고 올라설 발판으로 보였고, 모든 사람들은 제 앞에 엎드려 절을 할 대상으로 존재했습니다. 그런데 새 세상은 그게 아니었습니다. 그 험한 산, 깊은 눈 속의 계곡, 추위로 떨고 서서 일하고 있는 사람들 모두가 제가 높이고 아끼고 섬겨야 할 대상으로 새롭게 보였습니다. 제 생명을 묶고 조이고 꼼짝도 못하게 하던 죄와 사망의 법과 사슬이 풀리는 순간에 모든 생태계가 노래하고 춤을 추는 제 삶의 반려자로 바뀌었습니다. 기적 같은 사건이었습니다. 아니, 기적이었습니다. 영혼이 태어나는 진통 끝의 감동이었습니다.

조그만 유엔군 야전병원에서 가벼운 타박상을 치료하면서 며칠을 뜬눈으로 지났습니다. 야전침대에 누워서 이렇게 죽은 내가 다시 살아나서 할 일이 무엇인지 생각하며 기도했습니다. 갈보리 언덕 십자가의 예수님이 새로운 모습으로 제 앞에 나타나셨습니다. 이전에는 그냥 성경 이야기이며 단순한 사건으로만 인식되어 왔던 그림이 살아서 움직이는 혁명으로 일어나고, 피 흘리며 신음하는 갈릴리 사람 예수의 눈물이 뜨겁게 느껴졌습니다. 그리고 주님의 숨소리가 강한 바람처럼 제 귀를 두드렸습니다. 가슴을 강타했습니다.

누가 시키지도 않았는데 제 가슴에서 놀라운 찬송이 터져 나왔습니다. "웬 말인가 날 위하여 주 돌아가셨나 나 같은 벌레(Such a worm as I) 위하여 큰 해 받으셨나." 주 십자가를 바라볼 때 그 일이 고마워 감히 얼굴도 못 들고 눈물만 흘렸습니다. 벌떡 자리에서 일어났습니다. 그리고 큰 목소리로 불렀습니다. "눈물로는 사랑의 빚 갚을 길 없어서 내 모든 것 바칩니다. 딴 길 없습니다"(This all that I can do).

영혼의 중생 체험을 하고 얼마 후에 신학 공부를 위해 부산으로 갔습니다. 성경을 새로 읽고 싶었습니다. 삶의 새 오솔길을 찾고 싶었습니다. 세상을 섬기는 디아코니아(diakonia)의 십자가를 지고 일어서는 혼의 힘을 기르고 싶었습니다.

밤이면 부두에 나가서 선박에서 짐을 하역하는 일을 했습니다. 아직 전쟁 중이어서 많은 군사 물자가 들어오고 있었습니다. 당연한 일이었습니다. 그런데 무슨 구제 물자가 그렇게도 많이 들어오는지 저를 놀라게 했습니다. 태산같이 쌓여 있는 구제품 덩어리에는 십자가와 함께 '기독교세계봉사회'(Church World Service)라고 명기되어 있었습니다.

전쟁이 끝난 후 기독교세계봉사회에서 일하면서 많은 생활필수품(양곡, 의류, 약품 등)을 나누어 주었습니다. 제 역할은 남의 나라에서 낯 모르는 사람들이 보내오는 사랑을 어려운 이웃에게 전하는 것이었습니다. 귀한 사역이었지만 어딘지 마음에 불편하고 아픈 것이 있었습니다. 저를 포함한 한국 교회의 크리스천은 언제쯤이나 내 것을 가지고 전쟁고아나 미망인과 피란민을 돕게 될까 하는 아쉽고 쓰라린 마음이었습니다. 받는 고마움이 쌓여 주고 먹이는 사랑으로 승화하는 꿈을 꾸었습니다.

4. 성령이 오신 후의 섬김의 삶

1960년대 초반은 아직 파괴된 국가 재건과 뿌리 못 내린 경제를 새로 일으키는 고통의 시대였습니다. 그때 홍콩에서 열린 세계기독교협의회의 회의에서 "20세기 후반의 십자가는 앵글로 색슨만 혼자 지지 않았으면 좋겠다. 우리 황인종과 흑인종도 인류의 십자가는 같이 지는 것이 마땅하지 않겠느냐"고 힘주어 연설을 했습니다. 한참 젊었을 때라서 그렇게 당돌한 말을 두려움 없이 했는데, 지금 회고하면 마냥 부끄럽고 죄스럽기 짝이 없습니다. 굶주리고 헐벗고 병들고 무지한 이웃들을 돕는 일에 뛰어들고 싶었던 충정은 있었기에 그런 엉뚱한 말을 했겠구나 하고 자위를 합니다.

홍콩 대회의 발언 때문에 제 삶에는 큰 변화가 왔습니다. 한국 교회가 파송하고 재정은 미국 교회가 부담하고 세계교회협의회가 임명하여 중동기독교협의회 피란민사업부에서 일을 할 기회가 왔습니다. 급히 짐을 꾸려 요르단 예루살렘으로 떠난 것이 1965년 10월이었습니다. 2년 임기를 마치고 돌아와야 했으므로 20년을 해외에서 봉직하게 될 것은 전혀 예상치 못했습니다.

1967년에는 다시 예루살렘에서 전쟁을 맞았습니다. 성지에서 포성과 피 흘림과 사망의 비극을 듣고 보았습니다. 요단 강을 건너서 암만과 다메섹을 거쳐 레바논으로 피란을 가던 때를 회상하면 지금도 가슴이 갈갈이 찢어지는 아픔을 느낍니다. 전후 세 나라의 피란민 구호와 재활 사역 때문에 몇 년간 정신없이 뛰면서 진력했습니다. 5년 동안 중동에서 교회의 일로 동분서주하는 동안, 제가 한 일이 팔레스타인 난민에게 얼마나 도움이 되었는지 저는 모릅니다. 그러나 아는 것이 하나 있는데, 바로 저 같은 보잘것없는 허물투성이에게도 성령께서 함께하시고 제게 맡겨진 '선한 싸움'을 믿음으로 감당하게 해주셨다는 확신과 감사한 마음입니다.

　영국에서 쉬면서 중동에서 곤비했던 영혼과 육신을 재충전할 은총도 값없이 받았고, 박사 과정을 늦게 이수하면서 공부다운 공부도 평생 처음 했습니다. 그리고 곧 귀국할 계획이었는데 뜻대로 되지 않고 다시 떠돌아다니게 되었습니다. 이번에는 유엔 아동기금(UNICEF)에서 봉직할 기회가 온 것입니다. 하늘이 주신 은총이었습니다.

　첫 임지는 다시 중동인 이집트였습니다. 하나님의 거룩한 섭리로 다시 아랍 세계로 갔습니다. 아스완 사막지대의 유목민들에게 가족계획을 가르치고 사업 시찰을 갔을 때, 한 어머니가 17명의 자녀를 낳았는데 세 아이만 생존한 것을 보았습니다. 세상에는 할 일이 아주 많음을 뼈저리게 느끼며 바쁘게 뛰는 동안, 다시 이스라엘과 아랍 나라들의 싸움이 터졌습니다. 짧은 제 일생에 네 번째 전쟁을 겪은 것입니다. 전쟁은 죄악입니다. 살생은 악의 극치입니다. 거룩한 세상에는 허용되지 못할 비극입니다.

제게 닥친 두 번째 유엔 임지는 인도였습니다. 일하기에 힘든 나라 중 하나였지만, 저는 마하트마 간디가 일하며 다니던 곳들을 찾아다니며 그 거룩한 혼의 세계에 부닥쳐 잊고 싶었습니다. 5년 동안 인도 소대륙에서 간디의 아힘사(不殺生)와 싸티아그라하(眞理把持運動)를 어렴풋이나마 영혼의 깊은 데서 배우고 깨달음을 얻었습니다. 인도는 제 영혼의 훈련소였습니다.

방글라데시에서 잠깐 있다가 뉴욕 유엔 본부에서 아동영양특별위원회 사무국장 일로 4년을 보냈습니다. 이렇게 꼭 20년을 해외에서 봉사하다가 귀국했습니다. 1984년 말이었습니다.

5. 일생일일, 일일일생(一生一日, 一日一生)

성령의 인도하심은 귀국 후에도 놀라웠습니다. 죄인을 들어서 쓰시려는 거룩한 섭리가 측량할 수 없이 컸습니다. 한신대학교(모교)에서 사회복지 정책 등을 강의했습니다. 정성을 다해서 젊은이들에게 세상을 이야기했다고 생각합니다. 그러나 강의실에 들어갈 때마다 늘 내 영력이 얼마나 청년 남녀의 혼을 깨우는 참교육의 역할을 할 수 있을까 두려움과 부족함을 느꼈습니다.

대학에서 가르치다가 조용히 은퇴하려던 제 욕심은 이번에도 깨어지고 말았습니다. 청소년연구원이 새로 시작되고 초대 원장의 십자가가 제게 떨어졌습니다. 그저 성령께서 몰아가시는 대로 힘겹게 발길을 옮겼습니다.

이번에는 한경직 목사님께서 전쟁 후 피어스 목사와 시작했던 한국선명회(World Vision)의 회장 직분이 저를 기다리고 있었습니다. 해외에서 받던 도움을 끊고 우리 힘으로 나라 밖의 가난한 나라들을 도와야 하는 절대자의 명령이 엄하게 내려진 때였습니다. 몸부림을 치며 제게 맡겨진 십자가를 지고 걸었습니다. 아시아의 빈곤국들과 아프리카로 분망하게 날아다녔습니다. 그러나 하나님 보시기에는 어떠했는지 저는 전혀 모릅니다. 심판대 앞에 설 날이 두렵고 자신이 없습니다.

인제대학교 총장과 대한적십자사 총재의 십자가를 잠깐 진 후에 제 공직생활을 마쳤습니다. 그런데 지금 저는 반세기의 공직생활을 할 때보다 덜 바쁘지 않습니다. 아니, 그때나 지금이나 주어진 하루의 24시간이 완전히 성령의 이끄심에 따르는 골고다의 길입니다. 한순간도 제 것이 없습니다.

하나님의 심판날 제 인생의 정산서를 보자 하시면, 저는 1년에 1톤씩 먹은 육체의 양식, 그리고 숨 쉬듯 마시며 받은 영혼의 음식에 비하여 먹이고 입히고 병 고치고 사랑을 베푸는 일을 너무도 못한 마이너스 적자 인생을 살아온 죄를 외면하기 어렵습니다. 그런 한편 이렇게 죄 많고 천한 제게 오늘까지 한날한시도 잊지 않으시고 보살펴 주신 성령께 감사하여, 감격과 기쁨으로 부르시는 날까지 이 걸음으로 노력하며 나아가려고 합니다.

욕심이 전혀 없지는 않습니다. 언제 제 육신의 심장이 멎을지 모르지만 성령께서 내 깊은 속사람 안에 좌정해 계시는 동안 꼭 이루고 싶은 소원이 있습니다. 그것은 나라와 겨레와 누리를 저의 좁고 작고 힘이 없는 가슴에 껴안는 일입니다.

지난 몇 년 북한의 결핵 아동을 살리기 위해 약과 영양제를 보내는 일에 발버둥치며 노력해 온 까닭은, 성령께서 민족 복음화의 과제를 무엇보다 중요하고 시급하게 다루기를 명하시기 때문입니다. 3만 원이면 각혈하는 결핵 어린이 한 명에게 6개월 동안 먹을 약을 보낼 수 있습니다. 제 마음 깊은 곳에 좌정하시고 제 삶을 이끄시는 거룩한 혼 성령께서 제 심장이 멎는 날, 숨을 멈추는 시간까지 나와 나라, 겨레와 누리를 위해 일하실 것을 하늘처럼 믿는 저는 기쁠 뿐입니다.

일생은 하루처럼 짧고 허무합니다. 하루는 한평생처럼 중하고 길고 많은 일을 할 수 있습니다. 거듭한 영혼의 사람에게는 하루가 일생을 좌우합니다. 최선을 다할 뿐입니다.

―이윤구(전 대한적십자사 총재, 박사)

의회 선교의 사명,
김영진 장로

모태신앙으로 하나님의 아들이 되고

돌이켜 생각해 보면 저의 삶에는 환난과 역경의 순간이 참으로 많았습니다. 가난했던 어린 시절과, 민주화 운동으로 인한 구속 등 수많은 고통이 저를 찾아왔습니다만, 그 고통의 와중에서도 신념을 잃지 않고 꿋꿋이 견딜 수 있었던 것은 태어나서부터 간직하게 된 신앙 덕분이라고 할 수 있습니다.

기독교 신앙을 일찍 받아들인 외할머니와 어머니는 일제 강점기 말인 1942년, 강제 징용을 당해 일본으로 끌려간 아버지의 무사 귀환을 위해 하루도 빠짐없이 기도하셨습니다. 해방을 맞아 귀국한 아버지는 자신이 살아 돌아올 수 있었던 것은 오로지 기도의 힘이었음을 깨닫고 무신론자에서 그리스도인으로 거듭나셨습니다. 아버지가 무사히 돌아오지 못하셨다면 저는 세상에 나올 수 없었기에 결국 저도 기도로 태어난 사람이라고 할 수 있으며, 어머니도 제가 기도를 통해 태어난 사람이라는 것을 끊임없이 말씀해 주셨습니다.

이처럼 기도로 태어난 저는 부모님의 순수하고 강렬한 신앙을 보고 자라면서 한층 더 굳은 신앙을 가지게 됐습니다. 부모님은 진정한 하나님의 사람이자 그리스도인의 모범을 보이기 위해 노력하셨고, 자식들이 하나님의 사람으로 쓰이기를 소망하셨습니다. 이를 통해 세상 그 어느 것보다 값진 신앙 유산을 부모님으로부터 물려받을 수 있었습니다.

하나님의 소중한 선물이자 지금의 나를 있게 한 자산, 가난

학창 시절은 이렇게 물려받은 제 신앙을 다져 나가는 시기였습니다. 초등학교 때부터 저는 교회 주일학교에서 하는 성극 발표회나 성경 속 인물 동화 경연대회에 열심히 참여하곤 했는데, 이런 작은 경험들 하나하나가 예비 기독 정치인으로 거듭나는 계기가 되었다고 생각합니다. 중학교 졸업 후, 어려운 가정형편 때문에 저의 고등학교 진학 문제를 놓고 부모님이 다투시는 모습을 처음 보면서, 고등학교 진학 대신 우체국 사환 일을 시작하게 되었습니다.

그때 저는 한편으로는 고등학교에 다니는 친구들이 무척이나 부러웠지만 "울며 씨를 뿌리는 자는 기쁨으로 단을 거두리로다"라는 말씀으로 위로를 받으며 "작은 일에 충성하라"는 성경말씀대로 제가 맡은 일에 최선을 다했습니다.

그렇게 모은 돈으로 여동생을 간호학교에 보내고, 집안 형편이 조금은 나아져 강진농고에 축산 장학생으로 입학하여 학교 안에서 소와 돼지를 치면서 학업을 계속했습니다. 비록 순탄치 않은 과정이었지만 저는 이 과정 속에서 누구를 원망하기보다는 오히려 하나님에 대한 소망을 키웠습니다.

고등학교를 마칠 무렵, 가세가 많이 회복은 되었으나 여전히 대학에 갈 형편이 아니었기 때문에 학교에서 추천하는 강진군 농협 위탁 교육 훈련생으로 선발이 되어 열심히 교육을 받았습니다. 훈련생으로 선발된 2명 중 1명만 특채를 하도록 되어 있었는데, 저는 그때 특채에서 떨어지면서 다시 한 번 시련을 겪었습니다.

그 와중에 먼저 군복무를 마치기로 결심했습니다. 훈련 등으로 고단한 군생활이었지만 그 같은 군생활을 오히려 즐기면서 전도의 기회로 삼아 많은 훈련병들에게 하나님을 전했고, 훈련을 마치고 자대로 배속된 뒤에는 성가대원과 주일학교 교사로 봉사하면서, 또한 전쟁이 한창이던 월남파병을 자원하여 조국과 가족, 교회를 생각하는 시간을 가지며, 마음이 가난해진 병사들에게 열심히 전도했습니다.

민주주의 수호는 하나님의 준엄한 명령

1970년 12월, 월남에서 귀국 후 제대하여 강진에 있던 도암교회에서 청년부 회장을 맡아 활동을 하던 중 농협 직원으로 채용되면서 직장생활을 시작했습니다. 직장생활을 하면서도 하나님의 사랑과 정의를 현실 사회에서도 구현해야 한다는 신념으로 농민을 위한 기도회에 빠지지 않고 참석했으며, 제 인생의 스승 중 한 분인 윤기석 목사님과 뜻을 같이하여 '민주수호국민협의회' 강진군 지부에서 실질적 사무국장으로 활동했습니다. 유신 반대 투쟁에 앞장섰던 목사님의 활동을 도우면서 민주화 운동의 불씨를 지키는 한편, 농촌 활동에도 전력을 다했습니다.

삼엄한 유신체제가 계속될 것만 같았던 1979년 10월, 박정희 대통령은 돌연 암살을 당했고, 민주주의가 기지개를 펼 수 있는 기회를 맞았습니다. 그해 11월, 기독교청년회 전남지역 연합회장이었던 저는 광주 YWCA에서 열린 구국기도회를 준비하여 기도회를 열었으나, 계엄 당국이 대규모의 경찰력을 동원해 기도회가 끝나자마자 감옥으로 끌려갔습니다. 그러나 감옥에서도 하나님께서 지켜 주실 것이라는 믿음을 갖고 있었기에 일말의 두려움도 없이 내내 찬양과 기도를 드렸습니다. 결국 별 탈 없이 석방될 수 있었고, 그 뒤 1980년 5월 소위 '서울의 봄'을 맞으면서 민주주의에 대한 기대는 더욱 커져 갔으나 기대와는 달리 신군부가 무력을 사용하면서 다시 어둠이 찾아왔습니다.

5 · 18광주민주화운동의 현장에서 민주 시민과 함께하여 계엄

군의 폭거를 직접 목격하면서 먼저 이 땅을 떠난 민주 열사들에 대한 미안한 마음을 평생 간직하게 됐습니다. 그래서 살아남은 자의 도리라고 생각하여 기독교청년협의회 7대 회장으로 선출되면서 5·18민주항쟁 2주기에 광주에서 민주 영령을 위한 추모예배를 드릴 것을 약속했습니다.

추모예배 계획에 대한 갖은 협박과 회유가 뒤따랐지만 그에 굴하지 않고 예배를 강행하였으며, 추모사에서 야훼 하나님의 뜻을 올바로 펼치며 살 것을 먼저 가신 민주 영령들에게 고했습니다. 예배가 끝난 뒤 연행되어 두 번째 구속이라는 시련을 맞았지만, 여러 목사님들과 교인들이 찾아와 격려해 주시고 아내가 들여보내 준 성경책이 있었기에 견뎌낼 수 있었고, 그 같은 관심 덕분에 45일 만에 석방이 됐습니다.

이처럼 두 번의 구속을 겪으면서 제 삶에 역경과 투쟁이라는 단어가 각인되었고, 그 후에도 제도권에 안주하지 않고 이 세상의 약자인 농민들과 함께하는 삶을 택하면서 통행 금지 해제 서명운동, 시청료 거부 운동 등 여러 투쟁을 겪었습니다.

끝나지 않은 숙제, 의회 선교의 사명

이런 과정 속에서 같이했던 농민들의 신뢰가 점점 높아져 갔고, 또한 교회 신용협동조합 운동, 광주 기독교교회협의회 인권위 총무 역임 등 활동 영역이 넓어지면서 저를 국회로 보내자는 강진지역 교계, 농민단체, 민주운동 단체의 목소리가 나오기 시작했습니다.

그 같은 주변의 권유를 들었을 때, 처음에는 제가 정치인에 걸맞은 자격을 가졌는지 또 그리스도인으로서 잘 해낼 수 있을지 고민이 되었습니다. 그러나 윤기석 목사님과 교회 성도분들이 "누군가 사명감을 가지고 의회 선교를 해야 한다"는 말씀을 해주셨고, 저는 그에 크게 공감하여 "하나님을 의지해 정치를 해나가면 된다"고 다짐하며 선거에 출마하게 되었습니다. 비록 정치 문외한이었지만 본격적인 선거운동이 시작되자 많은 교회에서 저를 도와주셨고, 선거운동 내내 하나님을 의지했기에 당당히 국회에 입성할 수 있었습니다.

국회에 들어와서 저는 유세 때 말했던 1천만 농어민의 대변자 역할을 하겠다는 것과 5·18광주민주화운동 과정에서 일어난 양민 학살의 진상 규명이라는 약속을 지키기 위해 최선을 다했습니다. 우루과이라운드 회의 때 제네바 회의장에서 쌀시장 개방에 반대하며 삭발을 하고, 귀국한 후에는 단식기도를 했고, 5·18광주민주화운동의 정당한 평가를 이끌어내기 위해서 다시 단식기도를 했습니다. 이런 행동들은 섣부른 정치적 쇼맨십에서 나온 행동이 아니라 처절한 기도와 고뇌 끝에 나온 신앙적 결단이었습니다.

이뿐만 아니라 또 하나의 약속이었던 의회 선교의 일익을 담당하겠다는 다짐도 실천하기 위해, 13대 국회를 맞아 여당 의원의 전유물이었던 국회조찬기도회에 야당 의원으로서 적극 참여, 성경공부 등을 함께 하면서, 서로 다른 정치적 입장을 떠나 여야 의원들끼리 마음을 열고 정치적으로 풀지 못하는 사안을 신앙적으로 풀어 보기 위해 노력했습니다. 국회조찬기도회 활동을 하면서

재일동포의 법적 지위 향상과 정신대 문제 등 산적한 현안에 대해 신앙적으로 논의함은 물론, 양국의 우호 증진에 보탬이 될 수 있도록 한·일 기독의원연맹을 구성할 것을 제안하였고, 그 제안을 실현했습니다.

당시 일본 측 회장으로 추대됐던 목사 출신 도이 류이치 의원과의 첫 만남에서 진솔한 반성과 고백을 듣고 화해의 포옹을 했을 때 느꼈던 감격을 저는 영원히 잊을 수 없습니다. 이처럼 양국의 협력과 화해를 위해 노력하던 중, 한·일 기독의원연맹 설립 10주년이 되던 해인 2007년에는 마틴 루터 킹 평화상이라는 뜻 깊은 상까지 받았으며, 지금도 한·일 기독의원연맹 대표회장직을 맡으면서 하나님의 은혜로 한·일 양국이 더욱 진전된 관계로 거듭나고 나아가 북한땅에도 그리스도의 복음이 전파될 수 있도록 더욱 노력할 것입니다.

2008년, 저는 4년 9개월의 공백을 깨고 다시 국회로 돌아오게 됐습니다. 5선 의원이지만 초선 의원의 마음가짐으로 정의와 양심에 따라 예와 아니오를 분명히 하고, 힘든 일이라도 국민을 위하는 길이라면 담대하게 가는 이 시대 기독 정치인들에게 주어진 사명을 실천하며, 제 자신이 국민과 역사 앞에 교만한 적이 없었는지 돌아보고 더욱 낮은 자세로 국민을 섬기고 소통할 것을, 그리고 예수 그리스도께서 항상 소외된 자들과 함께하셨던 것처럼 저도 사회적 약자들을 위해 일함으로써 국회에서 빛과 소금의 역할을 해내겠다고 다짐을 했습니다.

나아가서, 눈을 돌려 국내만이 아니라 해외의 소외된 자들과도 함께해야겠다는 생각을 했습니다. 고국인 대한민국의 위상을 드높이는 데 큰 공헌을 한 우리 700만 재외동포들은 그분들이 이뤄내신 것에 비해 고국으로부터 제대로 대접받지 못하는 현실이 안타까웠습니다. 우리 민족의 소중한 자산인 재외동포들을 기독교인들이 챙기고 섬기는 데 앞장서야 한다고 생각해 왔기 때문에, 저 스스로 재외동포들의 권익 신장을 위해 헌신하겠다고, 또한 유네스코 아시아·태평양 교육의원연맹 초대 부의장과 한국-아프리카 친선협회장으로서 척박한 땅에 그리스도의 사랑을 심는 사명도 소홀히 하지 않겠다고 굳게 다짐했습니다.

흑암을 빛으로 만들어 가는 기도와 간구

"아무것도 염려하지 말고 오직 모든 일에 기도와 간구로, 너희 구할 것을 감사함으로 하나님께 아뢰라 그리하면 모든 지각에 뛰어난 하나님의 평강이 그리스도 예수 안에서 너희 마음과 생각을 지키시리라"(빌 4:6~7).

자신이 처한 환경이 경제적으로나 사회적으로 많은 변화가 생긴다면 자신의 소신과 신념을 지키기 어렵습니다. 특히 요즘과 같은 어려움 속에서는 많은 사람들이 자칫 좌절의 시련을 겪을 수도 있습니다.

이런 때일수록 오직 기도와 간구를 통해 혼란을 질서로, 공허를 생명으로, 흑암을 빛으로 만들어내는 힘을 얻을 수 있다고 믿고 있으며, 제가 지금까지 겪어 왔던 일들을 통해 이 같은 믿음을 몸소 체험할 수 있었습니다. 저의 삶은 항상 하나님과 함께하는 삶이었기에 기쁨과 감사가 넘치는 삶이었음을 고백합니다.

- 김영진(국회의원, 대한민국 국가조찬기도회 회장)

가나안 농군
김평일 장로

　가나안농군학교 교장 김평일 장로는 동교 설립자인 일가 김용기 장로의 3남으로, 1962년 가나안농군학교 설립으로부터 현재까지 그의 뜻을 받들어 이어오고 있다.

　일가 김용기 장로의 나라와 민족 사랑, 기독교적 신념과 토대 위에 설립된 가나안농군학교의 교육이념은, 개인으로 하여금 도덕적으로 올바른 자아를 확립하도록 권면하는 '인간화' 교육을 지향하며, 동시에 개인의 참 자아를 사회적으로 의롭게 전개함으로써 현실 사회를 이상적 공동체로 건설하려는 '사회화' 교육을 지향한다. '인간화'와 '사회화'의 요청을 한 개인의 인격 안에 조화시킴으로써 '책임을 다할 줄 아는 인간'을 위한 노력이 궁극적 지향점이며, 여기 설립 이후 현재까지 70여만 명의 수료생이 사회 각 분야에서 활동하고 있다.

한편, 현 국가 사회의 정치·경제·사회 등 전반적인 불안 속에 흔들리는 우리 개인과 가정을 '내리사랑 올리효도' 효의 실천 운동을 통하여 내면으로부터 사랑에 근거한 인간됨의 회복에 노력하고 있다. 1970년 '가나안세계효도실천연구회'를 설립, 이를 통하여 '효도 십계명' 발표, '효도 실천의 노래'를 작사, 보급하였으며, 《내리사랑 올리효도》, 《일하기 싫으면 먹지도 마라》, 《마음이 가난해야 행복합니다》 등을 저술하여 배포함으로 구체적 실천을 통한 가정으로부터의 인간성 회복 운동을 전개해 오고 있다.

1998년에는 '가나안효도학교'를 개설하였다. '내리사랑 올리효도' 문제는 어떠한 이론이나 사상보다도 생활 속에서 이루어지는 구체적인 접촉 속에서부터 바로 실천하는 노력이 중요하다. '효'는 부모와 자식의 관계에서 이루어지는 만큼, 각 가정에서 부모와 자녀 사이에 직접적으로 주고받는 자연스러운 행위 속에서 이루어져야 한다. 부모 자식 간에 그 신비한 사랑의 유대를 구체적으로 생활화하려는 노력 속에 진정 사람이 사람다울 수 있으며, 이렇게 인간이 자유와 평화를 구가할 수 있도록 하는 본 바탕, 곧 부모의 '내리사랑'과 자녀의 '올리효도'를 위한 교육으로, 성인과 청소년 약 3천여 명이 수료하였다.

2000년에는 '가나안어르신학교'를 개설, 어르신을 대상으로 효도받는 어르신, 대접받는 어르신이 되기 위한 인성 교육을 실시하고 있다.

1989년에는 '가나안청소년교육원'을 설립하였다. 청소년들로 하여금 대자연 속에서 창조의 숨결을 느끼게 하고 새로운 참 친구를 만날 기회를 제공하며, 올바른 삶의 방향에 대해서 생각해 보게 하여 일상생활에서 바르고 곧은 몸가짐에 익숙해지도록 도와주는 생활 실천 교육 활동에 그 초점을 둔다.

교육 목표는 다음과 같다. 첫째는 청소년들로 하여금 대자연의 숨결을 실제로 체험하게 하여 자연과 인간의 조화로운 화합정신을 스스로 깨우치게 하며, 둘째는 규율 있는 조직생활의 체험을 통해 함께 사는 멋진 공동체를 지향하고 그것을 가치있는 것으로 여기게 한다. 셋째는 정의롭고 도덕적이며 평화롭게 사는 삶이 어떠한 것인지에 대해서 진지한 사고를 할 수 있도록 도와주며, 넷째는 일상생활에서 요구되는 절약과 검소, 협동과 희생, 인내하는 습관을 체험시키고 실천하게 하여, 이 시대에 자라나는 청소년을 위하여 진정한 자신들의 자존의 의미를 깨닫도록 돕고, 사랑에 근거한 효의 실천 교육을 통하여 가정으로부터 책임질 줄 아는 성인으로서의 성장을 돕고 있다. 144기에 거쳐 1만 5천여 명의 청소년들이 수료하였다.

한편, 한반도 평화통일 실현에 대하여도 노력하고 있다. 김평일 장로는 평화통일탈북인연합회 이사장으로 2007년, '평양살롬선교찬양단'을 창단하였다. 북한 독재정권하에서 인간의 가장 기본적인 권리인 자유도 박탈당하고 생활고에 시달리며 힘들게 살아오다 대한민국에 입국한 탈북인들과 지금도 제3국에서 죽음의 공포에 직면하여 모진 삶과의 전쟁에 투쟁하며 신음하는 형제자매의 실상을 알리며, 남북의 통일을 앞당기기 위하여 나름대로 통일의 개척자로 최선을 다하고자 창단하였다. 2007년 6월 1일 창단 이후 현재(2008년 12월)까지 100여 회 공연(간증, 영상, 율동, 찬양, 뮤지컬)을 해오고 있다. 또한 가나안효도학교의 정신교육을 통하여 탈북 동포들의 보다 나은 남한 생활의 적응을 돕고 있으며, 이들을 위한 체육대회, 송년회 등을 통하여 탈북인 서로의 단합을 유도하며 생활 의욕을 고취하고자 노력하고 있다.

수백여 교회에서 설교를 하였고, 공공기관, 군부대, 교도소, 금융기관, 기업체, 교육기관 및 사회단체를 통하여 5천여 회의 강연을 해오고 있다. 1996년 5월부터 1887년 2월까지 캐나다 토론토에 있는 수십 교회와 교민들에게 효를 통한 가치관 정립과 개척 정신, 한국인의 자존심, 인간성 회복을 위한 50여 회의 강연을 통하여, 교포사회에서의 1세대와 2세대 간 갈등 해소에 주력하였다. 한편 1996년 캐나다 현지 중앙일보와 공동으로 효도문화상을 제정, 교포사회에서의 효를 통한 가정 회복 운동에 노력하고 있다.

1995년 11월에는 아산문화재단에서 효도문화상을 수상하였고, 2000년 11월에는 대교문화재단에서 눈높이교육상, 2000년 2월에는 대통령표창, 2002년 12월에는 국민훈장 목련장, 2002년에는 상허 교육 부문 대상을 수상하였다.

이상 이 모든 영역에 걸친 김평일 장로의 활동은, 선친이자 스승이며 가장 존경하고 따르고 싶은 신앙인 김용기 장로의 삶, 그 역사 속에 근거하며 오늘을 열어가고 있다. 이에 그 성장 배경으로 일가 김용기 장로의 사상, 여기 근거한 시대적인 개척의 역사를 살펴보겠다.

김평일 장로는 1940년 12월 8일, 경기도 남양주시 봉안마을에서 일가 김용기 장로와 김봉희 권사를 부모로 3남 2녀 중 3남으로 태어났다. 부친 김용기 장로(1909~1988년)의 사상과 정신은 기독교 정신에 뿌리 깊이 기초하고 있었으며, 이런 기독교 정신은 그의 사업과 활동의 바탕이었다.

그는 한일합병 되던 바로 전해에 태어났고, 10세 되던 해에는 3·1운동이 일어났다. 이러한 시대적 상황 속에서 그는 민족의 힘찬 저항과 함성을 보고 들을 수 있었을 것이며, 그 후에는 일본인들의 잔악한 탄압을 또한 볼 수 있었을 것이다. 이 상황 속에 우리 지식인들과 의사와 열사들로 이루어진 일단의 민족주의자들은 민족의식과 독립운동을 고취하기 위하여 대중 속으로 침투하여 갔다. 그 대표적인 예가 도산 안창호 선생의 모범 이상촌 운동이었으며, 그것을 계승한 이가 남강 이승훈 선생이었다. 도산의 이상촌 계획은 나라 전체를 대상으로 전개되었다. 첫째, 교회로 하여금 민중의 무지를 깨칠 것, 둘째, 학교로 교육을 일으킬 것, 셋째, 산업으로 나라를 근대화할 것이라는 목표를 세우고 실행해 나간 것이다.

여기 김용기 장로는 안창호, 이승훈 선생으로 이어지는 이상촌 운동에 참여하여 그 맥을 계승하였다. 청년 김용기의 자아 확립 과정에 영향을 준 정신적 흐름은, 전통적 유교의 효 사상과 민본주의 사고, 근대 사학의 교육정신을 이루고 있는 저항적 민족주의

의식, 전통적 유교 중에서도 특히 주자학의 한국적 모순을 극복하기 위하여 받아들인 기독교 사상과 개척정신 등이다. 이러한 사상적 배경은 이후 전개되는 개척사의 바탕이 되었고, 복민사상으로 집약되는 그의 핵심사상이 되었다. 당시 시대적 상황 속에서 독립운동과 농민운동을 동시에 전개하고자 첫 번째 시도한 개척 사업이 봉안 이상촌 건설 사업이었다. 봉안 이상촌의 최종적 존립 목적은 조국의 독립에 있었다. 그 독립을 성취하기 위하여 한민족의 80퍼센트나 되는 농민의 의식이 높아지고 농민들끼리 단합을 해야 하며, 경제적으로도 잘살아야 했다. 그래서 김용기 장로는 의식을 바꾸고 키우는 작업과 농업 소득을 높이는 일을 병행하였다. 이를 위해 농업기술의 보급, 농민 교육, 농민 협동 운동, 제1차 황무지 개척, 생활 개선 등에 주력하였다.

한편 독립운동의 기지로 신사참배를 거절, 반대하였고, 농민동맹을 결성하고 일제의 공출과 징용·징병 등에 항쟁하는 대책 등을 수립하며 힘을 모았고, 독립운동으로 피신해 있던 애국지사들을 온 마을 사람들이 한마음으로 보호해 주며, 일제의 패망과 우리의 새 나라 건설에 대해 토론하고 서로의 일에 대해 협의하곤 하였다. 이러한 노력은 그 후에 복민운동으로 집약되어 민족 구원 운동의 기본 성격을 형성하게 되었는데, 그것은 봉안 이상촌의 개척 과정에서 이룩된 노선이다.

1945년 8월 15일 해방 후 김용기 장로는 독립운동 동지들과 신탁통치 반대 운동에 적극적으로 참가하였다. 한편, 제2차 개척지 '삼각산농장'을 택하여 1946년부터 1949년까지 이상촌 건설 계획을 수립하고, 농민운동과 더불어 복음화 운동을 연구하고 개척하였다. 그는 유영모, 김성수, 한경직, 함석헌, 이일선, 강원룡, 조향록 등과 함께 의견을 교환하고 장래를 설계하였다. 그러나 이런 이상촌을 위한 준비는 좀더 넓은 땅에서 좀더 많은 동지들이 모여서 건설하지 않으면 안 되는 것이었다.

이즈음 6·25전쟁이 터졌다. 1952년 전쟁이 진정되면서 김용기 장로는 세 번째 황무지를 개척하고자 경기도 용인으로 떠났고, 이때 그를 따르는 개척의 동지 27명이 함께 동참했다(제3차 개척지는 '용인 에덴향'이다. 그는 약 7만여 평의 새로운 농장터를 사들여 '에덴향'이라 명명하며 공동체의 생활 규칙을 정하는 등 개척자로서의 자세를 확립하였다. 오늘날 가나안의 생활이라고 특징지을 수 있는 개척자적 생활의 모델은 이때 확립하게 된 것이다. 당시 초등학생이었던 어린 김평일은 지금도 자신이 표현하듯이 '배우면서 일하고, 일하면서 배웠으며', '개척자 집안에서 태어나 개척자로 키워졌다').

공동체의 일원으로서의 생활 교육이 산 교육으로 그 삶의 현장 속에 있었다. 새벽 4시 김용기 장로가 제일 먼저 일어나 개척의 종을 쳤으며, 새벽예배를 마치자마자 호미와 괭이를 잡아 저녁의 달을 봐야 집으로 돌아오는, 말 그대로 '음식 한 끼에 반드시 네 시간씩 일하고 먹는 생활'을 계속했다. 성경 말씀에 근거한 "일하기 싫어하는 자는 먹지도 말라"와 "먹기 위하여 일하지 말고 일하기 위하여 먹자"는 가나안의 생활철학이 생활 속에 살아 있었다.

현재까지 가나안농군학교의 실천 교육으로 이어오는 근검절약 교육은, '버는 재주가 없으면 쓰는 재주도 없어야 한다'며 구체적으로 비누, 치약의 사용에서부터 엄격하게 규제되었다. 전쟁 직후였기 때문에 극도로 물자가 부족하던 때이긴 했지만, 이러한 정신은 아무리 소득이 높더라도 계속 유지되어야 할 생활 철학이다. 우리는 쓰고 남겨야 한다. 우리에게는 우리보다 못살고 어려운 이웃을 도와야 할 천부적 책임이 있기 때문이다. 여기 철저한 협업체제, 집단 체제를 이루었던 '에덴향' 농장이 자리를 잡아가면서 중학교 과정인 '복음중학교'를 세우고, 한편 '복음고등농민학원'를 세워 성인 농민교육에 임하였다.

이 과정 속에 농민 구국을 에덴향 건설을 목적으로 하고 이를 위하여 끝내 농민학교를 하겠다는 김용기 장로와 미국인의 도움을 받아 신학대학을 하겠다는 다른 동지 몇 사람 간의 의견 차이가 표면화되었다. 결국 의견의 타협을 보지 못하자 김용기 장로는 몇몇 동지들과 식구들을 이끌고 경기도 광주군 풍산동(현재 하남시) 황산의 1만여 평 황무지 위에 '가나안농장'을 개척했다(제4차 개척지: 가나안농장).

이제 김용기 장로의 3남 2녀가 장성하여 개척의 주역으로 자녀들을 개척사 전면에 내세울 수 있게 되었다. 1954년 11월 17일, 1만여 평의 황산의 황무지 위에 '가나안농장'이라는 이름을 세우고 개간에 착수하였다. 황산이 변하여 가나안이 되게 한다는 의지의 표현이었다. 그 땅은 하나님께서 감독해 주시며 젖과 꿀이 흐르는 풍요로운 복지이며 약속과 희망의 땅이고, 잃었던 것을 회복시켜 주시는 땅이기도 하다. 그러므로 황산만이 아니라 이 나라 삼천리반도 전부를 가나안으로 만들고자 하는 그의 복민주의 철학이기도 하다.

　제일 먼저 교회를 세웠다. 모든 일은 먼저 하나님께 기도하고 찬송하며 예배드리는 데서 시작하기 때문이었다. 황산마을의 개간은 '황무지 개척 7개년 계획'에 따라 진행되었다. '오로지 하나님의 영광'을 위한 개척이었다. 여기 3남 김평일은 아버지의 직접 지도를 받아 농민 개척자로, 농장장이 되어 농장 전체를 돌보았다.

　김용기 장로는 평생 '참 삶'을 외쳤으며 그것은 손과 발, 몸 전체에서 나오는 생생한 체험의 결실이었다. 그러던 중 하루는 광주 군수가 찾아와 각 읍면에서 장차 지도자가 될 만한 청년 2명씩을 교육해 달라고 요청하여 그 요청을 수락하면서 1962년 2월 1일 '가나안농군학교'가 개교하게 되었다. 여기 '가나안농군학교'의 농군은, 가난이라는 내적, 부정부패라는 내적은 '농군'이 괭이와 삽으로 막아야 한다는 뜻을 내포하고 있다. 오랜 개척의 경험을 쌓은 가족이 선생이 되었다. 따라서 농군학교의 교육은 올바른 위치와 맡겨진 사명을 명백하게 인식시키고, 새롭게 의식화된 정신을 생활 혁명으로 연결시켜 생활화시키고자 하는 것이며, 이 과정 속에 보다 바람직한 인격으로 그 정신 자세가 확립되어 가도록 권면하는 것이었다. 이 노력이 알려지게 되어 1966년 8월, 필리핀의 막사이사이 상 재단으로부터 김용기 장로에게 사회공익부문의 상이 수여되었다.

　5·16혁명 이후 박정희 국가최고회의 의장의 방문을 계기로 가나안농군학교에서의 교육 형식과 내용은 정부 주도 국민 정신 교육인 새마을 교육의 토대를 이루었다. 이후 1960년대를 보내고

1970년대 우리나라 산업화 과정의 변화와 함께 가나안농군학교 교육 대상자와 그 내용도 변해 왔다. 김용기 장로의 개인 방에서 시작된 농군학교는 교육 초기에는 농민들이 주 대상이었으나 점차 전 국민으로 확산되어 갔다. 우리나라 공업화가 지속적으로 발전해 가면서 필수적으로 요구되는 올바른 직업윤리의 확립을 위한 국민 정신 교육 과정으로서 국민 교육 운동의 핵심을 이루게 된 가나안 교육은 특유의 인성 교육으로 평가되기도 한다. 소문을 듣고 스스로 찾아오는 사람들 외에도 공공기관, 군부대, 기업체, 교육기관과 사회단체에서 의뢰한 연수생들이 이 과정에 광범위하게 참여하여, 개교 이래 70여만 명이 이수했다.

한편, 1973년 3월 강원도 원주에 또다시 개척했다(제5차 개척지: 신림동산). 60대 중반의 나이에도 불구하고 농군학교 수료생 김윤환, 김기해 장로가 기증한 산 15만 평을 제5의 복민 이상촌으로 만들고자 맨 밑 평지에 과수와 축산 등 산업시설을 두고 중간에 교육 시설인 제2가나안농군학교, 그리고 윗부분에 기도원과 기도실로 나누어 설계하였다. 황산 마을 개척의 주역이 가족이었다면 이번에는 농군학교를 수료한 동기들로 그 주역이 교체되었다. 가족 중심 체제가 이념 공동체 체제로 발전되어 나가는 과정이기도 하였다.

1988년 8월 1일, 김용기 장로는 80세를 일기로 세상을 떠났다. 평생을 황무지를 개척하여 옥토를 만들며, 농촌의 지도자를 양성하고, 하나님의 축복을 받는 민족과 나라가 되게 하기 위하여 복음화 운동에 적극적으로 참여하셨던 분, 한 가정을 교육의 모델로 최선을 다해 노력하시며 항상 조국의 통일을 위하여 기도하시던 분, 김용기 장로의 가장 소중한 유산은 이 민족에 대한 지극한 사랑과 하나님에 대한 절대 복종이었다.

— 김평일(가나안농군학교 교장)

한국기독교성령백년인물사 II

독립운동

서상륜 | 이상재 | 서재필 | 김약연 | 현순 | 김규식 |
조만식 | 유관순

한국 최초 교회의 설립자
서상륜

1. 가정과 생활

한국 교회의 개척자이자 초창기 교회의 신실한 성도인 서상륜 (徐相崙)은 1848년 7월 26일[1] 평안북도 의주(義州)에서 출생했다. 아버지 서석순은 인근 주민들로부터 덕망과 신뢰를 받고 있었다. 서상륜은 장남으로 아우인 서경조와는 네 살 터울이다. 이들 형제는 유복한 환경에서 좋은 교육을 받고 자랐지만, 서상륜이 13세가 되는 해 집안에 커다란 불행이 엄습했다. 5일 간격으로 부모님이 돌아가셨던 것이다.

가정에 대한 책임감이 무거웠던 서상륜은 26세부터 아우 서경조와 함께 만주를 드나들면서 고려홍삼 장사에 나서기 시작했다. 일종의 국경 무역에 뛰어든 것이다. 이 무렵 의주 청년 몇몇이 만주에서 기독교를 받아들이기 시작했다. 이응찬이 최초로 예수를 영접했으며 곧이어 친구인 이성하, 백홍준, 이익세, 김진기 등에게 기독교를 소개했다. 이들은 당시 만주에서 선교 활동을 전개하고 있던 로스(John Ross) 선교사로부터 세례를 받음으로써 한국 최초의 세례 교인이 되었다. 이러한 시기에 생각지도 못했던 방식으로 서상륜에게도 축복이 내려졌다.

2. 치료를 통한 결신

1878년 떠돌이 장사치로 만주를 유랑하던 서상륜은 봉천성 요령현 영구에서 사경을 헤맬 정도의 심각한 병을 얻었다. 장티푸스에 걸려 위독한 상태에 빠진 것이다. 이때 고향 친구인 이응찬의 도움을 받게 된다. 이응찬은 당시 스코틀랜드 선교사 맥킨타이어(John MacIntyre)의 어학 선생으로 일하고 있었다. 이응찬은 아일랜드 파송 만주 선교사인 헌터가 운영하는 병원에 서상륜을 입원시켰다. 맥킨타이어 선교사는 하루가 멀다 하고 그를 방문하여 정성어린 기도와 치료를 해주었다. 서상륜은 큰 감동을 받았다. 서상륜 자신의 고백보다 더 진솔한 자료는 없을 것이다.

"……우리 구주 예수 그리스도의 무한하신 은혜를 입으신 대한민국 형제와 자매들이여, 내가 27년 전에 대청국 광동성 우장당방 영구라는 항구의 여간 사소한 장사로 갔다가 뜻밖에 신병이 나서 거의 죽을 지경에 당하였나이다. (나의 사랑하는 형제들이여) 그때에 감사하신 그리스도께서 그곳에 있어 전도하시는 대영국 목사 마근태(맥킨타이어) 씨에게 감동하사 나를 객점에서 자기 집으로 옮기고 그 나라 의사를 청하여 매일 2~3차씩 진병하며 복약하매 거의 두 주일 동안에 회생하였나이다. (나의 사랑하는 형제들이여) 그때에 나는 알지 못하였으나 감사하신 그리스도께서 그때부터 나를 부르셨나이다. 그때 처음 마근태 목사에게 그리스도 예수씨 복음을 듣고 성경책도 얻어 보았나이다. 감사하신 그리스도께서 항상 나를 도우사 고향에는 몸을 의탁할 곳이 없게 되매 모든 옛일을 다 떨치고 한 해 후에 다시 그곳에 갔나이다. 마침 본국에 들어갔다가 나오시는 대영국 목사 로쓰를 만나니 비록 초면이나 그 사랑하심이 친민하여 수삭 동안에 그리스도를 내게 밝히 증거하였나이다.

나는 근본 평안도 의주 생장인데 열네 살에 부모가 구몰하시매 일찍 교훈을 받지 못하고 자행자지하여 여간 조업을 수년간에 탕패한지라. 외모로는 공맹자의 도를 숭봉하며 문벌을 자뢰하고 안으로는 교만과 궤휼과 거짓과 간음과 탐남을 품어 남의 생명을 해하고 재물을 속이며 남을 업수이 보고 나만 잘생긴 체하니 보는 사람이 부르기를 면주자루에 개똥이라 하여도 오히려 부끄러움을 알지 못하고 도리어 나의 지혜를 칭하였으니 이 세상에 나와 같은 어리석고 불쌍한 자가 또 있겠느뇨. 진실로 한심하고 무섭도다.

그때에 로쓰 목사가 진실히 사랑하심으로 나를 권하며 경계하시는지라. 내가 생각하되 내 나라 친구와 친척은 오히려 나를 인물 좋은 도적놈이라고 흉만 보고 말도 아니하고 버린 물건 같이 보는데 타국의 보도 듣도 못한 모색 다른 사람은 도리어 나를 친부형같이 사랑하여 권하며 경계하니 이것이 어찌한 연고뇨. 1년 전에 마근태 목사가 객점에서 죽을 인생을 그같이 구하여 내셨기로 내가 아무리 몰인정하고 염치없는 놈이라도 그때에 애쓴 은공과 약식값을 걱정하여 말한즉 마근태 목사가 말씀하시기를 네 생각은 좋은 마음이나 재물이 없으니 할 수 없거니와 네가 진실로 고마운 마음이 나거든 하나님께 감사하고 그 말씀대로 예수씨를 믿으면 이에서 더 기쁨이 없겠다 하시더니 지금 로쓰 목사가 또 이같이 참사랑으로 권하시니 예수씨를 믿는 사람은 참 하늘나라 백성이로다.

　이같이 생각할 때에 내 마음이 감동하여 고맙고 반가운 마음이 일어나거늘 이에 로쓰 목사를 찾아보고 내 마음이 반가움과 이전 불의를 행한 것이 매우 부끄럽고 절통하여 뉘우치는 말을 하니, 로쓰 목사가 묵묵히 듣다가 가로되 그러하면 예수 그리스도와 상관이 매우 중대한지라 그리스도씨 앞에 나아와 그 명하신 대로 믿고 순복하는 것이 마땅하다 하고 이에 세례를 베풀매 내가 매우 반가이 그리스도 앞에 나아와 작정하고 목사와 대청국 여러 교우들 앞에서 세례를 받고 주의 무리가 되었나이다."[2)]

　서상륜의 고백에는 결신의 경로가 뚜렷이 나타난다. 서상륜은 자신이 죽을 처지에서 구출된 은혜를 깊이 깨닫고 있다. 모국인도 무시하는 자신에게 사랑을 베푼 이는 더구나 외국인이었다. 그 사랑 앞에 자신의 이전 죄를 깊이 깨닫는 회개의 과정이 수반되었다. 그리고 로스 목사의 권면에 마음을 열고 주님을 영접했다. 이러한 과정은 전형적인 회심 과정이라 할 수 있다. 회개와 영접, 그리고 적극적인 세례. 마침내 서상륜은 회심을 통해 새로운 삶을 살게 되었다. 그리고 그 삶은 이제까지의 삶과는 판이하게 다른, 조국과 교회를 위한 것이었다.

3. 서상륜의 공헌

조선 선교를 염두에 두고 만주의 목단에 있던 맥킨타이어와 로스에게 서상륜의 결신은 하나님의 오랜 섭리하에서 예비하신 것과 마찬가지였다. '대영 및 외국 성서공회'의 연례 보고서에 의하면, 1880년에 이미 만주의 목단에 거주 중인 스코틀랜드 연합장로교의 선교사 존 맥킨타이어와 존 로스가 두 사람의 조선인과 함께 성경 번역에 종사 중이라는 기록이 있다. 서상륜이 성경 번역팀에 합류한 것이다. 서상륜에게는 한문과 한글 지식만이 아니라 목판 활자를 파는 각인 기술이 있었다. 서상륜의 합류로 성경 번역은 일사천리로 진행되었다. 오랜 각고의 노력 끝에 성경은 번역했지만, 한글 활자가 없어 인쇄가 불가능했다. 서상륜과 동료들은 목판에 붓으로 한글을 쓰고 칼로 판 후, 이것을 일본으로 보내어 4만 개의 활자를 만들어오는 작업을 했다.

각고의 노력을 거치고 마침내 1882년 3월 24일 《예수성교 요안나복음젼셔》 3천 부가 심양의 문광서원 발행으로 출판되었다. 곧이어 가을에는 《예수성교 누가복음젼셔》가 출간되었다. 두 성경은 모두 쪽복음의 형식이었다. 최초의 한글 성경이 이 세상에 모습을 나타낸 것이다. 이어 1884년에는 《예수성교젼셔 마태복음》

과 《말코복음》이 발행되었다. 마침내 1887년 《로스역셩셔》(Ross Version)로 불리는 《예슈셩교젼셔》가 간행됨으로써 선교를 위한 본격적인 준비가 이루어졌다. 이제 준비된 하나님의 말씀들을 누구의 손으로 조선에 전해야 할 것인가 하는 것이 남았다. 이때 이 역할을 떠맡은 이도 서상륜이었다.

복음서를 들고 국경을 넘는 일은 죽음을 각오해야만 하는 일이었다. 서상륜은 로스 목사의 기도, 동료들의 격려를 받으며 복음서 백 권을 보따리에 싸매고 봉천을 떠났다. 국경에는 별정소가 있어 그곳을 통과해야만 국내로 들어올 수 있었다. 서상륜은 불행하게도 중국인 관리에게 금서인 성경을 숨기고 있음이 발각되어 체포되고 조선인 관리들에게 인도되고 말았다. 다행히 그 별정소에서 먼 인척뻘인 두 사람의 도움으로 유치장을 빠져나올 수 있었다. 목숨이 경각에 달한 상황에서도 서상륜은 몰수되었던 복음서의 반환을 요청했다. 서상륜은 몸만 살아 나갈 바에야 다시 유치장으로 들어가겠다고 고집했다. 두 사람은 하는 수 없이 복음서의 일부를 내주었다. 자신의 목숨보다 성경을 더 중요하게 여긴 서상륜의 정신이 오늘날 한국 교회의 성경 사랑으로 면면히 이어지고 있다.

의주에는 서상륜이 사교를 전한다는 소문이 쫙 퍼지게 되었다. 서상륜과 서경조는 삼촌 등 일가가 살고 있던 황해도 소래(松川)로 피신했다. 형제는 쉬지 않고 전도했으며, 처소를 마련하여 최초의 주일 예배를 드리게 되었다. 서상륜, 경조 형제의 열심으로 1884년 한국 최초의 교회인 소래교회가 시작되었다. 그들은 이곳에서 복음을 깊이 뿌리내리게 하였고 곧 싹이 돋아났다. 세례를 원하는 지원자들이 하나 둘씩 생겨났다. 서상륜은 목사가 아니었으므로 세례를 베풀기를 거절했으나 성화에 못 이겨 서울에서 사역중이던 언더우드(H. G. Underwood) 목사를 만나게 되었다. 교회가 세워진 지 4년 만에 한국 최초의 세례식이 거행되어 일곱 사람이 세례를 받았다.

서상륜은 전도 지역을 소래에 한정시키지 않았다. 평안도, 황해도, 서울을 내왕하면서, 때로는 약장사 역할도 해가며 복음을 증거했다. 다음 전도지는 서울이었다. 서상륜은 언더우드 선교사를 도우면서 1887년 새문안교회의 설립에 한몫을 담당했다. 새문안교회가 설립될 때 백홍준과 함께 우리나라 최초의 장로로 피택되었다는 견해도 있고, 평생 평신도로 교회에 봉사했다는 주장도 있다. 주장의 사실 여부와는 별도로 분명한 것은, 소래교회와 새문안교회의 설립에 커다란 역할을 담당했다는 점이다.

그 후에도 서상륜은 게일(J. S. Gale), 마펫 선교사 등을 도와 전도 사역을 계속했다. 1891년에는 마펫 선교사와 함께 평양, 의주를 거쳐 만주 일대와 북간도, 횡령, 함흥, 원산으로 이어지는 장거리 전도 답사 여행도 했다. 또한 언더우드의 조사가 되어 서울, 김포, 고양군 등을 다니며 교회 설립 활동을 계속했다. 말년에는 다시 소래교회로 가서 복음을 전하다가 1926년 78세를 일기로 하나님의 품에 안겼다. 평소의 업적이 높이 평가되어 장례식이 장로회 총회장으로 엄숙히 치러졌다.

4. 역사적, 교회사적 의의

서상륜은 로스 선교사의 성경 번역을 도움으로써 한글 성경의 발간에 커다란 기여를 했다. 루터의 독일어 성경이 독일어의 형성에 큰 영향을 주었으며 칼빈의 《기독교강요》가 프랑스어의 발전에 기여한 것처럼, 한글로 된 성경의 출현은 한문 시대에서 한글 시대로 넘어가는 전기가 되었다. 또한 자국인들이 참여함으로써 보다 자연스러운 번역이 이루어져 복음 전파에 큰 힘이 되었다.

한국의 교회가 선교사에 의하지도 않고 자생적으로 설립되었다는 점은 세계 교회사에 유례가 드문 사건이다. 물론 직, 간접적으로 해외에서 파견된 선교사들의 도움이 있었다 해도, 목회자도 없는 상황에서 주일 예배를 드리고 복음을 전파했다는 점은 자랑스러운 역사이다.

또한 서상륜은 해외 선교사들과도 아름답게 협력함으로써 한국 교회가 세계 선교사에 좋은 선례를 남기는 데 기여했다. 주체적인 내국인들과 헌신적인 해외 선교사들의 협력 사역은 당시 일제의 침탈에 위기를 느끼고 있던 조선의 민중에게 커다란 희망을 주었으며, 이를 통하여 복음 사역은 더욱더 전국적으로 확장되어 갔다.

서상륜은 한국 최초의 성경 번역자이자 권서인, 교회 창설자로서 한국 교회사에 아름다운 이름을 남기고 있다. 오늘날 한국 교회의 눈부신 부흥은 서상륜의 헌신의 열매라고 해도 과언이 아닐 것이다. 서상륜의 말씀 사랑, 교회 사랑은 한국 교회가 길이 이어

가야 할 아름다운 유산이다.

— 한성진(합동신학대학원 역사신학 교수)

---

1) 서상륜의 탄생일은 학자에 따라 다르다. 7월 19일을 쓰는 사람도 있다.
2) 서상륜, 서 선생 상륜의 경력, <그리스도 신문> 1901년 9월 19일자(5권 38호), 옛말을 살리면서 단어의 표기법을 약간 고침.

기독교 사회운동의 등대
이상재

1. 공직 생활과 독립협회 활동

이상재는 1850년 11월 21일 충청남도 한산군 북부면 종지리에서 태어났다. 호는 월남(月南), 자는 계호(季浩)다. 목은 이색의 16대 손으로 아버지 이희택(李羲宅)과 어머니 밀양 박씨의 맏아들이다. 그의 부친 대에 이르러 가세가 빈곤하였지만 부친의 교육열은 대단했다. 이상재는 7세 때부터 향리에서 천자문, 동몽선습, 통감 등을 익혔다. 15세가 되던 1864년 강릉 유씨 댁 규수와 혼인했다.

18세 때인 1867년 과거에 응시했지만 낙방했다. 그러나 친지의 소개로 당시 승정원 승지였던 박정양을 만나 그의 개인비서 격으로 13년간 일하게 되었다. 호탕한 성격과 비범한 행동으로 박정양의 인정을 받은 그는, 1881년 박정양이 신사유람단을 이끌고 일본에 갈 때 그의 수행원으로 동행하게 되었다. 신사유람단의 동행은 개화 사상에 관심을 가지는 계기가 되었다.

1884년 우정총국이 설치되자 이상재는 인천지국의 주사로 발령받았다. 1887년 11월 박정양이 주미 전권대사로 임명되자 이상재는 그와 동행하여 도미했다. 그러나 청나라의 방해로 박정양은 이상재와 함께 귀국했으며, 귀국과 동시에 파직되고 말았다. 1894년 갑오경장이 단행되면서 다음 해 박정양이 총리대신이 되자 이상재는 학부아문 참의 겸 학무국장, 법무참사관, 외국어학교의 교장을 담당하게 되었다.

1896년의 아관파천은 조선의 국권이 외세에 의해 침탈되기 시작했음을 보여 주는 신호였다. 이상재는 서재필, 윤치호, 남궁억, 정교 등과 함께 독립협회의 결성에 참여했다. 독립협회는 나라의 자주독립을 위한 노력이 소기의 성과들을 거두기 시작하자, 1898년 3월 10일 오후 2시 서울 종로에서 만민공동회를 개최했다. 만민공동회는 당시 17만 명의 서울시민 중 만 명이 넘는 성인 남성들이 자발적으로 운집하는 대성공을 거두었다. 만민공동회의 결의가 압력이 되어 3월 11일 러시아의 군사 교관과 재정 고문의 철수를 다루는 안건이 대신회의에서 가결되었다. 여론의 위세에 눌린 러시아는 3월 17일 훈령을 통해 절영도 석탄 고기지의 조차 요구에 대한 철회와 재정 고문 및 군사 교관들의 철수를 정부에 통보해 왔다. 이렇게 되자 일본도 예전에 강탈했던 절영도 석탄 고 기지를 대한제국에 반납했다.

독립협회는 1898년 8월 28일 이완용을 제명하고, 회장에 윤치호, 부회장에 이상재를 선출, 지도체제를 새롭게 확립했다. 한편 독립협회는 그해 4월 의회 설립 운동을 본격적으로 추진했다. 자주 독립을 위해서는 외세와 결탁한 관료 세력을 민주적으로 제어하고, 백성들의 정치 의식을 고양시킬 정치 구조의 개선이 필수적이었기 때문이다. 4월 30일자 〈독립신문〉은 장문의 논설을 통해 독립협회의 목표 중 하나가 의회 설립을 통해 완전한 대의제 정부를 수립하는 것임을 천명했다.

그러나 친러 수구파는 독립협회의 주장이 프랑스 혁명 같은 혁명을 선동하는 것이라고 고종에게 모함했다. 이에 따라 고종이 의회의 설립을 거부하자, 협회는 의회 설립 요청은 혁명의 선동이 아니라 민권을 높이고 나라의 정치를 개혁하여 독립의 기초를 튼튼히 하기 위한 것이라고 주장했다. 10월 1일부터 협회는 대규모 철야 시위운동을 전개했다. 서울 시민들의 합세가 커지고 시위가 격렬해지자 마침내 고종은 10월 12일 친러 수구파 정부를 해체하고 박정양을 의정부 의정서리, 민영익을 군부대신으로 하는 개혁 정부를 수립했다. 행정 수반이 된 박정양은 이상재를 의정부 총무국장에 임명했다. 마침내 자유 민권의 새로운 시대가 오는 듯이 보였다.

그러나 친러파는 순순히 물러서지 않았다. 1898년 7월 보부상이 중심이 된 일종의 폭력 단체인 황국협회를 급조, 독립협회를 견제하고 정부를 협박하기 시작했다. 이러한 협박에도 불구하고 독립협회는 11월 5일 오전 독립관에서 투표에 의한 중추원 의회 선거의 실시를 11월 4일 공고하기에 이르렀다.

그러나 바로 11월 4일 저녁 조병식, 유기환, 이기동 등이 비밀리에 모의하여 의회 선거는 의원을 뽑는 것이 아니라 대통령을 선출하는 선거라는 익명서를 시내 곳곳에 붙였다. 깜짝 놀란 고종이 대신들을 소집하자 기회를 노리던 친러 수구파들은 독립협회가 박정양을 대통령, 윤치호를 부통령, 이상재를 내무대신으로 하는 공화국을 수립하려 한다고 거짓 보고를 하였다. 즉시 내각이 붕괴되고, 독립협회 지도자들이 체포되었다. 11월 5일 고종은 독립협회를 해산하였다. 1898년 12월 23일 서울 시내에 계엄령이 선포되고 만민공동회, 독립협회의 간부 340명이 일거에 체포되었다. 아울러 모든 민회의 영구 해산령이 내려졌다. 이들은 다음 해에 석방되었다. 이상재는 1902년 다시금 탐관오리의 부패상과 부정을 규탄하여 국체개혁 음모를 꾀했다는 죄목으로 다시 감옥에 갇히게 되었다. 그러나 이번의 옥중 생활은 새로운 인생 전환의 계기가 되었다.

2. 옥중에서 받아들인 신앙

1902년 감옥에 갇히기 전 이상재는 기독교를 인정할 수 없었다. 실패로 끝난 1년 간의 미국 생활을 통해 이상재는 일본과는 비교도 안 되는 선진 문명을 지닌 미국의 발전과 그 문명을 태동시킨 기독교와 접할 수 있었다. 그러나 그에게 '동도'(東道)는 불변하는 가치였으며, 그에게 필요한 것은 미국의 제도와 체제 등의 '서기'(西器)였을 뿐이다. 그는 미국에 있을 때 중국 대사의 미국이 부강하게 된 이유가 '성경'이라는 책 때문이라는 말을 듣고 성경을 읽어 보았다. 브루크만의 증언이다.

"그는 대단히 고지식하게 성경을 열심히 읽었으며, 성경에서 국가가 위대하게 된 비결을 찾아내고자 했다. 그러나 군대를 훈련시키는 방법이나 전함을 어떻게 건조하는지에 대한 소개 대신에 빵 다섯 개와 물고기 몇 마리로 5천 명을 먹였다거나 육체의 부활에 관한 어리석은 이야기를 발견하고는 혐오감을 느껴 던져버리고 말았다고 한다. 인내심을 잃고 던져버렸다가 또다시 집어 들고 읽기를 계속했다. 결국 읽기를 포기하고 말았다."

옥중에서 이상재는 이승만을 비롯하여 학생운동을 주도하던 청년들과 만나게 되었다. 그는 이들을 후원하던 서양 선교사들이 차입해 준 국내외 서적을 읽게 되었다. 이 서적들은 《사민필지》, 《파훌진셜론》, 《신약전서》, 《구세진전》, 《텬로역정》, 《요한공부》, 《셩경문답》, 《구셰론》, 《예수행적》, 《속죄지법》, 《찬미가》 등의 한글서적과 《천지기이지》, 《신약전서》, 《성경문답》, 《구세진주》 등 총 62권에 달했는데, 이 책의 대부분이 기독교 서적이었다. 선교사들의 전도로 회심하게 된 이승만과 신흥우의 권고로 이상재도 성경을 읽기 시작했다.

어느 날 누군가가 넣어 둔 요한복음을 읽으면서 이상한 영감에 가득 참을 느꼈다. 글귀 하나하나가 가슴을 메워 왔다. 월남은 이 순간 하나님의 음성을 들었다고 한다.

"나는 몇 년 전 네가 워싱턴에 있을 때 너에게 성경과 믿을 기회를 주었으나 너는 순종하지 않았다. 이것이 너의 가장 큰 죄이다. 나는 너의 생명을 보존하여 감옥에 두었으니 이것은 내가 너에게 주는 또 다른 믿음의 기회이다. 만일 네가 지금도 너의 죄를 회개하지 않는다면 그 죄는 이전보다 더욱 클 것이다."

이상재가 경험한 신비적 체험은 성경에 대한 두려움과 거부감을 버리게 만들었다. 그에게 신앙이 싹트기 시작했다. 신앙이 자라면서 더욱더 성경을 탐독하는 열렬한 신앙인으로 변모해 갔다. 그와 동시에 하나님께서 자신에게 주신 임무가 무엇인지 자각하여 소명의식이 분명해졌다. 1903년의 일이었다.

3. 존경받는 기독교 사회운동가

1904년 8월 그가 석방되었을 때, 그는 더 이상 예전의 사람이 아니었으며 분명한 목적의식을 지닌 사람이었다. 석방 후 이상재의 사회활동의 중심지는 기독교 단체가 되었다. 우선 선교사 게일이 시무하던 연동교회에서 세례를 받았다. 연동교회를 찾은 그는 1903년 게일이 헐버트와 함께 YMCA(皇城基督敎靑年會)를 창설한 것을 알게 되었다. 그는 이곳이야말로 앞으로 자신이 몸 바쳐 일해야 할 곳임을 직감적으로 깨달았다. 윤치호, 신흥우와 함께 YMCA에서 일하게 된 그는 그해 12월 교육부 위원장과 부장을 겸

임했다.

1905년 일본은 을사늑약을 강제로 체결했고 새 내각이 구성되었다. 고종은 이상재에게 의정부 참찬을 하명하여 참찬직에 올랐으나, 그는 관직보다 YMCA 활동에 더욱 매진했다. 이러한 모습은 선교사들에게 깊은 인상을 심어 주었다. 이제 그는 충신의 모습, 순교자의 모습으로 변했다. 혁명가의 모습은 예언자의 모습으로 변했다. 그레그(G. A. Gregg)는 그의 친구에게 다음과 같은 편지를 보냈다.

"며칠 전에 그 산악 같은 기상의 노신사 이상재 씨가 내 방에 찾아왔다. 나는 그이와 같이 이야기를 나누었다. 그때 나는 한 예언자의 발 아래 내가 꿇어 앉아 있음을 발견했으며, 그는 모든 국민의 존경의 대상이다. 그의 유일한 야망은 교회와 청년회 안에서 우리 주님을 섬기는 것이었다."

그의 노력과 열심으로 YMCA는 빠른 속도로 발전하기 시작했다. 그는 신체 단련의 중요성을 인식하여 현대 스포츠를 도입했다. 사농공상의 사회적 부당성을 설파하며 YMCA를 직업 교육과 실업 교육의 중심지로 만들어 나갔다. 그가 모든 계층의 사회, 문화적 장으로 YMCA를 탈바꿈시킨 것은, 이 단체를 하나님의 정의와 윤리가 중심이 되는 공동체적 유기체인 이상적인 공간으로 인식했기 때문이었다.

일제는 성장 중인 민족운동에 두려움을 느꼈다. 특히 민족 세력의 중심인 기독교를 박멸할 음모를 꾸몄다. 1911년 '105인 사건'으로 기독교 지도자 600여 명이 구금되었으며, YMCA의 해체 작업에 돌입했다. 그러나 이상재는 모든 회유와 협박을 극복하고 YMCA의 해체와 일본 YMCA로의 귀속을 막아내었다.

3·1운동이 열리자 그는 민족대표 33인에는 들어가지 않았지만 무저항·비폭력의 원칙이 3·1운동의 정신이 되도록 개입하여 활동했다. 이후 그는 민립 대학 설립 운동, 창문사의 설립을 통한 기독교 문서 운동, 농촌 운동, 흥업구락부의 조직 등으로 민족의 실력을 배양하는 일에 전력을 기울였다. 1924년 75세 때는 조선일보 사장으로 추대되었으며, 1927년 '민족 단일당', '민족 협동 전선'의 표어 아래 신간회(新幹會)가 창립되었을 때 회장으로 선임되었다. 노년으로 창립 총회에 참석도 못할 몸이었지만 그가 회장으로 만장일치로 추대된 것은, 오직 그만이 사회주의 계열과 민족주의 계열을 망라하여 존경을 받고 있었기 때문이었다. 신간회는 거족적인 호응을 얻어 전국에 134개의 지회에 해외지회에, 회원 수는 37,309명에 이르렀다.

월남 이상재는 1927년 3월 29일 78세를 일기로 세상을 떠났다. 4월 7일 오전 7시에 중앙청년회관에서 교회 장례식이 치러지고, 오후 2시에는 사회장이 치러졌다. 4, 5천 명의 참여자가 종로를 행진하자 수많은 시민들이 조의를 표했다. 이 사회장에는 좌익 단체와 심지어 반기독교 단체까지 포함하여 243개의 단체가 참가했다. 그가 기독교인들만이 아니라 모든 사람들의 존경을 받았음을 보여 주는 증거였다.

4. 역사적, 교회사적 의의

이상재는 기독교인의 사회활동의 모범적인 전형이었다. 기독교 정신을 고양하면서 동시에 어떻게 사회적 요구에 부응할 것인가를 평생의 삶으로 보여 주었다. YMCA를 통한 청년 운동은 많은 민족 지도자들을 양성했다. 그가 시민 계층의 구축과 성장을 위해 기울인 노력은 기독교 사회 운동을 민족의 교육적 기능을 선도하는 선구자로 만들었다. 그는 축적된 시민의 힘으로 조국의 완전한 독립을 위한 힘을 비축하고자 했던 것이다. 그의 이러한 비전은 민립 대학 설립 운동, 기독교 사회운동, 흥업구락부의 조직, 신간회 활동 등으로 계속 이어진다.

이상재의 삶은 변화된 지식인이 조국과 교회의 삶에 얼마나 큰 희망을 줄 수 있는가 하는 웅장한 증언이다. 또한 교회적, 사회적 요구가 점증하는 현재에 있어서도 교회의 사회적 책임이라는 명제에 크리스천이 어떻게 임해야 할지를 비추어 주는 살아 있는 등대의 역할을 한다.

— 한성진(합동신학대학원 역사신학 교수)

조국을 사랑한 의사
서재필

1. 가정과 교육

　서재필(徐載弼)은 1864년 11월 28일, 외가가 있는 전남 보성(寶城)에서 부친 서광언(徐光彦)과 성주(星州) 이씨의 둘째 아들로 태어났다. 호는 송재(松齊)였다. 서재필이 태어나던 해, 아버지 서광언이 진사 시험에 합격했다. 부친의 7촌 당숙인 서광하가 아들이 없자, 부친은 일곱 살인 재필을 양자로 보냈다. 서광하의 부인이자 서재필의 양모는 당시의 세도 가문이었던 안동 김씨 출신이었다. 양모는 서재필을 당시 서울에서 이조판서를 하고 있던 동생 김성근의 집으로 보냈다. 이 집에는 일가인 김옥균 등이 자주 드나들고 있었다. 서재필은 12세 연상인 김옥균을 비롯하여 박영효 등 개화사상의 핵심 인물들의 영향을 받게 되었다. 서재필은 1882년 18세에 과거에 급제했다. 첫 직책은 경서 인쇄 및 관인을 관리하는 '교서관 부정자'(校書館 副正字)였다.

서재필은 문과에 급제한 양반 관료로 출세가 보장되어 있음에도 불구하고 1883년 김옥균의 권유를 받아들여 일본 동경의 도야마(戶山) 육군학교에 입학하였다. 임오군란을 거치면서 국방의 근대화가 시급함을 깨달았기 때문이다. 이곳에서 14명의 한국 청년들과 함께 1년여 동안 근대식 군사 교육과 지리학 등 신학문을 익혔다. 짧은 기간이었지만 이들은 개화와 개혁을 통한 부국강병을 이루겠다는 의지를 더욱 확고히 하게 되었다.

귀국한 후 서재필은 고종에게 사관학교 설립을 건의했고 곧이어 조련국(操鍊局)의 사관장이 되었지만, 민씨 일파의 반대로 사관학교 설치가 무산되었다. 그러나 서재필은 점차 개화파의 가장 젊은 리더 중의 한 사람으로 참여하게 된다.

2. 문명 개화론과 갑신정변

당시 개화론은 다양한 흐름을 보이고 있었다. 각각의 문명 개화론의 인식의 차이에 따라 동도서기론(東道西器論), 문명 개화론(文明開化論), 변법 개화론(變法開化論) 등으로 나타났다. 당시 민씨 정권의 대외정책은, 청국과의 전통적인 종속관계에 의존함으로써 국내에서 봉권적 특권을 유지하는 한도 내에서 일정한 개방 정책을 추구하는 것이었다. 한편, 개항 이후 확대된 외국과의 교류는 새로운 문물을 유입, 선각자들의 새로운 가치관 형성을 가능하게 했다. 개화의식은 선진국의 문물을 받아들여 근대적 국가 체제로 발전시키려는 자각이었으므로, 현상 유지에 급급한 민씨 정권과의 양립은 불가능할 지경에 이르렀다.

이러한 상황 속에서 김옥균, 박영효, 서광범, 서재필 등 급진 개화파 4인은 청과의 종속관계를 타파하고 자주 독립을 기도하는 한편, 일본의 메이지 유신을 모방하여 위로부터의 내정 개혁을 통한 근대국가 건설을 시도하고자 했다. 이들은 1884년 12월 4일 우정국 개국 축하 만찬회를 이용하여 갑신정변을 일으키고 신분제 폐지, 문벌 폐지, 청나라에 잡혀간 대원군의 복귀 등을 담은 14개조의 혁신 정강을 내세웠다. 그러나 공표도 하기 전에 청나라의 원세개(袁世凱)가 개입하여 3일 천하로 끝나고 말았다. 명성황후의 친정이 중심이 된 민씨 정권은 갑신정변의 주역들을 역적으로 몰았다. 서재필의 부모, 형제, 부인, 어린 아들은 모두 죽음을 맞이했다. 부모와 아내, 형은 음독자살했고, 동생은 참형되었으며, 두 살배기 아들은 돌보는 이가 없어 굶어 죽었다. 서재필 일행은 1년간 일본에 피신해 있었지만, 갑신정변의 주역들을 둘러싸고 일본과 청나라 사이의 외교 문제가 생기자 김옥균을 제외한 서재필, 박영효, 서광범은 선교사가 써준 소개장을 들고 미국 샌프란시스코로 망명하게 되었다.

3. 제1차 미국 망명과 〈독립신문〉

미국 망명 생활은 서재필의 사상 형성에 커다란 영향을 끼쳤다. 미국 샌프란시스코에 도착한 서재필은 막노동으로 생계를 이어갈 수밖에 없었다. 그러나 낮에는 노동을 하면서도 밤에는 YMCA에서 경영하는 야간학교에서 영어를 배웠다. 이때 서재필은 교회를 나가기 시작했는데, 교회는 그에게 신앙심, 가치관과 함께 새로운 기회를 제공해 주었다. 미국에 간 지 1년 반쯤 후, 서재필은 교회에서 우연히 홀렌백(John Wells Hollenback)이라는 탄광업자를 만나게 된다. 홀렌백은 서재필을 자신이 이사로 있는 해리 힐맨 고등학교(Harry Hilman Academy)로 보냈다. 이 무렵 서재필은 미국 국적을 취득하였으며, 자신의 이름을 거꾸로 바꾼 필립 제이슨(Philip Jaisohn)이라는 이름을 쓰기 시작했다.

서재필은 1890년 9월 컬럼비아 의과대학(현재 조지워싱턴 대학) 야간부에 입학, 1893년 6월에 졸업함으로써 한국인 최초의 서양 의학사(M.D.)가 되었다. 그는 대학을 졸업한 다음 해인 1864년 6월 미국 철도우편사업의 창설자인 암스트롱(George Buchanan Armstrong) 대령의 딸과 결혼하고 개인병원을 개설했다.

1894년 7월 갑오경장이 단행되어 민씨 정권이 몰락하자 갑신정변 관련자들에 대한 사면령이 내려졌다. 1895년 5월 박정양이 총리대신으로 취임하여 서재필을 외무협찬으로 임명, 귀국을 종용했다. 그러나 서재필은 당시 미국에서 안정적인 생활을 영위하고 있었으며, 자신의 가족까지 모두 죽음에 이르게 한 조국에 돌아갈 마음이 내키지 않았다. 그렇지만 서구의 합리주의적인 근대사상을 기반으로 국민을 계몽하고 국가의 자주권을 확보해야겠다는 의지와 박영효의 적극적인 권고로 1895년 12월 26일 고국으로 돌아왔다.

고국으로 돌아온 서재필은 이듬해 중추원 고문에 임명되고, 적극적으로 신문 발간 사업을 추진했다. 1896년 4월 7일 한국 최초의 신문인 〈독립신문〉을 순한글과 영문으로 발간한다. 서재필은 〈독립신문〉을 통해 교육의 확대, 산업의 발전, 중립 외교 등을 강조했다. 매주 목요일 배재학당에 나가 이승만, 주시경, 신흥우 등의 학생들에게 세계사를 가르쳤으며, 학생 토론 모임인 협성회를 지도하면서 인재를 양성했다.

서재필은 청나라 사신을 영접하던 영은문 자리에 독립문을 세울 것을 건의하고, 이 일을 집행하고자 이완용을 비롯한 정부 관료 중심의 독립협회를 조직했다. 마침내 국민의 성금으로 1897년 영은문이 헐리고 독립문이 건립되었다. 이후 관료 중심의 독립협회를 탈바꿈시켜 대중 토론회인 만민공동회를 성공적으로 개최, 의회 설립 및 입헌군주제 개혁을 적극적으로 추진했다. 그러나 여전히 수구파가 장악한 정부와 열강의 이권 침탈을 정면에서 비판하자, 러시아와 일본은 서재필의 추방을 강요했다. 이에 1898년 고종과 조선 정부는 서재필의 관직을 박탈하고 미국으로의 출국을 강요했다. 그는 다시 미국으로 돌아가 펜실베이니아에서 의료 사업에 복귀했다.

4. 독립운동과 해방 공간

　미국으로 돌아간 뒤부터 1919년 3·1 독립만세 운동이 일어날 때까지 약 21년 동안, 서재필은 주로 인쇄업이나 문방구업에 종사했다. 그가 사업을 확장한 것은 조국이 필요할 때 충분한 재정이 확보되어 있어야 한다는 생각 때문이었다. 그는 3·1운동 소식을 전해 듣자 전 재산을 독립운동 자금으로 바치고, 잡지 〈이브닝 레저〉(The Evening Ledger)와 제휴하여 한국의 독립을 세계 여론에 호소하고 일본제국주의를 규탄했다. 1919년 5월 톰킨스(Tomkins) 목사와 협력하여 한국친우회(The League of Friend of Korea)를 조직, 미 상원의원들과 저명 인사들을 회원으로 가입시켜 한국의 독립을 위한 지원활동을 전개했다. 또한 상해 임시정부 외교 고문, 미국에 설립된 구미위원회 위원장을 역임하고, 〈한국평론〉(Korea Review)이라는 잡지를 발행하여 여론형성에 주력했다. 〈한국평론〉은 해외에서 발행된 유일한 한국 잡지이기도 하다. 또한 1921년 12월 28일 워싱턴 군축회의에 한국 내 13도 260군의 대표 및 각 사회단체 대표 370여 명이 서명한 회의서와 임시정부의 독립 요구서를 정식으로 제출하고, 한국 문제를 공식의제로 다룰 것을 주장했다. 그러나 그의 외교적 노력은 일본의 방해로 무산되었다. 그는 일본 대표의 방해를 물리치고 1925년 호놀룰루의 범태평양회의에 한국 대표로 참석, 일본의 침략과 죄상을 폭로 규탄하였다.

　서재필은 독립운동에 자신의 시간, 건강, 재산의 모든 것을 바쳤다. 서재필의 활동을 지원하던 구미위원회의 지원금이 중단되자 사재를 털어 독립운동을 계속했지만, 개인 사업을 돌보지 못해 1924년 법적인 파산을 맞았다. 파산으로 생계가 곤란해진 서재필은 1926년 62세의 나이에 펜실베이니아 대학에 특별 학생으로 입학, 의업을 재개했다. 일본의 진주만 폭격으로 태평양 전쟁이 발발하자 미국의 승리가 조선의 해방으로 이어질 것이라는 희망을 갖고 미군 징병 검사관으로 자원봉사하기도 했다.

1945년 8월 15일 마침내 대한민국이 독립했다. 미군정장관 하지는 노령의 서재필에게 고국에 돌아올 것을 요청했다. 그는 여러 차례 고사하다 마침내 1947년 7월 1일 인천항에 도착했다. 무려 반세기 만에 귀국한 서재필은 동포들의 큰 기대를 불러일으켰다. 그가 도착했을 때 이승만, 김규식, 여운형, 안재홍 등 당대의 정상급 지도자들이 영접을 나갔으며, 귀국 환영대회는 이승만, 김구, 여운형을 명예위원장으로 하여 5만여 명의 시민들이 참석하는 성황을 이루었다. 시민들은 겨레를 위해 평생을 헌신한 선각자를 잊지 않고 있었던 것이다. 그는 자신이 한국말을 잊어버렸으며 한국 사정을 잘 알지 못한다는 점을 솔직하게 시인했다. 그러나 "힘을 다하여 한국 인민들을 도와주려고 한다"고 다짐했다.

고국에 돌아온 서재필은 하지 중장에게 자문을 하고 미소공동위원회에 참여했다. 그는 숙소인 조선호텔로부터 매일 출근해 성실하게 근무하는 한편, 매주 금요일 라디오 연설을 통해 민주주의, 교육, 과학의 중요성을 강조하였다. 서재필 방송의 핵심은, 한국이 통일 독립되고 번영하려면 자유민주주의를 착실하게 운영해야 한다는 데 있었다. 그때 온 겨레가 열망하던 민족 통일의 비결도 자유민주주의의 실현에 있다고 외쳤다. 서재필의 활동은 국민의 교육과 계몽에 치중됐다. 그는 미군정으로부터 귀국 교섭을 받았을 때 "나는 연로했고, 원래 지위와 권세에는 아무런 뜻이 없으며 오로지 동포들의 교육과 계몽에 힘쓰고 싶다"고 말했는데, 그 다짐에 충실했다. 그러나 정계는 서재필의 적극적인 정치참여를 바랐다. 특히 김규식과 미군정이 적극적이었다. 서재필은 기본적으로 김규식의 노선에 동의했다. 그러나 자신의 나이가 많음을 내세우며 정치 활동에 참여하기를 사양했다.

서재필을 정계로 끌어내려는 시도는 1948년 6월 1일 이후 계속됐다. 5·10총선이 끝나 제헌 국회가 개원한 다음 날, 정일형, 백인제, 이용호 등을 비롯한 지도층 인사들이 서재필을 대한민국의 초대 대통령으로 추대하려는 운동을 시작했다. 이에 서재필은 7월 4일 불출마 성명을 발표하였다. 그는 마지막으로 옛 제자인 이승만을 만나 5·10총선에 불참한 김구, 김규식 등의 남북 협상파를 포용할 것을 권유했다. 서재필은 1948년 9월 11일에 인천항을 떠났다. 필라델피아 근교 메디아로 돌아간 그는 1951년 1월 5일 만 87세를 일기로 별세했다.

5. 역사적, 교회사적 의의

대한민국 정부는 〈독립신문〉이 창간된 4월 7일을 신문의 날로 정하고 있으며, 1977년에는 건국훈장 대한민국장을 서재필에게 추서했다. 1994년에는 미국 필라델피아에 있던 유해가 국립현충원에 안장되었다.

최근 일부 학계에서 서재필의 공헌을 허물려는 시도를 조직적으로 행하고 있다. 서재필은 조국을 버리고 미국을 택한 외국인이며, 박사도 아닌데 박사 행세를 한 사람이라는 것이다. 물론 서재필은 미국 국적을 택했다. 그러나 당시 그는 '대역무도'의 죄인이었으며, 모든 가족이 몰살당한 상황이었다. 이런 형편에서 경제력이 전무한 외국인이 교육을 받기란 불가능했다. 다시는 귀국할 수 없는 상황의 부득이한 선택이었다. 그럼에도 서재필은 단 한순간도 조국을 잊어 본 적이 없었다. 조국이 부를 때마다 언제든지 모든 것을 바쳐 조국에 헌신했다. 또한 스스로 박사 행세를 한 적도 없다. 그가 최초의 의사였기에 의사(medical doctor)라는 직업명에 생소한 한국인들이 의학박사라고 불렀던 것이다.

서재필의 모든 활동에는 인권과 교육, 민주주의에 대한 강한 강조가 드러난다. 〈독립신문〉 초기부터 변치 않는 신념의 기초가 사설에서 발견된다.

"사람은 모두 하나님께서 내셨다. 그러므로 사람은 사람을 짐승처럼 부려서는 안 되고 하나님께서 주신 그 사람의 권리를 존중해 주어야 한다."

그의 모든 사상은 기독교 신앙이 체질화되어 나타난 것이다.

— 오덕교(합동신학대학원 총장)

간도의 선각자
김약연

1. 북간도 개척

　김약연(金躍淵)은 1868년 10월 24일(음력 9월 12일) 함북 회령군 동촌 옹희면 제일리 행영(行營)에서 아버지 김석조(金錫祚)와 어머니 강씨의 4남 1녀 중 맏아들로 태어났다. 김약연의 가계는 무관 집안이었다. 아버지와 할아버지는 모두 무과에 급제하여 벼슬에 올랐었다. 김약연의 누이동생이 윤동주 시인의 어머니다.

　김약연은 1875년 8세부터 이름 있는 한학자였던 남종구, 오삼열, 주봉의 등의 문하에서 한학을 수학했다. 그는 어렸을 때부터

《맹자》(孟子)에 심취했던 것 같다. 스승인 남종구는 "약연은 《맹자》를 만독(萬讀)해서 이제는 눈 감고 줄줄 욀 수 있으니 틀림없는 맹판(孟板)이야"라고 감탄할 정도였다. 명동촌이라는 그의 이상촌도 맹자의 경세론(經世論)에 영향을 받았다고 볼 수 있을 것이다. 김약연은 8세에 부인 안연(安淵)을 만나 3남 1녀를 두었다.

　당시 조선의 백성들은 외세의 침탈과 자연재해 등으로 이중고를 겪고 있었다. 개항 이후 일제의 미곡 대량 반출과 자연재해는 농촌을 초토화하고 말았으며, 유랑민과 아사자가 속출했다. 수많은 사람들이 대거 간도로 이주를 떠났다. 이에 조정은 1883년 쇄국령을 철폐하고 북간도 이주를 권장하기에 이르렀다. 또한 청나라는 1885년 수백 년간 실시해 오던 만주지역에 대한 봉금령(封禁令)을 폐지하고, 두만강 이북의 길이 700리, 너비 40~50리의 넓은 지역을 이주민이 개간하여 정착할 수 있는 전간 구역으로 지정했다. 바로 이 시기 1899년 2월 18일에 김약연은 가솔 및 인근의 10여 가구를 이끌고 북간도 화룡현 지신사 장재촌으로 이주하여 명동촌(明東村)이라는 한인촌을 형성하기 시작했다.

　이 지역은 마을 어귀 양편에 50개가 넘는 선바위가 있고, 마을 아래로는 강이 흐르며, 북동쪽에는 큰 들판이 펼쳐져 있다. 천연 요새지로 외부의 침공을 막기에 좋은 여건을 가지고 있어 이주민이 정착하기에 알맞은 땅이다. 두만강 중간에 간도(間島)가 있어 국경에 연해 있는 중국 땅을 북간도(간도의 북방지역)라고 불렀다. 이상향 명동은 북간도 화룡현의 장재, 용암, 대룡, 영암 등 네 개의 촌락을 총칭하는 말이다. 김약연이 명동이라고 이름지은 것은, 한국의 고대 왕국 이름인 '해동'(海東), '대동'(大東), '동국'(東國) 등에서 '동'을 취하여 이 앞에 밝은 미래를 뜻하는 명(明)을 붙임으로, 조국의 밝은 앞날을 염원하기 위한 것이었다.

김약연은 1901년 4월, 후세 교육을 위해 청나라 사람으로부터 5만 평의 토지를 매입하여 자신의 호를 딴 규암재(圭巖齋)라는 서당을 창설했다. 그리하여 청년들을 모아 낮에는 농사를 짓고, 밤에는 공부를 시키며 각종의 교육 계몽 사업을 전개했다. 이를 통해 한인 동포들의 자조, 자립, 협동 정신을 고취하며, 동지적 유대와 민족적 일체감을 조성해 갔다.

2. 명동학교

1905년 11월 18일 일제는 을사늑약을 강제로 체결, 외교권과 통치권을 장악함으로써 조선병합 의도를 노골화하기 시작했다. 1907년 6월 헤이그 특사 사건을 빌미로 대한제국의 광무황제(光武皇帝)를 강제 퇴위시키고, 7월 24일 강제로 정미 7조약을 체결, 대한제국 군대를 해산시키는 등 식민지화 정책을 가속하였다. 이에 김약연은 1907년 평생 동지인 김영학, 구춘선, 강백규, 유찬희, 마진 등 동지들과 간도교민회(間島僑民會)를 비밀리에 조직, 회장으로 활동했다. 교민회는 동포들의 생활 안정과 교육 계몽, 민족정신 고취에 힘썼다. 청나라 정부와 교섭하여 동포들이 매입한 토지 소유권을 보장해 주는 등 권익 옹호에 주력함으로써 민족 지도자로 부상했다.

김약연은 1908년 4월 27일 박무림(朴茂林), 문치정(文治政), 김하규(金河奎) 등과 함께 규암재를 모체로 하여 명동서숙(明東書塾)을 설립했다. 본격적인 민족 교육 운동을 전개하기 시작한 것이다. 명동서숙은 이상설(李相卨)이 1906년 북간도 용정에서 운영하다가 헤이그 특사로 떠난 뒤 일제의 탄압으로 폐교된 서전서숙(瑞甸書塾)의 전통을 계승했다. 1910년 3월에는 중학부를 두었고, 김약연은 교장으로서 학교의 전체적인 행정을 직접 관장했다. 다음 해인 1911년 2월 여학부까지 증설되어 간도 지역에서는 최초로 근대적인 체계를 지닌 명동학교로 정립되었다.

　　명동학교의 교육이념은 정의와 실천의 교육으로, 국민정신을 함양하는 것이 목표였다. 국민정신의 함양이란 반일 민족 애국 교육으로, 민족독립을 위한 투사를 양성하는 것이다. 학교는 이러한 목표를 위해 심혈을 기울였다.

　　우선 우수한 교사진 확보에 전력을 기울였다. 유학계의 대학자들인 문병규, 김약연, 남도천, 김하규를 비롯하여 언어학자 장지영, 윤리학자 박태환, 청년역사학자 황의돈, 와세다 출신 법학자 김철 등이 학교에 초빙되었다. 독립투사 김홍일 장군도 최세평이란 가명으로 체조선생으로 활약했다. 둘째, 전 과목에 반일교육이 포함되었다. 명동학교는 설립 초부터 정규적인 커리큘럼을 지니고 있었다. 학교에는 모두 25개의 교과목이 설치되어 있었는데, 특히 역사 교육에 특별한 관심을 기울였다. 명동학교에서 퇴직한 조광춘 선생은, 김약연 교장은 작문에 반일이나 독립이라는 말이 없으면 아예 점수를 주지 않을 정도였다고 회고한다. 셋째, 민족

교육의 주도권을 견지했다. 일제의 간섭과 혹심한 탄압, 청나라 정부의 압력 등 교육 주권에 대한 침해가 엄중했다. 그러나 명동학교는 한 치의 타협도 없이 꿋꿋하게 자체의 교육 주권을 지켜 나갔다. 넷째, 자력갱생의 원칙을 지켰다. 김약연은 학교가 후원금에만 의존하는 것이 아니라 자체적으로 재정의 자립도를 확보해야 한다고 믿었다. 그 스스로 화전을 일구었을 뿐 아니라 양봉, 양잠, 양계 등의 사업에 솔선수범했다.

명동학교는 점차 북간도 지방만이 아니라 연해주 지역, 전 만주 지역 최고의 민족 학교로 자라났고, 곳곳에서 명동학교로 유학을 보낼 지경이 되었다. 또한 명동학교를 통해 윤동주, 윤영춘, 김정우, 송몽규, 나운규 등이 자라났다. 1917년 이후 독립 정신의 고취를 위해 학교 기관지 〈자유의 종〉을 발간했으며, 1918년부터는 학생들을 중심으로 충렬대, 맹호대, 결사대, 단지동맹, 애국부인회 등을 조직, 독립투쟁의 최전선에 나서게 되었다. 졸업생들과 학생들은 1919년 간도 3·1운동의 주역이 되었으며, 1920년 독립군 군자금 마련을 위한 조선은행 15만 원 탈취사건을 일으키는 등 무장독립운동에도 적극 참여했다. 또한 청산리전투(1920년), 간도 5·30폭동사건(1930년) 등도 이끌며 연변 항일운동의 주역으로 나섰다.

그러나 1920년 10월 20일 일본군은 학교를 급습, 모든 기물을 파괴하고 학교 건물을 불살랐으며, 마침내 1925년 학교를 완전히 폐교 조치했다. 명동학교는 이때까지 1,200여 명의 졸업생을 배출했다. 일제는 명동학교의 폐교 이유를 다음처럼 밝히고 있다.

첫째, 명동학교는 지리를 가르칠 때, 조선을 일본 영토에서 제외한 지도를 사용한다.

둘째, 일장기 대신 태극기를 사용한다.

셋째, 철저한 항일 교육을 실시한다.

넷째, 입학 시험을 칠 때 독립정신·민족정신이 투철하지 못한 학생은 낙제시킨다.

3. 기독교의 수용과 독립 투쟁

김약연의 기독교 수용은 명동학교와 밀접한 관련이 있다. 김약연의 간청으로 기독교인 정재면이 명동학교에 오게 되면서부터이다. 김약연은 정재면이 훌륭한 교사감임을 알고 교사가 되어 줄 것을 간청했다. 이에 대해 정재면은 다음 두 가지 조건을 내걸었다. 첫째로, 아이들에게 성경을 가르치게 할 것, 둘째로, 아침마다 조회 때 예배를 볼 수 있게 할 것이었다.

너무 뜻밖의 조건이어서 김약연은 주저했다고 한다. 단번에 거절하고 싶었으나 좋은 선생님을 놓칠 것 같아 조건을 들어주고 말았다.

1909년 이 사건을 계기로 명동학교는 기독교 학교가 되었다. 가장 먼저 교장인 김약연이 기독교로 개종하고, 명동교회가 설립되자 교회의 영수가 되었다. 이후 김하규, 김정규, 문치정, 문정호, 최봉기 등이 입교하여 독립 교회로 성장하기 시작했다. 이로써 명동학교와 명동교회는 불가분의 관계가 되었고, 결국 마을 전체가 기독교적 공동체로 발전하기 시작했다. 김약연은 40 평생 심취해 왔던 유학에 회의를 느낀 차에, 자신과 민족의 새로운 소망을 기독교 안에서 찾게 된 것이다.

1910년 결국 한일합병이 이뤄짐으로써 조선은 일본의 식민지가 되고 만다. 김약연은 본격적인 독립 투쟁에 뛰어들었다. 1912년 이동휘가 명동으로 망명해 온 것을 기회로 교민회를 해산하고 '북간도국민회'로 새로운 출발을 하여, 회장으로 활동했다. 같은 해 김약연과 정재면은 캐나다장로회의 북간도 선교지부 설치를 요청, 용정에 지부가 설치되었다. 이와 함께 교회도 큰 부흥을 이루어 북간도 지역에서 한인교회가 40개, 교인이 1,700여 명에 이르렀다. 1918년 11월에는 미주, 노령, 만주 일대의 민족 지도자인 신규식, 정재관, 박은식, 이시영, 이동녕, 신채호, 김좌진, 이대위, 김규식, 이승만, 이동휘, 안창호 등 39명의 연명으로 '무오(戊午)대한독립선언서'가 발표되는 데 중추적인 역할을 맡았다. 이 선언서는 3·1독립선언서의 모체가 되었다. 이 선언서에는 기독교적 독립정신이 농축되어 있다.

"우리는 역시 천민(天民)의 하나요, 약자의 하나이다. 이제 천명(天命)을 이어 순종하고 인심을 합응하여 2천만 민중이 한 입으로 일제히 자유의 노래를 부르며 두 손을 굳게 잡고 평등의 큰 길로 전진하는 것이다."

선언서의 주창자들은 자신들이 '하나님의 백성'의 하나이며, 하나님의 명령에 따라 독립을 선언함을 분명히 한 것이다.

김약연은 1919년 2월 러시아령인 니코리스크에서 열린 한민족 대표자회의에 북간도 대표로 참석했다. 1919년 국내에서 3·1운동이 시작되자, 동지들과 극비리에 거사 계획을 세워 3월 13일 1만여 명의 동포들이 용정 북쪽의 서전대야(西甸大野)에서 독립 선언 축하회를 개최했다. 만세 운동 이후 북간도의 민족 지도자들은 모든 단체들을 통일하여 3월 '조선독립기성회'를 조직했는데, 4월 13일 상해에서 대한민국 임시정부가 수립되자, 임정의 정통성을 인정한다는 취지에서 단체명을 '대한국민회'로 개칭했다.

북간도와 러시아령 전체에 걸친 독립운동의 주도로 일제는 김약연을 독립운동의 '수령'으로 지목했다. 김약연의 친중국노선과 인품에 매료된 연길의 현장(縣長)은, 일제로부터 보호하는 차원에서 그를 체포하여 1920년에서 3년간 옥고를 치르게 했다. 1923년 출옥 후 2월에 열린 전간도주민대회에서 30만 간도 한인 동포들의 생명과 재산을 보호하고 '간도 자치권' 획득을 위한 실행위원으로 선임되어 중국 당국과 교섭 활동을 활발히 전개한다. 이 무렵 중국인들과 행정 당국자들은 그에게 간도의 '한인 대통령'이라는 별명을 붙였다.

김약연은 광복을 3년 앞둔 1942년 10월 29일 용정시 자택에서 "내 모든 행동이 곧 나의 유언이다"라는 마지막 말을 남기고 하늘의 부르심을 받았다. 조카 윤동주의 서시처럼 '하늘을 우러러 한 점 부끄럼이 없는' 삶을 살았다. 대한민국 정부는 1977년 건국훈장 독립장을 추서, 그의 공훈을 기리고 있다.

4. 역사적, 교회사적 의의

규암 김약연은 민족이 어려운 시기에 처했을 때 선구자적인 정신으로 북간도 개척에 나섰다. 중국 연변 자치구의 성립은 그의 헌신이 씨앗이 되어 이루어진 것이라 볼 수 있다. 또한 명동학교를 통해 수많은 애국지사와 예술가, 목회자들을 길러냈다. 늦은 나이에 기독교에 입문하였지만 명동교회를 통해, 명동촌 전체가 기독교 공동체이자 민족 항일투쟁의 요람으로 자리 잡도록 헌신했다. 이 지역의 크고 작은 독립운동의 모의, 진행, 경과 등이 거의 명동교회를 중심하지 않은 것이 없다.

김약연은 존경받는 간도지역의 대통령이었을 뿐 아니라 교회가 지역사회를 섬기는 훌륭한 모범을 제시한 참된 목회자였다.

— 오덕교 (합동신학대학원 전 총장)

기독교 사회주의자
현순

1. 가정과 교육

현순(玄楯)은 1878년 3월 21일 아버지 현제창(玄濟昶)과 어머니 평양 조씨 사이에서 출생했다. 그의 출생지는 대부분 서울로 표시되고 있으나, 본인은 경기도 양주부 석적면 황동에서 출생했다고 밝히고 있다. 그의 본관은 천령(川寧)이며, 천령 현씨는 조선시대에 많은 역관을 배출했다. 현순은 12세이던 1890년 시의(侍醫) 이해창의 딸(14세)과 결혼했다.

1892년 현순은 사촌인 현은과 함께 이명선에게 《맹자》를 비롯,

정치, 경제, 윤리 등을 배웠다. 그러나 현순에게는 한학에 대한 뜻이 없었다. 1896년 1월 아버지와 함께 상투를 자르고, 같은 해 독립협회에 나가기 시작했다. 아버지 현제창은 1898년 11월 4일 체포된 독립협회 간부 17명 중 한 사람이었다.

현순은 1897년 통역관 양성 기관인 관립영어학교에 다니다 교장 허치슨(Hutchison)과의 갈등으로 다음 해 학교를 그만두었다. 1899년 일본 동경으로 유학을 떠나 순천(順天)학교에 입학, 세계사, 지리, 화학, 물리, 수학 등을 공부했다. 1901년 아버지의 투옥과 어머니의 사망 소식을 들은 현순은 귀국을 서두르지만, 현은이 학업을 마치고 오라는 편지를 보내 유학 생활을 계속한다. 1902년 4월 졸업하고 더 이상의 유학을 하지 않고 귀국한다.

2. 개종

현순의 자서전에 기독교가 처음 언급되는 것은 1896년 무렵이다. 그는 서울에서 윤치호의 연설을 들었다.

"유교의 가르침은 상류층으로부터 비롯되어 아래로 내려왔지만, 기독교의 가르침은 하류층으로부터 비롯되어 위로 올라옵니다. 달리 말해서 유교는 소수의 양반에게 근거를 두고 있지만, 기독교는 나라의 근본인 일반 대중의 이익을 위한 것입니다."

아버지의 영향으로 독립협회의 집회에 자주 참여했지만, 기독교에 대한 관심으로 이어지지는 않았다. 일본에서 공부하면서도 한학 선생에게서 배운 옥추경(玉樞經)의 주문을 수시로 외웠다. 친구인 심의성이 현순을 찾아가 주기도문을 가르쳐 주었지만, 현순은 "경문이 입에 아주 붙어 있어 주의 기도를 잘 익힐 수가 없었다. 그래서 영어를 독습할 마음으로 영어 주의 기도를 외웠다"고 술회한다. 단지 민권운동의 한 측면에서, 또한 서양 학문을 익히고 이해하는 수준에서 기독교를 인식했음을 보여 준다.

그러나 친구인 심의성의 끈질긴 노력은 결실을 맺게 되었다. 심의성은 당시 조선(造船)학교에 다니고 있었는데, 틈만 나면 현순의 하숙집에 찾아와 기독교 교리를 설명해 주었다. 그러던 어느 날, 현순은 주일 YMCA 영어 성경반에 참여하여, 그곳에서 영어로 성경을 배우기 시작했다. 현순은 심의성을 따라 침례교회의 예배에도 참석하게 되었다. 1901년경 예배에 참석한 몇 주 후 피셔(C. H. D. Fisher) 목사로부터 세례를 받았다. 현순의 고백이다.

"유교는 윤리, 도덕, 정치를 가르쳐 주었다. 불교는 전생, 현세, 내세를 가르쳐 주었다. 기독교는 인간 존재의 영생을 가르쳐 주었다. 나는 기독교를 깊이 믿게 되었고 날마다 성경을 읽게 되었다."

3. 해외 활동, 목회와 독립운동

귀국한 후 한동안 현순은 적당한 일자리를 구하지 못했다. 어느 날 신문에 난 광고를 보고 찾아간 곳이 동아개발회사(東亞開發會社)였다. 이 회사는 하와이의 사탕수수 농장에서 필요한 노동력을 충당하고자 한국 정부의 위임을 받은 데셀러(D. W. Deshler)가 설립한 회사였다. 현순의 업무는 이민을 희망하는 한국인들을 하와이까지 인솔하고, 현지에서 그들을 감독하고 통역을 담당하는 것이었다.

현순은 가족과 함께 1903년 2월, 60여 명의 제2차 이민단을 이끌고 하와이로 이주했다. 이주민들은 낯선 기후와 풍토, 관습 등으로 인해 어려움을 겪었다. 본토인들의 냉대와 질시도 한몫했다. 적응을 못하고 방탕한 생활을 하는 사람들이 늘기 시작했다. 현순은 이러한 상황을 타개하기 위해 홍치범, 임정수 등과 함께 호놀룰루 한인감리교회를 설립하여 동포들의 고통을 함께 나누었다. 이 교회가 하와이 교민교회의 시초라고 한다. 또한 자치회를 조직하고 야간 학교를 개설했다. 야간 학교에서는 현순이 직접 청년들에게 영어를 가르쳤다. 현순의 활동을 눈여겨본 하와이 감리교 선교부는 그를 가와이(Kauai) 섬의 전도사로 임명했다.

1907년 현순은 하와이에서 한국으로 돌아왔다. 배재학당에서 영어, 수학 등을 가르치는 동시에, 미감리회 조선선교연회에 정식으로 입회하여 목회를 시작했다. 1908년 해리스 감독에게 집사 목사로 안수를 받았으며, 정동감리교회 부목사로 시무했다. 1909년 서울 서부지역을 담당하는 전도목사가 되었고, 1911년 감리교 협성신학교를 제1회로 졸업하면서 그해에 장로 목사로 안수를 받았다. 1911년 상동감리교회 부목사, 1913년 전국주일학교 주임으로 일했다.

1914년 최병헌 목사 후임으로 정동제일교회 담임목사로 부임하여 1년간 봉직하였다. 이 기간 중에 전도사 김종우와 함께 100일간 남산에서 새벽기도를 하던 중, 11월 23일 정동교회의 새벽기도회에 참석한 200여 명과 함께 강렬한 성령의 강림을 체험했다. 성령 체험 이후 현순은 3·1운동 때까지 주일학교 사역에 헌신했다.

1919년 3·1운동의 준비와 계획에 참여하던 그는 2월 23일 미리 상해로 떠나 국제 정세와 파리 강화회의에 관한 정보를 국내에 전하는 한편, 미국 대통령과 강화회의 대표에게 독립 청원서를 보내는 책임을 지게 되었다. 도착 즉시 현순은 한국에서 입수된 독립선언서를 이광수와 함께 영문으로 번역, 3월 4일 3·1운동의 시작을 현지 언론에 널리 알렸다. 그리고 3·1운동 이후 국내를 탈출하여 상해로 몰려든 민족 운동가들을 규합하여 임시정부를 수립하는 데 주동적으로 일했다. 그해 4월부터 상해 임시정부에서 외무차장, 외무위원, 외무부위원, 내무차장 등을 역임하면서 김규식과 함께 주로 외교 분야의 일을 담당하였다.

현순은 1920년 9월부터 김규식의 뒤를 이어 구미위원부의 임시 위원장을 맡게 되었다. 그는 임시정부의 재정난을 타개하고자 서부지역 곳곳을 돌아다니며 모금 운동을 벌였다.

그러나 현순은 1921년 4월 주미대사관을 설치하고 대사를 자처하여 파문을 일으켰다. 그는 미국 정부에 한국 독립의 승인을 요청하여야 한다는 전문을 이승만에게 보냈더니, 위임장을 송부했으니 편의대로 하라는 회신이 왔다고 주장했다. 그러나 이승만이 위임장을 보내기는 했지만 대사관을 설치하라는 말은 한 적이 없다고 대답하며 현순을 해임했다. 현순은 해임을 거부하고 독립적인 대외 활동을 시작했다. 그러나 현지 여론은 현순에게 불리해졌고, 교포 사회는 그를 비난했다. 임시정부 각료들의 해임장이 5월에 도착하고, 서재필 측에서 현순의 구미위원회 사무실을 폐쇄하는 등 실력행사에 들어가자 하와이로 떠날 수밖에 없었다.

하와이에 온 그는 이승만과 서재필, 구미위원회를 비난하는 글을 만들어 회람시킴으로써 또다시 교포사회에 파문을 일으켰다. 다시 상해로 왔지만 아무 직책도 얻지 못했으며, 모스크바로 가서 한국 독립에 대한 소련의 지원을 얻으라는 임무를 부여받았다. 1922년 1월 모스크바에서 열린 극동인민대표자대회에 한국 측 대표단의 일원으로 참석한 듯하다. 그는 '목사 동무'로 불리며 레닌과 트로츠키 등을 만나 한국 독립의 원조를 요청했지만 별다른 성과를 거두지 못했다. 그해 7월 여운형을 중심으로 한 시사책진회(時事策進會)에 참여했으나 그 노력 역시 수포로 돌아갔다.

1923년이 되면서 재정난에 빠진 현순은 영국 제약회사의 판매원으로 취직, 각처를 떠돌아다녔다. 봉천을 거쳐 장춘에 이르렀을 때, 하와이 감리교회의 감독인 프라이 박사(Dr. Fry)로부터 호놀룰루 한인교회의 목사직을 제의하는 편지를 받았다. 그는 1926년까지 그 교회를 담임했다. 교포사회가 이승만 파와 박용만 파로 나뉘어 반목하자, 다시 가와이 섬으로 자리를 옮겨 오랫동안 그 지역에서 목회했다.

김구가 임시정부의 새로운 대표가 되자, 그는 하와이 각처를 순회하며 김구에 대한 지지를 호소하면서 모금 운동을 벌이며 매달 임시정부로 송금하는 일을 거르지 않았다. 1935년 현순은 임시정부로부터 '하와이군도 선론위원'으로 임명되어, 1940년 은퇴할 때까지 순회 목회와 임시정부 후원을 위한 모금 사업을 전개했다.

이러한 독립운동의 공로로 한국 정부는 1963년 건국훈장 국민장을 수여했다. 1968년 7월 11일 LA에서 사망한 현순은 1975년 국립현충원에 안장되었다.

4. 기독교 사회주의

현순은 은퇴 후 '조선민족혁명당'에 관여하면서 사회주의적인 경향을 강하게 드러낸다. 그는 민족의 주체적인 자립과 자영을 주장, 1948년 남한만의 단독 선거를 반대하면서 이승만을 강하게 비판했다. 그해 그는 북미주 조선인 민주전선 위원장을 역임하면서 남북한의 연합과 일치를 주장했다.

1950년 한국전쟁이 발발하자, 미국 정부에 한국에서의 무력간섭 중지를 요구했다. 같은 해 7월에는 '한국전쟁은 분열된 조선을 다시 통일시키는 내전'이라는 호소문을 발표했다. 또한 한국전쟁은 내전이므로 외국 군대가 철수해야 한다는 연설을 했다. 비록 미국에 있어 한국의 사정을 잘 알지 못했다 하더라도 현순의 친북적인 행동은 비판을 받고 있다. 내전이라 할지라도, 내전을 실질적으로 준비하고 실행한 김일성에 대한 비판은 전무한 반면, 유엔 결의에 의해 정당하게 참여한 유엔군을 통일 전쟁을 방해하는 외세로 규정하고 있기 때문이다.

현순은 성경과 체험에 기초해 기독교를 이해했다. 그에게 기독교는 세상을 변혁시키는 밑거름이었으며, 민족을 살릴 수 있는 유일한 종교였다. 그는 민족을 살리는 최초의 일은 회개이며, 예수를 통한 죄악의 극복을 주장했다. 그는 기독교와 사회주의의 공존과 협력의 모습을 민족을 위한 새로운 대안으로 선택했다. 초기에 강한 민족주의적 경향을 보이던 그는 후기에 들어 기독교적 신앙의 바탕 위에 사회주의를 관련시킨다. 그는 개인의 변화를 통한 사회의 구원, 그리고 민족의 독립으로 이어지는 이념의 종교로 기독교를 이해했다. '번영과 자립의 민족', '연합과 일치의 민족'이 현순이 원했던 민족의 모습이었다.

5. 역사적, 교회사적 의미

그의 삶은 크게 세 부분으로 나눌 수 있다. 초기는 '민족주의', 중기는 '기독교 민족주의', 후기는 '기독교 사회주의'이다. 그가 민족주의를 택한 시기는 근대화의 과제를 이루지 않으면 국권이 상실될 위기의 상황이었다. 현순은 한말 유교적 봉건사회가 붕괴되고 외세의 개입이 가중되는 혼란기를 살았다. 이 시기에 독립협회에 참여하면서 민족 문제에 관심을 가지게 되고, 나라를 살리는 많은 방법을 모색했다. 일본 유학 중에 기독교를 접하게 되면서 기독교적 이념이 그의 삶의 중심이 되었다. 기독교의 '만민 평등, 인권, 남녀 평등' 등의 사상은 시대적 과제인 변화와 개혁에 적합한 내용이었다.

비록 그가 기독교와 사회주의의 결합을 믿었지만, 그는 철저한 사회주의자는 아니었다. 민족적, 계급적, 사회적 갈등을 계급 투쟁으로 해결하자는 사회주의와는 달리 '상생과 평화'라는 기독교적 방법으로 해소하고자 했기 때문이다. 이런 면에서 그의 사상은 레닌이나 김일성의 사상보다는 감리교의 창시자인 존 웨슬리의 사상에 근접한다고 볼 수 있다. 웨슬리의 사상에도 다양한 사회 개선 제도와 인도주의적 사회운동, 청지기적인 직업 윤리와 소명감이 포함되어 있기 때문이다.

독립운동 시기, 그는 지나친 공명심으로 인해 공식적인 경로를 거치지 않고 주미대사를 자처하는 정치적 실수를 저질렀다. 또한 6·25전쟁을 통일 전쟁으로 잘못 규정하여 미군과 유엔군의 철수를 주장하는 이데올로기적 편향성을 보여 주었다. 그럼에도 하와이 이주민의 정착, 3·1운동의 해외 전파, 임시정부의 구성, 소련과 미국에서의 외교 활동, 해외에서의 모금 운동 등은 그의 분명한 공헌이기도 하다.

또한 교회사적으로 현순은 하와이의 최초 한인 교회의 설립에 기여했으며, 감리교 주일학교 운동과 부흥운동에 미친 영향도 긍정적으로 평가되어야 할 것이다.

—한성진(합동신학대학원 역사신학 교수)

좌우 단결의 독립운동가
김규식

1. 가정과 교육

김규식(金奎植)은 1881년 1월 29일 부산에서 김지성(金智性)과 경주 이씨 사이의 2남으로 태어났다. 본관은 청풍(淸風), 호는 우사(尤史), 죽적(竹笛)이며, 중국에서 망명생활을 할 때 김성, 중문, 일민, 왕개석 등의 이름을 사용하기도 했다.

선친인 김지성은 본래 강원도 홍천 태생이었지만, 김규식이 태어날 당시 경상도 동래부의 대외관계의 일을 담당하던 관리였다. 그는 부산 개항장에서 일제가 불평등 무역을 자행하는 것에 대한 부당함을 지적하며 시정을 요구하는 상소를 올렸으나 도리어 유배를 당하게 되었다. 김규식의 어머니마저 그 충격으로 세상을 떠나 규식은 4, 5세의 어린 나이에 고아 아닌 고아가 되고 말았다. 이 어린 규식을 받아 준 사람은 미국 북장로교 선교부로부터 한국 선교사로 파송되어 온 언더우드(H. G. Underwood) 선교사였다. 선교사의 아내인 릴리어스 여사는 남편의 전기에 김규식에 대해서 소상히 밝히고 있다. 언더우드가 설립한 고아원에는 언더우드 목사가 데려온 꼬마 존(John)이 있었는데, 그가 바로 김규식이었다. 사람들은 그 아이를 '번개비'라고 불렀다. 그 아이의 아버지는 고관으로 요직에 있었는데 어떤 정치적 사건으로 유배를 당했고, 어머니는 사망한 것으로 알려져 있다. 그의 숙부들은 곤경에 빠져 있어 아이를 돌볼 수 없어 새로 설립된 고아원에 아이를 데리고 왔다.

그러나 네 살쯤 된 아이를 키우기가 곤란하여 도로 친척들에게 보내고 말았다. 얼마 안 되어 그 아이가 중병에 걸려 돌보는 사람이 없어 위독하다는 소식이 들려왔다. 그래서 언더우드 목사는 불편한 몸을 무릅쓰고 약과 우유를 가지고 가마를 타고 그 아이를 찾아갔다. 그 아이는 심한 굶주림에 허덕이며 먹을 것을 달라고 울면서 애걸하고 있었고, 심지어 벽에 붙은 종이를 뜯어 먹겠다고 몸부림치고 있었다.

의사들과 다른 선교사들은 아이를 절망적인 상태로 단정하고 아이를 데려오는 것을 극력 반대했다. 그 아이가 죽을 경우, 한국 사람들이 미국 사람들에게 책임을 지울 것으로 생각했기 때문이다. 그러나 언더우드 목사는 그 아이를 데리고 와서 정성껏 간호한 끝에 정상적이고 명랑한 아이로 소생시켰던 것이다.

　죽음을 앞둔 절체절명의 순간에 김규식은 언더우드 선교사의 도움으로 생명을 이어갈 수 있었다. 김규식은 1887년 한국 최초로 개원한 언더우드의 고아학교에 들어갔다. 언더우드 학당(지금의 경신중·고교)에는 25명 가량의 학생이 있었으며 성경, 영어, 한문 공부를 주로 하였다. 비록 고아원으로 출발했지만, 당시 아동들로는 어느 학교에서도 받아 볼 수 없는 신교육이며 선진적인 학문을 익힐 기회를 가진 것이었다. 또한 어린 시기부터 자연스럽게 기독교적 환경에 들어감으로써, 김규식은 자연스럽게 생활 속의 크리스천으로 성장할 수 있었다.

　1896년 언더우드 학당을 졸업한 김규식은 독립협회 운동에 관심을 가지게 되고, 언더우드 목사의 주선으로 〈독립신문〉에서 일하게 된다. 김규식은 이곳에서 서재필과 만나게 되었다. 아마도 약관의 나이로 미국 유학을 결심한 데는 서재필의 영향이 있었을 것이다. 김규식은 1898년 가을, 버지니아 주 소재의 로아녹 대학(Roanoke College)의 예과에 입학한다. 이 대학에는 1893년부터 30여 명의 조선 유학생들이 있었으므로, 당시에는 가장 잘 알려진 대학이었다. 규식은 1년 만에 예과를 졸업하고 그해 가을부터 학부에 입학, 1903년 6월에 졸업했다. 그의 어학 실력은 탁월했는데(라틴어 평균 93점, 불어 평균 94점, 독일어 평균 95점), 풍전등화의 조국은 그의 재능을 필요로 하고 있었다.

2. 교수, 독립운동가, 외교관, 정치가

귀국 후 김규식은 언더우드 목사를 도와 새문안교회를 중심으로 선교 사역에 헌신했다. 또한 경신학교, YMCA, 배재학당 등에서 교육과 민중 계몽운동에 진력하였다. 그러나 조국의 상황은 그를 교회 사역에만 머물 수 없게 만들었다. 그는 호주 유학을 핑계로 망명길에 올라 1913년 4월 중순 상해에 도착했다. 1945년 11월 환국할 때까지 무려 32년간의 망명생활에 접어든 것이다.

1917년 10월의 러시아 혁명과 1918년 윌슨 미국 대통령의 민족자결주의는 독립지사들에게 더욱 적극적인 활동이 필요하다는 자각을 주었다. 그중에 신한청년단은 1919년 1월 18일부터 개최되는 파리강화회의에 한국의 민족 대표를 파견, 일제의 압제를 폭로하고 한국의 독립을 호소하려고 계획했다. 김규식은 신한청년단의 요구를 수락, 3월 13일에 파리에 도착하여 적극적인 활동에 들어갔다. 8월에는 이승만의 초청으로 미국에 도착, 구미위원부 위원장으로 활동했으며, 9월 통합 임시정부가 발족하자 학무총장에 선임되었다. 다시 1921년 상해로 돌아온 그는 중국과의 협력에 노력을 기울였다. 1922년 소련에서 열린 극동 피압박 민족대회에 한국 대표단의 일원으로 참가, 레닌에게 독립운동에 대한 적극적인 지원을 요청하기도 했다. 레닌의 후원을 기대하고 연해주 해삼위로 옮겼으나, 레닌의 사후 소련 정부의 입장이 바뀌면서 노령으로부터 퇴출 명령을 받았다. 소련 정부에 대한 기대가 물거품이 되는 순간이었다.

이후 상해로 돌아온 그는 교육 운동에 매진한다. 상해 복단대학, 동방대학, 천진의 북양대학 등에서 교수로 활동했다. 이후 민족혁명당 활동 등 좌우파의 통합을 위해 노력하면서 1930년대를 보낸다. 1942년 10월 임정의 선전부장에 선임되고, 1943년 2월에는 국민혁명당의 주석으로 선출된다. 이듬해 4월 한국독립당을 대표로 하는 김구를 주석으로, 국민혁명당을 대표하는 김규식을 부주석으로 하는 체제로 임정이 개편된다.

마침내 1945년 8월 15일 조국이 독립되고, 김규식은 임정 요인들과 함께 11월 23일 귀국한다. 그러나 광복의 기쁨도 잠시, 12월 17일 모스크바 삼상회의의 결정문이 발표되자 반탁운동에 나서게 된다. 찬탁, 반탁 문제로 좌우의 대립이 격화되자 좌우합작운동에 나서게 된다. 남북 양쪽에서 단독 정부 수립 움직임이 가시화되자, 1948년 4월 김구와 함께 북행하여 남북협상에 참석했으나 협상은 실패한다. 결국 민족의 충돌을 막지 못한 김규식은 6·25전쟁으로 납북되어 1950년 12월 10일 평안북도 만포진 부근에서 70세를 일기로 서거한다. 대한민국 정부는 그의 공훈을 기려 1989년 건국훈장 대한민국장을 추서하였다.

3. 신앙인으로서의 김규식

좌우를 아우르고자 노력한 김규식에게 기독교 신앙은 어떤 의미였을까? 그는 서상륜처럼 극적인 회심을 경험하거나 이승만처럼 감옥 안에서 크리스천이 된 것도 아니었다. 아주 어린 시절부터 선교사의 손에서 자라난 그는 타고난 크리스천이나 마찬가지였다. 그는 신앙을 어떻게 인식하고 있었을까?

김규식이 미국 유학을 마치고 귀국한 후, 중국으로 망명하는 1913년까지 그의 국내 활동의 중심지는 교회였다. 그의 전 생애 동안 이 시기만큼 교회 생활과 신앙 생활에 전력을 다해 봉사한 때는 없었다. 29세의 젊은 나이로 장로에 피선된 김규식은 1912년 한국장로교 창립 기념식에 그의 글을 남긴다. 이 글에서 그가 생각하는 신앙의 일단을 발견할 수 있다.

"우리가 위의 제목(한국장로회의 총회 창립)이 의미하는 바를 생각할 때, 여호와께서 아브라함에게 내리신 놀라운 명령과 약속이 떠오른다. '이제 너의 눈을 들어 네가 있는 곳으로부터 북쪽으로 남쪽으로 서쪽으로 바라보아라. 네가 보게 되는 모든 땅을 내가 너에게 주리라.' 우리는 그분이 28년 전 이 고적한 반도에 도착한 최초의 선교사의 마음속에 똑같은 메시지를 말씀하셨음을 깨닫게 된다. 최초의 선교사는 이 말씀의 완전한 실현을 상상할 수 있었을까? 오히려 그는 아브라함처럼 이 놀라운 약속의 완전한 의미를 이해하기보다는 믿었기 때문에 명령에 복종한 것이 아닐까? 그러나 하나님의 역사하심을 보라! 28년 전에는 한반도의 사방 어디에도 기독교 신자는 단 한 명도 없었다. 그런데 지금 이 땅은 사방에 총 30만 명을 가진 교회들로 늘어났다."

이 글에서 일종의 모태신앙인으로서의 김규식의 고백을 보게 된다. 당시 대다수의 기독교인 독립운동가들이 지적인 이해를 통해서나 독립의 필요성 때문에 기독교를 받아들인 것과는 달리, 김규식은 '하나님에 대한 이해와 지식보다는 하나님을 향한 믿음과 순종' 이 기독교 신앙의 핵심임을 드러낸 것이다.

그의 신앙은 망명 기간에도 여전히 유지되었을까? 일제 시대 중국으로 망명한 상당수의 기독교인들은 신앙을 버리거나 사회주의자로 전향했다. 김규식은 해방 후 한 잡지의 기고문에서 다음처럼 술회한다.

"우리는 해외 생활 30~40여 년 예배당 출석은 콩 나듯 드문드문하였다. 그것은 일본 밀정들이 우리의 뒤를 따름이라. 이럴 때 예배당을 지나면서도 내 아버지의 집에 들어가 마음 놓고 예배 한 번을 잘 보지 못하던 우리들의 심정이 어떠하였으랴."

비록 그가 독립 투쟁 때문에 신분이 노출되는 교회생활을 하지 못한 것은 분명하지만 망명생활 동안 기독교 신앙을 버리거나 개종한 사실이 없는 것만은 분명하다.

해방 후 돌아온 그는 분명한 기독교인이었다. 임정 요인의 환영회 연설에서 그는 진정한 의미의 새로운 나라, 새로운 사회 건설은 '하나님께서 허락하시고 자기를 극복해야만' 가능하다는 시국관을 드러낸다. 환국 후 11월 25일 모교회인 새문안교회에서 행한 특별 설교에서 한국 교회의 통일과 일치를 역설하기도 한다.

"국내 정치 운동이 통일되지 못했기 때문에 우리가 오래간만에 돌아와도 부끄러운 것같이 우리 한국의 교우들도 통일된 교회를 가지도록 하여 모범적인 교우가 되어야 합니다. 장로교니 감리교니 하고 나뉘어 있어서는 안 됩니다. 큰 마음으로 일치 합류되어야만 하겠습니다."

그는 해방의 기쁨을 부활의 기쁨에 비교한다.

"오늘 부활주일은 우리 그리스도 교회뿐 아니라 세계적으로 큰 날이다. 그중에도 첫 번으로 자유스럽고도 성대히 이 부활절을 지키게 되니 하나님께 감사무량하다. 왜적들이 남산 중턱에다 신궁을 지어 놓고 우리들을 소 끌듯 말 끌듯 참배를 시키며 예배당 안에서도 별별 우상 놀음을 다 시킬 때 여러분의 고통은 어떠하였을까? 그러나 우리 주의 부활하심과 같이 땅 속에 매장되었던 성결교회도 예수와 한가지로 부활하셨으니 어찌 감사치 않으리오."

그는 신학적으로 부활 신앙을 확고히 믿는 크리스천이었으며, 일제의 신사참배 정책에 분명히 반대한 신앙인임을 드러낸다. 그가 좌우합작 운동에 참여하면서까지 바란 나라는 어떤 나라였을까? 1946년 〈활천〉 2호에 그의 말이 이어진다.

"지금부터 우리 마음에는 다만 삼위 하나님만 계시게 하고 오직 그만 경배하자. 우리는 마음을 깨끗이 하여야 한다. 우리는 이 깨끗한 곳 새 마음을 갖고 나아가 하나님께 구하자. 무엇을 구할까? 우리의 자유와 행복을 구하자. 그리하여 이 땅 위에 하나님의 나라를 세우자. 만일 우리가 이 나라 건설을 위하여 충성을 다하다가 죽는다면 하늘나라에 들어가 제일 좋은 자리를 차지하리라. 밀 한 알이 죽었다 다시 살아나매 많은 열매를 맺는 것같이 예수는 부활하셨다. 조선의 교회들아, 예수의 부활이 헛되지 않게 하라."

그가 평생을 바쳐 꿈에 그린 나라는 정의와 자유와 평화가 강같이 흐르는 하나님의 나라로서의 조선이었다.

4. 역사적, 교회사적 의의

김규식은 좌우에 구애받지 않은 독립운동가였다. 그가 좌우 합작 운동에 뛰어든 것은 이념보다는 조국의 완전한 독립과 통일을 염원했기 때문이었다. 비록 좌우 합작 운동에 실패하여 정치를 그만두었지만, 그의 마음속에는 이념이 아니라 신앙이 바탕이 되어 하나 된 조국 대한민국이 있었음이 분명하다. 어쩌면 이 신념이 32년간의 망명생활을 하면서도 굳세게 신앙을 유지하게 만든 비결일지도 모른다.

김규식은 한국 현대사의 정치적 인물일 뿐 아니라, 한국 교회가 배출한 기독교인 지도자의 한 사람으로 평가되어야 할 것이다.

―한성진(합동신학대학원 역사신학 교수)

신앙과 모범의 민족 지도자
조만식

1. 기독교 입문 이전의 생활

조만식(曺晩植)은 1883년 2월 1일 평양의 진향리에서 조경학과 김경건 사이의 1남 2녀 중 독자로 태어났다. 호는 고당(古堂)이며, 본적은 평안남도 강서군 반석면 반일리 내동이다. 부친인 조경학의 가세는 벼 백 섬이나 한다는 말을 들을 정도로 비교적 풍족한 편이었다. 한학에 조예가 깊어 조만식이 7세 되는 해부터 평양의 관후리에 있는 한학자 장정봉으로부터 한학을 수학하게 했다. 이때 동학한 친구들로는 한정교와 김동원이 있다. 한정교는 후에 조만식을 기독교로 이끌며, 김동원은 평생 그의 동지가 된다. 열한두 살 때 친구의 집에 거하던 서양 선교사와 접촉하고 전도 책자를 받아보지만, 별 관심을 가지지 않았다.

조만식은 1896년 15세에 한문 수학을 마치고, 1897년 평양 성내 상점에서 일하며 장사를 배우게 되었다. 1902년 이의식과 결혼한다. 그는 처음에 포목상을 운영하다가 한정교와 동업으로 지물상으로 업종을 변경한다. 이때의 조만식은 후일의 존경받는 민족의 스승의 모습을 상상할 수 없는 혈기 넘치는 청년이었다. 그는 장사를 하던 8년 동안 매일 술과 담배에 찌든 삶을 살았다. 오기영은 조만식에 대해 이렇게 회상한다.

> "아마 30년은 지난 일일 듯, 평양 난봉꾼에는 곱살스럽고 머리에서부터 발끝까지 모양 잘 내고 다니는 젊은이, 그는 술이 과하여 이따금 길바닥에서 하늘을 이불 삼아 안면(安眠)이 일쑤였다. 지금처럼 길이 좋지 못한 그때 비가 오면 정강이까지 빠지는 진흙탕에서 한잠 자고 나면 전신은 흙투성이가 되었을 게다. 그래도 그는 늘 깨끗한 옷과 정한 갓신을 신고 다녔다."

이런 생활을 통해 그는 전 재산을 잃고 파산하게 된다. 술과 환락으로 그의 상업이 거의 거덜 났을 때 그의 인생에 새로운 전기가 이루어졌다. 친구의 전도와 연이은 숭실학교의 입학은 그를 완전히 새사람으로 변화시켰다.

2. 낙원 같은 생활

1904년 2월 러일전쟁이 시작되자 조만식은 상업을 그만두고 3월 13일 가족과 함께 대동강 중류 배기섬으로 피난했다. 이 무렵 어린 시절 글동무였던 한정교의 전도로 기독교에 입문하게 되며, 1905년 선교사 베어드(W. M. Baird, 배위량)가 설립한 평양의 숭실학교에 입학했다. 그러나 입학 당시만 해도 복음이 그의 삶을 근본적으로 변화시키지는 않았던 것 같다. 〈조선일보〉 1938년 1월 6일자에는 다음과 같은 에피소드가 나와 있다.

> 숭실학교에 입학할 결심을 했고 아버지께 승낙을 받은 선생은 지금까지의 술동무, 화류계 동무들과의 인연을 끊는다는 명목으로 그날 밤이 새도록 전별주(餞別酒)를 마셨다는 것도 지금 생각하면 장관인데, 밤새워 술을 마셔 아직 입에서는 술냄새가 나고 발걸음을 갈 지자로 걷게 되는 작취미성의 몽롱한 꼴을 하고도 숭실학교를 찾아가 당시 설립자요 교장이던 박사(배위량, 미국인)를 만나 입학을 요구했다. 배 박사는 조 선생의 주정뱅이 같은 모양을 물끄러미 바라보더니 "공부는 무엇 하려고 하겠나?" 하고 말해 숭실학교에 입학할 자격이 없다는 것을 나타냈으나 조 선생은 지금도 어떻게 그러한 걸작의 대답을 했는지 알 수 없는, "공부해서 하나님의 일을 하겠소"라는 대답을 하여 배 박사를 감격하게 했다. 배 박사는 "좋소! 그렇게 생각하고 열심히 공부하시오" 하면서 조 선생의 등을 쓰다듬어 주었다 한다.

아마 이 대답은 하나님께서 주셨을 것이다. 그 대답이 없었으면 오늘날의 조만식은 존재하지 않았을 것이다.

그는 숭실에서 신학문을 공부하고 기독교 신앙을 접함으로써 세계관을 넓히고 과거의 방탕한 생활을 청산하였다. '거듭난' 삶이 시작된 것이다. 이 생활의 기쁨이 얼마나 큰지 그는 숭실 시절을 다음처럼 회고한다.

"공부하고 기도하고 또 전도하고 그러고는 학우들끼리 즐겁고 웃고 놀고 불규칙하나마 운동하고 이렇게 학우들은 친밀히 사귀며 지냈다. 여기는 반목도 질투도 시기도 파벌도 피아(彼我)도 다 없는 참 사귐이었으며 참 낙원이었다. 이것이 순진한 초대 학생이었는가 보다. 옛날의 그 일이 퍽 그리워진다."

조만식은 열심히 공부했다. 무등(예비반)으로 입학한 그는 5년의 공부를 3년 만에 마친다. 숭실학교의 공부는 그에게 신학문만이 아니라 민족에 대한 애착심과 긍지를 키워 주었다. 숭실을 졸업한 조만식은 1908년 일본 동경으로 유학, 세이소쿠(正則) 영어학교에 입학하여 3년 동안 영어를 공부했다. 간디의 자서전을 통해 비폭력, 무저항주의를 습득한 것도 이 무렵이다. 1910년 29세의 조만식은 메이지(明治) 대학 법학부에 진학한다. 유학 중에 그는 백남훈, 김정식과 함께 장·감 연합의 조선인 교회를 설립한다.

3. 교육자, 장로, 민족 지도자

조만식은 1913년 메이지 대학을 졸업하고 귀국하여 평안북도 정주에 이승훈이 설립한 오산학교의 교사가 되고, 1915년에는 교장이 되었다. 1919년 교장직을 사임하고 3·1운동에 참여했다가 1년간 옥고를 치르기도 했다. 오산에서 조만식의 지도를 받았던 김기석과 김홍일은 존경하는 스승에 대해 이렇게 회고한다.

> 그는 아침 6시에 학생들과 같이 일어나 아침 체조를 같이 하고, 학생들 틈에 끼어 구보도 같이 하였다. 그때 오산학교는 사환이 없고 청소를 위시하여 난로 피우기, 장작 패기 같은 일은 선생과 학생들이 맡아서 하였다. 고당은 여러 번 학생들을 데리고 제석산에 가서 오리나무를 베어 같이 날라왔다. 겨울에 눈 오는 날 아침이면 고당은 맨 먼저 교정에 나와 선생과 학생들이 다닐 길을 내고 운동장 눈을 쓸었다.
>
> 하루 아침엔 수신 시간에 들어가 성경을 가르치며, 예수님이 인자로써 우리 인간에게 주신 교훈은 눈물과 땀과 피라고 말씀하셨다. 선생은 눈물(동정)과 사랑, 피(희생), 이 세 가지는 우리가 본받아서 민족을 사랑하며, 나라를 위해 땀 흘려 일을 해야 하며, 최후에 가서 나라를 위해 희생할 수 있는 각오를 가져야 한다고 침통한 어조로 말하였다.

조만식이 학교의 책임을 맡은 1915년부터 1919년까지는 '오산학교 교육의 황금시대' 라고 불리기도 했다. 조만식은 1921년 평양 기독교청년회(YMCA)의 총무에 취임했다. 1922년 6월 장대현교회에서 열린 제2회 평양노회에서 오윤선과 함께 장로로 추대되지만, 장로 고시에 불합격하여 6개월 후인 12월 31일에 장로가 되었다. 조만식은 어느새 한국 기독교회의 지도자로 성장한 것이다.

조만식은 존경스러운 장로로서 교회를 섬겼다. 예배 시간에는 항상 맨 앞자리에 앉았고, 당회에서는 별로 발언을 하지 않고 꼭 필요한 말만 하였다. 이런 예배 생활과 인품이 사람들에게 영향을 미쳐 그가 민족 운동에 나섰을 때 많은 사람들이 그에게 동참한다.

조만식은 1920년 8월 24일 평양에서 50여 명의 기독교인들과 함께 물산장려회를 조직하여 국산품 애용 운동을 벌였다. 이 운동은 존경하던 간디의 스와데시 운동(자치 경제 운동)의 영향을 받았다. 2년 후 운동은 자급자족 운동과 병행하여 전개되었으며, 마침내 1923년에는 오윤선과 함께 조선물산장려회를 조직하게 되었다. 이때부터 조만식은 말총모자와 짧은 수목 두루마기와 편리화를 신었는데, 이 의상은 조만식의 트레이드마크가 되었다.

일제 지배 시대 내내 조만식은 자신의 신앙적 정체성과 민족의식의 사회화를 접맥시키는 활동을 일관되게 전개했다. 1923년 송진우, 김성수 등과 함께 연정회(研政會)를 만들어 민립 대학 기성회를 조직했으나 일제의 탄압으로 실패했다. 숭인중학교의 교장으로 일했으나 1926년 일제에 의해 사임당했다. 1927년 신간회에 참여하지만 또다시 일제의 방해로 좌절한다. 1930년에는 관서체육회의 회장으로 체육을 통한 민족 지도자의 육성에 기여했다. 1932년 조선일보사의 사장으로 언론을 통하여 민족의 기개를 펴는 데 앞장섰다.

2차 세계대전의 말기에 들면서 일제의 탄압과 압력은 더욱 가중되었다. 1943년부터 지원병 제도가 실시되었는데, 조선군 사령관 이타카기의 협조 요청 면담을 거절, 구금을 당하기도 했다. 또한 조만식은 과거 자신의 제자였던 주기철 목사를 산정현교회의 담임으로 청빙하여 그가 신사참배 반대운동의 선봉장이 되도록 격려하면서, 그가 최후까지 충성할 수 있도록 함께했다.
   마침내 해방이 되었고 북한에는 소련군이 진주했다. 조만식은 오윤선 장로와 함께 평남건국준비위원회를 결성했다. 조직은 이북 전역의 호응을 받아 확대되어 갔다. 그러나 건준은 소련군의 명령으로 인민정치위원회에 흡수되고 말았다. 위원장이 조만식이고, 부위원장은 현준혁이었다. 실질상의 요직은 모두 공산주의 계열이 차지한 것이다. 조만식은 해방에 대해 어떻게 생각했을까? 해방 후 평양 공설운동장에서 개최된 김일성 환영대회 식장에서 조만식은 환영사를 낭독했다. "우리 조국의 해방은 하늘이 주신 것이니 이러한 절호의 기회를 얻어 조국 재건을 위한 민족의 대동단결……." 그는 해방을 하나님께서 주신 선물로 인식한 것이다. 나중에 그가 반탁운동에 나서자 공산주의자들은 "우리 민족의 해방을 하늘에서 떨어진 것이라 하니 이 얼마나 비과학적인 노인의 망령이냐"라고 비판했다.
   김일성은 북한 주민의 민심을 결집하고자 조만식에게 조선민주당의 결성을 강요했다. 그는 38선을 고정시키는 북쪽만의 창당에 반대하지만 민족 계열의 의사 표시를 위해 조민당을 창당했다. 조민당은 결성 3개월 만에 50만의 당원을 확보했다. 조민당의 세력에 놀란 김일성은 조민당을 위협시 또는 적대시하기 시작했다. 1946년 1월 5일 열린 평남정치인민위원회에서 공산, 민족 진영에서 16명씩 32명이 참가하여 신탁통치에 대한 결정을 내리게 되었다. 그러나 민족 진영의 대표는 몇 사람을 빼고 모두 월남한 뒤였으므로 조만식은 반탁, 찬탁의 문제는 표결로 정할 수 없는 중요 문제이며, 자신은 신탁 통치에 절대 찬성할 수 없다고 주장했다. 그러나 결국 표결로 신탁 통치 찬성이 결정되었다.

  조만식은 즉각 위원장직을 박탈당함과 동시에 고려호텔에 연금되었다. 조만식이 어떤 최후를 맞이했는지에 대해서는 여러 가지 의견이 있다. 그러나 1950년 10월 15일 혹은 18일경에 68세의 일기로 북한군에 의해 살해되었을 가능성이 다분하다.

4. 역사적, 교회사적 의의

  고당 조만식은 기독교 신앙을 바탕으로 일제 강점기와 해방 초기에 걸쳐 교육, 경제, 언론, 체육, 정치 등 근대 한국의 발전에 크나큰 족적을 남긴 위대한 선생이다. 그는 신앙과 사회운동을 성공적으로 접목시켰다. 그는 보수적인 장로교 신앙의 터 위에 굳건하게 서 있었다. 장로교가 강조하는 기독교의 근본 교리는, 신구약 성경이 하나님의 말씀이며 신앙과 행위의 표준이라는 것, 유일신 하나님과 삼위일체론, 하나님의 창조와 인간의 피조물 됨, 인간의 완전 타락과 예수 그리스도의 보혈에 의한 대속, 성령의 역사, 구원 역사의 예정, 세례와 성찬 중심의 성례, 그리스도의 재림과 마지막 날의 성도의 부활 등을 골자로 한다. 이만열은 이러한 장로교의 신조를 중심으로 조만식의 신앙이 형성되었다고 추정한다.

그러나 조만식의 위대함은 신앙의 핵심에 대한 믿음만이 아니라 그 믿음이 실천으로 증명되었다는 점이다. 신앙은 그의 인격으로 드러났으며, 인격은 사회적 실천과 유리되지 않고 결합되어 승화되었다. 그는 청교도적인 신앙과 실천을 받아들여, 신앙에서 하나님의 주권과 은혜를 강조하면서도 인간의 책임과 실천을 중요시했다. 물산장려운동에는 간디의 정신이 녹아 있지만, 동시에 생활의 절제성을 강조하는 칼빈주의적 청교도 정신이 드러난다.

이러한 정신은 교회가 영적 영역만이 아니라 민족 경제에도 관심을 가져야 한다는 그의 강조로 나타난다. 조만식의 인격과 민족에 대한 봉사를 한국 교회는 항상 본받으려 노력해야 할 것이다.

― 한성진(합동신학대학원 역사신학 교수)

영원한 누이
유관순

1. 가정과 교육

3·1운동의 꽃이자 영원한 누이로 불리는 유관순(柳寬順) 열사는, 호적에 따르면 1902년 12월 16일[1] 천안군 목천면 이동면 지령리에서 흥양 유씨 중권(柳重權)과 모친 이소제(李少弟) 사이에서, 3남 2녀 중 차녀로 태어났다. 유관순은 병천에서 어린 시절을 보냈다. 병천은 교통의 중심지였기 때문에 선교사들을 통해 외부의 소식을 먼저 접할 수 있었으며, 3·1운동 이전에도 의병의 활동이 빈번한 곳이었다. 또한 교육을 통한 애국계몽운동이 적극적으로

펼쳐진 곳이었기 때문에, 이러한 지역적 특성이 유관순 가족의 적극적인 교육열에 영향을 주었을 것이다.

1908년 집안의 할아버지인 유빈기가 세브란스에 의사로 파견되어 있던 미국인 케이블 선교사와 교제를 가짐으로써 관순의 가정은 기독교와 관련을 맺게 되었다. 케이블 선교사가 한 초가를 얻어 선교를 시작하자 조부와 숙부는 기독교 신자가 되었다. 1907년 8월 16일자 〈대한매일신문〉의 기사를 보면, 국채보상운동에 동참하고자 지령리 교인들이 성금을 내었을 때 아버지 중권은 아들 우석의 이름으로 참여하고 있다. 이를 통해 볼 때, 유관순의 집안은 직·간접적으로 기독교적인 영향을 받았음을 짐작할 수 있다. 따라서 관순은 선교사 사모인 사애리시(Mrs. Alise H. Sharp)의 추천으로 기독교 학교인 이화학당에 갈 수 있었으며, 오빠 우석 또한 기독교 학교인 영명학교에서 수업할 수 있었다.

유관순은 어린 시절 교회를 다니다 배울 나이가 되자, 선교사의 소개로 공주영명여학교에 입학했다. 이곳에서 신앙이 돈독한 소녀로 알려지게 되어, 사애리시 부인의 추천과 학비 부담으로 이화학당 보통과 3학년에 편입학할 수 있었다.

이화학당에서 관순은 정동교회의 담임목사이자 독립운동가였던 손정도와 교육가이자 독립운동가인 박인덕 선생의 영향을 받았다. 관순은 정동교회에 출석하면서, 2년 동안 독립정신과 나라 사랑을 항상 강조하던 손 목사의 설교를 들을 수 있었다. 또한 박인덕 선생은 나중에 관순이 옥에 갇혔을 때도 찾아가 격려를 아끼지 않았다.

마침내 1919년 3월 1일의 독립운동은 이 소녀의 삶의 행로를 근본적으로 바꾸었다.

2. 사회적 공헌

1919년 1월 21일 고종 황제의 서거는 온 민족을 분노하게 만들었다. 마침내 3월 1일 전국적인 만세 시위 운동이 시작되었다. 이화학당에서도 비밀 결사대를 조직하여 3·1 만세 운동에 적극적으로 참여했다. 관순도 비밀결사대의 일원으로 기숙사 뒷담을 넘어 파고다 공원의 만세에 동참했다. 3월 5일 학생들이 대규모로 시위에 참여하게 되자 일제는 3월 10일 전국적인 휴교령을 내리고, 관순은 고향으로 내려오게 되었다.

고향에 내려온 관순은 3월 9일 주일예배를 마친 후, 지역 청년들에게 사촌언니 예도와 함께 서울의 정세를 상세하게 설명했다. 그리고 마침내 음력 3월 1일 정오에 병천 장날을 이용하여 거사를 진행하기로 결정했다. 총본부를 지령리에, 중앙연락기관을 장명리와 백전리에 두고, 목천 등 여섯 고을을 포함했다. 각 마을의 준비 상황은 거사 전날 저녁 매봉에서 봉화를 올리는 것으로 결정되었다. 이로써 유관순 운동으로 알려지는 병천 만세 운동이 전개된다.

이 운동은 호서지방을 대표하는 3·1운동이자 충남에서 가장 규모가 크고 격렬한 운동이었다. 경성복심법원의 재판 기록을 보면 이 운동은 수신면, 성남면 계열과 동면의 조인원, 유관순계의 두 운동이 합류된 운동이었다. 관순은 이 운동에서 어떤 역할을 했을까? 1919년 6월 30일 '大正 八年 刑控 第513號' 판결문은 병천 운동의 주도자로 유관순을 지목한다.

　　제1. 피고 유관순은 재 경성 이화학당 생도인 바 대정 8년 3월 1일 경성에서 손병희 등이 조선 독립 선언을 발표하고 단체를 만들어 조선 독립 만세를 외치며 각처를 행진하여 독립 시위운동을 벌이고 있음을 보고, 동월 13일 귀향하여 4월 1일 충청남도 천안군 갈전면 병천 시장 장날을 이용하여 조선 독립 시위운동을 전개할 것을 꾀하고 자택에서 태극기(구한국 국기, 압수 영 제1호)를 만들어 이를 휴대하고 동일 하오 1시경 동 시장으로 나아가 그곳에서 수천 명의 군중 단체에 참가하여 전시 태극기를 휘두르며 조선 독립만세를 외치고 독립 시위운동을 감행하여 치안을 방해하였고…….

음력 3월 1일(양력 4월 1일) 장으로 가는 인파는 3천 명을 넘어서고 있었다. 이미 관순을 비롯한 여성들은 제각기 맡은 지역에서 태극기를 몰래 나누어 주었다. 오후 1시경 조인원이 군중 앞에서 독립선언서를 낭독하면서 만세 소리가 전 아우내 장터에 메아리쳤다. 군중은 두루마기나 치마 속에 태극기를 감추어 두었다가 만세 선언식이 있자 장엄한 만세 소리와 함께 헌병 분견소 앞으로 행진하기 시작했다.

　헌병들은 초기에는 숨을 죽이고 있다가 보충 병력이 도착하자 군중에게 총을 겨누었다. 관순은 헌병의 총에 달려들어 "제 나라를 되찾으려고 정당한 일을 했는데 어째서 군기(軍器)를 사용하여 내 민족을 죽이느냐"고 항의했다. 그러나 헌병들이 평화적인 만세 군중에게 발포, 19명이 사망하였으며 30여 명이 중상을 입었다. 사망자에는 관순의 부모가 포함되어 있었다. 관순은 무사히 집으로 돌아왔으나 그날 저녁 헌병에게 체포되고 말았다.

대부분 만세운동의 관계자들은 집행유예나 1년 이하의 가벼운 형을 받고 풀려났다. 미성년자이던 유관순은 3년을 선고받았다가 법정 모독죄가 추가되어 7년형을 받게 되었다. 유관순과 중형을 받은 사람들은 다시 경성복심법원으로 넘겨졌다. 경성복심법원은 1919년 6월 30일 공주재판소의 형량이 과중하다고 보고 3년형을 선고했다. 함께 재판을 받은 사람들은 모두 고등법원에 상고했지만 관순은 이를 거부했다. 일제의 재판 자체를 인정하지 않았던 것이다.

유관순의 옥중 투쟁이 시작되었다. 유관순이 투옥된 서대문형무소에는 민원숙, 어윤희, 박인덕, 이신애, 김신의, 권애라, 신관빈 등 많은 우국지사들이 수감되어 있었다. 유관순은 이신애, 어윤희, 박인덕 등과 함께 1920년 3월 1일 오후 2시를 기해 3·1운동 기념식을 갖고, 옥중 만세운동을 전개했다. 수형소 안의 작은 항거라는 예상과는 달리 3천여 명의 수감자들이 호응하였다. 만세 소리는 감방을 넘어 모화관, 냉천동, 애오개, 합동, 서소문 일대로 번져 갔다. 전차가 불통되고 경찰 기마대가 출동되었다. 일제는 보복은 잔혹했다. 유관순은 심한 고문으로 방광이 터지고, 이신애는 유방이 파열되었다.

일제는 1920년 3월 28일 영친왕과 일본 왕족과의 결혼을 기념하여 모든 수형자의 형기를 반감하여 출옥시키는 특사를 단행했다. 유관순의 동창들은 이 특사를 통해 관순이 석방되기를 고대했다. 관순의 동창인 보각 스님은 다음처럼 증언한다.

"······3년이 됐는데 그때 은사가 자꾸 일본에 뭣들이 돼서 감형이 됐어요. 그래서 여러 해 만에 관순이가 나오게 되는 거예요. 우리가 전부 한 푼씩 모아 옷을 맞추고 핀도 사고 구두도 사고 환영회를 준비를 하고 기다리는데, 어느 날 저녁 문을 열라는 소리가 들려 일하는 사람 이 서방이 문을 여니까, 썩은 내가 진동하며 두 사람이 들것을 가지고 들어오는 거예요. 죄인의 뻘건 옷을 입힌 채 관순이 징역표를 보이면서 온 사람을 보고 우리가 통곡을 했어요. 썩은 내가 진동을 했어요. 얼마나 발길로 찼는지 방광이 다 부서졌어. 그래서 밤새도록 우리가 운동장에서 울고 잠도 못 잤어요. 그리고 그 다음에 관순이 오빠도 찾아왔어요."

3·1운동의 꽃, 민족의 영원한 누이 유관순 열사는 꽃다운 나이에 순국했다. 1920년 9월 28일경 순국한 유관순의 장례식은 1920년 10월 14일 이화학당과 정동교회 주최로 조촐하게 치러졌다. 무엇이 소녀 유관순으로 하여금 쟁쟁한 남성 애국지사들도 감당하지 못한 잔을 받아 들게 만들었을까? 무엇이 그녀를 목숨을 던져 조국의 위신을 높이는 열렬한 순교자로 만들었던 것일까?

3. 기독교 신앙과의 연관성

유관순의 신앙에 대한 구체적인 자료가 부족하다. 따라서 그가 어떤 신앙을 지녔는지 아는 일은 쉽지 않다. 그러나 관순의 삶은 기록되지 않은 살아 있는 증언이며 증거이다. 유관순의 삶의 편린에서 그녀의 신앙의 특징을 유추해 볼 수 있다.

유관순이 언제 신앙을 가지게 되었는지 구체적인 기록은 없다. 그렇지만 그녀의 가까운 일가 친척들이 모두 신앙생활을 했으며, 사촌인 유예도, 오빠인 우석 등이 기독교인이었음을 볼 때, 태어날 때부터 신앙인이었음을 유추할 수 있다. 또한 더욱이 당시에는 전혀 새로운 학문인 신학문을 받아들인 통로는 기독교 계열의 학교였다. 따라서 유관순은 가정적 배경과 교육적 배경 모두에서 기독교적 영향을 강하게 받았을 것이다.

이화학당에는 매일같이 오전에는 학교 채플이 있고 성경 시간이 있어 학생들은 성경을 공부했다. 동문들의 증언에 의하면, 유관순 열사는 하루도 거르지 않고 새벽기도와 저녁의 기도에 참여했다고 한다.

1905년 을사조약 이후 학교는 오후 3시만 되면 일제히 수업을 중단하고, 조국의 독립을 기원하는 기도회를 드려 왔다. 또한 이문회(以文會)를 중심으로 토론과 활발한 사상 활동을 벌여 왔다. 학교의 이러한 분위기는 애국심과 신앙이 하나를 이룬 유관순의 정신세계 형성에 큰 작용을 했을 것이다.

조국 사랑과 교회 사랑이 결합된 신앙, 이것이 바로 유관순의 신앙의 한 특징이다. 유관순의 아우내 장터 만세 사건의 조직과 중심이 지령리교회라는 단일 교회를 중심으로 이루어진 것만 보아도, 유관순의 애국적 활동이 신앙과 결부된 것임을 알 수 있다.

유관순은 죽음이 두렵지 않았을까? 일제의 재판까지도 인정하지 않는 민족적 자존감은 어디서 생긴 것일까? 유관순의 가정은 부모가 모두 만세운동에서 순국하셨고, 오빠는 옥에 갇히고, 삼촌과 사촌도 투옥되었다. 아마도 개인은 가족으로, 가족은 교회 공동체로, 교회는 조국으로 연결된다는 동질감에서 비롯된 것은 아닐까? 대한민국과 교회는 유관순의 가족에 커다란 빚을 지고 있다.

4. 역사적, 교회사적 의의

유관순의 순국과 애국애족의 정신은 여성의 사회 진출이 극히 제한되어 있던 시대에 적극적인 여성 지도자상을 제시해 주었다. 그녀의 헌신과 애국은 단순히 여성 운동의 차원을 넘어 그녀를 민족의 영원한 누이로 이끌었다. 서구의 여성운동이 여성의 생활상 요구와 사회적 지위의 고양을 바라는 운동이었다면, 유관순으로 대표되는 한국의 여성운동은 애국운동이었다. 여성이 당당히 조국의 독립운동에 한 주체로 참여했다는 사실은 한국 독립운동의 자랑이다.

유관순은 어린 학생의 몸으로 시위를 이끌었을 뿐 아니라 형무소 안에서도 불굴의 투쟁을 전개함으로써 한국 항일 학생운동사에 지울 수 없는 자취를 남겼다. 그러나 그녀는 결코 학생운동가가 아니었다. 조국을 사랑하는 평범한 학생이 어떤 운동가도 남길 수 없는 위대한 헌신을 했다는 점에서 그녀의 삶은 더욱 의미가 있다.

그러나 무엇보다도 애국애족과 평화, 봉사의 기독교 정신을 몸으로 실천하여 한국 교회의 위상을 세계 만방에 떨쳤다는 점에서 커다란 교회사적 의의를 지닌다. 그녀는 배운 그대로 실천하는 삶을, 믿음 그대로 사는 모범을 보여 줌으로써 조국을 빼앗긴 민중들에게 희망을 주었다. 한국 교회는 그녀의 아름다운 순국 정신을 언제나 기억할 것이다.

―한성진(합동신학대학원 역사신학 교수)

---

1) 유관순 열사의 생년월일에는 여러 가지 입장이 있다. 대체적으로 1904년이 사용되고 있지만, 호적에는 광무 6년 11월 17일로 되어 있다. 호적은 음력으로 되어 있으므로 양력에 의하면 1902년 12월 16일이 탄생일이다.

한국기독교성령100년사 편찬위원회

명예편찬위원장	민경배(연세대 명예교수)
편 찬 위 원 장	권태진(군포제일교회 당회장)
상 임 편 찬 위 원	안준배(세계성령운동중앙협의회 이사장)
편 찬 위 원	강근환(전 서울신대 총장)　　고무송(한국교회인물연구소 소장)
	김명혁(합신대 명예교수)　　　김문환(서울대 교수)
	김삼환(한세대 교수)　　　　　김성영(전 성결대 총장)
	김인수(장로회신대 전 교수)　 김홍기(감신대 총장)
	도한호(침례신대 총장)　　　　문성모(서울장신대 총장)
	박명수(서울신대 교수)　　　　박용규(총신대 교수)
	박이도(경희대 명예교수)　　　오덕교(합신대 전 총장)
	이영훈(여의도순복음교회 당회장)　이은대(서울기독대 교수)
	임종달(전 한세대 대학원장)　주재용(전 한신대 총장)
	최종민(동국대 교수)
간　　　사	김윤선(세계성령운동중앙협의회 홍보부장)

한국기독교성령100주년기념사업회

총　　재	장희열(순복음부평교회 당회장)
대표회장	강헌식(평택순복음교회 당회장)
상임회장	소강석(새에덴교회 당회장)
공동회장	주남석(세한교회 당회장)
	박응순(주안중앙교회 당회장)
	최창범(장위동교회 당회장)

홈페이지 : www.hsma.or.kr
서울시 종로구 이화동 25-2
Tel. 02)474-7801~3

판권
소유

한국기독교성령백년인물사 II

2009년 10월 10일 인쇄
2009년 10월 20일 발행

엮은이 | 안준배
편집처 | 한국기독교성령백년사 편찬위원회
발행인 | 이형규
발행처 | 쿰란출판사

주소 | 서울 종로구 이화동 184-3
TEL | 02-745-1007, 745-1301~2, 747-1212, 743-1300
영업부 | 02-747-1004, FAX / 02-745-8490
본사평생전화번호 | 0502-756-1004
홈페이지 | http://www.qumran.co.kr
E-mail | qumran@hitel.net
         qumran@paran.com
한글인터넷주소 | 쿰란, 쿰란출판사

등록 | 제1-670호(1988.2.27)

책임교열 | 이화정 · 박은아

값 20,000원

ISBN 978-89-5922-810-2 93230

＊ 이 출판물은 저작권법에 의해 보호를 받는 저작물이므로 무단 복제할 수 없습니다.
　잘못된 책은 교환해 드립니다.